LUCAS FOX

MOTÖRHEAD IN AND OUT

ENTRE AUTRES HISTOIRES D'UNE VIE EXUBÉRANTE

HORS }{ COLLECTION

Ce livre est dédié à mes enfants, Elliott et Oona.

Maquette de couverture : Nord Compo
Composition et mise en pages : Nord Compo

Hors Collection, un département d'Edi8
92, avenue de France 75013 Paris
Tél. : 01 44 16 09 00
Courriel : info@lisez.com
Site internet : www.lisez.com

ISBN : 978-2-7014-0453-0
Code éditeur : X40453/01

Dépôt légal : avril 2025
Achevé d'imprimer en France, en avril 2025 par l'imprimerie Chirat.

Le Zénith, Paris, 18 novembre 2014

Les rues sont luisantes et la circulation engourdie en cette soirée d'automne. Mes essuie-glaces marchent au ralenti, des gouttelettes d'eau serpentent jusqu'aux bords du pare-brise… Je vire à gauche sous le pont métallique bleu fade du métro aérien, accélère sur la ligne droite de l'avenue Jean-Jaurès ; au bout, l'horizon est coupé par le béton du périphérique. L'autoradio monté à fond hurle « Lost Johnny », la lune glisse derrière les nuages, un orage menace, le ciel, déjà anthracite, s'assombrit encore. Ce 18 novembre 2014, j'arrive devant le Zénith de Paris pour voir Motörhead.

Lemmy et moi, ça fait un bail que nos chemins ne se sont pas croisés. Je ne sais pas à quoi m'attendre et c'est avec une certaine appréhension que j'arrive au guichet réservé aux invités. J'ouvre l'enveloppe à mon nom et découvre un billet et un pass backstage. Dans le coin supérieur droit de chacun, les lettres LK tracées au feutre noir : la *guest list* personnelle de Lemmy Kilmister. Je vais enfin pouvoir le voir.

Nina C. Alice et les membres de son groupe, Skew Siskin, qui ouvre la soirée, quittent la scène. Je descends boire un verre. Lorsque le set des Damned tire à sa fin, j'ai une pinte de plus dans le gosier. Autour de moi, le bar se remplit ; certains me saluent de loin, surpris de me voir… Tout à mes pensées, je ne me sens pas d'humeur à sociabiliser. Tatouages et bagouses, T-shirts arborant le Snaggletooth : l'uniforme est partout, la foule, de tous les âges. Les fans de la première heure, des papys avec un catogan ou plus rien sur le crâne, des jeunes et même des mômes. Les patchs cousus sont portés avec fierté sur les jeans et les cuirs sans manches. L'électricité est palpable, la température monte.

Je me place derrière l'ingénieur du son qui trône à sa console en plein centre de la salle. Tout s'éteint, on plonge dans le noir. Ne reste que les LED de la table de mixage devant moi : j'ai l'impression d'être de nuit dans un avion, en approche de Los Angeles. Puis d'un coup, le son inimitable des trois larrons remplit l'espace et les lumières se rallument. Sur scène, loin sur la gauche, Phil Campbell et sa guitare, Mikkey Dee en haut, derrière à son énorme batterie, et Lemmy, immobile derrière son micro. Dans son dos, Murder One, son célèbre ampli, est posé sur deux baffles à côté de trois autres stacks Marshall. Il ouvre le jeu, en français :

— Bonsoir.

La foule se déchaîne… Il reprend, en anglais :

— Vous allez bien ?

Les *yeah* fusent. Lemmy répond :

— Bon, content de l'entendre.

Et puis, enfin :

— *We are Motörhead... and we play rock'n'roll...*

Cette phrase mythique, il l'a prononcée pour la toute première fois le 28 mai 1975, seul face à moi. Nous venions, tous les deux, de fonder le groupe ; elle a ouvert la quasi-totalité des concerts de Motörhead depuis.

Dans l'enceinte du Zénith, la foule s'embrase. Après deux tournées annulées pour cause de maladie, Lemmy est de retour. Je suis sous le même toit que lui ; on va enfin pouvoir se retrouver. Le trio dégaine avec « Shoot You in the Back ». L'ingé son, les yeux rivés sur le limiteur, a placé deux doigts de sa main droite sur les tirettes de volume, prêt à réagir à tout moment : le moindre décibel au-dessus du seuil autorisé, et c'est toute la sono qui est coupée. L'assaut se poursuit. Mikkey Dee et Phil Campbell se décarcassent pour compenser leur coéquipier, moins offensif que d'habitude mais qui tient quand même parfaitement la cadence effrénée... en ligne droite jusqu'à la fin du concert, « Overkill » en rappel.

En plein milieu de la dernière chanson, je retire le papier au dos de mon pass backstage, colle ce dernier sur le revers de ma veste et me faufile à travers la foule en liesse. La porte des loges s'ouvre, la sécurité me contrôle et je pénètre dans l'intérieur rouge pompier brillant ; l'escalier en métal gris à ma droite, des tables entourées de chaises en plastique partout. Le responsable des loges m'accueille ; un Américain baraqué, de ma taille, le regard intense. Il avance pour me serrer la main.

— Bonsoir Lucas, je m'appelle Ian Gainer, je suis l'assistant de Lemmy. Il sait que tu es là et m'a chargé de m'occuper de toi. Ça va prendre un moment ; en attendant, installe-toi confortablement et commande ce que tu veux au bar. Si tu as faim, à ta droite, il y a notre chef, Richie, qui sait cuisiner tous les plats du monde.

Il me lâche la main, puis ajoute :

— Quand notre attachée de presse, Ute, en aura fini avec sa liste, ce sera à toi. Il est prévu que tu aies du temps avec lui.

Un mec du staff vient me demander ce que je veux boire ; absent, je réponds : « Une bière, s'il te plaît. » Une grande femme blonde contrôle les accréditations des photographes et des journalistes, qu'elle fait entrer et sortir de la loge de Lemmy. Je m'installe à une table, à une dizaine de mètres en face. Sirotant ma bière, je me revois la veille, tard dans la nuit, à me demander comment me préparer pour ce rendez-vous que j'attends depuis tant d'années... Mon ordinateur sur les genoux, au pied de mon lit, je suis sur le site officiel de Motörhead, dans la partie qui recense tous les concerts du groupe. Mécaniquement, je remonte au début, à nos débuts : la toute première date officielle, au *Roundhouse*, le 20 juillet 1975. Semaine après semaine, salle après salle défile devant mes yeux notre tournée, la première de l'histoire. Je vois le moment de la séparation, les dates spasmodiques des années difficiles, 1976 et 1977, lorsque le groupe a failli disparaître. Puis 1978 : ça s'intensifie, le calendrier se remplit, tout d'abord au Royaume-Uni. Puis l'Europe et les États-Unis ; des pages entières. Je me remémore toutes les fois où j'étais avec Lemmy, les échanges qu'on a eus, mes concerts après Motörhead auxquels il a assisté… J'irai jusqu'au bout : toutes les dates, toutes les villes, jusqu'à aujourd'hui. Ça me prend des heures, page après page, la routine des tournées de dix-huit mois s'enchaîne. Les salles de concert reviennent. Par leur jauge, je visualise l'état de la popularité du groupe, ascendante ou descendante ; les moments où c'est le Zénith, les moments où c'est le Bataclan ; les crêtes et les creux des vagues dans la tourmente. La machine, redoutable, avance… et perdure. Entre les lignes, je vois les managers qui défilent, les changements de line-up, les musiciens qui arrivent et ceux qui partent. J'imagine les bus de tournée, les soirées, les interviews, les répétitions, les studios, les producteurs, les albums… C'est toute l'histoire d'une carrière sans concession qui défile sous mes yeux.

Je reviens à ma bière : une figure familière, un peu moins grande que dans mes souvenirs, béret rouge vissé sur le crâne et T-shirt rayé noir et blanc, m'interpelle depuis l'escalier. Captain Sensible, le guitariste des Damned.

— Lucas Fox, comment va ?

Il me tape sur l'épaule avec un grand sourire ; je me lève.

— Putain, ça fait trop longtemps… Tu ne sais pas ce qui m'est arrivé ? C'est dément. On a dû m'enfermer dans un asile. T'es pas au courant ?

Consterné, je réponds : « Non, non. » Il continue sur des histoires de royalties non payées puis coupe au milieu d'une phrase :

— Bah tiens, viens rencontrer le groupe, ça leur fera plaisir de se faire prendre en photo avec toi.

Je jette un coup d'œil par-dessus mon épaule : mon Ricain ne semble toujours pas près de me faire entrer chez le boss. Nos bottes claquent sur l'escalier en métal ; alors qu'on monte au premier étage, je me souviens de ceux qui ont perdu la boule et ne l'ont jamais retrouvée, les amis qui ont fini à l'asile et ceux que l'on a enterrés, victimes d'une surdose. Avec enthousiasme, le Captain me présente à Monty OxyMoron, le claviériste, et au chanteur, Dave

Vanian. Poignées de main, selfies, on se raconte des histoires de tournées... Je connais bien la femme de Dave : Patricia Morrison, l'ex-bassiste du Gun Club. Ça remonte à l'enregistrement de *Gift*, de Sisterhood. Elle était venue nous rejoindre, Andrew Eldritch, le chanteur des Sisters of Mercy, et moi, aux studios Fairfield, à Hull, dans le nord de l'Angleterre. On faisait les chœurs ensemble... Des lustres que je ne l'ai pas vue. Je finis par m'excuser auprès du groupe et redescends attendre Lemmy.

Comme chez moi la veille, les dates des concerts de Motörhead se mettent à défiler dans ma tête ; ce que j'ai appris de la vie de Lemmy à Los Angeles, où il s'est installé en 1990, me revient en mémoire... Lentement, une angoisse monte : comment sera-t-il ? Mais je suis heureux d'être là. Photographes et journalistes continuent d'entrer et de sortir de la loge ; Ian revient me voir et me dit qu'il n'y en a plus pour très longtemps. Je lui dis « pas de problème » et le remercie. Il s'éloigne, s'arrête net, se retourne, reprend ma main et me dit :

— Tu sais, Lucas, pas une seule personne ici n'ignore le fait qu'il n'y aurait probablement pas eu Motörhead si tu n'avais pas été là pour Lemmy en 1975. Nous t'en serons toujours très reconnaissants.

Je suis abasourdi : cette idée ne m'avait jamais effleuré. Si Lemmy et moi n'avions pas été si proches, qui sait... Je me revois il y a tant d'années, en août 1974, dans l'ambiance si familière de l'antre du rock, le *Speakeasy*.

•••

Margaret Street, une petite rue calme au cœur du West End. Au numéro 48, l'entrée du club, discrète, ne laisse rien imaginer de ce qui se passe au sous-sol. C'est pourtant ici que les rois, reines, ducs et duchesses du rock se rassemblent pour manger, boire, taper des bœufs sur la scène et draguer – tout en se poudrant joyeusement le nez –, dans un maelström de musique, de glamour et de débauche.

Tu entres de la rue dans un couloir. Le sol et les murs sont en damier de marbre noir et blanc, comme un échiquier géant. Tu pousses la porte en similicuir noir clouté, sur ressorts, et descends l'escalier étroit. Un cercueil noir debout sur ta droite, vestiaires, contrôle des cartes de membre à ta gauche. Derrière sa double porte vitrée, qui ne s'ouvre que vers l'extérieur, le videur fait un dernier contrôle au faciès et, comme Alice dans son pays des merveilles, tu passes de l'autre côté du miroir. Les murs rouges, le bruit et les odeurs qui t'enveloppent tout entier, comme si tu sortais d'un avion climatisé vers la moiteur d'un paradis tropical.

Que les stars fréquentent Margaret Street n'est un secret pour personne. Dans les années 1960, les paparazzis y mitraillent tout ce qui y bouge : les Beatles John et Ringo ; Keith et Mick fidèle à Marianne ; Tina Turner en « River Deep » avec Ike ; Lady Jane et Gainsbarre moi non plus ; le grand Frank qui « zappa » Roger Walters et Syd Barrett des Pink Floyd... Deep Purple y fume sur l'eau, Hendrix y répand son expérience ; les larsens de Jeff Beck font trembler les verres. Tous, devant leurs pairs, ont foulé les planches de la microscopique scène de ce club mythique, et les voix des futures stars y ont harangué des monstres déjà sacrés.

Sept années après son ouverture en 1966, les vedettes ont changé mais le *Speakeasy* reste le *Speakeasy* ; Keith Moon[1] y règne toujours suprême sur sa cour, en haut de l'estrade VIP, une bouteille de cognac Remy Martin à la main...

Le *Speakeasy*, j'y vais depuis que j'ai 17 ans grâce à un copain de lycée plus âgé, Blase Morgan, qui y travaille et qui m'a obtenu une carte de membre malgré mon âge. C'est là qu'Irene et moi nous retrouvons régulièrement. Elle et moi nous sommes plu dès notre première rencontre, à l'un de mes concerts avec WH Pearce Band. Irene est une photographe sulfureuse, une chipie à la langue leste avec beaucoup trop de repartie. Grands yeux noirs en amande maquillés de khôl, surplombés d'une tignasse brune dégoulinant de ses épaules jusqu'à sa poitrine. Elle porte un débardeur trop petit d'une taille, qui couvre à peine sa silhouette à la Sophia Loren. Elle a toujours la phrase juste pour repousser les attentions non désirées, du genre : « T'aurais les poumons en feu que j'te pisserais pas dans la gorge. »

Par une chaude nuit de mi-août 1974, très tard au *Speakeasy*, Irene me présente un gars baraqué à l'air ébouriffé. De longs cheveux noirs, de grosses bagouses en argent aux doigts, veste sans manches, chemise et pattes d'eph en jeans, santiags Winklepicker blanches. Tatouage amérindien à l'avant-bras droit, moustache et rouflaquettes broussailleuses, une Marlboro au bec, deux grosses verrues sur la joue gauche et une dent manquante. Il s'avance, le coffre bombé, se balançant de droite à gauche avec la démarche d'un cow-boy.

Impossible de ne pas le reconnaître. Deux ans plus tôt, le 13 juillet 1972 vers 19 h 45, je suis scotché, comme quinze millions de Britanniques, devant *Top of the Pops*, sur la BBC. Après un slow, mièvre et romantique des Stylistics, on annonce Hawkwind. Et on change de planète : *exit* le plateau de tournage, c'est une salle de concert, éclairée de flashs stroboscopiques, qui s'affiche sur l'écran. Une foule en délire, les mains en l'air ; le son tourbillonnant d'un

1. Batteur des Who jusqu'à sa disparition, en 1978.

ovni qui décolle... Sur scène, une grande fille au visage bleu et blanc, à la robe noire cousue d'étoiles argentées, se lève. Autour d'elle, une bande de chevelus de l'espace gesticule en habits multicolores, aussi défoncés que leur public. À la tête du groupe, le bassiste chante et s'active frénétiquement... La chanson « Silver Machine » vient de passer pour la première fois à *Top of the Pops*, l'émission des charts britanniques incontournable pour promouvoir un disque. C'est une institution à la BBC ; les conditions pour participer – faire semblant de chanter et de jouer sur une bande préenregistrée – horripilent bon nombre d'artistes mais difficile d'y déroger. Aussi Douglas Smith, le manager d'Hawkwind, a-t-il réussi un coup de maître en faisant accepter à la BBC que ce soit un concert filmé[1] du groupe qui soit diffusé. Hawkwind est l'un des groupes les plus furieusement antiestablishment d'Angleterre. Le passage à la télévision d'une bande de hippies space rock en sueur et aux cheveux longs et sales fait instantanément scandale – et leur fournit des milliers de fans : la chanson est le plus grand succès du groupe et atteindra le top trois des charts.

Cet homme qui se tient devant moi, au *Speakeasy*, c'est ce bassiste-chanteur, Mr « Silver Machine » lui-même : Lemmy Kilmister. Irene me pointe du bout de son pouce, ricane au-dessus de la musique, et dit :

— Lemmy, ça c'est Lucas.

Son regard me transperce, met mon âme d'enfant au défi. Comme en duel, nous sommes face à face... Mon regard répond en homme. Il extrait la Marlboro de sa bouche et, d'une voix rauque et graveleuse, me crache sans desserrer les dents :

— Hello Lou.

— Bonsoir Lemmy.

Irene entraîne une bande d'amis vers les toilettes, se déhanchant à travers la foule avec les bras en l'air. Lemmy et moi, on s'accoude au bar et on commande des bières. L'œil concentré sur son coude gauche, il commence à parler :

— T'aimes Tommy Cooper ?

— Oui, tu m'étonnes...

C'est l'un des humoristes les plus célèbres et appréciés du Royaume-Uni. Un mètre quatre-vingt-treize, longue gueule aux grandes dents chevalines, des touffes de cheveux noirs qui dépassent de son inamovible fez... C'est un genre de loser qui a tout gagné : il commence sa carrière comme magicien mais la légende dit que ses

---

1. Au Civic Hall de Dunstable, petite ville à une cinquantaine de kilomètres au nord-ouest de Londres, le 7 juillet 1972.

tours foirent régulièrement, ce qui déclenche l'hilarité dans le public et le pousse sur le terrain de l'humour. Ajoutez à cela un véritable talent pour les jeux de mots loufoques, des blagues simples avec des chutes ahurissantes et tu comprends les raisons de son succès.

Lemmy avance les bras, les mains molles tombant vers le sol, et se met à imiter, à merveille, les gestes et la voix de Tommy Cooper :

— Un homme va chez le docteur et lui dit : « Docteur, docteur, j'ai cinq pénis. » Le docteur lui demande, étonné : « Comment rentrez-vous dans votre pantalon ? » Le patient lui répond : « Comme dans un gant... »

Nous éclatons de rire en chœur. Puis on se teste sur nos goûts musicaux :

— Tu aimes le rock'n'roll, Lou ?

— Oui bien sûr, je suis batteur. J'aime surtout le rhythm and blues britannique des années 1960. Que penses-tu de Them, avec Van Morrison au chant, Lem ? « Baby Please Don't Go », « Here Comes the Night »... Sacré groupe, non ?

— Ouais, en effet. Et les Pretty Things, avec Phil May : « Midnight to Six Man » et « Don't Bring Me Down », des merveilles... Tu connais les Birds, Lou ? Le groupe anglais, pas les Byrds amerloques avec un Y...

— Oui bien sûr, avec Ronnie Wood. Je l'ai souvent vu au *Marquee* avec Rod Stewart, dans les Faces.

— « Next in Line », et le superbe « Leaving Here »... Tu as écouté les bootlegs de la période « Star-Club » des Beatles, Lou ? Quand ils étaient à Hambourg.

— Oui, excellent. Tous en cuir, de la tête aux pieds...

— *Ça*, c'est du rock'n'roll putain. Ça change de tous ces groupes pompeux d'aujourd'hui qui mettent six mois pour enregistrer un album.

Autour de nous, dans le club, les serveuses s'activent ; un type essaie de négocier un verre avec le barman, qui refuse ; ça commence à se vider... Le *Speak* va fermer.

— Partons. Comment tu rentres, Lou ?

— J'ai ma voiture, dehors...

Ses yeux s'éclairent d'une lueur triomphale.

— Ahaah...

On dit au revoir à Mino, le manager du club, je salue Irene de la main et j'emboîte le pas à Lemmy, qui monte l'escalier pour sortir. La musique s'atténue jusqu'à n'être plus qu'un bruit de fond : nous sommes seuls dans la rue. Les lampadaires, de style victorien, jettent de longues ombres sur les trottoirs. Une cinquantaine de mètres plus loin, j'indique à Lemmy une petite fourgonnette Renault blanche. Il ouvre de grands yeux étonnés, hausse un sourcil inquisiteur et, dans un mouvement de tête méprisant, me lance :

— C'est *ça* ta caisse, Lou ?

Il est vrai que ma 4L fourgonnette a une drôle de gueule : deux phares ronds comme les yeux d'un personnage de BD, une grille de radiateur, l'écusson losange de Renault plaqué au centre en guise de nez, un pare-chocs dessiné comme une grande bouche en grimace...

— Ouaip. On la surnomme le « Fridge » : blanche comme un frigo, et on se les caille dedans en hiver parce que le chauffage est rudimentaire.

On claque les portes. Je tourne la clef de contact, appuie sur le bouton des phares qui trône sur le tableau de bord en plastique beige, enfonce la pédale d'embrayage, tire sur la longue tige du pommeau de vitesse pour engager la première... On démarre et je continue :

— Ma batterie tient derrière : je mets le tapis en caoutchouc noir dessus pour qu'on ne la voie pas, de l'extérieur. Et le Fridge est drôlement pratique pour éviter de se faire emmerder par les flics, la nuit...

— Ah bon ?

On rigole en décollant de Margaret Street. En dessous du levier de vitesse, le lecteur cartouche huit pistes, dans lequel j'enfonce l'album *Billion Dollar Babies,* d'Alice Cooper. La voiture fait caisse de résonance et se remplit du son balancé par les baffles montés dans chacune des portes. Nous voilà partis en plein cœur de Londres pour la première des innombrables nuits que nous passerons ensemble. Alors que je tourne dans Oxford Street, Lemmy fait glisser le demi-cercle de sa fenêtre, s'accoude à la portière et reprend :

— Avec Hawkwind, on a tourné aux États-Unis en mars et avril. À Nashville, nous étions tous sous acide lorsque le toit de l'hôtel a été arraché par une tornade. Notre équipement a été salement endommagé... mais nous, on croyait que ça faisait partie du trip !

On rigole ; il continue :

— On vient de finir d'enregistrer notre nouvel album, *The Hall of the Mountain Grill...*

— Où ?

— Aux studios Olympic... *Are You Experienced,* d'Hendrix, et certains des meilleurs albums des Stones sont nés là-bas.

— Produits par Andrew Loog Oldham. J'aime beaucoup le son de leurs premiers disques. Il sort quand, l'album ?

— Dans quelques semaines, le 6 septembre : le jour du premier concert de notre tournée aux US.

On fait le tour du rond-point de Marble Arch et on continue dans Bayswater Road pour longer Hyde Park, sur notre gauche. Une douzaine de canards volent en V au-dessus des arbres, d'un vert profond, derrière la grille du parc.

— J'adore tourner aux États-Unis. Les Amerloques sont si positifs, comparés aux Anglais. Et les filles…

On passe devant les grilles closes du métro de Lancaster Gate sur notre droite et le petit pub *The Swan*, avec sa terrasse. Dès le XVIIe siècle, les diligences s'y arrêtaient pour changer de chevaux et les passagers y passaient la nuit. En 1670, le bandit de grand chemin Claude Duval y a pris un dernier verre avant de finir sa vie au bout d'une corde sur la potence de Marble Arch à cinq cents mètres derrière nous. Un peu plus loin sur la droite, l'hôtel *Columbia*, miteux et mythique. C'est l'hôtel rock'n'roll à outrance, où crèchent bon nombre des musiciens qui viennent jouer à Londres. Le bar est encore ouvert. Un mec aux cheveux longs est assis sur le bord d'une fenêtre, une jambe dehors, fumant ce que je suppose être un joint…

Nos fenêtres ouvertes laissent entrer une douce brise… Il y a peu de monde sur la route en cette fin de nuit. Je regarde dans mon rétroviseur et vois, au loin, une voiture de police qui s'approche. Je décélère, baisse la musique et demande à Lemmy d'enlever son coude du rebord de la fenêtre. La Rover 2000 surmontée d'un gyrophare bleu nous dépasse lentement sans que ses occupants nous prêtent la moindre attention.

— C'est l'avantage de la fourgonnette blanche : elle passe inaperçue quelle que soit l'heure du jour ou de la nuit. Il y a toujours un boulanger, un électricien ou un plombier qui circule…

Lemmy me jette un regard appréciatif avec un sourire en coin… Il allume deux Marlboro avec son Zippo et m'en passe une. On arrive au métro Notting Hill Gate et je me glisse dans la file de droite au feu rouge. La petite lumière du clignotant lance des reflets verts sur le visage de Lemmy.

— Tu fais quoi toi en ce moment, Lou ?

Le feu passe au vert, je tourne à droite…

— Je fais des concerts avec des groupes un peu partout, des sessions en studio… Jusque très récemment, j'étais dans Ross Stagg, un groupe de glam-rock. On jouait dans les pubs, les clubs et les universités. On était signés sur Dawn Records, qui a sorti un 45 tours. Ça n'a pas marché, faute de promotion. On assurait bien en concert, pourtant…

— Toujours le même problème avec ces putains de maisons de disques : ils sont tout feu tout flamme au début, mais après...

Cent mètres plus loin, je prends à gauche dans Portobello Road. On dépasse les petites maisons pastel avec leur minijardin devant : nous voici dans Ladbroke Grove, mon quartier et, depuis les années hippies, celui des musiciens. Hors du temps, ils y vivent selon leurs propres règles. La rue est déserte, hormis deux clodos, affalés sur le trottoir, qui s'engueulent : un hippie camé vient de dégueuler sur leurs chaussures. Lemmy m'indique de tourner à gauche dans Blenheim Crescent, de traverser Kensington Park Road et de m'arrêter devant le numéro 28. En face, à ma droite un énorme chantier de construction longé de tôle ondulée. Il me demande :

— Tu fais quoi demain, Lou ?

Je le regarde en faisant un créneau pour me garer devant chez lui...

— Je suis dispo... Pourquoi ?

— Viens me chercher ici, vers 15 heures... On ira s'amuser.

— OK Lem, bonne nuit...

Il claque la portière ; je redémarre en regardant dans le rétroviseur ce bonhomme hors normes monter les marches vers son appartement... et manque d'emboutir la voiture garée devant. Sur scène, il a l'air plus grand. C'est étrange : au lieu du musicien célèbre réputé grande gueule hors pair, j'ai trouvé quelqu'un de nuancé, complexe. Il a 28 ans, moi 21. Je repense aux discussions qu'on a eues ce soir et qui m'ont surpris... Ces groupes, ces chansons, ce n'est ni du rock progressif... ni du rock psychédélique, comme ce que fait Hawkwind. Les Beatles, les Birds, les Who, les Kinks, les Stones, époque années 1960, ce sont mes groupes préférés, et visiblement les siens aussi.

À peine cinq minutes plus tard, je découvre une place libre dans Kensington Gardens Square, à deux pas de chez moi. J'insère une pièce de 10 pence, le minimum requis, dans la fente du parcmètre, puis l'anneau d'une canette de bière afin de bloquer la machine pour la nuit, voire plus. Une fois débarrassé de l'obligation de me lever avant l'heure légale pour nourrir la machine infernale, et de la crainte d'un P-V, j'ouvre la porte de chez moi, monte dans ma chambre, me déshabille et m'écrase sur mon lit. Quelque chose vient de changer dans ma vie, je le sens.

Mes origines, 1953

Je suis né le 25 février 1953, à l'hôpital St Mary's de Londres. Mon père, John Cox, et son partenaire, Ruben De Solla, ont leurs bureaux à deux pas, près de la gare de Paddington. Ils dirigent De Solla Cox, une entreprise de vente d'espaces publicitaires.

Benjamin de la famille, mon père naît le 25 juillet 1914, après ses deux sœurs Violet et Phylis. Il ne connaîtra presque pas son père, William : ce dernier, malade de la tuberculose, part en sanatorium alors que John a 4 ans, où il meurt quatre années plus tard. Ma grand-mère, Katherine, plongée dans la pauvreté, sombre alors dans l'alcool. La petite famille est forcée d'emménager au-dessus d'une étable et mon père passe son adolescence à grappiller quelques pièces pour subsister. Il quitte l'école à 16 ans, travaille comme assistant administratif dans l'immobilier et s'occupe, en parallèle, d'une pension avec Phylis. Sa mère meurt la même année. À 19 ans, convaincu de pouvoir réaliser son rêve de devenir pilote, il s'engage dans la Royal Air Force. Manque de pot, on fait de lui un secrétaire… Après trois années à taper les rapports des officiers, il déserte, quelques jours à peine avant que le roi traître Edward VIII, sympathisant nazi, n'abdique pour se marier avec Wallis Simpson. Dans sa cavale, mon père travaille au noir de pub en pub avant de se retrouver démarcheur à domicile en aspirateurs pour le grand magasin londonien *Whiteleys*. C'est là qu'il rencontre Ruben. Ce dernier l'accueille à bras ouverts dans sa famille, où mon père trouve un havre de paix bienvenu, fait de discussions politiques et philosophiques et de parties de Monopoly. Ce répit est de courte durée : en Europe, le fascisme monte et une nouvelle guerre gronde. Avec horreur, les deux copains lisent *Mein Kampf*, qui laisse peu de doutes sur le sort qui attend les Juifs, coreligionnaires de la famille De Solla. En janvier 1939, mon père décide de devenir réserviste pour l'armée de terre, et rejoint le Princess Louise's Kensington Regiment.

Le 1er septembre 1939, alors que l'Allemagne envahit la Pologne, mon père reçoit son ordre de mobilisation. Au bureau d'enrôlement, il frôle la catastrophe lorsque l'un des recruteurs, ancien camarade de chambre de la Royal Air Force, le reconnaît : un déserteur risque gros, plus encore en temps de guerre. En ne laissant rien paraître de la joie et la surprise de le revoir, ce dernier lui sauve la mise. Deux jours plus tard, à 11 h 15, le Premier ministre Neville Chamberlain annonce l'entrée en guerre du Royaume-Uni contre l'Allemagne. Au centre de formation de l'armée, mon père et ses camarades ont l'oreille rivée au poste de radio, et le ventre noué – comme toute la Grande-Bretagne. La machine de guerre qui se met en marche à toute vitesse est à la recherche d'officiers ; grâce à l'enseignement jadis reçu de la RAF, mon père passe pour une recrue naturellement douée au maniement des armes et à l'organisation militaire, on l'envoie donc à l'école des officiers de Sandhurst. Au loin, dans les cieux d'Angleterre, les chasseurs britanniques, surpassés en nombre, tiennent tête aux Messerschmitt et Focke-Wulf de la Luftwaffe. En second lieutenant fraîchement promu, il monte à bord, aux côtés de milliers d'autres soldats, de l'un des énormes et lents convois en direction de l'Inde. Durant les trois mois que dure la traversée, il suit des cours intensifs d'ourdou ; dans le même temps, en mer, les U-Boote de la Kriegsmarine nazie font des ravages dans les bateaux de ravitaillement.

À son arrivée, mon père apprend à monter à cheval et, promu à nouveau, se retrouve à la tête d'une compagnie de transport musulmane de l'armée de l'Inde, comptant deux cent cinquante hommes et cent cinquante chariots de vivres et de munitions, chargée de ravitailler la ligne de forts en montagne à la frontière avec l'Afghanistan. De cette période, il gardera un caractère dur et intransigeant ; lorsqu'il rentre en Angleterre, à la fin de la guerre, il retrouve son Londres natal transformé par les bombardements et l'effort de guerre, grouillant de militaires de tous les pays alliés. Un de ses nouveaux amis de bar est un pilote qui lui raconte ses allers-retours avec l'Allemagne… Curieux, mon père arrive à le convaincre de l'amener là-bas ; il y découvre le champ de ruines qu'ont laissé les Forteresses Volantes américaines et les Lancaster britanniques ; les tourbillons de feu des bombardements ont tout aspiré sur leur passage. Dans le même temps, avec la Libération se révèle l'ampleur des abominations nazies. Le monde découvre avec horreur l'enfer des camps de concentration et d'extermination… le cauchemar que Ruben et lui avaient entrevu quelques années plus tôt n'était rien comparé à l'atrocité de la réalité.

C'est dans ce Londres d'après-guerre que mon père rencontre un autre John, un jour dans un bar. Qui devient rapidement un ami et ne tarde pas à lui présenter sa sœur, Dulcie, ma future mère. La sienne, qui porte le même prénom mais que l'on surnomme Camel, est une rouquine d'à peine un mètre cinquante. Tempétueuse, elle fait scandale dans sa famille lorsqu'elle saute, alors qu'éclate la Première Guerre mondiale, dans l'un des derniers bateaux en partance pour l'Inde afin d'y rejoindre son futur mari. Ecclésiastique (de deux mètres de haut), William Napier-Munn est en poste à Bhagalpur, à deux mille kilomètres de Bombay où Camel finit par accoster. Qu'à cela ne tienne, elle prendra le train (seule), se mariera en arrivant puis intégrera le service des Missionnaires comme enseignante. En 1917 naît John suivi, le 2 février 1920, de celle que tout le monde surnomme Dickie, Dulcie. Tous deux sont envoyés en Angleterre pour leurs études, dans des internats privés, et ne voient que rarement leurs parents, à l'autre bout du monde. En 1936, John est approché par les services secrets, qui le recrutent comme agent. Dickie, elle, rejoint la WAAF[1] dès l'entrée en guerre de l'Angleterre, en 1939, et est affectée à Biggin Hill, l'une des bases les plus bombardées de la bataille d'Angleterre. Elle est rapidement promue officier et affectée à Lakenheath d'où partent, dans la nuit du 30 au 31 mai 1942, certains des bombardiers avec Cologne[2] comme objectif. Avant que John intègre les services secrets, toute la famille avait été passée au crible, et Dickie ne fait pas exception. Elle est donc la candidate idéale pour entrer dans le monde du secret : en 1943, elle devient commandante de la WAAF sur la base de Tempsford, la plus secrète d'Angleterre, d'où la plupart des résistants sont envoyés en Europe occupée entre 1942 et 1945.

Ma mère garde de la guerre deux gramophones portables, à manivelle, avec chacun une collection entière de disques 78 tours de jazz et de pop de l'époque, légués par deux petits copains pilotes qui ne rentrèrent jamais de mission. Ces deux collections feront notre éducation musicale, à ma sœur et à moi.

Après-guerre, mon père veut s'associer avec son ami de toujours, ce que ses cinq années de soldes économisées permettent : De Solla Cox, petite entreprise prospère au début des années 1950, voit le jour. Lorsque je nais, la famille habite un grand appartement dans le quartier chic de Kensington, avec quatre mètres de hauteur sous plafond. Une nounou, en uniforme amidonné bleu marine, vit avec nous et nous promène, ma sœur Suzanne, de vingt mois mon aînée, et moi, dans notre landau à suspension autour du bassin de Kensington Gardens.

Mon père m'a raconté que, lorsqu'on me retire aux forceps du ventre de ma mère, je bats l'air furieusement de mes deux poings fermés, en colère. Les heures qui suivent, je les passe « en réa » : ce ne sera pas la dernière fois. En 1953, l'asthme dont personne ne sait encore que je souffre est considéré comme une maladie psychosomatique. Mais heureusement pour moi, l'hôpital

---

1. Women's Auxiliary Air Force, force féminine au sein de la Royal Air Force.

2. Avec plus de mille avions de la RAF engagés, ce fut la plus grande mission britannique depuis le début de la guerre.

St Mary's est le centre de recherches du Dr William Frankland, futur spécialiste mondial de l'asthme allergique. Je lui dois la vie : à plusieurs reprises, je reviendrai, ici, d'entre les morts, une seringue d'adrénaline plantée dans le cœur. Il lui faudra en effet quelques visites aux urgences pour me diagnostiquer une allergie aux chiens et aux chevaux, et particulièrement aiguë aux chats et aux œufs. Notre labrador, Copper, et notre chat noir, Ming, disparaissent de l'appartement, mais la passion de l'équitation ne quitte pas mon père, qui continue de monter à cheval trois fois par semaine.

Lorsque finit par se poser pour moi la question de l'école, un problème de taille se profile. En Angleterre, le sport y est obligatoire, chaque après-midi : une astreinte difficilement compatible avec ce garçon qui peine à courir pour plus de cinq minutes d'affilée. Cette contrainte n'existe pas au lycée français de Londres, commodément situé dans notre quartier de Kensington ; le fait que ce dernier accueille garçons et filles dès la maternelle, et ce sans uniforme, sont deux arguments supplémentaires pour ma mère. Elle garde de son passage à Tempsford une admiration particulière pour les résistants français ; de son côté, mon père se passionne pour l'art, la gastronomie et la culture hexagonaux. Tous deux se verraient bien donner à leurs enfants une éducation française. C'est décidé, en 1957, Suzanne et moi entrons, avec un an d'avance en ce qui me concerne, à la maternelle du lycée français de Londres. Malmené par mon asthme, une sinusite permanente et un cerveau mal oxygéné, je vois défiler mes premières années entre réel et imaginaire, et ne comprends pas grand-chose à ce qui se passe dans ces cours, dispensés dans une langue que je ne comprends pas (encore), si ce n'est que mon handicap physique me vaut moqueries et insultes de la part des autres enfants.

En avril 1960, le général de Gaulle, alors président de la République française, vient à Londres lors d'une visite d'État ; il fait un saut au lycée, où il avait établi son QG de l'armée de l'air pendant la guerre. Nous sommes réunis dans la cour centrale en rangs serrés, moi au milieu des grands. Énorme brouhaha, mouvement de foule ; ma maîtresse me pousse en première ligne et reste à mes côtés, me tenant la main. Je regarde vers le haut et vois une paire de gigantesques narines qui se découpent sur le ciel bleu azur. L'aide de camp du général, en képi et en uniforme beige, lui souffle quelque chose à l'oreille en me pointant du doigt. Une main surdimensionnée descend alors prendre la mienne et sa voix d'outre-tombe résonne :

— Merci pour ta maman, mon petit.

Le soir même, nous chantons « La Marseillaise » avec lui, au Royal Albert Hall, comme ceux qui, il y a presque vingt ans, ont répondu à l'appel du 18 juin 1940.

Le vent, toutefois, finit par tourner : les affaires de mon père commencent à battre de l'aile, avant de plonger tout à fait. Pour enfoncer le clou, les propriétaires de notre appartement décident d'augmenter drastiquement le montant du loyer. C'en est trop : j'ai 9 ans lorsque nous quittons Kensington pour une maison en banlieue, à Chiswick. Très à l'ouest du centre de Londres, ce quartier présente au moins l'avantage, à l'époque, d'être bon marché. Mon père, à force de négociations, arrive à faire baisser le prix de moitié et obtient un prêt de 10 000 livres. Mais elle est en piteux état, tout est à retaper : j'y gagne une formation express en peinture et décoration. Elle me sera bien utile, plus tard, lorsque les groupes dans lesquels je joue ne me rapportent pas le moindre penny. La même année, l'inévitable se produit. Considérant cet élève mal adapté, trop jeune d'un an, le lycée décide de me faire redoubler ma septième[1]. Le dernier jour du trimestre, le censeur[2] me dit, lors de la remise des tableaux d'honneur aux meilleurs, que j'aurai toujours des amis dans la vie... car je ne leur ferai jamais d'ombre. Le soir même, je pleure de honte toutes les larmes de mon corps dans la baignoire. C'est vendredi, jour du bain.

---

1. Classe équivalente, en France, au CM2.
2. Adjoint du directeur du lycée, qui supervise notamment les surveillants généraux.

Je veux une batterie, 1963

Mes parents nous ont toujours laissé, à ma sœur et à moi, la liberté de choisir ce que nous voulions faire de nos vies, et ce malgré les terribles épreuves qu'ils ont dû traverser : cette ouverture d'esprit, peu commune à l'époque, me permettra de me consacrer à réaliser mes rêves. Car j'en ai un, depuis tout petit : devenir musicien. Que j'exprime bruyamment en tapant sur des casseroles et sur tout ce qui passe à ma portée avec la paire de baguettes bricolées par mon père. Je les tanne pour qu'ils m'offrent une batterie. Mais en cet hiver 1962, particulièrement rude, mes parents viennent d'acheter la maison de Chiswick et n'ont plus beaucoup d'argent. Noël arrive ; des petits cadeaux, mais rien de « percutant » à l'horizon… En prévision de mon anniversaire, je décide de suspendre des petites pancartes, attachées par des bouts de ficelle, dans tous les endroits stratégiques de la maison : porte d'entrée, salle à manger, cuisine, salon et même l'escalier… Dessus, le message est on ne peut plus clair : « JE VEUX UNE BATTERIE. »

Le 23 février, un samedi, mes parents n'en peuvent plus de mon impatience. Ils avancent de deux jours la date de ma naissance en cette année fatidique, celle du fameux « deux chiffres », le nombre symbolique pour tous les enfants : l'anniversaire de mes 10 ans, censé nous amener dans la cour des grands. Au réveil, mon esprit joue à la marelle. Sur la table de la salle à manger, solitaire, un volumineux paquet. Allez : 1, 2, 3, ça fredonne dans ma tête… 4, 5, 6, je me rue vers mon obsession… 7, 8, 9, mon cœur s'accélère… 10, la case ciel… Mes doigts s'activent, mes petites mains déchirent le papier cadeau, je disparais dans un nuage de morceaux d'emballage… Mon cœur explose de joie : je tiens – enfin ! – dans mes mains *ma* caisse claire. Un fût bleu nuit écaillé, plus lourd que ce à quoi je m'attendais. J'en détaille les moindres parties. Je découvre un pied dans le paquet, le déplie et y dépose adroitement *ma* caisse claire. Soudain, ma mère est à mes côtés ; elle observe, émue, avec un doux sourire, son fils placer fièrement la minuscule cymbale splash au sommet d'un bras qui dépasse sur le côté de la caisse. Et taper, *bang* sur le tambour, *swoosh* sur la cymbale avec ses baguettes de fortune.

Mes parents sont assez rock'n'roll pour avoir avancé mon anniversaire mais savent-ils qu'ils viennent, à cet instant, d'ouvrir la porte vers mon futur, d'en poser la première pierre ? Et quelle entrée, celle des artistes… Mon cœur s'embrase. Combien de parents sont *vraiment* à l'écoute de leurs enfants ? Malgré mon handicap, j'ai eu de la chance : j'aurais tout aussi bien pu faire partie de la cour silencieuse et terrible des enfants maltraités ; ceux qui, à l'école, inventaient des excuses bancales pour justifier leurs bleus, les jours de piscine.

Je remercie ma mère, la serre brièvement dans mes bras : c'est sûrement elle qui a plaidé en ma faveur pour ce cadeau. Je jette un nouveau coup d'œil excité à *ma* caisse claire puis abandonne tout le bazar en vrac sur la table et monte voir mon père, qui tient les finances de la famille. Il est encore au lit ; je lui dis :

— Merci pour la caisse claire, c'est exactement ce que je voulais. Mais comment je vais faire pour acheter le reste de la batterie ?

Le journal tombe de ses mains et le monocle de son œil droit. Ses yeux bleu pâle me jettent un regard plein d'ironie. Dans un soupir exaspéré et sarcastique, il me lance :

— Si tu es sérieux, tu trouveras un moyen…

Il revisse son monocle et disparaît derrière son journal. Je dévale l'escalier, saute par-dessus la rampe trois marches avant d'arriver sur le sol carrelé et cours dans la petite cuisine. De sous l'évier je tire le seau en fer de ma mère, le remplis d'eau chaude, prends une serpillière et du liquide vaisselle. J'enfile des chaussettes épaisses, un pull et un pantalon par-dessus mon pyjama, des gants, mon duffel-coat beige. J'enfonce mon bonnet en laine sur ma tête, claque la porte de la cuisine derrière moi et pars dans la rue enneigée, mes bottes en caoutchouc noires aux pieds. À la manière des Louveteaux avec leur « 1 shilling par boulot », je fais du porte-à-porte en proposant aux voisins de laver leur voiture, expliquant que je dois m'acheter une batterie. Aujourd'hui encore, j'ai le souvenir de cette eau devenue glaciale qui coule du toit des voitures jusqu'à mon aisselle, suivant l'intérieur de mon bras droit. Après trois « lavages », qui consistent pour la plupart à déneiger le véhicule, je compte mes sous dans mes mains gelées : j'ai de quoi me payer ma première *vraie* paire de baguettes. Jim, mon troisième client, un costaud aux cheveux poivre et sel coupés en brosse, ancien batteur dans l'orchestre de l'armée de l'air, me file un tuyau pour m'assurer que les baguettes sont bien droites avant de les acheter : les faire rouler sur le comptoir du magasin. Je rentre à la maison, me dégèle les mains au radiateur – désormais en feu de l'envie de jouer – et implore ma mère de me conduire à *Western Music*, au 150 Kings Street à Hammersmith… à cent mètres de la salle de concert mythique, le Hammersmith Odeon.

La clochette de la porte vitrée de la boutique sonne pour annoncer notre arrivée : c'est la première fois que je mets les pieds dans un magasin de musique. Un long comptoir, des batteries empilées, certaines installées, un arbre à cymbales, des guitares et des basses sur les murs, des amplis… Ma maman et moi nous faufilons entre deux hommes accoudés au comptoir en verre. Je sors la ferraille de mes poches et aligne soigneusement, en petites piles, les pièces de mon butin. Un frisson me traverse quand le taulier me passe une paire de baguettes en noyer blanc, que je me concentre à faire rouler sagement sur le comptoir. Je sens le coude complice de ma mère dans mes côtes. L'homme à ma droite, grand nez, longs cheveux noirs, une bague à chaque doigt, raconte une blague avec un fort accent de Liverpool. Derrière lui en costard, l'autre, visage aux traits sans âge, lui dit, en pouffant :

— Encore un bon gamin qui s'engage sur le chemin de la ruine…

Ces deux-là s'apprêtent à changer le monde : je suis en présence de Charlie Watts, qui venait d'intégrer officiellement les Rolling Stones, et de Ringo Starr, des Beatles. Je le recroiserai trois ans plus tard, puis encore, à la fin des années 1970…

The Rocking Vicars, 1965[1]

En 1965, alors que j'use encore mes fonds de culotte sur les bancs du lycée français, Nick Gribbon, 17 ans, rejoint les Rocking Vicars en tant que guitariste rythmique. Il est, comme les autres membres du groupe, fondé deux ans plus tôt, originaire de Blackpool, station balnéaire de la mer d'Irlande, dans le nord-ouest de l'Angleterre. Le batteur, Ciggy[2], est, à n'en pas douter, la star du groupe. Trônant fièrement à l'avant de la scène, en plein milieu, juste à côté du chanteur, Reverend Black[3], sa batterie est l'une des toutes premières du pays à arborer une double grosse caisse. Avec son ampli de cent watts et ses deux haut-parleurs de dix-huit pouces chacun, Stephen Morris, surnommé Mogsy, le bassiste, rivalise en (fort) volume sonore avec le guitariste soliste, Ian Holbrook. Les Vicars ont leur propre sono, trafiquée pour en tirer le maximum de puissance : c'est le groupe le plus bruyant et le plus sauvage de la région, qui traîne une réputation sulfureuse avec ses spectacles à la limite du dangereux, teintés de vaudeville et de cabaret. Tenues de scène – soutanes noires et cols blancs d'ecclésiastiques – à l'unisson de son nom[4], le groupe provoque volontairement et fait parler de lui, jusqu'au fourgon sur le toit duquel les membres ont installé une croix en métal (qu'ils doivent démonter lorsqu'ils se rendent, en ferry, en Irlande du Nord). Pour énerver davantage les anciennes générations et plaire aux jeunes, les cheveux sont portés longs, sous le col. La provoc fonctionne, mais finit par se retourner contre eux : se voyant refuser de plus en plus de concerts par des organisateurs qui plient face aux réactions scandalisées de la vieille garde, le groupe change de nom pour The Rockin' Vickers.

Cette année-là, de Blackpool, le groupe et ses deux techniciens se rendent en van jusqu'à Hull, sur la côte est, où ils embarquent pour Bruges, traversent l'Europe du Nord jusqu'à Stockholm et montent sur le ferry de nuit : direction Helsinki, à quatre cents kilomètres à travers la mer, où ils doivent entamer leur tournée finlandaise. Sur le bateau, les sept hommes découvrent la cabine réservée par le manager, bien trop petite : ils décident de la tirer à la courte paille. Les deux techniciens, Pete Langer et Nod, hurlent

---

1. Les faits relatés dans ce chapitre m'ont été rapportés par Harry Feeney, Nick Gribbon, Shel Talmy et Patricia Inder.

2. Cyril Shaw, de son vrai nom.

3. Harry Feeney.

4. Le mot *vicars*, « vicaires » en français, désigne les pasteurs protestants de l'Église anglicane au Royaume-Uni.

à la tricherie, mais finissent dans le fourgon. Cette nuit-là, la houle fait rage ; lorsque le ferry arrive à Helsinki, les musiciens descendent récupérer leur van, ouvrent la portière et découvrent l'intérieur constellé du vomi des deux gaillards. Ce ne sera pas le seul incident qui émaillera la tournée. Après les premiers concerts, Nick et Ciggy se font arrêter par les flics finlandais pour suspicion de détention de drogue et passent la nuit en prison. Aussi sulfureux sur scène qu'en dehors, le groupe a notamment une fâcheuse tendance à laisser des notes d'hôtels impayées, à tel point que leur (mauvaise) réputation sur place va déteindre sur celles de nombreuses autres formations britanniques, qui voient leurs contacts finlandais devenir frileux à l'idée de les faire jouer sur place. Finalement, la tournée se termine mais Ciggy refuse de revivre le cauchemar de l'aller : il convainc le manager d'acheter des billets d'avion pour les musiciens... qui laissent aux techniciens le soin de ramener fourgon et matériel. Dans le vol de Londres à Manchester, le groupe croise la route des Who, avec qui il partage fréquemment l'affiche : ces derniers vont faire la promo de leur futur tube, « My Generation », dans *Top of the Pops*. C'est durant ce vol que Pete Townshend propose à Nick la chanson « It's Alright ». Après le show télé, les Who passent la nuit à faire la fête chez les Rockin' Vickers. Le matin, un flic se présente à la porte.

— Vous conduisiez votre van à 110 km/h la nuit dernière.

— C'est pas mal pour une conduite en troisième, réplique Ciggy.

Le flic se met à rire ; le trouvant sympathique, les Vickers l'invitent à entrer prendre une tasse de thé, que Keith Moon assaisonne d'une bonne dose d'amphétamines. Quelques minutes plus tard, à la grande joie de tous, le policeman se met à jacasser, à haut débit... Il parle, bafouille. Finalement n'en pouvant plus, l'équipe le raccompagne à la porte d'où ils lorgnent le bobby s'éloigner joyeusement, d'un pas militaire accéléré.

Ce samedi après-midi, les Vickers se rendent à *Barratts Music Store*, le principal magasin d'instruments de musique de Manchester et à ce titre *le* repaire de tous les musiciens du coin : Ciggy y achète notamment de nombreuses baguettes, il en casse beaucoup, et on y trouve des Gibson et des Fender, encore rares à cette époque au Royaume-Uni. Nick y aperçoit un jeune homme aux cheveux longs, vêtu d'une veste militaire, qui gratouille une guitare acoustique, à l'écart. Nick demande à essayer une Gibson ES-335, s'installe à côté de lui et engage la conversation :

— J'ai jamais vu des cheveux aussi longs... sur un garçon...

L'autre lui répond en rigolant :

— Ah bon ? Je m'appelle Ian Frazer[1], et toi ?

— Salut, moi c'est Nick Gribbon...

— C'est quoi, ta date d'anniversaire ?

— Le 2 janvier 48, et toi ?

— Le 24 décembre 45. Tiens donc, nous sommes tous les deux Capricorne...

Entre eux, le courant passe immédiatement. Les Vickers sont en train de sortir du magasin, mais ils jouent le soir même à l'*Oasis Club*, dans Lloyd Street. Nick propose à Ian de venir, qui ne se fait pas prier : il arrive même en avance, espérant se rendre utile en déchargeant l'équipement – sans doute également pour percer le secret du son du groupe le plus bruyant de la région. Il s'installe sur le côté de la scène ; la salle se remplit. Tout d'un coup, cinq hurluberlus déboulent des loges, en pantalon blanc, blouse bleu nuit au liseré jaune et col romain, bottes en fourrure aux pieds. Le volume décape, leur jeu de scène est explosif ; Ciggy fouette la batterie à double grosse caisse qui trône à côté du chanteur, la foule réagit à la provoc... Ian est acquis à la cause. Après le concert, comme il n'a nulle part où aller, le groupe le ramène dans son QG : une grande baraque noir et blanc du quartier huppé de Higher Broughton. À l'entrée, Ian remarque un drôle de truc accroché au mur.

— C'est quoi, ça ?

— La boîte à culottes, lui répond Nick. Les filles doivent y laisser la leur pour pouvoir entrer.

Ian est autorisé à vivre avec eux, à l'œil, contre un boulot de roadie pour les concerts. Ses seuls revenus, c'est le cash qu'il arrive à soutirer à l'équipe, musiciens comme techniciens. Il y gagne un surnom, appelé à passer à la postérité : « Lemmy », pour *lend me*[2]... Avec ses trois grandes chambres, le QG des Vickers est un joyeux bazar : les roadies trafiquent les compteurs d'eau et de gaz, se raccordent en douce au réseau électrique des voisins... « Payez avec des chèques en bois » est la maxime des Vickers et Ciggy, parodiant Churchill, invente un nouvel aphorisme les concernant : « Jamais autant d'argent n'a été dû par si peu d'hommes envers autant[3]. » La situation, chaotique, ne peut pas durer : le propriétaire de la maison finit par les expulser, et va jusqu'à les payer pour qu'ils

1. Aussi improbable que ça puisse paraître, Lemmy Kilmister ne s'est pas toujours appelé ainsi...

2. « Prête-moi ».

3. En août 1940, Winston Churchill saluait le courage des pilotes de la Royal Air Force pendant la bataille d'Angleterre par cette phrase : « *Never in the field of human conflict was so much owed by so many to so few.* » (« Jamais, dans l'histoire des conflits humains, dette aussi grande n'a été contractée par autant d'hommes envers si peu. »)

partent. En quittant les lieux, qu'ils ont saccagés, l'un des techniciens embarque un téléviseur sous le nez du proprio… qui laisse faire : le soulagement de s'être débarrassé d'eux l'emporte.

Dans le groupe aussi, il y a du mouvement : les deux guitaristes, lassés des frasques et des folies, annoncent ensemble leur départ. De son côté, Harry leur reproche leurs plaintes continuelles au sujet des conditions de vie du groupe… Rupture définitive et immédiate : Nick et Ian plantent le groupe immédiatement, juste avant un concert. Harry fait signe de remballer le matos, mais Lemmy l'arrête net.

— Non Harry, maintenons le concert. Je connais toutes les chansons par cœur, j'suis capable de les remplacer. Donne-moi une chance, qu'est-ce qu'on risque ?

Harry n'est pas convaincu, mais il ne sent pas non plus de ternir la seule « réputation » positive du groupe : celle de n'avoir jamais annulé le moindre engagement. Pour Lemmy, c'est une opportunité comme il s'en présente rarement, et la meilleure de sa vie jusque-là : il se démène, bouge dans tous les sens, s'emploie à faire plus de boucan que les deux autres réunis, se révèle en showman. Et ça fonctionne : le public en redemande, les concerts décollent et attirent de plus en plus de monde. Les Vickers prennent finalement leur essor… Lemmy a maintenant un revenu stable et prend de l'assurance ; il se montre volontiers sociable et volubile, notamment auprès de ceux qui peuvent lui apporter quelque chose. Un soir de concert, Harry est ainsi obligé de le traîner sur scène depuis la loge de Billy Fury, où Lemmy mitraillait de questions le pionnier du rock britannique.

L'heure est venue d'enregistrer un 45 tours : Harry pense pouvoir obtenir un deal avec Decca si les Vickers se défont de l'image provocatrice qui leur colle à la peau. Il souhaite faire produire le disque par Shel Talmy, qui est à l'origine du son de guitare sur « You Really Got Me », des Kinks, et sur « My Generation », des Who, mais ce dernier est occupé. Glyn Johns prend la relève à la production d'« It's Alright », une version alternative de « The Kids Are Alright », des Who. Shel Talmy reprend la main pour un second 45 tours – « Dandy », une chanson des Kinks –, avec Glyn Johns comme ingénieur du son. Cette version n'aura toutefois pas le succès de l'énorme carton que Mickie Most, producteur des Animals, enregistre avec Herman's Hermits et qui sort également en 1966…

Les enregistrements terminés, les Vickers s'octroient des vacances avant de partir en tournée. Harry et Lemmy rencontrent les deux chanteuses d'un groupe qui joue dans les bases militaires américaines en Allemagne : Lynne devient la petite amie d'Harry, Patricia

Inder, surnommée Tracy, celle de Lemmy ; ils se voient à chaque fois qu'elles reviennent à Manchester. Côté Vickers, les concerts reprennent et le groupe est le premier de l'Ouest à traverser le rideau de fer, jusqu'en Yougoslavie. Reçus comme des stars, ils sont escortés à travers la ville par la police et reçus sur un plateau télé avant de jouer devant le public le plus nombreux de leur carrière... Au retour, Harry décide de prendre un virage plus commercial pour percer au Royaume-Uni, direction qui déplaît à Lemmy. Il quitte le groupe. Tracy est enceinte, mais Lemmy l'ignore. Apprenant la nouvelle, Mogsy propose de l'épouser, mais elle refuse et se retrouve face à un choix douloureux : garder l'enfant ou continuer sa carrière de chanteuse. Paul Inder naît le 12 mai 1967.

HELP!, 1965

Au lycée français, redoubler me permet de faire la connaissance d'un élève américain, Richard Shenson. Il devient rapidement un ami, un allié. De retour des vacances de Noël, qu'il a passées aux États-Unis, il m'offre un G.I. Joe articulé de trente centimètres de haut, en tenue de l'US Air Force : casque blanc avec visière bleu turquoise, combinaison orange, joue balafrée et canot pneumatique de sauvetage. Ce pilote, qui vient d'apparaître aux États-Unis, restera longtemps l'unique membre de mon escadron personnel, en mission chaque soir de bain – les figurines Action Man sortiront en Europe deux ans plus tard.

En mars 1965, Richard me propose de venir fêter son anniversaire. Je m'imagine tout de suite la scène habituelle, quelques copains et copines de classe qui chantent (faux) autour d'un gâteau, et réponds, vaguement blasé :

— Où ça ? Quand ?

— Mercredi prochain, mais je ne peux pas te dire où... Il faut que ta mère appelle la mienne, elle lui expliquera. Donne-lui notre numéro.

— Ah bon ? D'accord.

Rentré chez moi, j'en parle à ma mère, qui décroche le combiné familial. Curieux, j'attends à côté et perçois une voix de femme teintée d'accent américain.

— Allô ?

— Bonjour, c'est Dickie, la maman de Lucas... Ravie Geraldine... Oui OK, compris : le 31, mercredi prochain. Vers 14 heures chez nous ? Ça marche... C'est au 34 Foster Road à Chiswick. Pas loin de Dukes Avenue, qui donne dans Chiswick High Road. Il y a une église en brique rouge qui fait l'angle, vous tournez à gauche, puis première rue à droite, et première à gauche.

Elle repose le combiné, l'air troublé.

— Alors ?

— Tu y vas, mais je ne sais pas où.

— Ah bon ?

— Oui, j'ai confiance. La maman de Richard viendra te chercher ici à 14 heures mercredi prochain.

Le lendemain, au lycée, j'essaie de tirer les vers du nez de Richard, mais rien à faire : il devient tout rouge et me répond qu'il n'a rien le droit de dire. Ce sera une surprise. Trois autres copains de classe sont invités ; ils n'ont pas plus d'informations que moi.

La semaine passe au ralenti, le week-end aussi… Enfin, mercredi arrive. Après la matinée en classe, je rentre en métro. Excité mais vaguement inquiet, j'expédie le déjeuner et me poste près de la fenêtre de la salle à manger pour guetter, tapotant distraitement mes baguettes sur mes genoux… Au bout d'une demi-heure, mais qui n'est sans doute que cinq minutes, une sorte de ronronnement lointain vient rompre le calme de ma rue de banlieue. Je colle mon nez à la vitre du bow-window, tentant d'apercevoir, par-dessus la haie des voisins, la source du bruit qui s'amplifie rapidement en rugissement. Enfin, l'animal se révèle : un nez surmonté du jaguar caractéristique de la marque vient de jaillir du buisson, puis, c'est toute la longueur d'une limousine bleu ciel qui s'arrête devant notre maison, dans un crissement de pneus. La bête se tait ; une bombe hollywoodienne, élégante et pimpante, en sort et vient sonner à notre porte. Dans un flash, j'enfile ma veste et me retrouve sur la banquette arrière, flanqué de mes deux copains de classe. Richard est devant, à côté de sa mère qui redémarre. Les odeurs du cuir et d'un parfum féminin mêlées m'envoûtent, font monter l'excitation. Nous passons devant Chiswick House ; la Jaguar vibre et nous colle à la banquette chaque fois que notre conductrice accélère. Chiswick Bridge, la Tamise en dessous ; le clignotant cliquette, on quitte la route principale pour un chemin dont les arbres passent et disparaissent dans le rétroviseur, la Tamise, à nouveau, scintillante dans ce soleil de mars. Le chemin me perd ; nous finissons par nous arrêter devant un portique, garde en uniforme noir au contrôle, avant de repartir au pas jusqu'à un bâtiment gigantesque. Geraldine nous fait descendre et nous aligne à côté d'elle, frappe quelques coups secs sur la porte massive qui résonne puis s'ouvre dans un grincement de roues, révélant l'intérieur d'un hangar au plafond vertigineux. Mes yeux sont partout. Des façades de maisons typiques des années 1930 ont été montées le long du mur gauche, on se croirait dans Chiswick ; quatre pièces, chacune d'une couleur différente – une verte, une blanche, une marron, une bleue – communiquent sans la moindre cloison, comme si l'on avait retiré les murs de quatre maisons mitoyennes… Dans la partie marron, un lit est installé dans le sol, il faut descendre trois marches ; un canapé, des fauteuils, un téléviseur, de grandes étagères blanches pleines de bouquins sur un côté – certains semblent avoir été peints, d'autres semblent réels ; un orgue de science-fiction, aux côtés lumineux, attend dans un trou dans le sol… Tout est hypermoderne, voire loufoque : dans le coin vert, un gars habillé en fermier mâchouille une paille et tient une flûte traversière, adossé contre un lit en fer forgé. Sur le sol est étalé un tapis en fausse herbe. Sur le mur du fond, bleu royal bordé d'argent chromé, s'étalent de grands distributeurs de café, de boissons et de bouffe, comme dans les *diners*... À la place du plafond, d'énormes projecteurs ; tout autour, des caméras. Il fait chaud et ça grouille de monde mais au fond de la salle, assis au coin maquillage, je reconnais immédiatement quatre visages : John, Paul, George et Ringo. Nous venons d'arriver sur le plateau de tournage de *Help!*, le second film des Beatles. Et c'est Walter Shenson, le père de Richard, qui le produit.

Geraldine nous invite à aller voir « les garçons », et nous présente à eux : ils nous serrent la main, les yeux pétillants d'humour, en nous donnant du « Hello Richard ! », « Hello Lucas ! » avec leur épais accent de Liverpool...

— En position tout le monde pour la prochaine scène.

Les *Boys* se mettent en place, prennent les guitares, Ringo s'installe sur le lit avec un tambourin. On nous met dans un coin, avec interdiction de faire le moindre bruit.

— Silence plateau. Appel moteur. Action !

Ils entament « You've Got to Hide Your Love Away » : John, qui se balance doucement dans un grand fauteuil en cuir noir, commence à chanter en s'accompagnant d'une douze cordes acoustique. À côté de lui, Paul, debout contre la bibliothèque, joue de sa fameuse basse Höfner ; Ringo, au centre dans son trou, frappe sur son tambourin. Eleanor Bron, en rose fuchsia des pieds à la tête, est assise à l'extrémité d'un canapé Chesterfield noir, l'air embarrassée et coincée. Assis à l'autre bout, George tente de l'aguicher avec sa guitare folk.

Tout l'après-midi, ils enchaînent prise sur prise, toujours la même chanson ; les caméras varient les angles de vues, plans serrés, plans larges, devant, derrière... Les *Boys* s'y prêtent volontiers, mitraillés de tous les côtés, et se racontent des blagues entre chaque tournage. De mon côté, je suis émerveillé et fasciné ; l'après-midi passe comme dans un rêve. Avant de partir, on nous fait jurer de n'en parler à personne : il ne faudrait pas que les admiratrices des quatre garçons dans le vent apprennent ce qu'ils sont en train de préparer... sous peine de voir débarquer, dans l'instant, des milliers de fans hystériques aux Twickenham Film Studios.

De mon retour à Chiswick – à la réalité –, je ne garde pas le moindre souvenir, si ce n'est celui du tube des Beatles tournant inlassablement dans ma tête. Après avoir passé la journée à regarder des musiciens jouer aux acteurs, mon futur apparaît clairement devant moi : je veux être musicien, acteur et même dessinateur, tout à la fois. Ce monde de création, qui me semble hors du temps et de la réalité, m'attire à lui, irrésistiblement.

Un grand oiseau noir, octobre 1965

Si l'art et la création exercent une telle attirance sur mon esprit, mon corps adolescent, lui, découvre avec fascination le sexe opposé. Au premier étage de la maison à côté de la nôtre vivent deux jeunes femmes, l'une m'attire tout particulièrement. Un soir, alors que Patrick McGoohan vient de démasquer une espionne orientale et que le générique au clavecin de *Destination Danger* sonne l'heure du coucher, je découvre par la fenêtre de ma chambre que les petites culottes des voisines sèchent dehors, sur une corde à linge. Sans idée précise en tête, j'attends que notre maison s'endorme puis sors de mon lit, descends l'escalier à pas de loup et pousse tout doucement la porte extérieure de la cuisine. Le sol en béton est froid sous mes pieds nus ; à côté, aucune lumière ne filtre ; mon cœur cogne dans mes oreilles… Je me hisse sur la palissade qui sépare nos maisons ; en équilibre précaire, j'attrape, d'une main, le fil, le tire à moi. Soudain, la cuisine de l'étage est inondée de lumière ; je lâche la corde, dégringole à terre en m'écorchant les genoux sur le bois rêche et me blottis dans l'ombre, le cœur à tout rompre. Chez les voisines, l'obscurité est revenue : je remonte et parviens, de justesse, à décrocher une petite culotte bleu marine… Frissonnant de tout mon corps, je rentre chez moi par la cuisine, mon trésor serré dans ma main, ma main dans le secret de ma poche de peignoir, et remonte dans ma chambre. Je prends mon temps ; l'odeur de la lessive, la texture élastique de la culotte, son humidité, encore, m'enivrent. Mon désir enterre toute honte que je pourrais avoir et je savoure bientôt mon premier plaisir de jeune garçon. Avec la peur au ventre de ne pas réussir à remettre le morceau de tissu où je l'ai pris, j'emprunte le parcours inverse. La corde est presque à portée… un dernier effort, je me hisse un peu plus, le bois de la palissade incrusté dans le thorax… Cinq minutes plus tard, je sombre dans les bras de Morphée : elle a le visage de la voisine.

Au réveil, c'est la trouille qui m'accueille : pourquoi est-ce que j'ai fait ça ? Et si elles m'avaient vu ? La journée, toutefois, se passe sans problème sur les bancs du lycée. Arrive l'heure de fin des cours. Comme chaque jour, je prends le métro, station South Kensington ; et comme chaque jour ou presque, le gars au guichet me sort une blague pourrie lorsque je demande un billet pour Turnham Green[1], que je fais à nouveau semblant de trouver hilarante. Sur le quai de la

1. « *A ticket for Turnham (Turn ham) green* », qu'on peut traduire par « Un billet pour rendre le jambon vert ». Ce qui ouvre le champ des possibles à tout un tas de réponses idiotes.

District Line s'amasse une foule composée de visiteurs du Muséum d'histoire naturelle, voisin du lycée, d'ados en uniforme pourpre et gris d'un des établissements pour garçons du coin, la cravate noire en bataille, et d'écolières aux jupes plissées grises et vestes violettes, les chaussettes blanches jusqu'aux genoux. Le métro arrive et tout le monde se bouscule bruyamment pour entrer dans la rame. Le rituel est immuable ; seule originalité, ponctuelle et récurrente : l'odeur de sueur, mêlée à celle des bonbons anisés, qui trahit les jours de sport obligatoire. Debout dans la rame, appuyé à l'une des portes, je regarde défiler lentement l'arrière des maisons à travers la vitre embuée. Le linge qui sèche, les fenêtres éteintes, le noir de la suie qui recouvre le rouge de la brique ; parfois un fumeur de clope dans le halo lumineux d'une ampoule qui pend d'un plafond. Station après station, les mêmes auvents aux bordures taillées en dents de lion ; les mêmes lampadaires éclairant le rideau de perles du crachin ; les plateformes luisantes de pluie. Cliquetant, le métro avance, les roues en métal grincent contre les rails dans les longues courbes d'Earls Court et d'Hammersmith : on approche de mon arrêt.

Je passe sous le pont ferroviaire et coupe par le parc : il y a une quinzaine de minutes de marche jusque chez moi. La bruine légère me rafraîchit le visage ; je donne un coup de pied dans un tas de feuilles mortes, brunâtres, rouges et jaunes, empilées humides en bas des arbres ; l'odeur mêlée de décomposition lente et de terre boueuse me caresse les narines. Dans Chiswick High Road, je passe devant le disquaire chez qui j'ai acheté *Get Off of My Cloud*, le 45 tours des Stones, quelques jours plus tôt ; il y a du monde dans la boutique. L'église au coin de Dukes Avenue est en vue : je suis bientôt chez moi.

Ma mère me prépare des haricots rouges et des saucisses, que j'avale avec des toasts et une tasse de thé au lait sucré. Je lave l'assiette dans l'évier, puis retourne dans la salle à manger, place le premier album des Rolling Stones sur la platine et m'installe, mes baguettes à la main, derrière ma batterie. J'en suis au milieu de « Route 66 » lorsque la sonnette retentit. Je tourne la tête : la voisine – *ma* voisine – est dehors, debout devant la porte d'entrée. Mon cœur s'arrête, une peur glacée me fige en plein roulement de toms : hier soir, elles m'ont vu, je suis foutu.

Mon père, qui vient de rentrer du travail, traverse le couloir pour ouvrir ; la rumeur d'une discussion qui semble animée me parvient par-dessus les derniers refrains de la chanson. Il entre dans la pièce et me demande de venir avec lui d'un ton qui ne souffre pas la contestation.

Craignant le pire, cramoisi, je le suis dans la maison d'à côté ; nous montons l'escalier derrière la voisine, qui nous fait entrer dans une cuisine en formica jaune. Elle nous annonce, catastrophée :

— Là, vous voyez ? Comme je vous ai dit : un énorme oiseau ! Aidez-moi je vous en prie, il me fait peur.

Mon père et moi levons les yeux : en effet, au-dessus du placard se détache une grosse boule de plumes noires, prolongée d'une queue bleu pétrole aux taches blanches et d'un long bec ouvert. Des jacassements furieux témoignent du mécontentement de l'animal de se retrouver là. D'un coup, mes craintes s'évaporent et mon cœur se calme un peu : sauvé. Mon père grimpe sur une chaise et attrape adroitement l'oiseau dans ses mains. Nous saluons la voisine, soulagée, qui me regarde droit dans les yeux avec un grand sourire. Je pique un fard coupable et essaie, sans trop de succès, de ne pas baisser les yeux vers sa minijupe, sous laquelle elle porte peut-être l'objet de mes fantasmes de la veille.

Nous ramenons l'oiseau, une jeune pie, chez nous et l'installons dans une vieille cage – celle, autrefois, de Pickwick, la perruche de ma sœur. Suzanne et moi voulions un autre oiseau depuis sa mort puisque, *a priori*, ces animaux ne sont pas mortellement nocifs pour moi. Ma sœur et ma mère tentent de nourrir la pie – morceaux de viande crue, cacahouètes pilées, tout ce que *British Birds*, la bible ornithologique du naturaliste W. H. Hudson, nous suggère. Rien à faire : le bec dédaigneux pointé vers le haut de la cage, elle nous snobe. Qu'à cela ne tienne, la famille, elle, a faim. Ma mère prépare des œufs à la coque – un sandwich pour moi –... et la pie devient folle. Ma mère la nourrit à la cuillère entre les barreaux... Une pie qui raffole d'œufs cuits ? Mystère... Rassasiée, notre nouvelle invitée tourne la tête, la cache entre ses ailes et s'endort.

Le lendemain matin, lorsque je me lève, j'entends de drôles de bruits en bas : le chant du coq, une vache qui meugle, des aboiements... J'entre dans le salon pour découvrir notre pie en séance d'imitation. Comme Sherlock Holmes, je dresse la liste des indices dans ma tête et tente de reconstituer les faits : elle est habituée à la nourriture des humains, imite les animaux de la ferme... Je la visualise tombant de son nid dans une cour de ferme, elle est recueillie par la famille qui y habite – Chiswick n'est pas si éloigné de la campagne après tout. Sentant qu'elle est apprivoisée, les autres oiseaux l'attaquent... Paniquée, elle passe par une fenêtre ouverte une nuit d'automne... et atterrit chez les voisines... Pendant ce temps, la pie change de numéro, préférant imiter le rire de ma mère, qui part immédiatement dans un grand fou rire. Nous décidons de la garder et lui trouvons un nom : Pica, le mot latin pour « pie ». Le soir, nous la laissons se dégourdir les ailes dans la pièce pendant que nous dînons, chacun avec notre assiette sur les genoux, devant le journal télévisé. Pica fait le tour de chacun de nous, d'abord timidement puis, prenant son courage à deux pattes, s'approche de moi et pique un morceau de viande dans mon assiette. Sautillant triomphalement sur la moquette, elle cache son trésor sous le coussin de l'autre canapé, avant de répéter la procédure auprès de mon père. Ce nouveau morceau de viande va rejoindre le premier, non sans que Pica en avale un bout dans l'opération. Elle vient ensuite s'installer sur mon bras, semble regarder la télé un moment puis s'endort comme la veille, la tête entre les ailes. Lorsque Pica ressort de sa cage, le lendemain soir, elle commence par visiter sa cachette... vide, ma mère ayant récupéré le butin entre-temps. D'abord paniqué, l'oiseau semble s'énerver, parcourant la moquette, et s'arrête devant Dickie. L'accuserait-elle ? En geste d'apaisement, ma mère tapote le canapé à côté d'elle et propose son assiette à l'oiseau. La paix revenue, Pica repart caquetant manger son bout de poulet avant de dissimuler les restes, une habitude désormais, sous un coussin. Pica devient vite le cinquième membre de la famille et une routine hebdomadaire s'installe : nous ne récupérons les trésors de l'oiseau qu'au bout de quatre ou cinq jours, avant qu'ils ne commencent à pourrir ; le samedi, nous nettoyons la cage. Mon père et moi lui construirons plusieurs cages, de plus en plus grandes mais toujours démontables pour pouvoir l'emmener en vacances avec nous – ce que nous ferons durant toute sa vie.

Au moment où Pica fait son entrée dans ma vie, ma sœur et moi traînons avec les jeunes des cités HLM de Chiswick dans la MJC du coin. Un garçon roux aux cheveux en brosse, des pustules sur la bouille, pose sur la platine à disposition *My Generation*, le 45 tours des Who qui vient de sortir. La chanson explose à plein volume dans le club d'ados, je me prends les accords dans la tête. C'est agressif, les cris de révolte contre l'ancienne génération déchirent l'air, la batterie de Keith Moon pousse les Who comme les réacteurs d'un avion, en osmose parfaite avec le son rugissant du solo de basse – une révolution à l'époque – de John Entwhistle... Pete Townshend tord sa guitare en rythmique saccadée et Roger crache son venin en b-b-bégayant... Le punk a douze années d'avance sur son avènement et pour moi, c'est la révélation. « Ma génération », c'est celle-ci, et non plus Charlie, Ringo ou Joe Morello[1]. À la maison, lorsque je m'installe derrière mes fûts, que je continue d'acheter grâce aux voitures que je lave, le volume a augmenté considérablement, mon jeu est plus sauvage. On commence à recevoir des plaintes des voisins.

1. Batteur du Dave Brubeck Quartet.

Jimi, 1967[1]

Exit les Rockin' Vickers, devenus trop sages au goût de Lemmy : ce qui attirait les foules, c'était leur fougue, leur folie scénique et leur capacité à surprendre, le côté outrageux. Alors il traîne de piaule en piaule à Manchester sans véritable direction. Il sent qu'il plafonne dans le Nord, qu'il est temps d'attaquer le gros morceau… Londres. Les Birds, avec qui les Vickers ont partagé l'affiche, jouent à Northwich, pas loin de Manchester. Il y va et arrive à les convaincre de l'embarquer, le soir même, pour la capitale. En arrivant, il appelle la seule personne qu'il connaît sur place : Neville Chester, rencontré à l'époque où, en tant que technicien des Who, il rafistolait les nombreuses guitares que Pete Townshend cassait sur scène. Il s'occupe désormais de l'équipement du Jimi Hendrix Experience et partage un appartement avec le bassiste du groupe, où Lemmy va s'installer quelque temps. Trois semaines plus tard, lorsqu'il y a besoin d'une paire de bras supplémentaire, il rejoint Neville sur la tournée.

Lemmy n'est pas le seul à « tenter sa chance dans la capitale » à l'époque. Dès les années 1950, bon nombre de jeunes garçons voient dans la musique un moyen de se construire un futur différent de celui de leurs parents – la guerre est passée par là, touchant riches et pauvres sous les bombes, fils d'aristos et d'ouvriers dans les mêmes bombardiers descendus en flammes, liés dans un même destin à une espérance de vie réduite à quelques mois. Les Beatles ouvrent la voie à une génération entière.

Clive Taylor, dont je croiserai la route plus tard, en fait partie. En 1966, le bassiste fonde les Amen Corner avec six autres natifs de Cardiff ; ensemble, ils quittent le pays de Galles et rejoignent ces centaines de musiciens qui convergent vers la capitale et écument les scènes du Royaume-Uni. Les Amen Corner sont des habitués du *Speakeasy*, qui vient d'ouvrir, où ils jouent quatre sets de quarante minutes par soir. À la fermeture, vers 4 heures du matin, ils plient bagage et hissent leur équipement sur les marches en ferraille noire jusqu'au trottoir… Encore moites de sueur, exténués, ils regagnent leur hôtel dans l'ancienne ambulance qui leur sert de fourgon, collés les uns contre les autres, leur matos dans le dos et sur les genoux. L'hôtel *Madison*, à Sussex Gardens, est l'un de

---

1. Les faits relatés dans ce chapitre m'ont été rapportés par Lemmy, lorsque je le rencontre en 1974, et par Clive Taylor, bassiste du Tony Rowlands Band : c'est le groupe dans lequel je joue après Motörhead.

ces points de chute pour musiciens ; les deux chambres qu'ils s'y partagent sont pourries, mais c'est préférable au « confort » des premières nuits à Londres, passées dans l'ambulance pleine à craquer... Ils s'efforcent de rester éveillés jusqu'à l'ouverture du buffet du petit déjeuner, s'y goinfrent puis montent, repus, s'écrouler sur le lit, les poches pleines de viennoiseries, de saucisses et de bacon – de quoi tenir jusqu'au prochain repas, le lendemain, même heure.

Un soir de 1967, Amen Corner s'apprête à finir son deuxième set quand un gars, fine moustache, tignasse crépue, s'approche de la scène et demande timidement s'il est possible de faire une jam avec eux. Les Gallois le reconnaissent immédiatement mais peinent à croire que ce type tout doux puisse être celui auquel ils pensent... Derrière lui se tient un grand costaud au visage célèbre : Chas Chandler, bassiste du mégatube des Animals, « The House of The Rising Sun »... Plus de doute : c'est *lui.* Jimi.

●●●

Le 5 juillet 1966, Linda Keith, mannequin et copine du Rolling Stones Keith Richards, persuade Chas Chandler de l'accompagner au *Cafe Wha?,* où joue Jimmy James & the Blue Flames. Las des tournées, l'ancien Animals nourrit des ambitions de production de disques et de management. Jimmy James joue en ouverture sa version de « Hey Joe » et Chas y voit un signe – un ami lui a fait découvrir la chanson la veille, et elle lui a tellement plu qu'il s'est juré de trouver un artiste pour l'enregistrer à son retour en Angleterre. Lorsque Jimmy se met à jouer de la guitare avec les dents, la boisson de Chas lui glisse des mains et finit sur son pantalon. Il doit agir ; immédiatement après le show, il persuade Jimmy, de son vrai nom Hendrix, de poursuivre sa carrière au Royaume-Uni, entouré de musiciens britanniques. Le 24 septembre, à l'âge de 23 ans, Jimmy atterrit à Heathrow ; Chas l'installe à l'hôtel *Hyde Park Towers,* au 45 Inverness Terrace – j'habiterai à deux minutes à pied trois ans plus tard. Le 1er octobre, il assiste au concert que donne Cream au Regent Street Polytechnic et demande, avec audace, à taper le bœuf avec le groupe. Son guitariste, Eric Clapton, est à l'époque *le* dieu du rock-blues, comme l'affirment les graffitis « Clapton is God » que l'on croise parfois sur les murs de la ville. Hendrix monte sur scène et se lâche, passant en virtuose tous les trucs que Little Richard et les Isley Brothers lui interdisaient quand il jouait pour eux : la guitare derrière sa tête, entre ses jambes, des larsens, le vibrato, à genoux, les cordes entre les dents... Clapton se débranche, quitte la scène : Jimmy vient de tuer Dieu.

Le 25 novembre 1966, alors que le petit monde du rock'n'roll londonien s'imagine immunisé contre toute nouvelle folie, le Jimi[1] Hendrix Experience donne son premier concert, au *Bag O'Nails*, à Soho, avec Mitch Mitchell à la batterie et Noel Redding à la basse. Le club est minuscule, le sous-sol bas de plafond mais tous les grands noms font le déplacement : Paul McCartney et Ringo Starr, Pete Townshend et John Entwistle, Keith Richards, Mick Jagger et Bill Wyman, Jeff Beck, Eric Clapton, Eric Burdon, Terry Reid, Georgie Fame, Geno Washington, Denny Lane, Donovan... Les murs ruissellent. Jimi débarque sur scène vêtu d'une veste de hussard noire à brandebourgs dorés, fraîchement achetée chez *I Was Lord Kitchener's Valet*, dans Portobello Road. Sa Stratocaster cabossée à l'épaule, il murmure un bonsoir timide à l'adresse de l'assistance... avant de foudroyer tout le monde avec « Wild Thing ». Sous le choc, les musiciens de l'assemblée se décomposent, un abysse vient de s'ouvrir sous leurs pieds. Ce soir-là, un homme a changé à jamais la façon dont on joue de la guitare.

●●●

En cette soirée de 1967, Neil Jones, le guitariste d'Amen Corner, passe sa guitare à Jimi, qui met la sangle autour du cou. Pour lui qui est gaucher, les cordes sont à l'envers, mais ça ne l'empêche pas d'emboîter le pas à Dennis Byron, qui démarre un blues à la batterie. Le morceau terminé, Jimi remercie poliment le groupe et gagne le bar. C'est désormais quasi systématique : quand Amen Corner est programmé au *Speakeasy*, Jimi vient taper le bœuf avec eux... mais désormais, il apporte sa propre Strat. Le petit monde de l'industrie musicale, lui aussi, est au rendez-vous, et la carrière des Amen Corner ne tarde pas à décoller, les dates s'accumulent.

L'été arrive : alors que les hippies américains célèbrent le Summer of Love à San Francisco, les jeunes Britanniques aussi célèbrent l'amour dans les parcs, se réunissent pour fumer des joints, prendre de l'acide... Le quartier de Ladbroke Grove est l'épicentre de ce mouvement, comme Haight-Ashbury l'est pour les États-Unis. Un vent de changement souffle sur les mœurs et la société britanniques : les relations sexuelles entre hommes majeurs et l'avortement sont dépénalisés, le système de censure qui présidait au destin des pièces de théâtre est interdit, la peine capitale est en bonne voie d'être abolie... De nouvelles boutiques de mode et des disquaires ouvrent un peu partout dans la capitale : dans King's Road, Kensington High Street, Portobello Road... et même dans Chiswick High Road, à quelques pas de chez moi. Le plein

1. Comme il orthographiera son prénom, désormais.

emploi est là, le monde est plus coloré, plus optimiste que la grisaille des années 1950, l'argent circule.

En novembre et décembre 1967, les Amen Corner participent à la deuxième tournée « multigroupe » britannique du Jimi Hendrix Experience. Au programme : seize villes et deux concerts par soir. « Purple Haze » et « The Wind Cries Mary » sont dans le top 10 des ventes au Royaume-Uni, Jimi Hendrix est en passe de devenir une légende.

La première date, le 14 novembre, a lieu au Royal Albert Hall. Eire Apparent ouvre le show à un volume rarement entendu, les Outer Limit les suivent et la surenchère continue avec Keith Emerson, des Nice, plantant des couteaux, comme un démon, dans le clavier de son orgue Hammond. Les groupes ont mis en commun leurs sonos pour envoyer le maximum de puissance. En pleine ascension, les Amen Corner donnent tout et clôturent la première partie avant l'entracte.

Pink Floyd ouvre la deuxième partie avec son génie barré, Syd Barrett, pour dix-sept minutes colorées et assourdissantes de pyrotechnie musicale qui incluent leurs deux hits, « Arnold Layne » et « See Emily Play ». The Move, que j'avais vu en juillet au *Marquee* devant quatre cents personnes, tonne pendant trente minutes ; leur show se termine sur une pluie de guitares avec « Flowers in the Rain »...

Jimi Hendrix monte sur scène vêtu d'un costard lumineux en velours bleu ciel. À l'aise, son Experience est bien rodé désormais. Il use et abuse de ses pédales wah-wah, octave et fuzz ; son pouce gratte les cordes graves et laisse aux quatre autres doigts le soin de lancer ses mélodies hurlantes, qui tourbillonnent en larsens jusqu'au sommet du dôme de la salle victorienne ; sa voix est décontractée, chaleureuse... À la batterie, Mitch Mitchell puise dans ses racines jazz pour improviser pendant les envolées du guitariste tout en restant pile dans le groove. Noel Redding fait de sa basse un instrument lead, tout en fluidité, en contrepoint mélodique à Jimi. Quarante minutes plus tard, la salle explose en ovations alors que le groupe clôt la soirée.

J'assiste à tout cela du haut de mes 14 ans, dans une salle en extase, pleine à craquer. Lemmy, lui, est en coulisse... dans laquelle Peter Rocky Morley[1] le voit errer et prendre des poses dans un grand manteau de fourrure sombre. Il faut dire que, de l'aveu même de Lemmy, beaucoup de drogues circulent durant la tournée et Jimi insiste pour qu'il gobe, lui aussi, sa part des buvards qu'il lui demande d'acheter. Tout le monde est sous l'emprise de la drogue

1. À l'époque le manager de tournée des Amen Corner.

et/ou de l'alcool, certains résistent mieux que d'autres. Syd Barrett déambule tout seul, revient juste à temps pour monter sur scène à la première performance. Puis disparaît à nouveau et réapparaît pile pour la seconde... Jusqu'au soir où il s'éclipse complètement : David O'List, guitariste des Nice, doit le remplacer sur scène. Neville et Lemmy s'occupent de l'équipement de Jimi, s'installent derrière les stacks Marshall pour éviter qu'ils basculent à chaque attaque. Les pédales d'effets, notamment, résistent mal au traitement que le guitariste leur inflige chaque soir : Lemmy se retrouve souvent à quatre pattes à la fin du concert, à la recherche des morceaux éparpillés sur scène ; puis plus tard, à essayer de les reconstituer avant le show du lendemain... ce qui n'est pas une mince affaire sous acide ! Au Blackpool Opera House, ils laissent tout sur scène le soir pour charger le camion le lendemain. Lorsqu'ils reviennent dans la salle, des vandales se sont introduits dans le bâtiment et ont tout cassé : les cordes sont coupées, certaines guitares et plusieurs amplis sont complètement détruits... Régulièrement, Jimi rejoint Neil et Clive dans leur loge, fume des joints avec eux. Il n'a rien oublié des bœufs avec Amen Corner au *Speakeasy*, et le succès ne l'a pas changé : au quotidien, il est toujours ce garçon timide, bien élevé, poli et amical, toujours relax et d'un naturel déconcertant... mais dont les vannes décapent. Lorsqu'il monte sur scène, le showman laisse sortir le tigre féroce, la superstar flamboyante. À Newcastle upon Tyne, il évacue sa rage face à des problèmes de son en transperçant un baffle avec le manche de sa Flying V. Il se débat pour libérer sa guitare, coincée comme une énorme flèche dans un tronc d'arbre... Neville et Lemmy sont derrière le stack pour éviter qu'il tombe ; le public adore, certain que ça fait partie du show...

La tournée se termine le 5 décembre à Glasgow... en queue de poisson : la direction du Green's Playhouse, qui trouve les déhanchements de Jimi trop ouvertement suggestifs, ferme le rideau sur le groupe à la moitié de son set.

Clap de fin pour la tournée et pour le passage de Lemmy dans l'équipe : il rejoint le groupe du joueur de tabla Sam Gopal au poste de chanteur et enregistre avec lui, fin 1968, le seul album du groupe : *Escalator*. Il me dira plus tard l'avoir composé quasi intégralement en une nuit. Toutefois, Lemmy ne s'attarde pas : il rencontre bientôt le batteur Simon King, qui l'embarque dans son groupe, Opal Butterfly.

Pont-Saint-Esprit, juillet 1966

En 1966, à la fin d'un cours de dessin, Jacques Iselin me prend à part dans le préfabriqué jouxtant les toilettes qui sert d'atelier d'art au lycée français : notre prof me propose de me joindre aux quarante élèves qui partent, en juillet, à Pont-Saint-Esprit, dans le Gard, pour un séjour artistique d'un mois mêlant sorties culturelles, peinture et archéologie.

Je suis le plus jeune du groupe qui prend la direction de la France et fais bientôt, pour la première fois mais pas la dernière, l'expérience du soleil de plomb du Sud. Excentriques à souhait, Jacques et son collègue François Chalaud nous abreuvent de détails croustillants sur la vie des artistes et des grands caractères de l'histoire de l'art. Nous circulons dans un car des années 1950, toutes fenêtres ouvertes, grimpant lentement, au chant des cigales, les routes sinueuses bordées de garrigues et de vignes ; lavande, thym, sarriette et romarin nous chatouillent les narines. Je découvre le ballet du *Sacre du Printemps*, d'Igor Stravinsky, dans les carrières des Baux-de-Provence, les spectacles du festival d'Avignon dans la douce chaleur des nuits étoilées estivales, les villes du Gard et les arènes de Nîmes... Un 14 Juillet, je monte sur scène pour accompagner à la batterie une fugue de Bach endiablée, interprétée au piano par Xavier, un grand roux en terminale. Entre deux excursions, les garçons dorment en dortoir, les filles sont logées chez les nonnes. Un soir, les grands, qui m'adoptent comme mascotte, m'embarquent dans une descente chez les lycéennes ; mais en arrivant, c'est le contenu des pots de chambre qui nous accueille, jeté par les religieuses depuis les fenêtres. Vaincue, notre petite troupe n'a plus qu'à rebrousser chemin dans une odeur d'urine, trouvant dans quelques blagues salaces de quoi nous remonter le moral.

Les fouilles archéologiques de la citadelle de Pont-Saint-Esprit sont placées sous la direction d'une cheffe de chantier détachée du Louvre, Pauline, jolie brune en baskets qui fréquentait autrefois les bancs de notre lycée. Benjamin de notre petite équipe, je me retrouve sous son aile. Pauline me montre, sous les décombres, les restes d'une cité hospitalière tenue par des moines-soldats, construite au Moyen Âge en contrebas de la ville actuelle. Pont-Saint-Esprit, à la confluence de l'Ardèche et du Rhône, est d'une importance capitale. Son pont sur le fleuve, long de près d'un kilomètre, en est aussi le plus vieux. Jacques Iselin me confie la gestion de la grue du chantier : c'est moi qui suis en charge de remonter pierres et terres excavées du site tandis que les autres, à vingt mètres plus bas, travaillent aux fouilles proprement dites. Ravi de me retrouver aux commandes d'un jouet grandeur nature, j'apprends avec l'un des ouvriers. Les gestes deviennent rapidement routiniers : descendre la benne jusqu'en bas ; attendre que mes amis la remplissent ; tirer sur les manettes, une vers la droite, l'autre vers moi, pour remonter le câble d'acier de la machine qui tremble sous la charge ; dégoupiller le loquet, faire tourner la grue puis rebloquer la machine et vider les gravats en un tas qui ne cesse de grandir… Du haut de mes 13 ans, je finis par me demander pourquoi c'est à moi qu'on a confié une telle responsabilité… La raison se dévoile petit à petit lors de notre première semaine sur place : mes aînés me racontent l'histoire récente de la citadelle, qui servit de prison à une unité spéciale de l'Abwehr[1] lors de la Seconde Guerre mondiale. Mon prof veut tout simplement me protéger du choc de l'éventuelle découverte, parmi les fouilles, de restes humains, enterrés par la tristement célèbre 8e compagnie du 3e régiment de la division Brandebourg.

Cette troupe a laissé le souvenir, dans la région, de l'une des plus brutales de l'Occupation, responsable de l'arrestation, de la torture et du meurtre de nombreux résistants. Composée de volontaires français acquis à la cause hitlérienne, recrutés au sein du Parti populaire français et de la Légion des volontaires français contre le bolchevisme, la sinistre cohorte s'installe en ville en février 1944 sous l'encadrement d'une poignée d'officiers et de sous-officiers allemands. Elle espionne, répand la terreur, infiltre le réseau de maquisards, lance des expéditions punitives dans le Gard, l'Ardèche, la Drôme et le Vaucluse. Des otages sont enlevés au hasard, les exécutions sommaires deviennent la norme, des cadavres sont jetés dans le Rhône depuis le pont. Les fouilles exhumeront une dizaine de corps – j'entends dire que le maire de la ville, le Dr Pierre Amphoux, beau-frère de notre prof de dessin, fait venir un prêtre de Bagnols-sur-Cèze pour les réenterrer ailleurs. Clef au Moyen Âge, la position de ville l'est encore en 1944 : un pont routier sur le Rhône gère les échanges est-ouest et les deux ponts, routier et ferroviaire, sur l'Ardèche les échanges nord-sud. Pont-Saint-Esprit est une position impérative à défendre pour l'ennemi ; une cible stratégique à neutraliser pour le débarquement en Provence qui se prépare. Le 2 août, des tracts pleuvent en confettis sur la ville, appelant la population à évacuer ; le 15, le débarquement commence. Une centaine de bombardiers de l'USAAF remontent le Rhône en vrombissant, entourés de chasseurs P-51 Mustang ; les trente-trois B-24 Liberator du 485th Bomb Group se détachent

1. Services secrets de contre-espionnage de l'armée nazie.

avec leur escorte, direction Pont-Saint-Esprit où ils largueront, en deux vagues, soixante-dix-sept tonnes de bombes depuis une altitude de quinze mille pieds. Objectif atteint : le pont est touché, sa première arche détruite, mais, de si haut, les dégâts collatéraux sont innombrables ; et la sirène d'alerte n'a pas fonctionné à cause d'une panne de courant. Le centre-ville et la citadelle sont quasi détruits ; la compagnie Brandebourg évacue, laissant s'échapper les survivants de leurs geôles sinistres… L'horreur de ce qui s'y est déroulé est telle que, à la fin de la guerre, les habitants décident d'enterrer le passé, littéralement, sous des monceaux de pierres. Gravats que le gamin que je suis est chargé d'extraire – quarante-six tonnes à mon actif, de mémoire !

Je viens ainsi à Pont-Saint-Esprit trois années de suite, plongeant dans le passé armé d'une brosse à dents. Je suis là lorsque l'on découvre, caché derrière un mur, un escalier en colimaçon, que je suis l'un des premiers à escalader depuis des centaines d'années ; on trouve, dans les décombres de l'église et dans la citadelle, des casques datant des deux guerres, italiens et allemands… Beaucoup de mes copains de l'époque préfèrent les ateliers de peinture et de sculpture organisés par nos profs, trouvant les lieux flippants. Moi, j'y déterre un attachement particulier à l'archéologie, qui vient nourrir une passion déjà tenace pour l'Histoire.

Une enveloppe, 1968

L'offensive du Têt, les bombardements et les massacres commis au Viêtnam par l'armée américaine, que le monde découvre aux infos, à la télé, tous les soirs, font monter la contestation en Occident. On est en 1968 et la révolte gronde. Le 17 janvier, dix mille personnes manifestent contre la guerre devant l'ambassade des États-Unis de Londres ; un rassemblement qui tourne à l'émeute quand la police montée charge violemment les manifestants et en arrête deux cents. Outre-Atlantique, en plein mouvement pour les droits civiques, Martin Luther King est assassiné en avril ; le mois suivant, les événements de mai embrasent Paris. Au lycée français aussi, on se politise : après les cours, enseignants et élèves se retrouvent à deux pas, au *Zetland Arms*[1], *notre* pub, pour des discussions enflammées autour d'une pinte. Jacques Iselin, notre professeur d'art, est de tous les débats, où se mêlent terminales, secondes et quelques troisièmes, dont moi. Je me dégote une veste de l'armée de terre kaki, y ajoute des chevrons de sergent aux manches et des ailes de parachutiste sur la poitrine, à gauche. Réaction hostile et immédiate de mon père, qui m'oppose que ces insignes se méritent et me souhaite de ne jamais me retrouver face à un véritable vétéran. Mais c'est peut-être davantage le badge que j'épingle fièrement à l'un des revers qui choque mes anciens engagés de parents : « Faites l'amour, pas la guerre. »

Le vent de changement qui souffle est aussi politique que capillaire : les cheveux, filles comme garçons, sont portés longs. Au lycée, l'ordre en place tente de maintenir les rangs. Un vendredi soir, M. Fontourci, le censeur, nous convoque, Dario, un ami de classe, et moi, dans son bureau : nous sommes exclus des cours tant que nos cheveux n'ont pas raccourci. Lorsque mon père apprend la nouvelle, en revenant du travail, il sort de ses gonds. Pas contre moi ou Dario, mais contre le lycée : que cette institution qui se vante d'être à la pointe de l'éducation mondiale ose émettre un jugement sur un choix personnel le met hors de lui. Le soir même, il appelle le père de Dario et tous deux échafaudent un plan. Le lundi matin, Dario et moi sommes tous deux devant le lycée, une enveloppe à la main. Le censeur, lèvres pincées et cheveux noirs parfaitement gominés, en veste ringarde bleu marine aux boutons dorés et nœud papillon, nous attend en haut des escaliers, l'air sévère, droit comme un i. Nerveux mais excités, nous montons les marches, nous arrêtons

1. Au 2 Bute Street.

devant lui. Il nous regarde et la colère lui monte aux joues. Avant qu'il n'ait pu ouvrir la bouche, nous lui tendons chacun notre enveloppe et disons, dans un respectueux unisson :

— Bonjour monsieur, nos pères nous ont coupé les cheveux.

À l'intérieur de chacun des petits étuis de papier, un mot de notre père et les trois centimètres de cheveux – pas un de plus – récemment ôtés à notre tignasse par les ciseaux paternels. Fulminant mais contraint de reconnaître qu'il a été obéi à la lettre, le censeur n'a d'autre choix que de nous laisser passer. Il nous aura à l'œil jusqu'à la fin de notre scolarité et ne laissera jamais passer la moindre occasion de nous punir. Il ne sera, toutefois, plus jamais évoqué la question de la longueur de nos cheveux.

Bridget, octobre 1968

Un samedi soir fin octobre 1968, je me rends à une fête que donne Isabelle, une fille de mon lycée un peu plus âgée que moi. C'est son frère cadet, Mathieu, qui nous a invités, Charles, un copain de classe, et moi. Lui aussi habite Chiswick ; comme la soirée a lieu près du métro Earls Court, à mi-chemin du lycée, nous décidons de partir ensemble. Nous passons sous le grand panneau « Underground » à la sortie du métro, longeons le trottoir ; dans mon sac, la boîte de chocolats que j'ai achetée pour l'organisatrice, de la bière ; un vent glacial d'automne descend Earls Court Road. Une rue sur la gauche ; on s'arrête à l'adresse indiquée. C'est un bâtiment victorien de cinq étages en brique rouge, couvert de suie comme tous les immeubles de Londres. Je sonne à l'interphone et nous pénétrons dans un grand hall, dont les murs crème sont ornés de miroirs ; quelques marches recouvertes d'un tapis rouge mènent à l'ascenseur. Alors que j'appuie sur le bouton en bakélite du dernier, Keith Richards ouvre « 19th Nervous Breakdown » à la guitare ; le volume augmente à mesure que l'ascenseur s'élève. Le refrain commence au moment où ce dernier s'immobilise dans une dernière secousse. La porte d'entrée est entrouverte, d'où sort une épaisse fumée.

Les parents d'Isabelle sont absents pour le week-end et l'appartement est bondé, classes françaises et anglaises mélangées – ce qui est rare, ça sent la soirée prometteuse. Plein de filles et plein de garçons, de 17 à 20 ans – Charles et moi, du haut de nos 15 ans, sommes parmi les rares à déroger à la règle. Par endroits, le parquet en chêne accuse les boissons renversées, la moindre surface horizontale est encombrée de bouteilles de vin et de bière... Des tableaux pop art pendent aux murs et des lustres à l'ancienne des plafonds. Nous passons du hall d'entrée directement à gauche dans une des grandes pièces de réception. Les derniers glissandos de la basse de Bill Wyman signalent la fin du morceau des Stones alors que nous déposons nos manteaux dans une chambre à coucher, prenant bien soin de les cacher sous les oreillers du lit pour pouvoir les retrouver rapidement derrière la pile de vestes au moment de partir. Je file les chocolats et les bières à Isabelle ; quelqu'un change le disque : « Till the End of the Day », des Kinks, reconnaissable dès les premières millisecondes des premiers accords.

Des parfums, Brut pour homme, Tabac, Shalimar, se mêlent aux odeurs de la bière, de la cigarette et du cannabis ; tout le monde danse, en bande, garçons avec filles, en couple, garçons avec garçons, filles avec filles en cercles frénétiques... Ça bouge dans tous les sens, habits multicolores, du velours, de la soie, une écharpe nouée à la cuisse, à la tête, des T-shirts à manches longues de papys en coton *tie-dye*, des chapeaux flamboyants... On crie des blagues au-dessus de la musique, des claquements de mains, des pirouettes... la fin du morceau double de vitesse et tous s'affolent...

Elle est là, je l'aperçois alors qu'elle danse avec deux copines, secouant ses cheveux blonds à l'autre bout de la pièce... Je la reconnais tout de suite avec ses airs un peu à la Bardot, en minirobe rayée vert et jaune, escarpins noirs. C'est la fille que je vois souvent dans les couloirs du lycée. Une belle blonde, les dents du bonheur, des taches de rousseur et de grands yeux verts scintillants. Elle a 17 ans. Chaque fois que l'on se croise, elle a ce petit sourire en coin, un flash entre nous. Ça fait un bout de temps que j'ai envie de lui parler, je n'ai jamais osé. Je sais juste qu'elle s'appelle Bridget depuis qu'une de ses copines l'a appelée ainsi... À un moment, elle regarde par-dessus son épaule, nos regards se croisent un instant... un sourire rapide, le même éclair ; autour les regards en coin de ses copines. Elle disparaît : Larry, grand roux baraqué de terminale et queutard notoire, s'est approché d'elle en gigotant comme Tom Jones, écartant ses copines. Il faut agir, et vite : je fends la foule, contourne Larry et me place derrière Bridget. Avec culot, je lui lance, assez fort pour que tout le monde entende :

— Ça va ? Il ne t'emmerde pas trop ?

Surprise, elle sursaute, se retourne : on se retrouve nez à nez, les yeux dans les yeux. Elle rigole – les mêmes étincelles que dans les couloirs. En version longue : Larry finit par changer de proie, au moment où l'intro aux claves de « Magic Bus », la toute nouvelle chanson des Who, retentit.

Bridget et moi dansons ensemble ; la voix de Roger Daltrey s'élève, on se tortille et on se pointe du doigt l'un l'autre lorsqu'il prononce le mot *you*, on secoue les mains en l'air, style gospel. Keith Moon se déchaîne sur ses toms, on l'imite en se tapant les cuisses... La chanson touche à sa fin, je prends Bridget par la main, l'entraîne entre les danseurs, nous passons devant un grand gaillard fin aux longs cheveux bruns, pattes d'eph bleus et chemise marron. Il descend délicatement le diamant de la platine sur « Gloria », le 45 tours de Them. Quatre mesures de guitare, puis la voix nasillarde de Van Morisson attaque. Je décide d'aller chercher à boire, la chaleur de la peau lisse de sa main toujours dans la mienne... La fête tout entière reprend avec eux les « Gloria » de la chanson. Alors que l'orgue calme le jeu, on arrive dans la cuisine, grande pièce couleur vanille aux carreaux en damier noir et blanc du sol jusqu'à mi-murs. Partout, ça discute et ça roule ; quelqu'un me passe un joint et je récupère deux bières dans le frigo, les décapsule à l'ouvre-boîte chromé sur le côté. J'en passe une à Bridget et on trinque les yeux dans les yeux... Ils sont beaux ses grands yeux verts. Je reprends sa main, lui passe le joint et entreprends de nous extraire de la foule.

Une grande rousse nous bloque le passage, cuissardes noires, décolleté en dentelle sans soutif, pantalon turquoise, des boucles d'oreilles carrées en jais. Auréolée de parfum Chanel, elle nous dévore de ses grands yeux bleus. On lui sourit et poursuivons notre traversée, déclinant implicitement la proposition de plan à trois. Je guide Bridget vers la chambre où nous avons posé nos vestes ; la pièce est noire de monde et de fumée. Par terre, sur les chaises, sur le lit, ça discute en anglais, en français, en italien, en allemand, en franglais... Je déniche deux coussins, et un coin inoccupé au fond de la pièce, près des fenêtres. On s'adosse aux volets intérieurs en bois, peints en mauve... Bridget entortille la cordelette des rideaux autour de ses doigts. Enfin, on se parle... De musique : les Who, « Magic Bus », qui venait de sortir au Royaume-Uni ; les concerts auxquels nous avions, l'un ou l'autre, assisté – les Stones avec Ike et Tina Turner au Royal Albert Hall, en 1966 ; les Beatles au Hammersmith Odeon en 1965... Elle sait que je joue de la batterie dans un groupe avec David Schaefer, l'Américain qui est dans la classe de ma sœur. Alors je lui parle des concerts qui sont prévus, nos tout premiers, des chanteuses, des autres musiciens. De cinéma : *Blow Up*, d'Antonioni, *Comment j'ai gagné la guerre*, avec John Lennon et de Richard Lester, le réalisateur de *Quatre Garçons dans le vent* et *Help!* des Beatles... De politique : les manifs violentes à Londres, Mai 68 à Paris... De tout, en évitant soigneusement *le* sujet qui fâche : la classe dans laquelle je suis, celle dans laquelle elle est, notre différence d'âge. Les joints font effet, on flotte, ses yeux rient, sa voix chante, ses lèvres, ses dents du bonheur m'enchantent. Le mouvement de ses mains m'hypnotise ; je suis suspendu à ses cheveux qui dansent tandis qu'elle me parle. Autour de nous, les autres n'existent plus. Tout à coup, un grand mouvement autour du lit, chacun essaie de récupérer le bon manteau dans l'amoncellement prodigieux, quelques cris : « Dernier métro ! » Fin de la fête : je déchire l'intérieur du clapet de mon paquet de clopes, y écris mon numéro : 994-2449. Elle m'écrit le sien. Je la sens dans mes bras – décharge électrique –, on se fait la bise... Déjà, elle s'éloigne pour rejoindre ses amies ; je retrouve Charles et quelques copains. Hilares : ils ont bien vu que j'ai passé la soirée entière avec une fille, canon, qui plus est, et plus âgée que moi. Ça caquète, ça rigole ;

du coin de l'œil, je vois qu'un petit groupe entoure Bridget, et l'ambiance est à l'avenant.

L'appartement se vide à grande vitesse ; ne reste bientôt que ceux qui ont une voiture ou les moyens de se payer un taxi. Charles et moi rejoignons la station de métro à fond de train, nous ajoutant à la masse des clochards et des fêtards fin saouls qui tanguent sur le quai. Un type vomit sa pizza dans un seau antifeu de la station, le mot « *fire* » blanc tranchant sur l'acier rouge pompier. Alors que nous attendons le métro, Charles ne cesse de me répéter que ma relation avec Bridget est vouée à l'échec et argumente, imperturbable. Heureusement, la rame arrive et les portes s'ouvrent : quatre skinheads, jeans courts, bombers noirs, Dr. Martens et chemises à carreaux à l'identique chahutent les passagers – mieux vaut s'installer à l'autre bout, avec les pochtrons entre nous. Nous nous assoyons face à face sur les bancs en velours rêche à rayures vertes et rouges. Je regarde à travers les vitres embuées pendant que Charles continue sa litanie de bon samaritain, visant à m'éviter une déception certaine. Je finis par lui répondre sèchement :

— Écoute, rien n'est fait. Elle me plaît ; *a priori*, je lui plais aussi... Basta, on verra !

Je le salue et descends à Turnham Green ; lui continue jusqu'à Chiswick Park, la station suivante. Dans le parc, les lampadaires trouent la nuit de leur halo jaunâtre, tous les cinquante mètres ; le vent secoue la cime des arbres dans un bruit évoquant le roulis des vagues dans les galets. Pour un peu, en fermant les yeux, on se croirait à Bembridge. Chemin faisant, je rejoue le film de ma soirée, nos discussions, notre différence d'âge. Charles a peut-être raison : ça semble trop beau, pas raisonnable. Je décide d'appeler Bridget le lendemain pour en avoir le cœur net : elle me dira sûrement que je suis trop jeune, qu'elle aura honte de sortir avec un ado... Bref, elle va m'envoyer bouler. J'arrive chez moi, salue mes parents et monte me coucher – son rire dans mes oreilles, sa main dans la mienne, l'étincelle dans ses yeux gravés dans ma mémoire.

Le lendemain, je résiste à l'envie de l'appeler jusqu'en milieu de matinée. Une femme – sa mère, sans doute – me répond, puis pose le combiné après avoir crié : « Bridget, c'est Lucas au téléphone ! » J'attends ; des pas sur un escalier puis, bientôt, le doux rire de sa voix :

— Ça va ?

— *Yeah*, et toi ?

— Oui, écoute, je n'ai pas beaucoup de temps là, j'ai des devoirs à finir. Si tu veux, on peut se retrouver au drugstore de Chelsea, dans King's Road, à 16 heures ? C'est juste à côté de là où j'habite. OK ?

— OK. Au bar, au troisième étage ?

— OK, ça marche. À tout à l'heure, 16 heures...

15 h 15 : je sors du métro Sloane Square, au début de King's Road. Je passe devant le bâtiment du Duke of York's Headquarters, QG d'un régiment parachutiste et de l'ultra secret Special Air Service. J'ai toujours aimé la devise de cette unité d'élite[1], créée en 1941 par David Sterling pour harceler par-derrière les lignes de l'Afrika Korps de Rommel : « Qui ose gagne. » Elle m'a toujours inspiré. Derrière les grilles, une colonne de soldats en uniforme kaki avance au pas. Les ordres de leur sergent-major rebondissent sur les grands murs en brique jaune...

Le reste de la rue, des deux côtés, est un alignement de boutiques – fermées en ce dimanche – et un kaléidoscope de couleurs : Chelsea est un quartier huppé, c'est la rue où l'on se donne rendez-vous, celle où l'on va pour être vu. Celle où Austin Mini, Mini Moke, mais aussi Rolls-Royce et Jaguar Type E Cabriolet défilent au pas, remplies de gens beaux et riches.

De l'autre côté de la rue, une demeure géorgienne. Deux cariatides noires encadrent l'arche d'entrée, surmontée d'un quadrige, derrière laquelle s'élève une façade de style Louis XV. Au sous-sol est installé l'un des clubs qu'aiment à fréquenter les stars, le *Pheasantry.* J'avance à pas rapides et dépasse des filles en minijupes argentées, maxi-jupes en tartan, accompagnées de garçons aux chapeaux et pantalons en velours, des chevelures *afro-hair-do*... Les retraités de l'armée, tricorne noir et long manteau écarlate orné de rangées de médailles, se mêlent aux jeunes chevelus vêtus d'une veste rouge de parade de la garde de la Reine au-dessus d'un T-shirt, pantalon pattes d'eph. J'en porte un moi-même, version matelot en coton fin, veste en velours et T-shirt bordeaux avec une longue écharpe en laine bleu foncé, pour mon premier tête-à-tête, seul à seul, avec Bridget.

À cent mètres, ouvert depuis trois mois à peine, le drugstore de Chelsea se remarque, avec ses grandes arches en aluminium et ses fenêtres rondes qui miroitent au soleil d'automne. Inspiré par le drugstore de Saint-Germain-des-Prés, à Paris, il semble tout droit sorti du film de Roger Vadim, *Barbarella,* que j'ai vu au cinéma à peine deux semaines plus tôt. C'est aussi la seule adresse de King's Road ouverte seize heures par jour, sept jours sur sept. Je grimpe les quelques marches de l'escalier extérieur, jette un œil à ma montre : 15 h 30. J'ai le temps de faire un tour chez le disquaire, quelques

1. La vie m'amènera à fréquenter l'un des membres de cette unité lorsque je vivrai, plus tard, une histoire d'amour avec sa fille, Lucy.

années avant que Stanley Kubrick n'y pose ses caméras pour y tourner une scène d'*Orange mécanique*. Sur le mur du fond, des panneaux verticaux en plastique fluo, vert, rose, jaune et bleu ; les bacs pour les vinyles sont en plexiglas ; le plafond en chrome est soutenu par des arches, kitschs à mort, couleur or. Je décide de rejoindre le troisième étage, où j'ai rendez-vous. « Dans le monde idéal, me dis-je tout haut, on me donnerait une table à côté d'une de ces grandes fenêtres avec vue sur rue... » Bingo : au moment où j'arrive, trois personnes se lèvent pour partir. Je prends leur place et détaille les lieux en attendant Bridget. La moquette aux motifs géométriques jaune et brun se reflète dans le chrome des isoloirs, qui cachent des tables flanquées de petites banquettes. Dehors, quatre Harley passent lentement en plein milieu de la rue, le rugissement des moteurs fait trembler les vitres. Va-t-elle me trouver ? Sera-t-elle à l'heure ? J'en suis là de mes réflexions lorsqu'un « Helloooo... » enjoué me fait sursauter. Bridget est là, tout sourire, les yeux aussi pétillants que la veille, elle a ce petit mouvement des hanches quand elle rit...

— Ben nous voilà enfin.

Je me lève pour l'accueillir, on se claque la bise en s'enlaçant comme il y a quelques heures, on s'attarde un moment corps contre corps... On s'assoit l'un en face de l'autre.

Une serveuse, tailleur-pantalon mauve, nous demande ce que l'on veut boire.

— Bridget, qu'est-ce que tu prends ?

— Milk-shake banane...

— Le mien à la vanille, merci... Et un cendrier s'il vous plaît.

Nos conversations de la veille reprennent là où nous les avions laissées. Mes doutes s'estompent : le courant passe, intact, nous sommes bien, tous les deux, au début de quelque chose.

Le lundi matin, lorsque j'arrive à l'école, ça jase à tout âge et à tous les étages : notre rencontre – et les deux années qui nous séparent – est au cœur de tous les cancans. J'imagine les moqueries dont elle doit être la cible, pour « sortir avec un petit »... La journée, décidément, ne passe pas. Les heures s'étirent, interminables, qui me séparent de Bridget : nous avons convenu de nous rejoindre après les cours. L'horloge, à côté du tableau noir, semble arrêtée ; à force de persévérance à la fixer du regard, toutefois, je vois approcher l'heure de la sortie. D'un coup, l'adrénaline déferle dans mes veines ; la cloche sonne la fin de la journée. Je descends l'escalier menant au grand hall d'entrée, tout en marbre. Je suis le premier, je patiente en regardant par les grandes vitres : de l'autre côté de Cromwell Road, on aperçoit le Muséum d'histoire naturelle, sorte de cathédrale néo-romane en brique jaune. Je suis passé par son entrée, flanquée de deux grandes tours, des centaines de fois ; tout petit, j'étais fasciné par le squelette de diplodocus qui trônait sous l'immense voûte du hall principal ; j'avais même créé, quand j'avais 7 ans, le club des Dinosaures avec des copains de classe. Résonne dans ma tête l'écho qui se forme lorsque l'on grimpe les marches du vaste escalier impérial, au fond... Un petit rire, tout près de mon oreille, me tire de ma rêverie, et Bridget me prend par le bras. De sa main libre, elle fait un pied de nez à l'adresse des lycéens présents tout en m'entraînant vers le *Zetland Arms* ; à notre arrivée, là encore, on se retourne sur nous. Ce pub, c'est vraiment l'annexe du lycée... Je croise Jacques Iselin au comptoir, alors que j'attends nos deux verres. Grand, mince, barbu, un faux air de Van Gogh, en veste de velours vert foncé, mon prof de dessin me lance, dans un grand sourire :

— Alors Lucas, c'est pour quand, les fiançailles ?

Je réponds en rigolant :

— Faudrait d'abord que je rencontre ses parents, et c'est pas gagné...

Quelque temps plus tard, Bridget vient me voir chez moi : mes parents et Suzanne sont sortis pour la journée, il n'y aura personne d'autre que Molly, notre femme de ménage depuis toujours. Je l'ai prévenue ; complice, elle l'accueille chaleureusement :

— Bonjour ma belle, ravie de te connaître... Lucas t'attend dans la chambre d'amis. C'est en haut, la porte au milieu du couloir, à gauche, après la salle de bains.

Lorsqu'elle entre, je suis assis sur la vieille couverture en soie bleu ciel du lit ; face à moi, une fenêtre qui donne chez la voisine de mes désormais anciens fantasmes. Bridget et ses allures de femme plus mûre que ses 17 ans les ont supplantés. Elle m'apprend à faire l'amour, à la faire jouir avant que je jouisse...

Rapidement, nous prenons nos marques et nous installons dans une relation stable là où les couples du lycée, autour de moi, ne tiennent pas plus de trois à cinq semaines. Les mois passent et instaurent des habitudes comme celle, le week-end, d'aller danser ensemble au *Bataclan*, une discothèque d'Oxford Circus, au 6a Prince's Street – à deux pas du *Speakeasy*, qui a ouvert deux ans plus tôt. C'est *le* club des jeunes expats français à Londres, et le QG des élèves du lycée français. On descend les marches étroites pour être accueillis par Lucille, sosie parfait de Françoise Hardy qui tient le guichet. En ce début d'année 1969, c'est la mode des pulls Shetland que les filles font rétrécir pour laisser apparaître leur nombril. Avec un pantalon taille basse, l'effet sur les mâles est immédiat.

Mais après cinq à six mois, notre relation n'a plus la même saveur. Bridget et moi finissons par nous séparer. Elle ne disparaît pas de ma vie pour autant. Sa sœur cadette, Deborah, fréquente le même cours d'escrime que moi, le soir après la classe, dans le préau du lycée. Elle est coquette, drôle et rigole facilement. On se bat en duel avec nos fleurets, elle flirte, me taquine en me disant que, plus tard, ça sera avec elle que je sortirai. Le même courant qu'avec Bridget semble passer entre nous mais, dans ma tête, c'est très clairement non : Deborah a 12 ans, elle est bien trop jeune. Hors de question. Pourtant, des années plus tard, c'est elle qui aura raison. En attendant, mes parents revendent la maison de Chiswick pour s'installer dans le quartier de Queensway, plus central. Nous emménageons dans une maison de ville de trois niveaux, au 25 Porchester Gardens. À pied, Ladbroke Grove est à huit minutes.

Hoagy, juin 1970

En 1970, mon grand ami est Hogan Davies. Son père, Rupert, est célèbre : il incarne le commissaire Maigret dans la série éponyme, sur la BBC. Une carrière d'acteur qui naît durant la Seconde Guerre mondiale : Rupert sert alors comme navigateur sur un biplan de la Royal Navy. En 1940, son avion est abattu au large des Pays-Bas et il survit, onze heures durant, accroché avec son pilote à un radeau mal gonflé avant d'être capturé par l'ennemi. Il essaie à plusieurs reprises de s'évader de ses lieux de détention – il me racontera s'être emmuré lui-même dans une tour alors que les gardiens évacuaient le camp, où des travaux devaient avoir lieu. Sans succès : il est expédié au Stalag Luft III[1], en Pologne, réputé pour sa haute sécurité. Après plusieurs tentatives infructueuses, c'est là qu'il finit la guerre, sous la supervision des barbelés et des miradors. C'est aussi là qu'il se découvre une passion pour le théâtre, en montant des pièces pour divertir les autres détenus.

Durant l'année scolaire, Hoagy et moi faisons les quatre cents coups : pubs, concerts, fêtes d'amis, tout y passe. Le 28 juin 1970, nous nous tassons dans son Austin-Healey Sprite, une petite voiture de sport aussi bruyante que rapide dont le surnom de « Frog-Eye[2] » est dû à ses phares avant proéminents. Direction Shepton Mallet et le Bath Festival... après des heures de bouchons dans la campagne du Somerset encombrés de fans. On parvient finalement à garer la voiture dans un champ, où les Pink Fairies jouent – fort – sur la plateforme d'un camion de location devant une centaine de hippies. Avec Hawkwind, dont les membres fument des joints à côté de la scène improvisée, ils ont créé leur festival off, gratuit, en signe de protestation contre ce qu'ils considèrent comme de la récupération commerciale de la scène underground. On rejoint l'entrée du festival, l'officiel, donnons nos billets pour découvrir, en passant la crête de la colline, quelque cent cinquante mille festivaliers amassés. Aux abords de la scène, des queues à perte de vue pour les toilettes et les stands de bouffe, d'où montent de longues volutes de fumée. Hoagy et moi descendons péniblement la pente, nous faufilant avec difficulté entre les chevelus assis sur l'herbe, de plus en plus serrés à mesure que l'on s'approche de la scène.

---

1. Ce camp est au cœur du film *La Grande Évasion*, qui l'a rendu célèbre.
2. Yeux de grenouille.

À cinquante mètres devant nous, au micro, John Peel[1] annonce Santana. Autour de nous, tout le monde fume joint sur joint, et nous ne faisons pas exception... Je garde donc un souvenir assez flou de son set si ce n'est les sublimes interprétations de « Black Magic Woman » et « Soul Sacrifice ». Le groupe suivant, les Flock, s'éternise un peu trop sur la scène : Peter Grant, le molosse de manager de Led Zeppelin, les vire comme des malpropres pour installer l'équipement du bouquet final de la soirée.

Le groupe que tout le monde attend s'appelait encore les New Yardbirds dix-huit mois plus tôt. C'est Keith Moon qui leur a trouvé ce nouveau nom : en Angleterre, quand une blague tombe à plat, on dit qu'elle « tombe comme un ballon de plomb[2] ». De ballon à dirigeable, il n'y a qu'un pas, d'où le redouté Zeppelin, gonflé d'hydrogène, utilisé par les Allemands pendant la Première Guerre mondiale pour bombarder l'Angleterre. Dans un trait d'humour noir typiquement anglais, le batteur des Who fait un parallèle entre la descente en flammes d'un dirigeable ennemi et une chute de blague ratée. Il n'y a plus qu'à changer *lead* (plomb) en led. En octobre 1968, leur premier album est bouclé, quasi-live, en trente-six heures aux studios Olympic. Il sort au Royaume-Uni le 28 mars 1969, un mois après sa sortie américaine. Leur réputation n'a pas attendu la sortie de l'album pour exploser : lorsque je les découvre sur scène, le 10 décembre 1968, au *Marquee*, les abords du club sont noirs de monde, la queue s'étire à perte de vue tout le long de Wardour Street... heureusement qu'on est arrivés très tôt. Une fois passé le guichet, on se rue devant, en belle harmonie avec tout le monde. Serrés, étouffés... la jauge légale de sept cents personnes est largement dépassée, la foule délire, les murs ruissellent...

Revenons au festival : le soleil commence à se coucher lorsque le frappeur redoutable qu'est John Bonham, en T-shirt blanc sans manches, monte sur scène pour s'installer derrière sa batterie Ludwig vert pomme. John Paul Jones, en cuir brun clair et pantalon blanc aux imprimés d'animaux de la savane, le rejoint avec sa Fender Precision. Robert Plant, en chemise noire à fleurs et pantalon moule-boules-pattes-d'eff-velours-bleu, sinueux à souhait, prend le centre de la scène. Il secoue ses longues boucles blondes, prises entre chien et loup, dans les derniers rayons du coucher de soleil. Il dégage quelque chose d'angélique et de divin... Les feux de la rampe s'allument progressivement et le showman prend son temps

1. DJ britannique et animateur sur BBC Radio 1, il joua un grand rôle dans la carrière de nombreux artistes, comme les Clash, Joy Division, les Sex Pistols, les Doors...

2. *To fall like a lead balloon.*

pour chauffer la foule, dans de sensuels et fougueux préliminaires. Jimmy Page, barbu, en manteau trois-quarts et bob bruns, attaque sa Les Paul dorée… D'un coup de fouet, ils démarrent « Immigrant Song ». Après quelques mesures syncopées basse, guitare, batterie, la voix de Plant, chamanique, avec ses cris de guerre, survole la foule, l'âme en feu, un animal sauvage en rut. C'est la première fois que cette chanson est jouée en live, la scène s'embrase, tout le public est debout, en transe pendant le solo de Bonham. Plus personne ne se rassiéra de la soirée. La basse de John Paul Jones annonce « Dazed and Confused » dans une descente de notes langoureuses, la guitare de Jimmy Page la rejoint. Jimmy sort un archet, arrachant des larsens à son instrument, repris en écho par les grands baffles de la sono ; les cris de Robert s'immiscent entre les notes. Le riff de « How Many More Times », basse et guitare à l'unisson, ouvre le dernier morceau du set ; son boléro endiablé explose en apothéose orgasmique, clôturant une cérémonie chamanique dédiée au rock'n'roll, entamée trois heures plus tôt…

Après une longue nuit, stones dans nos sacs de couchage, l'aube apparaît, révèle la brume de fumée qui flotte sur la vaste congrégation. Hoagy et moi rebroussons chemin à travers la foule encore endormie jusqu'à la voiture. Nous nous arrêtons en route chez ses parents, où il me présente Jock, le valet écossais de son père, rencontré pendant la guerre. Barbe grise, accent de Glasgow à couper au couteau, il habite une caravane blanche sur les terres des Davies, propriété dont Hoagy me fait l'honneur d'un tour dans une Jeep Willis sans aucune suspension, un véritable tape-cul. Plusieurs véhicules militaires, dont un camion, sont stationnés dans les champs. Jessica, la mère d'Hoagy, nous accueille pour le déjeuner, adorable et attentionnée pour l'un des nouveaux copains de son fils. Elle essaie de me convaincre des bienfaits du régime végétarien et des médicaments homéopathiques, si rares à l'époque… Rupert, corpulent et jovial, entre dans le salon, où un album de Creedence Clearwater Revival tourne sur la platine. Il annonce – après nous avoir fait jurer de tenir notre langue – qu'il vient de signer un deal pour aider les boîtes de production de westerns-spaghettis à tourner en Espagne. Nous faisons la moue : la Californie nous semble plus adaptée à l'ambiance Far West, mais Rupert nous répond que Sergio Leone, avec qui il va travailler, est coutumier du fait, puisqu'il a tourné là-bas bon nombre de scènes de *Pour une poignée de dollars* et du *Bon, la Brute et le Truand*.

De retour à Londres, Hoagy et moi allons voir *Easy Rider* ; inspirés par cette projection, nous décidons de passer nos vacances d'été à traverser la France sur sa BSA Lightning 650 cm^3, qu'Hoagy a équipée d'un guidon style Ape Hanger, comme dans le film. Au programme, cinq semaines, du nord au sud : la nuit, on dort à la sauvage sous l'abri de notre tente minuscule, le jour, on trace sur les départementales, nous arrêtant pour acheter les sandwichs qu'on grignote en route. De passage à Paris, nous découvrons l'expérience stressante de la conduite autour du rond-point de l'Étoile, mais Hoagy s'impose adroitement entre les voitures à coups de klaxon... au centre, l'Arc de Triomphe, énorme en comparaison de notre Marble Arch londonienne. Plus tard, nous faisons un temps route commune avec des Américains juchés sur des Triumph Bonneville : ils les ont achetées à Londres et comptent les revendre le double de retour aux États-Unis, payant ainsi leurs vacances prises en Europe. Nous poussons toujours plus loin sur la nationale 7. Saint-Tropez est en vue et le Sud nous souhaite la bienvenue par un méchant coup de soleil sur nos peaux blanches de rosbifs et un début d'insolation. On commence à délirer. Je me mets à l'eau pour me rafraîchir, accroché les bras en croix à une petite falaise en bord de plage. À côté, Hoagy décide de prendre le large, donne une vigoureuse poussée pour s'éloigner... et m'envoie dans le même temps un monumental coup de pied dans les burnes. K-O, je rejoins la plage à grand-peine ; quelques minutes plus tard, mon testicule droit a atteint la taille respectable d'une balle de tennis. Je douille sérieusement, commence à halluciner. Nous décidons de reprendre la route, direction Pont-Saint-Esprit, à deux cent cinquante kilomètres, où j'ai passé le mois de juillet trois années de suite. Sur la route, un camion Citroën en tôle ondulée allume son clignotant gauche, mais tourne à droite au moment où nous le dépassons. Hoagy l'évite de justesse, la moto manque de se coucher... ma jambe, au passage, tape la tôle rouillée. On s'arrête sous les jurons des voitures qui nous doublent : je pisse le sang mais je ne sens quasiment rien, anesthésié par le délire du double coup de soleil et dans les couilles. Le conducteur sort furieux de son fourgon, nous engueule en clamant son innocence. Voyant mon état, il me verse de l'alcool sur la plaie à vif. Comateux, je ne sens toujours rien, puis tourne de l'œil. Lorsque je reprends connaissance, je reconnais la citadelle de Pont-Saint-Esprit ; on retrouve Olinda, une copine proche du lycée, qui m'emmène directement chez le maire de la ville, le Dr Pierre Amphoux, beau-frère de notre prof d'art, Jacques Iselin. Après un examen rapide, il nous embarque aussi sec dans sa voiture, direction l'hôpital le plus proche, à Bagnols-sur-Seize. Olinda descend au *Café de Paris*, appelle ma mère... qu'elle trouve complètement affolée. Mon père me racontera plus tard qu'au moment exact de l'accident, ma mère a été prise de panique, comme si elle et moi étions connectés. Elle est depuis impossible à calmer. La communication est mauvaise, Olinda peine à expliquer ce qui s'est passé. Depuis la voiture, je l'entends crier « testicules » dans le combiné à plusieurs reprises, puis finalement « *baaaalls* ». Mes parents informés, nous gagnons l'hôpital où je suis admis en urgence pour une intervention sur mes bijoux de famille. Je rentre à Londres, certain que je ne pourrai jamais avoir d'enfants. J'ai tort, heureusement.

City and Guilds, septembre 1970

Exit le lycée français ! À 18 ans, après avoir postulé – sans succès – dans pas mal d'écoles d'art, je suis finalement accepté à la City and Guilds of London Art School, l'une des plus vieilles d'Angleterre. C'est à Kennington, de l'autre côté de la Tamise, à quinze minutes à pied de l'Imperial War Museum. Avec les autres élèves de première année, je me retrousse les manches pour mettre la main à la pâte de toutes les techniques traditionnelles, dessin, peinture, sculpture, modelage, dorure, calligraphie et gravure. Un prof court sur pâtes mais à l'œil de lynx, tablier gris couvert de taches noires, règne en maître absolu sur le cours de gravure à l'eau-forte. Son royaume est organisé autour d'une longue table de travail en bois vieillie par des générations d'étudiants et d'une presse avec une grande roue d'un mètre cinquante de diamètre en fer forgé du XIXe siècle. Les odeurs de térébenthine et d'huile de lin, l'âpreté de l'acide nitrique ou du chlorure ferrique prennent les narines. Sur un côté, des bacs d'acide prêts à recevoir les plaques en zinc sur lesquelles nous avons dessiné à l'aide d'une pointe dans la cire, exposant le métal. Pointe que tout élève qui bavarde verra se planter dans son bureau, jetée comme une fléchette avec une précision diabolique par le maître des lieux.

En cours de dessin, on crayonne des modèles, pour la plupart des femmes bien en chair ou maigrichonnes, toujours nues ; parfois, il faut représenter des objets blancs sur une toile sans jamais utiliser la peinture blanche… Je retrouve les cours de calligraphie que j'avais déjà au lycée français, mais je m'y découvre une passion pour l'écriture gothique qui me sera utile, quatre années plus tard. Pendant des heures, je me fais mal aux fesses sur des bancs en bois qui remontent au début de siècle, fumant du tabac à rouler Golden Virginia… mais j'adore ça, des amitiés se forment rapidement et c'est une petite bande soudée qui se retrouve, chaque midi, au pub pour déjeuner. Il y a notamment Ian Davidson, grand gaillard de 25 ans aux cheveux en brosse. Ce fan incollable de Rembrandt me parle du malin plaisir qu'il prend à botter en touche, par-dessus la palissade, les chats malchanceux qui mettent une patte dans son jardin… Un autre des kifs dont il me parle est de placer un peu d'explosifs sur les petits ponts, en pleine campagne, et de déclencher la charge à distance, en ricanant, dès qu'un véhicule passe. Toutefois, l'appel de la musique est trop fort et je quitte l'école, non sans regret, au bout d'un semestre pour me consacrer uniquement à ma carrière de batteur.

Chaque semaine, j'achète le *Melody Maker*, l'un des principaux journaux consacrés à la musique à l'époque. Ce qui m'intéresse avant tout, comme une part non négligeable de ses très nombreux lecteurs hebdomadaires, ce sont les dernières pages, où s'étalent les petites annonces de groupes à la recherche de musiciens. Il y a de la concurrence… Je découvre un jour, par hasard, que le journal est disponible dès le mercredi matin au kiosque central de la gare de Paddington, soit la veille de sa distribution dans les autres points de vente de Londres : il est imprimé dans le sud-ouest de l'Angleterre, c'est par là qu'il transite. Ce qui me donne une longueur d'avance sur la plupart des autres batteurs à la recherche d'un emploi… Je décroche des auditions : systématiquement, j'échoue à toutes celles qui sont importantes pour moi, mais passe haut la main celles qui ne m'intéressent pas. Je décide, pour m'aguerrir et mieux contrôler mes nerfs devant ces musiciens plus âgés, déjà professionnels, de me pointer partout où l'on veut bien me recevoir… et ce, trois mois durant. Ça commence à porter ses fruits…

Premier groupe pro, 1971

Après une ultime audition, je finis par rejoindre (enfin !) des musiciens originaires de Leeds, dans le nord de l'Angleterre. Ils ont été embauchés pour accompagner une chanteuse, Josie ; nous décidons de baptiser notre formation FKS – pour Five Knuckle Shuffle. Le « boogie-woogie à cinq doigts » : elle et sa copine et manageuse, Anne, ne pigeront jamais la blague… Le bassiste du groupe s'appelle John Robinson ; ce grand fan de Free est adepte d'une ligne mélodique simple et efficace, et plante ses clous en accord parfait avec mon jeu. Le guitariste solo, Chris, rouquin au visage envahi de taches de rousseur, vénère les génies de jazz qu'étaient Django Reinhardt et Charlie Christian. Dernier maillon de la troupe, et pas des moindres : Shastri, guitariste rythmique et leader musical de la petite bande. Tous trois habitent ensemble, dans un petit appartement de Westbourne Park Road avec vue directe sur les voies de chemin de fer de la gare de Paddington. Maintenant que le groupe est au complet et qu'il y a du travail à Londres, John a besoin de son baffle, qu'il a laissé chez ses parents.

Au volant de l'Austin Mini de ma mère, je passe le récupérer devant la colocation et nous prenons la route pour Leeds sous une pluie battante. Pendant les quatre heures et demie du trajet, John me raconte sa vie, l'école, les premiers groupes, l'histoire des mines du Nord qui ont fait vivre une bonne partie de la région et l'exploitation des travailleurs qui y descendent… Pas étonnant que les trois copains aient décidé de tenter leur chance à Londres, le cœur de l'industrie musicale du Royaume-Uni. Rue après rue, la banlieue sud de Leeds se dessine : de petites maisons en brique rouge, toutes identiques, toutes semblablement noircies par la suie accumulée depuis des générations. Des traînées de fumée grise s'échappent pareillement des cheminées, suivant le même angle, comme des drapeaux dans le vent léger. En toile de fond, les terrils et les chevalements, avec leurs grandes roues en fer noir qui descendent les mineurs dans les puits de charbon. À perte de vue, des rues identiques. D'averse, la pluie s'est changée en bruine. John m'indique l'une des maisons ouvrières ; notre voiture est quasiment la seule dans la rue, hormis quelques caisses des années 1960 en train de rouiller. Le verrou de la porte d'entrée n'est pas tiré, il me présente à ses parents :

— C'est Lou, m'man. Voilà ma Ma' et mon Da'…

Ce sera la seule fois de ma vie que quelqu'un m'appelle « Lou »… à part Lemmy. Sa mère, petit bout de femme en blouse tablier recouverte de fleurs, me détaille de ses yeux perçants et nous fait entrer dans la cuisine, au fond de la maison. Elle nous assaille de questions sur Londres, qu'elle n'a visité qu'une seule fois, pour son voyage de noces – les voisins s'étaient cotisés. Le thé chaud, fort et sucré, les saucisses, frites et haricots rouges Heinz qu'elle nous sert remplissent nos estomacs vides. Vingt minutes plus tard, la maison est pleine à craquer : le bruit a couru dans le voisinage que John était de retour pour la nuit. Partout résonne l'accent épais de Leeds ; certains traitent John de « vendu » pour avoir abandonné sa ville natale et être allé « vivre chez les riches », ça se chamaille gentiment... Son père le défend, un musicien doit tenter sa chance « dans la Grande Fumée », et me fait un clin d'œil complice pour me mettre à l'aise. Il nous ouvre à chacun une grande bouteille de Newcastle Brown ; on boit la bière brune au goulot. Mon accent fait tache, mais comme je suis le nouveau batteur de John, famille et amis m'acceptent sans la moindre question. Tout le monde passe au salon, son père s'installe au piano et la soirée se passe en chansons, blagues et histoires de mineurs. Lui-même a pris place pour la première fois dans la cage en fer à 7 ans, direction les kilomètres souterrains. Entouré des hommes, le galibot était alors fier d'avoir réussi à devenir l'un des seigneurs du charbon, ceux qui savent exactement où frapper le front de taille. Il parle de la fermeture de la mine voisine voilà deux ans, raconte la communauté dévastée. Depuis, il n'y a plus que les femmes qui travaillent, comme caissières dans les magasins ou à faire le ménage. Tous les hommes sont au chômage, alors l'alcoolisme grimpe en flèche, le marché noir et les petits larcins sont une question de survie. Fin saoul, je m'écrase sur le lit du frère cadet de John, qui me l'échange pour le canapé du salon.

Le lendemain, John me laisse dormir et c'est la gueule enfarinée que je finis par débarquer dans la cuisine, où un copieux petit déjeuner m'attend : bacon, boudin noir, purée de petits pois, des litres de thé sucré. Famille, amis et voisins de la veille se réunissent devant la maison pour nous dire au revoir ; à l'arrière de la Mini, le baffle prend toute la place, dépasse de la banquette et appuie lourdement sur les dossiers avant. Nous avons dû avancer les sièges au maximum ; les genoux sous le menton et le nez collé au pare-brise, nous entamons notre périple. Changer de vitesse est un exploit, la voiture penche dans les virages et peine à grimper la plus petite colline ; à chaque coup de frein, je sens l'arête du mastodonte s'enfoncer un peu plus dans mon dos. Les quatre heures et demie de l'aller deviennent cinq heures et demie au retour ; chaque kilomètre parcouru semble nous éloigner un peu plus de Londres.

Anne nous décroche pas mal de concerts, de belles expériences pour gagner mes premiers galons qui me confortent dans mon choix de carrière : la musique sera ma vie. Mais rien à faire, le courant passe difficilement entre les musiciens et Josie, notre groupe n'a pas d'avenir, je dois m'en trouver un. Retour à la gare de Paddington, chaque mercredi matin, et à mon exemplaire du *Melody Maker* !

WH Pearce Band, février 1973

À 20 ans, en février 1973, je réponds à une énième annonce du *Melody Maker*. Elle me mène au *Hemingford Arms*, un pub à l'ancienne non loin de la gare de Kings Cross. Sur place, je joue sur une batterie louée pour l'occasion et le courant passe immédiatement. On me demande de revenir pour une séance plus longue.

Pour cette deuxième rencontre, j'apporte ma propre batterie et l'installe sur la petite scène à l'étage du pub : me voilà désormais batteur du WH Pearce Band. Paul et Bernie, deux profs d'art aux lunettes rondes à la Lennon, toujours vêtus de denim, sont les leaders du groupe. Ils sont au chant et au clavier. À la guitare, Martin Glover, un gars frêle aux cheveux longs, lunettes sur le nez et regard malicieux. Nous répétons beaucoup pour ajuster nos morceaux, sur cette même petite scène où j'ai fait mon entrée.

Je fais mes premiers pas dans l'univers des tournées, dans les pubs et les universités, où le pub-rock est omniprésent. Après quelques semaines de concerts, notre bassiste nous quitte. Paul et Bernie passent une nouvelle annonce dans le *Melody Maker* et nous organisons des auditions.

Évidemment, j'y participe : en tant que batteur, je suis le premier concerné, puisqu'on cherche l'autre moitié de la section rythmique. Un par un, les candidats gravissent les escaliers du pub, traînant leurs lourds étuis. Une copine de Bernie coche leur nom sur une liste à l'entrée avant qu'ils ne montent sur la petite scène se brancher dans l'ampli, à ma droite. Matin, midi, soir, ça défile, aucun ne fait l'unanimité : l'un est trop sûr de lui, l'autre pas assez, certains jouent mal, en font beaucoup trop, semblent arrogants, ou au contraire sont complètement mous, sans aucun caractère, ou encore ils n'ont pas de sens de l'humour, se prennent la tête, racontent des blagues à la con à peine entrés dans la salle…

À la fin de la deuxième journée, un type entre, et d'emblée me semble immédiatement familier. Grand, le visage pâle encadré de cheveux blonds raides, et un petit tic nerveux, une étincelle brille dans ses yeux bleu pâle. Il s'appelle Dave Ambrose. Alors qu'il se met à jouer, concentré sur sa Fender Precision, son style mélodique tout en retenue se distingue. Le courant passe entre lui et moi, la section rythmique fonctionne bien. Un regard entre nous me confirme qu'on est tous d'accord : c'est le bon. On descend fêter ça au bar du pub. Je lui demande d'où il vient et dans quels groupes il a joué. À ma surprise, sans aucune arrogance, il me dévoile humblement deux ou trois bribes de son passé.

— J'ai joué avec Rod Stewart, Mick Fleetwood et Peter Green dans Shotgun Express et j'ai fait partie du groupe de Jeff Beck...

Puis il se tait, et se referme comme une huître. Je suis bluffé d'être en face de quelqu'un avec autant d'expérience. Après quelques concerts, Dave commence à s'en ouvrir à Martin et moi.

— Je m'en suis sorti tant bien que mal, après ma participation au groupe Trinity, avec Julie Driscoll et Brian Auger. Les longues tournées européennes et américaines pour promouvoir « Wheels on Fire » étaient éprouvantes et m'ont un peu endommagé.

— Je savais bien que je t'avais déjà vu quelque part.

— J'ai quitté le groupe parce que je voulais rejoindre The Crazy World of Arthur Brown, qui cartonnait avec le 45 tours *Fire.*

Martin et moi, on se regarde les yeux ronds. Dave, les yeux rivés sur le sol, sa pinte à la main, nous raconte son audition pour le groupe :

— Dès mon arrivée, Arthur m'a demandé d'ouvrir la bouche. Il m'a mis un acide sous la langue et m'a fait poireauter trois quarts d'heure dans une autre pièce pour s'assurer que l'acide me fait décoller pour de bon. J'ai réussi l'audition, mais ne me souviens plus de grand-chose de ces années-là. Après ça, je me suis dit que j'avais peut-être besoin d'un break dans un groupe plus calme...

Martin éclate de rire.

— Paul et Bernie vont te paraître de vraies pantoufles en comparaison avec ce que tu as vécu !

Roger Waters et Nick Mason, des amis de longue date de Paul et Bernie, nous prennent sous leur aile en nous prêtant du matos pour nos concerts : les prototypes des premières sonos Martin Audio et une miniconsole Allen & Heath, que leur groupe, Pink Floyd, a popularisés. Ils nous organisent également des sessions d'enregistrement dans la maison-studio de Nick. Nous répétons intensivement chaque soir au *Hemingford Arms,* dans une tension croissante pour perfectionner une dizaine de morceaux déjà rodés en live.

Fin avril, la même semaine où l'album de Pink Floyd, *The Dark Side of the Moon,* atteint la tête des classements américains, nous arrivons en fourgon devant chez Nick, à Islington, au nord de Londres. On décharge notre matériel et on découvre un grand salon aménagé en studio au rez-de-chaussée de sa maison victorienne. Devant les volets clos sont installés une console, des racks d'effets et une machine Studer seize pistes, à bande deux pouces. Un jeune assistant nous aide à placer nos instruments en demi-cercle de l'autre côté de la pièce : le clavier Fender Rhodes de Bernie à gauche de ma batterie, puis les amplis de guitare et de basse à ma droite. Il installe les micros et érige des paravents devant les amplis et autour de ma batterie pour limiter les interférences entre les instruments. Pendant deux jours, Martin, Dave, Bernie et moi, soudés, nous efforçons de jouer les titres que nous avons répétés. Ça sonne pas mal. Le troisième jour, c'est au tour de Martin d'enregistrer ses solos. Nick prévoit de les intercaler entre les prises de voix lead de Paul et nos chœurs. À chaque prise de la voix de Paul, je vois Nick et Roger échanger des regards et des signes que notre chanteur semble ne pas remarquer. Après trois nouvelles prises peu convaincantes, Roger annonce, visiblement agacé :

— On commence à avoir mal à la tête. Allons boire un coup.

Comme chaque après-midi, on se retrouve au pub du coin. Je n'ai pas un rond, alors je sirote juste un demi pas cher. Nick et Roger avalent des cognacs au bar en rigolant, ils n'ont pas conscience que nous n'avons pas les mêmes moyens qu'eux. Malgré tout, la magie de Roger Waters et de Nick Mason fonctionne sur notre groupe de rhythm and blues crasseux à souhait. À l'écoute des mix une semaine plus tard, on a l'impression de ressembler à une sous-version ratée de Pink Floyd. Ils nous offrent des places pour aller voir le groupe, qui joue les 18 et 19 mai au Earls Court Exhibition Centre. Le 18, j'entre dans la salle en compagnie de dix-huit mille autres spectateurs venus écouter *The Dark Side of the Moon*. Un avion survole le public, s'écrase sur le fond de la scène ; le show est spectaculaire... Le WH Pearce Band continue ses concerts sporadiques, surtout les jeudis, vendredis et samedis soir, mais l'ambiance se dégrade inexorablement, le courant passe de moins en moins.

●●●

Sortant de scène à la fin d'un concert dans les locaux d'une université, je tombe sur une fille d'origine grecque, Irene Theodorou. Elle étudie le graphisme au Chelsea College of Art and Design, mais son obsession, c'est la photo. Sa voix joyeuse et éraillée, son caractère bien trempé et son sens de l'humour loufoque forment un cocktail explosif. Elle s'impose naturellement, occupe l'espace par sa simple présence et son exubérance. Nous devenons des amants occasionnels, mais surtout des âmes sœurs, liées par une amitié instantanée, comme si on se connaissait depuis toujours. À la recherche constante de frissons, on repousse sans cesse les limites, en quête de sensations fortes. Et on en trouve à la pelle, en équipe : toujours une nouvelle expérience à tenter ou une idée à réaliser, quitte à s'approcher de l'abîme... Chacun lutte pour percer dans sa vocation : moi dans la musique, elle dans la photo. On s'évade ensemble dans les films, la musique, les drogues. On évite soigneusement les sujets sensibles : Irene a eu son lot de traumatismes, je m'apprête à en vivre un.

Dickie, août 1973

Le 26 août, alors que je m'apprête à aller boire un verre au *Kings Head*, juste à côté de la maison, ma mère me demande de laver la voiture. Je refuse et je pars m'amuser en lui lançant :

— T'as qu'à le faire toi-même.

Lorsque je reviens une heure plus tard, je la trouve couchée sur le sofa du salon, dans un état second. Ma mère a été victime d'une rupture d'anévrisme, survenue pendant qu'elle lavait la voiture, juste devant notre maison.

Mon père a déjà appelé l'ambulance. Le médecin dont le cabinet se trouve en face de la maison a refusé de lui venir en aide, sous prétexte qu'elle n'est pas sa patiente.

Ma sœur, mon père et moi nous réunissons à son chevet à l'hôpital St Mary's, là même où je suis né. Elle est alitée, dans une longue salle, parmi d'autres patients entourés de leurs familles à l'heure de la visite. Ma mère souffre, consciente mais paralysée et incapable d'articuler plus de quatre mots.

Trois jours plus tard, son état se dégrade encore. Mon père et moi craignons le pronostic des experts sur la banquette d'une minuscule salle d'attente. Deux médecins en blouses blanches et capuches entrent brusquement, baissent leurs masques et déclarent, sans le moindre égard :

— Elle est condamnée, donnez-nous ses reins.

Une heure plus tard, ce triste 29 août, je regarde celle que j'ai de plus proche au monde, ma complice, ma guide, ma source d'énergie, celle qui avait le contact si facile avec les gens et qui ne « lâchait jamais le morceau » derrière une vitre. Elle est étendue, morte, sur une table froide. Elle me semble paisible sous les tubes fluorescents du plafond.

La culpabilité me ronge… Serait-elle encore en vie si j'avais accepté de laver cette voiture ? Est-ce là le prix de son amour inconditionnel et de sa générosité constante envers moi ? Toute l'année, elle m'a prêté sa voiture pour aller aux auditions et chercher du boulot. Elle n'a cessé de m'encourager, même quand je rentrais à la maison après un énième échec, dépassé par mes émotions devant un parterre de musiciens aguerris… Ce soir, je jouerai tout de même le concert prévu avec le WH Pearce Band. Elle aurait approuvé, je l'entends encore me dire : « *The show must go on.* »

Sur Marylebone Road, en route pour le concert, mes pensées tournent en boucle : ma mère se plaignait de maux de tête de plus en plus fréquemment depuis des mois, peut-être même un an…

Avons-nous ignoré des signes ? J'aurais quand même pu laver sa voiture, ça m'aurait pris trois quarts d'heure à tout casser… et elle serait peut-être encore en vie.

En rentrant, je range ma batterie dans le hall. Mon père est encore debout. Pour la première fois de ma vie, je vois cet homme strict, cette force de la nature craquer et s'effondrer, en larmes, devant moi. Les rôles s'inversent : j'ouvre une de ses bouteilles de whisky, je le prends dans mes bras. On se bourre la gueule ensemble, je deviens sa béquille. Mon deuil devra attendre.

La crémation de Dickie s'organise. Mon père refuse d'inviter qui que ce soit, sauf le frère de ma mère. Ma sœur, qui s'apprêtait à partir en vacances en Grèce, accepte sa suggestion.

— Pars quand même, Soz. Ça ne va rien changer. Après tout, les funérailles, c'est pour les vivants.

Le jour venu, mon père, mon oncle et moi, on regarde le cercueil de ma mère disparaître dans les flammes. De retour à la maison, on sort de nouvelles bouteilles de scotch. John parvient à nous faire rire entre nos larmes, rire et pleurer, pendant qu'on se bourre à nouveau la gueule. Ce soir-là, je me couche en pensant à ma mère. Elle est là, près de moi, à mon chevet, comme quand j'étais enfant lors de mes crises d'asthme… Je ferme les yeux dans ma chambre rouge.

Cette présence ne m'a jamais quitté, pas un instant. Et pas un instant ma mère n'a cessé de me manquer. Quelle chance d'avoir eu cette femme formidable dans ma vie…

Clap de fin, septembre 1973

Quelques jours plus tard, une énième salle de concert, un énième concert du WH Pearce Band. Paul et Bernie sont en pleine critique *post mortem*, rejouent le dernier concert avec mauvaise foi, donnent des leçons sur ce que les uns ou les autres auraient dû faire, distribuent les remarques désobligeantes... Entre eux d'un côté, et Dave, Martin et moi de l'autre, ce n'est plus qu'une question de temps avant que tout pète. À vif, c'est moi qui vais donner le coup de grâce.

Le show est houleux, les tensions entre nous, déjà palpables, sont encore montées d'un cran. Alors que résonne la fin du dernier morceau, je me trouve dans la méchante obligation d'encastrer la tête de Paul dans l'une de mes grosses cymbales Zildjian. Le public, hilare, est persuadé que cela fait partie du show. Lui n'en revient pas. Il se tourne vers moi, la tête entre les mains, grimaçant de douleur, les lunettes de travers. Face à mon sourire victorieux, son incompréhension est totale.

Le soir même, Dave, Martin et moi décidons de continuer sans eux. Quelques semaines et de bons enregistrements plus tard, Martin et moi retrouvons Dave dans un pub.

— J'ai reçu une offre d'une maison de disques pour le groupe, mais j'ai dû décliner.

— Quoi ?!

— On m'a proposé un super poste chez EMI. Je ne pouvais pas refuser[1].

J'ai perdu ma maman, mon groupe... Mon monde s'écroule. Il va falloir tout reconstruire, encore une fois.

---

1. Dave Ambrose finira à la tête d'EMI Records. C'est lui qui sera derrière la signature chez EMI de Queen, Pet Shop Boys, Sex Pistols, Duran Duran... Pendant quarante-cinq années, il y écrira la légende.

À cheval sur mes principes, septembre 1973

Le dimanche, je vais souvent monter à cheval à Hyde Park avec mon père en compagnie d'une dizaine d'autres cavaliers du club équestre. Depuis la mort de ma mère, j'essaie d'être plus présent, de l'épauler dans un deuil qu'il supporte mal, mais sa personnalité intense, exacerbée par le chagrin, rend ces moments difficiles. Je redoute ces face-à-face sans échappatoire, sources de friction, où je finis souvent par me rebeller contre ses tentatives de contrôle étouffantes.

Ce matin de septembre là, après un bon galop, nous avançons au pas dans le parc, et il m'expose un plan qu'il semble avoir préparé dans les moindres détails :

— Je te propose de te payer des études de musique.

Tiens, mon père s'intéresse donc tout à coup à mon futur.

— Ah bon. Et tu vois ça comment ?

— Une école de musique. En contrepartie, et en parallèle, je te forme au business familial pour que tu puisses reprendre les rênes de l'entreprise, plus tard.

Je suis agréablement surpris, et touché, qu'il me voie comme le potentiel héritier de Matchbox Publicity, sa société, construite seul après l'échec de De Solla Cox. Les conversations où, l'air de rien, il me parlait commerce et techniques de vente, ou me racontait ses négociations avec les clients et les fournisseurs, me reviennent en mémoire, prennent un sens nouveau. Je n'avais pourtant pas l'impression d'en avoir retenu grand-chose ; petit, néanmoins, je m'intéressais à son travail. Aujourd'hui, j'ai d'autres rêves : la liberté et la spontanéité que l'on trouve dans la création, jouer avec d'autres musiciens, inventer des chansons, les arranger. Alors, mon premier réflexe est de refuser sa proposition.

— Mais les Beatles, les Stones, Bowie ou les Who… Aucun d'eux n'a appris le solfège ni la théorie musicale ! C'est leur différence et leur inventivité qui comptent.

Fidèle à lui-même, il me rétorque :

— Et qu'est-ce qui te fait penser que tu as suffisamment de talent pour arriver à percer dans un milieu où il y a tant de concurrence ?

— Justement, la musique, ce n'est pas une compétition. Ce n'est pas un sport, où seul le plus fort gagne. Ce que j'admire, c'est le style unique de chaque artiste, pas sa capacité à jouer plus vite qu'un autre. Ceux qui se pavanent comme des chiens savants au cirque ne m'ont jamais fait vibrer. Je pense que j'ai trouvé ma voie.

Il semble peu convaincu.

— J'admets que tu as travaillé dur pour acheter ta batterie et je respecte la détermination avec laquelle tu as appris à jouer toutes ces années. Mais dans une école de musique, tu pourrais améliorer ta technique, autant sur la batterie que sur d'autres instruments, et peut-être même apprendre la composition et l'arrangement...

— Justement, je n'ai aucune envie d'avoir un prof sur le dos, qui me montre comment faire. J'ai besoin de développer mon propre style. Mes meilleures expériences d'apprentissage, c'était dans l'école d'art, où on m'encourageait à être moi-même, pas au lycée français, où la plupart des profs essayaient de me faire rentrer dans un moule.

— Ceux qu'on appelle des génies, c'est 5 % de talent et 95 % de travail acharné. Pense à Louis Armstrong, Dave Brubeck, Glenn Miller... Même Picasso et Modigliani ont appris les règles des beaux-arts avant de les briser en créant leur propre voie. La théorie et l'histoire de tes prédécesseurs, c'est fondamental.

Mon père a toujours été très fort pour argumenter, mais je suis têtu et je défends ma position sans céder d'un pouce :

— Aux dernières nouvelles, les écoles de musique enseignent surtout la musique classique et éventuellement le jazz. Ce n'est pas ça que je veux jouer. Elles ne s'intéressent ni au rock, que j'aime par-dessus tout, ni même à la pop. C'est pourtant ça qui paye, à notre époque, comparé au classique ou au jazz. Et puis, je n'ai aucune envie de me retrouver sous la tutelle de quelqu'un qui n'aime même pas la même musique que moi. Ces écoles, c'est de la discipline et un apprentissage académique garanti, pas de la création artistique. Ce serait juste un gâchis de ton argent et de mon temps. Les guitaristes et pianistes avec qui j'ai pu jouer qui ont eu une éducation musicale passent leur temps à débattre de ce qui est permis ou pas selon les règles de l'harmonie. Mais les nouveaux genres musicaux viennent justement bouleverser les règles établies, de la même façon que le jazz a révolutionné la musique de ton temps.

— Ça te donnerait au moins l'occasion de te mesurer à tes pairs et de savoir une bonne fois pour toutes si tu as de quoi réussir dans ce milieu difficile. Et si tu te rends compte que tu n'as pas le niveau, tu pourras changer de cap, trouver un autre métier et ainsi pouvoir te retourner financièrement sans te retrouver à la rue.

Je comprends alors que c'est sa peur qui parle, celle d'un jeune homme qui a connu le krach boursier de 1929. Il essaie de se mettre à ma place, mais plaque sur moi son expérience d'être dans la dèche dans un contexte économique bien différent de celui que je connais. Il conclut :

— Réfléchis-y. Je te laisse jusqu'à la fin de la semaine pour me répondre.

Le dimanche suivant, je le rejoins pour notre sortie équestre. Je redoute sa réaction à ma décision. Les écuries loin derrière, les sabots ferrés frappent le macadam de la grande avenue de Queensgate, résonnant entre les bâtiments victoriens de six étages, pardessus le ronronnement des voitures qui nous entourent. Mon père avance en tête et je ferme la marche, seul, à la queue du peloton. Soudain, à un feu, la voiture derrière moi s'approche trop près des pattes de Coudray, ma monture au caractère bien trempé. Il s'agite, piétine, renâcle, puis recule d'un demi-pas et s'assoit carrément sur le capot du véhicule. Il n'y reste qu'une seconde, mais l'empreinte parfaite de ses fesses reste imprimée dans la carrosserie. Je tente de calmer mon cheval qui s'agite, et pour éviter qu'il ne panique, je fais demi-tour, pour faire face à cet ennemi métallique qui a osé trop l'approcher. Le conducteur furieux sort de sa voiture en hurlant et en me menaçant de poursuites. Je serre mes jambes, raccourcis les rênes et lui réponds d'un ton glacial, mais ferme :

— Vous avez déjà de la chance qu'il n'ait pas rué et détruit votre voiture.

Mon père arrive au trot rapide. Ses yeux s'écarquillent en apercevant la marque de l'arrière-train équin sur la voiture, et il m'interroge sur la situation et l'état du cheval. Puis, d'un ton autoritaire, il s'adresse au conducteur qui continue de pester :

— Heureusement pour vous que le cheval n'a rien, ça vous aurait coûté bonbon. Et puis, vous n'êtes pas blessé n'est-ce pas ?

Il lui rappelle le code de la route puis lui tend sa carte de visite.

— Appelez-moi si vous voulez discuter avec le club d'équitation. Mais ne vous attendez pas à avoir gain de cause. Vous êtes clairement en tort.

Il me lance un clin d'œil en rebroussant chemin vers la tête de la colonne, laissant derrière lui le conducteur embarrassé face à la preuve de sa bêtise imprimée en grand sur le capot de sa voiture.

Mon père mène le galop sous un crachin soutenu, les animaux sont soulagés de se défouler après l'incident qui leur a tous foutu la frousse. Leurs sabots tonnent sur le sable de la longue piste qui entoure Hyde Park. Maintenant au pas, les autres cavaliers bavardent, éparpillés derrière, et je me retrouve seul avec mon père. On rigole de la tête du conducteur en état de choc et surtout de la jolie empreinte laissée sur le capot de la bagnole. Profitant de cet élan de bonne humeur, je prends mon courage à deux mains.

— Merci pour ton offre généreuse, mais après réflexion, je préfère tracer mon propre chemin.

— Ah bon ? Pour quelle raison ?

— Je rêve de ce métier depuis que j'ai 9 ans, je ne compte pas abandonner. J'ai déjà eu quelques touches intéressantes quand j'étais dans FKS, et encore plus maintenant avec le WH Pearce Band. On a enregistré avec les musiciens de Pink Floyd. Leur dernier album est dans le top 10 des classements aux États-Unis et ici au Royaume-Uni. Ils sont tous devenus millionnaires, et pourtant ils sont tous autodidactes.

Sa seule réponse est un silence lourd, vite suivi d'un signe aux autres cavaliers : il part devant lancer le dernier galop du jour, jusqu'au pub où la matinée se termine autour d'un pot joyeux. Mon père ne prononce pas un mot pendant le trajet en voiture jusqu'à la maison. Enfin, il me propose d'aller déjeuner dans un restaurant du coin. Là-bas, il m'annonce :

— Je vais te nommer directeur de ma compagnie.

Je m'apprête à protester, mais il lève la main.

— Écoute-moi. Tu auras une voiture pour être autonome et transporter ta batterie. La société prendra en charge l'essence, l'assurance et l'entretien et tu auras un petit salaire comme consultant musical. Ce sera suffisant pour te donner un peu d'indépendance, et la liberté de choisir les projets dans lesquels tu t'investis sans pression financière.

Je n'en reviens pas. Pour la première fois, je me sens *vraiment* soutenu par mon père. Écouté, entendu, respecté.

Une fois les démarches faites, je choisis une Renault 4L fourgonnette blanche d'occasion. On est en septembre, le Fridge vient d'entrer dans ma vie.

Ross Stagg, décembre 1973

Je rencontre Ross Stagg par une soirée froide de décembre 1973. Grand, mince, brun, beau garçon aux yeux bleu-vert, légèrement voûté, avec un fort accent australien, il se trouve à côté de moi au bar du *Greyhound*, une salle de concert dans Fulham Palace Road. Ça colle immédiatement entre nous, et la conversation tourne rapidement vers la musique, on s'envoie des références comme dans un match de tennis.

— David Bowie ?

— Naturellement ! Roxy Music, Alice Cooper ?

— Bien sûr, j'ai *Billion Dollar Babies* dans ma voiture. Marc Bolan, T. Rex ?

— Absolument !

— Et dans les années 1960, les Who, Them ?

— Complètement ! Particulièrement « Substitute » et « Gloria ». Les Easybeats, t'en dis quoi ?

— J'adore « Friday on My Mind »... Tu écoutes aussi les Box Tops ?

— Ouais, bien sûr : « The Letter ». Et les Lovin' Spoonful ?

— « Summer in the City » ?

Il me demande ce que je fais dans la vie ; ses yeux s'illuminent.

— Je suis justement à la recherche d'un batteur pour mes chansons. T'as quoi comme expériences, Lucas ?

Jouer dans un groupe sans passer par la case auditions : le rêve. Il faut à tout prix que je saisisse cette chance. Je me lance, confiant :

— Môme, je lavais des voitures pour me payer mes éléments de batterie. Premier groupe de blues à 13 ans. Après mon école d'art, j'ai joué dans des groupes pros, avec concerts et enregistrements. Avec le dernier en date, le WH Pearce Band, nous avons enregistré avec Roger Waters et Nick Mason, de Pink Floyd.

Ma réponse semble faire mouche.

— Tu fais quoi ce soir, après la fermeture ? Tu veux passer chez moi pour écouter mes chansons ?

— Pourquoi pas, allons-y, ça m'intéresse !

On monte dans le Fridge et on file vers Barons Court. Sur le chemin, c'est à mon tour d'être curieux.

— Et toi, c'est quoi ton histoire, Ross ?

— Comme tu peux t'en douter, je viens d'Australie.

— Ah bon ? Je t'aurais pris pour un Cockney de l'est de Londres...

On éclate de rire. Ross me raconte qu'il est né à Cremorne, une banlieue paisible de Sydney en août 1951, et qu'il a débarqué à Londres il y a trois ans pour essayer de percer dans la musique. Il m'explique qu'au moment de son départ, le gouvernement australien cherchait à envoyer le maximum de jeunes comme lui à la guerre au Viêtnam... Une sacrément bonne raison de partir à l'autre bout du monde. Je soupire :

— Heureusement, les accords de paix de Paris semblent tenir, les Américains et les Australiens sont en train de rentrer chez eux. Mais à quel prix, quelle boucherie !

— La semaine de mon arrivée, je suis tombé sur un panneau écrit à la craie devant une agence d'intérim d'Oxford Street : « CBS Records recherche un contrôleur de pochettes. » Je n'avais aucune idée de ce que ça voulait dire, mais j'ai tenté ma chance. Contre toute attente, j'ai obtenu le poste. Le boulot était barbant, mais ça m'a permis de me faire des contacts dans le monde de la musique.

— Franchement, pour un premier job à Londres, t'es bien tombé !

— Putain Lucas, t'as pas de chauffage dans ta caisse ? J'ai vraiment du mal avec votre hiver londonien.

— Désolé, il est déjà à fond. C'est pour ça qu'on l'appelle le Fridge.

— La vache ! En tout cas j'ai travaillé pour CBS Records pendant un an et demi avant d'obtenir une place à la direction artistique. Mais fin 1972, je me suis fait virer parce que j'avais utilisé deux des enregistreurs à bandes Revox de la boîte pour mes propres maquettes, le soir après le boulot.

Je me marre alors qu'il continue :

— Pas de pot, hein ? J'ai pas été suffisamment discret. Mais c'est là-bas que j'ai rencontré ma copine, Barbara Salisbury, que tu verras tout à l'heure. C'est l'assistante du directeur de création de CBS, Rosław Szaybo.

Il m'explique que c'est Barbara qui gère tout ce qui touche aux pochettes, aux affiches et à la promo des artistes du label. Ross, lui, de fil en aiguille, a réussi à signer comme auteur-compositeur chez Rondor, puis à obtenir un contrat de disques avec Pye, sur le label Dawn Records.

— Attends, t'as pas encore de groupe mais t'as déjà un contrat avec une maison de disques ? J'en reviens pas.

Ross sourit, fier de lui. Mes pensées galopent alors que je gare la voiture. Sacrée chance de l'avoir rencontré, ce soir, pile au moment où il cherche un batteur ! Dans ce milieu, les contacts sont tout, et sont indispensables pour faire avancer sa carrière. Et jusqu'à présent, malgré des années à fréquenter les salles de concert comme le *Marquee*, et les clubs, comme le *Speakeasy*, à jouer dans des groupes et à côtoyer des musiciens, des agents, ou des filles qui travaillent dans le milieu de la musique, décrocher un contrat avec une maison de disques m'a toujours échappé...

Nous descendons les marches qui mènent à son appartement, en sous-sol. Dans le salon, Ross me présente Barbara, une petite brunette drôle et pétillante au fort accent des Midlands.

— Je te présente Lucas, je l'ai rencontré au *Greyhound* ce soir. Il est batteur, avec pas mal d'expérience en studio et en concert.

— Salut mon chou, me dit-elle avec un sourire. Bienvenue chez nous. Je viens d'ouvrir une bouteille, tu veux un verre ?

— Volontiers, Barbara, enchanté de faire ta connaissance.

— Tu tombes bien, Lucas. Ross cherche un batteur avec qui il peut s'entendre ! Mais avec son caractère de chien, ce n'est pas gagné...

Ross se laisse gentiment chahuter. Barbara me sert un verre de vin blanc, et je m'installe sur le sofa pour m'allumer une cigarette, tout à mes pensées. J'ai de la veine d'avoir devant moi ces deux oiseaux là, qui sont déjà bien implantés dans le milieu du disque. Jusque-là, les groupes dans lesquels je jouais avaient de bons musiciens, certes, et des concerts, parfois des chansons originales et même des enregistrements, mais jamais une maison de disques prête à s'impliquer dans le projet. L'idée de fonder un groupe avec Ross me plaît bien, surtout qu'il ajoute :

— Si ça fonctionne entre nous, on devra rapidement enregistrer deux de mes titres : « I'll Never Be a Star (But I Might) » en face A, et « Oh Captain » en face B. Une sortie est déjà prévue.

Le lendemain, Ross réserve un studio de répétition pour l'après-midi. Le courant passe entre nous. On peaufine ensemble les arrangements des deux chansons, il apprécie mes propositions rythmiques... À la fin de la répète, Ross m'explique qu'il a besoin d'un nouvel ampli plus puissant, pour les concerts, et me demande si j'ai une bonne adresse. Il cherche un ampli Fender, qui se marierait bien avec le son de sa Gibson SG.

— OK, je sais où aller. Je passe te récupérer chez toi demain, en début d'après-midi.

Le lendemain, nous mettons le cap sur Tottenham Court Road. On se rend chez Joe Macari, avec qui j'entretiens de bonnes relations depuis que j'ai amené, il y a trois ans, les musiciens de mon groupe, Koufrey[1], s'équiper chez lui. Elliot Jordan, le bassiste, s'était acheté un ampli et un baffle Orange, et le guitariste, Chris Brennan, un stack Laney. J'ai pu faire pas mal descendre les prix.

---

1. Avec un ami du lycée, Dave Schaefer, Chris Brennan, Uti Koufrey, Nino Bukhari et Elliot Jordan.

— De toute façon, la plupart des magasins de musique de Londres sont dans le coin, il y en a plein d'autres qui vendent des amplis...

— On verra bien ce que je peux négocier. Macari rachète le matos de musiciens américains qui terminent leur tournée en Europe. C'est comme ça que j'ai récupéré l'ancienne Ludwig du batteur des Four Tops. Il est l'un des seuls vendeurs spécialisés dans les amplis américains de seconde main, comme celui que tu cherches, et tu n'as pas vraiment le budget pour en acheter un neuf...

— Ouais, t'as raison.

— Tu vas voir, c'est un sacré numéro. Il a les cheveux gominés, des vestes à carreaux tape-à-l'œil et une cravate fine qui lui donnent une drôle de dégaine des années 1950... Un conseil, Ross, ne te moque surtout pas de lui. Il est spécial, mais si tu blesses son ego, on n'en tirera rien. Laisse-moi gérer.

Évidemment, dès qu'on entre dans la boutique, Ross repère Joe et ne peut s'empêcher de pouffer. Je lui mets discrètement un gros coup de coude.

— Sérieux, Ross, tu veux un bon deal ou pas ?

Il réussit à se contenir et repère un ampli qui lui plaît, un combo Fender Super Reverb. Joe s'amène et je lui annonce la couleur directement :

— Salut Joe. Je te présente Ross, on est en train de former un groupe ensemble. Il arrive tout juste d'Australie et après le trajet, il ne lui reste pas beaucoup d'oseille.

Joe appuie sur l'interrupteur derrière l'ampli pour faire chauffer les lampes, puis il passe une guitare à Ross.

— Je pourrais te faire un petit rabais, compte tenu de ta fidélité au magasin.

Son prix est encore trop élevé, alors je commence à argumenter pour négocier le meilleur deal possible :

— C'est un ampli américain, avec un gros transfo pour passer nos deux cent vingt volts en cent dix, pas vrai ? Déjà que les Super Reverb sont lourds à trimballer, mais en plus avec un convertisseur qui pèse une tonne... Va falloir nous faire un bon prix.

Joe proteste, fait de grands gestes, joue les outrés.

— Ça va pas la tête ? Tu veux que je mette la clef sous la porte ou quoi ?

— Allez Joe ! On paye cash. Pas de chèque, pas de crédit. Si tu nous fais 20 % de rabais, on conclut tout de suite.

Pas convaincu, Joe refuse et hausse le ton. Les autres clients du magasin commencent à nous regarder en coin. J'insiste un peu, arguant qu'il en va de la réputation de son magasin, mais rien n'y fait. Alors, je tente le tout pour le tout. Je me tourne vers Ross et fais mine de partir.

— Rends-lui sa gratte Ross. Allons voir quel prix ils nous feront chez *Sound City*. Ils auront sûrement l'ampli, en version européenne.

Remettre en question sa réputation et évoquer son concurrent direct, à quelques rues de là, suffisent à faire changer le ton du père Joe. Nous arrivons à un compromis et il nous raccompagne à la porte, visiblement soulagé de se débarrasser de moi et d'un ampli encombrant. Ross est ravi : il a eu un super prix et a découvert en moi un allié précieux, non seulement comme musicien, mais aussi en business.

Nous débarquons devant le 40 Bryanston Street, un immeuble de bureaux blancs à deux pas de Hyde Park. Une petite enseigne indique « Pye Studios », avec un logo représentant trois câbles entremêlés, se terminant par des fiches pointant vers la porte d'entrée. On déplace tant bien que mal notre matériel dans l'escalier en béton qui mène au sous-sol : le lourd Fender Super Reverb de Ross, sa guitare et mes étuis à baguettes et à cymbales. En bas, deux studios nous attendent. Pour gagner du temps, j'ai accepté de jouer sur la batterie du studio : la balance y est déjà faite.

C'est la deuxième fois, en l'espace de quelques mois, que je me retrouve dans un studio pro. Et cette fois, ce n'est pas le salon d'une star ! Je m'installe dans la cabine de batterie bien calfeutrée, complètement coupé du monde extérieur. Je pose mes cymbales sur leurs pieds, ajuste la batterie, descends légèrement la tonalité de la caisse claire, repositionne les stands, fais un tour de roulements et teste la réactivité de la pédale de grosse caisse Rogers. Je suis prêt.

À travers la vitre de la cabine, j'observe Ross. Casque autour du cou, il accorde méticuleusement sa Gibson SG Cherry Red au diapason.

Je me laisse distraire un instant par les disques d'or accrochés dans l'escalier et le couloir d'entrée que nous avons traversés pour arriver dans le studio : « Till the End of the Day », « Waterloo Sunset », « Dead End Street » et « Dandy », tous des succès des Kinks, produits ici même par Shel Talmy, le célèbre producteur des Who. C'est aussi lui qui a produit la reprise de « Dandy » par les Rockin' Vickers, avec Lemmy à la guitare, chanson qui m'a fait découvrir le groupe il y a sept ans, en 1967. C'est aussi ici que Micky Most a produit « Mellow Yellow » et « Hurdy Gurdy Man », de Donovan. Jimi Hendrix a même enregistré une version de « Hey Joe » dans ce studio... Ces tubes des années 1960, c'est sur eux que je m'entraînais à la batterie, adolescent, dans la salle à manger familiale à Chiswick. En 1970, le studio a aussi vu naître la chanson « Down the Dustpipe », du groupe de rock Status Quo. Elle a été écrite par Carl Groszmann, un Australien avec qui je formerai, en 1978, White Lightning. Mais ça, c'est une autre histoire.

C'est Dennis Taylor qui produit notre session. Ancien bassiste du Crazy World of Arthur Brown, il a été remplacé par Dave Ambrose... mon ancien acolyte du WH Pearce Band. Le monde est petit. Ross et moi lançons l'enregistrement des prises de batterie et de guitare rythmique comme aux répétitions. Dennis, un vrai pro, enregistre la basse en une prise à chaque fois. Puis vient le moment d'ajouter la voix. Ross, nerveux, entre dans la cabine, les sourcils froncés. Je me glisse à ses côtés dans la petite pièce pour l'encourager, dansant pour lui donner du peps. Dennis, déconcerté, entend le claquement de mes chaussures dans le micro, alors je finis en chaussettes. Libéré, Ross livre deux performances impeccables sur « I'll Never Be a Star (But I Might) » et « Oh Captain »... On reste dans la cabine pour enregistrer les chœurs ensemble, avant que Ross n'attaque les guitares lead et les riffs. En fin d'après-midi, tout est dans la boîte. Dennis boucle les mix vers 20 heures. Nous refaisons surface, les deux chansons tournant en boucle dans nos têtes.

Un autre hasard nous fait rencontrer Greg Lake d'Emerson Lake and Palmer : il est marié à la sœur de Dennis. Je l'ai déjà vu jouer plusieurs fois au *Marquee* avec son ancien groupe, les Gods. Mais après des heures à l'écouter nous expliquer comment avoir du succès dans le business impitoyable de la musique, on est exaspérés par son arrogance. Il est gentil, mais insupportablement condescendant.

Depuis cette session, nous sommes à fond sur l'image et le son du groupe. Ross m'emmène chez son coiffeur italien, Luigi, dans un petit salon caché sur un pont ferroviaire jouxtant le métro Barons Court. Après quelques semaines de bons soins et d'une bonne alimentation, mes cheveux ont gagné de l'épaisseur. Barbara joue les stylistes et nous emmène acheter des fringues. Comme tout bon groupe de glam-rock, on s'essaie au maquillage. Il faut le reconnaître, on commence à avoir de la gueule...

Un après-midi de janvier, Irene m'entraîne de l'autre côté de la Tamise, dans une rue proche du gigantesque dépôt de Battersea. Des bus rouges à deux étages font la queue pour entrer et sortir du garage dans un ballet mécanique sonore. Je me gare, et Irene, en équilibre précaire sur ses talons compensés, me précède dans les marches qui mènent à un sous-sol exigu. C'est le quartier général de la Dance Mime Company. Irene me présente à Lindsay Kemp, l'androgyne génie, outrageux chorégraphe, danseur et professeur de mime. Dès notre entrée dans son studio, il nous accueille, splendide et flamboyant, avec son foulard en soie noué en turban autour de la tête, et ses yeux bleus aux cils de biche. Immédiatement, il embrasse Irene et m'aguiche ouvertement par-dessus son épaule. Jack, *alias* « The Incredible Orlando », son partenaire et danseur aveugle, joue le copain jaloux, mais nous sert tout de même un thé au citron dans de la porcelaine fine.

Lindsay est une légende. Mentor de David Bowie et metteur en scène pour son show, *Ziggy Stardust and the Spiders from Mars*, il lui a enseigné le mime, les techniques du théâtre japonais buto et son fameux déhanché. Mick Jagger, Marc Bolan et Tim Curry – qu'Irene et moi verrons, maquillé de noir, corseté, en porte-jarretelles et bas résille mener la danse du *Rocky Horror Show* au petit Kings Road Theatre – comptent parmi ses élèves. À lui seul, Lindsay a lancé le mouvement glam-rock. Son histoire est captivante : né à Birkenhead, il a grandi près de Newcastle, marqué par la mort de son père en mer pendant la Seconde Guerre mondiale alors qu'il n'avait que 2 ans. Il apprend très tôt les claquettes et crée ses premières chorégraphies. Dans un Royaume-Uni où l'homosexualité est encore illégale et passible de prison, son adolescence est douloureuse, entre la sévérité du collège de la marine, où l'on essaie de l'endurcir et les sévices des autres garçons de l'internat. Après de multiples refus des écoles de danse en Angleterre, il obtient une bourse pour l'école du Ballet Rambert. Lindsay a affronté les préjugés de plein fouet, y compris dans l'armée de l'air d'où il a été renvoyé pour avoir déclaré son homosexualité. Aujourd'hui, l'extravagant artiste de kabuki, poète et chanteur, brille sur scène avec sa troupe.

Irene a immortalisé Lindsay dans une photo saisissante pour l'affiche de son show *Flowers*, inspiré du roman *Notre-Dame des Fleurs* que Jean Genet a écrit à la prison de Fresnes en 1942. Mais sa photo est attribuée à tort au photographe Mick Rock. Furieuse, elle part au quart de tour. Lindsay calme le jeu et nous invite à la première de sa pièce à l'ICA, l'Institut d'art contemporain. Une expérience émouvante, voire dérangeante. Personne ne sort d'une performance de Lindsay indemne.

Le soir de la représentation arrive. En coulisse, la crème de Londres s'agite. Parmi eux, Bianca Jagger, la femme de Mick, semble obsédée par les miroirs des loges. Ses pommettes, sa bouche et son regard ravageur sont connus du monde entier, mais malgré un sourire qui traverse brièvement son visage, elle semble inquiète. Être Mme Jagger ne doit pas être facile, trois années de mariage chaotique laissent des traces. Elle se tortille et pose devant la folle cour de Lindsay en se contemplant sous tous les angles, vérifiant anxieusement son apparence...

Irene, observatrice, me glisse :

— Ça doit être terrible d'être aussi belle et d'avoir une image aussi fragile à défendre.

●●●

Le 22 février 1974, trois jours avant mes 21 ans, le 45 tours « I'll Never Be a Star (But I Might) » sort dans les bacs. Ross et Barbara passent à la maison pour fêter mon anniversaire ; ma sœur Soz me fait l'énorme cadeau de vingt et un vinyles.

Étant donné la promotion minimale que Dawn Records daigne nous accorder, il faut aller très vite pour profiter de la vague. On répète un set d'une heure chez Ross. Son vieux voisin, excédé par le volume, se plaint du bruit à chaque fois que Ross monte le son, tapant du pied au-dessus de nos têtes et faisant vibrer le luminaire qui pend au centre de la pièce.

On a besoin d'un bassiste permanent. Par bouche-à-oreille, on rencontre Neil Aptaker, un grand gars jovial avec de longs cheveux bouclés noirs, fan de jazz et de John Coltrane. L'idée de mélanger une basse jazzy avec notre glam-rock nous semble prometteuse. On répète chez lui ; il a l'air motivé. Il nous organise même notre premier concert, dans une salle ouverte en juin 1973 et appelée à devenir mythique : *Dingwalls Dancehall*. Son frère en est l'un des architectes. Carburant au café, on répète sans relâche dans le petit appartement de Neil, au sous-sol de sa maison familiale au nord de Londres. Les choses manquent de déraper lorsqu'il y invite sa copine, une groupie américaine, Pamela Zarubica, *alias* Suzie Creamcheese, muse de Frank Zappa. Ross lui dédie une chanson « Pamela the Rock Queen », qu'elle déteste...

Le jour venu, alors qu'on roule vers la salle dans le Fridge, on entend soudain « I'll Never Be a Star (But I Might) » : le gars dans la voiture d'à côté, arrêtée au feu, écoute notre chanson, ça ne peut être que de bon augure ! Nous arrivons devant un long bâtiment industriel avec le mot « Dingwalls » peint en grandes lettres blanches sur le côté. Vestige d'un complexe d'entrepôts victoriens, il se dresse au bord du canal, après l'écluse de Camden, le fameux Camden Lock. Le Regent's Canal, inauguré en 1816, reliait Paddington à Camden avant de se connecter au vaste réseau fluvial du pays, associant les quatre grands fleuves d'Angleterre et les ports principaux : la Severn à Bristol, la Mersey à Liverpool, le Humber à Hull et la Tamise à Londres. Chaque péniche, tirée par un cheval, pouvait déplacer jusqu'à trente tonnes de marchandises, dix fois plus que ce qui était possible sur les routes cabossées de l'époque. À Camden, là où je viens de garer le Fridge, huit cents chevaux travaillaient autrefois dans les gares de triage, tirant les marchandises des péniches vers les entrepôts. Puis vint le chemin de fer et Camden devint un carrefour logistique où l'on stockait les marchandises entre leur arrivée en train et leur départ par la route.

Howard « H » Parker, notre roadie pour la soirée, nous accueille devant l'entrée. Ce grand gaillard costaud, aux longs cheveux blonds en catogan, est un ancien membre du staff d'Hendrix, et de bien d'autres artistes réputés, qui travaille aujourd'hui pour le club. Il refuse notre aide pour déballer notre matos, et en un éclair, il vide le van : le lourd Fender Super Reverb de Ross sous un bras, ma grosse caisse dans l'autre, comme s'ils ne pesaient rien.

La salle s'étend devant moi, sombre mais élégante avec ses murs blancs et ses piliers de fonte qui soutiennent un plafond bas. Des tuyaux courent le long des murs à hauteur de tête. À ma gauche, H installe nos amplis et monte ma batterie sur la scène. À ma droite, le bar le plus long de Londres s'étire sans fin jusqu'à un restaurant situé à l'autre bout. Au menu, des hamburgers aussi abordables que dans les pubs... mais on sert ici jusqu'à 2 heures du matin, et non 23 heures, ce qui fait de *Dingwalls* un lieu prisé des musiciens, de la presse et de tout le business musical londonien. Jouer ici peut changer le destin d'un groupe.

Nous sommes accueillis par Boss Goodman. Grassouillet, le nez en patate et le teint rougeaud, il est l'homme derrière la programmation du *Dingwalls*. Il y invite les meilleurs groupes de pub rock du moment et des légendes américaines plusieurs soirs par semaine. Grâce à lui, le *Dingwalls* est en train de se faire un nom parmi les clubs et salles de concert londoniens.

Neil arrive juste à temps pour la balance son. Une fois nos réglages terminés, on passe dans une petite loge à l'arrière de la scène, peinte en blanc et éclairée par des tubes fluorescents fixés au-dessus des miroirs. Le club ouvre ses portes et la foule commence à entrer.

En coulisse, Ross et moi nous préparons avec enthousiasme. On enfile les fringues choisies par Barbara et on applique notre maquillage devant la glace. Neil, lui, refuse de jouer le jeu, et reste en jeans et T-shirt noirs, sans grimage.

Quand on monte sur scène, une vague d'excitation traverse la foule qui avance, serrée devant le fronton de la scène. Ross est devant moi, à droite, Neil, à gauche. Dès les premières notes, nos chansons longuement répétées font mouche et les applaudissements polis se transforment vite en cris enthousiastes. L'ordre des morceaux, soigneusement planifié par Ross et moi, fonctionne à merveille. Le set monte en intensité puis redescend, avant de repartir. La chaleur des lumières basses est étouffante, mais les applaudissements s'accentuent. Lorsqu'on arrive vers la fin du set, tout le monde danse dans les premiers rangs.

Alors qu'on joue « Oh Captain », la face B de notre 45 tours, Ross casse une corde. Il doit jouer notre dernier morceau, « I'll Never Be a Star (But I Might) », avec seulement cinq cordes. H assiste impuissant à la scène depuis la coulisse : il n'y a pas de guitare de rechange. On quitte enfin la scène sous les applaudissements, mais les cris du public résonnent jusque dans la loge : « Une autre ! Une autre ! Une autre ! » H arrache la Gibson des mains de Ross, y fixe une nouvelle corde et raccorde l'instrument en un clin d'œil. Juste à temps. Nous remontons déjà sur scène pour un rappel : notre seule reprise, « Summer in the City », de Loving Spoonful. Lorsqu'on regagne la loge, ruisselants de sueur, on a le sentiment d'avoir conquis *Dingwalls*. Le concert est passé en un éclair.

Pendant que H commence à démonter le matériel, je me dirige par habitude vers la scène pour l'aider à ranger ma batterie. Avant même que je ne touche une cymbale, il m'arrête net :

— Stop. Ne commence pas, ça ne va pas m'aider. Amène les autres boire un pot, je vous rejoins au bar quand j'ai tout plié.

C'était la première fois que je travaillais avec un technicien, et sa remarque me fait comprendre l'importance d'accomplir chacun sa tâche : la mienne s'est terminée avec la dernière chanson du set. « Ne commence pas, ça ne va pas m'aider » devient l'un de nos dictons favoris.

Ce concert nous fait aussi comprendre l'évidence : Neil n'est pas le bassiste qu'il nous faut. Son jeu, bien qu'impeccable sur le plan technique, manque de mordant. Immobile derrière sa basse, il ne parvient pas à se détacher de son expérience jazz. Plus encore, il refuse d'adhérer à l'esthétique glam-rock que nous avons adoptée… Il ne comprend pas l'importance que nous accordons, Ross et moi, aux vêtements et au maquillage, et s'en moque ouvertement. Notre look attire l'attention des filles du bar sur Ross et moi ; Neil, dans son coin, semble plus intéressé par ce qu'il appelle la « vraie musique sérieuse et pure » que par notre vie rock'n'roll. Sur le chemin du retour, nous abordons le sujet avec lui. Il devient clair que nos chemins doivent se séparer.

Hyatt Los Angeles, 1er mars 1974[1]

Le 1er mars 1974, cinq jours après la sortie de « I'll Never Be a Star (But I Might) » au Royaume-Uni, la bande des zigotos qui composent Hawkwind débarque à l'hôtel *Hyatt House*, à Los Angeles. Le premier concert de leur tournée américaine est prévu le lendemain, à Santa Monica. Comme d'habitude, Lemmy et Jonathan Smeeton, l'ingé lumières, partagent la même chambre.

L'hôtel, à proximité du *Whisky a Go Go*, bénéficie d'une renommée mondiale. Les deux cent trente-neuf chambres et vingt suites, réparties sur quatorze étages, ont survécu à tant de nuits de débauches que l'établissement a gagné un surnom, amplement mérité : *The Riot House* (« la maison des émeutes »). Les Rolling Stones, les Who, les Doors ou Led Zeppelin y ont travaillé dur pour établir des normes en matière de décadence dans l'industrie musicale. John Bonham aime ainsi particulièrement se promener sur sa Harley dans les couloirs du onzième étage de l'hôtel. Robert Plant et Jimmy Page y organisent des orgies d'anthologie, allant jusqu'à réserver plusieurs étages contre une caution de 50 000 dollars. Jim Morrison, lui, se fera dégager par la direction de l'hôtel dans une chambre à l'arrière, pour s'être suspendu à son balcon du dixième étage, provoquant un carambolage sur Sunset Boulevard. Keith Richards et Keith Moon s'y firent un devoir d'évacuer les téléviseurs par la fenêtre de leur chambre... Dans le hall ou la piscine de l'hôtel, accessibles aux non-résidents, traînent d'innombrables groupies, souvent mineures. Toutes espèrent rencontrer une rockstar, ou passer la nuit avec l'un des musiciens et prendre la route avec le groupe le lendemain.

Mais pour Lemmy et Jonathan, c'est une soirée morne. En cette veille de première date, ils n'ont pas encore touché le cash que le tour manager file chaque jour aux musiciens en tournée. Ils n'ont pas de quoi acheter de l'alcool. Tard dans la nuit, Lemmy fredonne une chanson qui lui trotte dans la tête. Couché en train de lire, Jonathan le voit se mettre debout sur son lit, taper au plafond. La tête chevelue de Roy Wood, le guitariste du groupe Wizzard qui loge dans la chambre au-dessus, apparaît bientôt au parapet du balcon.

— Salut Lemmy, qu'est-ce que tu veux ?

— Prête-moi ta guitare Roy, j'ai une chanson à écrire.

---

1. Ces faits me seront racontés par Jonathan, lors de l'écriture de ce livre.

Roy disparaît, revient pendre son Ovation acoustique par la sangle au-dessus de Sunset Boulevard. Lemmy l'attrape, s'assoit sur une chaise sur le balcon, papier, stylo à bille, paquet de Marlboro et Zippo à ses côtés. Jonathan s'endort. Lorsque Lemmy le réveille, à l'aube, il lui joue une chanson, intégralement composée pendant une nuit passée à hurler aux étoiles. « Motorhead » est née, et le futur nom de notre groupe avec.

Ross Stagg Mk II, mars 1974

Après notre séparation avec Neil, Ross et moi décidons de passer une annonce pour un bassiste dans le *Melody Maker*, ce même journal où j'avais trouvé des offres pour des auditions autrefois. Ross me demande :

— Pour combien de jours je devrais réserver le studio de répète, selon toi ?

— Avant de jouer avec eux, mieux vaut les voir ici, à Queensway. Pas la peine de perdre du temps en studio si la personne ne correspond pas à nos critères. Une fois qu'on aura fait le tri dans les candidatures, on pourra réserver.

Ross acquiesce. Jusque-là il n'a jamais eu à passer ou à organiser des auditions.

On élabore une liste de questions à poser aux candidats, et une fiche pour noter leurs coordonnées s'ils répondent à nos critères.

A. Est-ce qu'il habite Londres ?	OUI/NON
B. Nombre d'années d'expérience à la basse ?	...
C. Expériences en studio, en live...	Lister : ...
D. A-t-il un talent évident ?	OUI/NON
E. Sait-il chanter ?	OUI/NON
F. A-t-il les mêmes goûts musicaux (rock, glam-rock...) que nous ?	OUI/NON
G. Est-il charismatique ?	OUI/NON
H. Son humour est-il compatible avec le nôtre ?	OUI/NON
I. Son caractère est-il compatible avec le nôtre ?	OUI/NON
J. A-t-il un look qui nous plaît ?	OUI/NON
K. Marques de sa basse et de son ampli ?	...

Pour les tenues de scène, on se dit que Barbara pourra toujours l'emmener faire les boutiques, une fois notre choix fait.

Mon numéro de téléphone figure sur l'annonce dans le *Melody Maker*. Les premiers coups de fil arrivent dès la fin de la matinée du mercredi, alors que le journal n'est encore disponible qu'au kiosque de la gare de Paddington. Visiblement, je ne suis pas le seul à connaître ce bon plan, qui m'a souvent permis d'être parmi les premiers à répondre aux annonces. Le jeudi, c'est la folie : quand Ross me rejoint, vers midi, j'ai déjà reçu une bonne douzaine d'appels, et ça ne s'arrête pas le reste de la journée. Nous allons avoir le choix. On commence à trier les candidats au téléphone. Avec certains pros, de toute évidence, le rapport de force s'inverse.

— Quelle est votre maison de disques ?
— Vous avez un manager ?
— Ah, il n'y a pas de salaire ? C'est *niet*, merci, au revoir.

Le lendemain, on se relaie au téléphone. À chaque appel, on se fait des signes : pouce en l'air ou pouce vers le bas, façon empereur romain. Nos fiches se remplissent, et nous ajoutons en bas de chacune en fonction des réponses :

OUI	À rappeler pour fixer une audition.
PEUT-ÊTRE	Liste d'attente.
NON	On arrête là.

On rappelle les candidats retenus, qui défilent à la maison pendant deux journées entières. Ils sonnent à la porte les uns après les autres, parfois en avance, parfois en retard. Le téléphone continue de sonner sans arrêt, à tel point qu'on est obligés de mettre le répondeur. Par moments, on a un bassiste en attente dans le hall, un autre dehors sur le trottoir, et le téléphone qui hurle en même temps... Prometteurs au téléphone, certains déçoivent en personne, et *vice versa*. J'avais bien fait de vouloir les rencontrer d'abord. Je repense à toutes les auditions que j'ai pu passer, et m'efforce de bien traiter tout le monde, mais l'arrogance de certains rend la tâche difficile... D'autres, comme Lee Fardon, se distinguent nettement dès notre première rencontre.

Grâce à notre système de sélection, on réduit la liste à une dizaine de bassistes, à qui on propose de venir auditionner. Avec une heure d'audition par entretien et une demi-heure de pause entre chaque, les auditions vont durer deux jours. On s'installe dans un studio à Bamborough Gardens. Dès son arrivée, Lee Fardon attire notre attention. Il sort une Rickenbacker noir et blanc, ajuste les boutons de l'ampli, et trouve immédiatement un son parfait. Dès les premières notes, c'est clair : c'est le bon.

Après la session, on l'emmène boire un pot. Ross s'éclipse pour aller commander des boissons au bar, et Lee me glisse :

— Toi et Ross, vous semblez si motivés ! J'ai déjà joué dans pas mal de groupes, mais jamais avec des musiciens aussi pros.

Je suis surpris.

— Ah bon ? Pourtant, tu as l'air d'avoir roulé ta bosse.

— Vous m'avez demandé si j'étais prêt à faire n'importe quoi pour réussir. La réponse est « oui », sans hésiter. J'ai conscience de ma chance.

Lee propose de répéter chez Sue, sa copine, à Sutton, au sud de Londres. Il y a un grenier dans sa maison familiale, et son père,

Gordon, s'amuse d'avoir un groupe de rock sous son toit. On trouve notre claviériste, Jan Schelhaas, dans les petites annonces de *Melody Maker*. Avec son épais accent de Liverpool et son orgue Hammond, il rejoint nos répétitions à chaque fois que ses engagements avec le guitariste Gary Moore ou avec Thin Lizzy le permettent.

Nous jouons sur des scènes d'universités et plusieurs fois au *Greyhound,* là où Ross et moi nous sommes rencontrés. Dawn Records nous laisse tomber : notre 45 tours manque de promotion et peine à trouver le succès. On décide qu'il est temps pour nous de prendre un manager. Je propose Julie Enthoven, une ex-copine avec qui j'ai vécu quelques aventures mémorables, comme la fois où nous avions failli nous faire embarquer par la police alors qu'on faisait l'amour dans Hyde Park. Julie est surtout la cousine de David Enthoven, le cofondateur d'EG Managament : ils s'occupent de groupes comme King Crimson, T. Rex ou Roxy Music. Ross espère profiter de leur influence. Julie accepte notre proposition et nous envoie dans une maison à la campagne à Oxford, pour écrire et répéter. Bien sûr, la baraque est pleine de chats, ce qui fait enrager mon père, qui s'inquiète à cause de mon asthme. J'ai les poumons qui sifflent en permanence mais, déterminé, je survis à coups de Ventoline.

De retour à Londres, on insonorise un garage prêté par la famille de Julie dans une ruelle à Knightsbridge en clouant plusieurs épaisseurs de tapis coco au plafond et aux murs. Nos répétitions sont intenses, et durent une douzaine de jours. Lorsqu'on s'arrête de jouer, on entend parfois les choristes chanter les hymnes dans l'église à côté. Entre les répétitions, on laisse notre matériel dans le garage et on s'invite dans la maison attenante au garage. Pour une fois, nous mangeons à notre faim. Julie prend soin de nous : une fois, elle cuisine un gigot d'agneau que Lee a piqué dans le congélo de la mère de Sue, et on descend quelques bonnes bouteilles de vin de la cave pendant que Jan joue du ragtime au piano.

Pour démarcher les maisons de disques et les agents, Julie a besoin qu'on fasse des concerts. On s'y met tous : Ross et moi contactons le *Greyhound* et le *Half Moon* à Putney, Irene nous obtient un concert dans sa nouvelle école d'art, et Sue dans la sienne, la London School of Printing.

Jan remarque que les choses bougent, et il se joint à nous pour les concerts. Même s'il est coupé latéralement en deux pour le transport, putain, que son orgue Hammond est lourd à transporter ! Il nous répète qu'il ne faut jamais soulever le clavier de la base sans déconnecter son cordon ombilical à broches multiples liant les deux moitiés. Ironie du sort, c'est lui-même qui le casse. Je l'emmène le réparer chez le seul spécialiste des Hammond à Londres, dans un sous-sol à Bayswater, pas loin de la maison.

Ross quitte Barbara. Il me jure ne porter qu'un intérêt professionnel à Julie et je le crois. Quel naïf ! Ils sortent bientôt ensemble, Ross profite des nombreux contacts de Julie, et ils s'en font de nouveaux ensemble, dont Mick Rock, le photographe de Bowie. Le noyau dur de notre groupe se fissure : je suis de plus en plus souvent mis à l'écart des discussions stratégiques, menées par Julie et Ross, jusqu'à être remplacé par Mick Underwood, un batteur plus expérimenté, avec un bon réseau. Notre devise, « prêts à tout pour réussir », s'est retournée contre moi. Jan et Lee resteront encore un peu dans le groupe, avant d'être remplacés à leur tour. Le nouveau groupe, formé début 1975, s'appellera Strapps et enregistrera trois albums, qui connaîtront un certain succès, surtout au Japon.

Pour moi, c'est, encore une fois, un retour à la gare de Paddington et au *Melody Maker*. Je reprends la route des auditions. Spangled Mob m'attend.

Un petit morceau de buvard beige, juillet 1974

De jour comme de nuit, de concerts en clubs, Irene et moi écumons Londres, faisons le tour de ses amis comme des miens. J'enfonce la cassette huit pistes de *Diamond Dogs* dans le lecteur du Fridge et on traverse le West End à toute allure, direction l'est ; un énorme chien hurle et la voix de David Bowie remplit tout l'espace, raconte sa ville postapocalyptique où erre un gang d'adolescents mutants aux yeux rouges. Nous arrivons dans Whitechapel, quartier malfamé dont Jack l'Éventreur a assuré la « renommée » à la fin du XIXe siècle, je tourne dans Myrdle Street, les lampadaires jettent une lueur lugubre sur les Fieldgate Mansions. Irene connaît un dealer dans l'un de ces grands bâtiments en brique jaune, voués à la destruction avant d'être investis par des squatteurs – artistes, marginaux, réfugiés... Elle-même vivait ici il y a encore quelques mois. Harcelés par les autres habitants du quartier, ces nouveaux occupants sont sous la menace permanente d'une expulsion sommaire – doublée, pour les dealers, de la peur d'une descente de police. Un chat maigrichon nous file entre les jambes, coursé par un gros rat ; au loin, des chiens aboient alors que nous nous engageons dans la cage d'escalier, ouverte sur la rue. Une odeur de cuisine indienne nous accueille au troisième étage, des conversations étouffées se mêlent aux airs de musiques métissées. La porte est en piteux état ; Irene frappe doucement, tout bruit cesse, net. Elle chantonne :

— C'est moi...

Le vantail s'ouvre sur un type, l'œil méfiant ; regard discret dans la rue, par-dessus la rambarde du palier, il nous fait entrer. Il y a du monde dans l'appartement, en quête de la même chose que nous. Pas besoin de s'éterniser : Irene disparaît dans la cuisine avec le dealer et en ressort cinq minutes plus tard, barrette de shit en main. On plie bagage avec l'envie de rentrer par la route touristique et je m'arrête, comme souvent la nuit, près de la tour de Londres pour observer l'énorme forteresse. Princes, princesses, évêques, rois et reines... tant y furent emprisonnés, souvent dans l'attente de leur exécution. Je me penche au-dessus du mur des douves, scrute l'obscurité, et m'écrie, pointant dans la nuit avec mon doigt :

— Irene ! Regarde ! Le renard à trois pattes est toujours en vie !

Sur la pelouse qui ceint la forteresse en effet, en contrebas, un renard d'une belle couleur rousse et à la queue touffue avance doucement, sautillant légèrement sur son appui manquant. À chaque fois que je passe par là, tard le soir, et ce depuis des années, je vois cette drôle de bête. Ça me touche qu'elle soit encore en vie. On ne reste pas : pas la peine de risquer d'attirer l'attention de la police, vu ce qu'on a dans les poches. Quelques jours plus tôt, le 17, une bombe a explosé dans la Tour, tuant une femme et causant de nombreux blessés. Un attentat non revendiqué, mais l'IRA, qui multiplie les actions terroristes en Angleterre depuis deux ans, est dans toutes les têtes.

De retour dans le quartier, on fait un passage au supermarché vingt-quatre heures sur vingt-quatre de Westbourne Grove : le patron, pour éviter la fauche, a installé des miroirs grand angle dans le fond et garde une batte de baseball sous le comptoir. J'attends Irene dans la voiture ; le magasin est plein de fêtards extirpés des clubs, qui viennent chercher ici de quoi finir la nuit. Avec son bombers noir trop grand, Irene est parée pour un raid. Je connais son manège par cœur : elle se dirige vers l'objet de sa convoitise, attend qu'il y ait du monde autour d'elle. Une fois à l'abri des regards et des miroirs, elle s'emploie à remplir discrètement l'intérieur de sa veste avec le maximum de friandises. Il n'y a plus qu'à remonter la fermeture Éclair jusqu'en haut. Derrière mon volant, je la vois s'approcher de la caisse et régler les deux barres Mars qu'elle tient en main. Le moteur tourne, première vitesse engagée, au cas où le taulier flairerait l'entourloupe et lui courrait aux fesses. Pas cette fois. Elle monte dans le Fridge en gloussant avec un grand sourire ; elle n'a pas encore claqué la portière que je démarre en trombe. Hilare, elle vide son butin dans deux sacs à ses pieds et c'est les mains lourdes de bouteilles de jus d'orange et de 7 Up, de biscuits, de barres chocolatées et de bonbons que nous montons l'escalier qui mène à ma chambre, au dernier étage de la maison de mon père. J'ai la baraque pour moi seul car lui vit la plupart du temps avec sa copine, au nord de Londres. Lorsque nous avons emménagé, en 1969, j'ai peint les murs de ma chambre, le plafond, le tour des fenêtres et les placards de la même couleur que la moquette et les rideaux : rouge vif, style pompier. Seul le lit en bois massif, assez haut, est blanc.

Concentrée sur sa tâche, Irène sort une enveloppe de la poche intérieure de sa veste, en extirpe délicatement, coincés entre l'extrémité de son pouce et de son index, deux tout petits carrés de buvard beige, pas plus de trois ou quatre millimètres de côté : à l'évidence, elle n'a pas acheté que du shit. On se regarde droit dans les yeux, éclats de rire complices, elle me pose l'un des deux buvards sur la langue, l'autre sur la sienne.

Pendant que je roule un joint, elle dispose nos provisions volées sur la table en bout de lit. Je me lève, éteins la lumière de la pièce, ne laissant allumées que deux petites lampes de chaque côté de la chambre, prends la double pochette sur laquelle s'étale une vingtaine de femmes nues, pose l'un des disques sur la platine... Jimi Hendrix, *Electric Ladyland*. Lorsque je rejoins Irene sur le lit, deux coups de timbale-tonnerre retentissent... encore deux coups d'outre-tombe, une voix au ralenti à l'envers suivie de crissements qui tournoient dans la pièce... Enfin, la voix de tête d'Hendrix, posée et douce, entonne « Have You Ever Been (to Electric Ladyland) ? ». La chanson tire à sa fin, on discute du début de soirée, passée entre amis au pub. Lorsque « Crosstown Traffic » démarre, on s'interrompt à nouveau pour rejoindre Jimi et chanter en chœur, puis nous reprenons nos discussions sur les ragots entendus.

— Est-ce que l'on en a quelque chose à foutre ?

— Pas une seule seconde.

Les roulements de Mitch Mitchell annoncent le refrain de fin du maelström central de « Voodoo Chile », suivi d'un désordre explosif qui dégringole en queue de poisson. Ça siffle, tout le studio applaudit. C'est le dernier morceau de la face A de l'album. Je me lève, les membres légèrement spongieux et pose délicatement le diamant dans le sillon de la face C de l'album. Je regrimpe sur le lit ; quelques étincelles viennent de jaillir de l'abat-jour de la lampe, près de la fenêtre... Le plafond me semble un poil plus bas que d'habitude et, presque imperceptiblement, les murs écarlates commencent à pulser... Un doux boogie se met en marche, quelqu'un tousse deux fois et renifle dans le coin de ma chambre, saxo, guitare et orgue Hammond se répondent... la voix de Jimi tout en velours : « Rainy Day, Dream Away », les murs, le plafond, le sol ondulent lentement et je susurre à Irene :

— Cette cellule rouge sang ressemble à un poumon, la pièce respire...

Je me glisse du lit vers le sol, ôte mes chaussures et mes chaussettes, me pose en lotus sur le tapis devant le miroir... Les paroles de la chanson traversent la pièce. Hypnotisé, je vois dans la glace Irene qui me rejoint à quatre pattes. Notre reflet se multiplie en perspective à l'infini, tout en couleurs dorées, la dominante rouge nous enveloppe, le goût de sang dans la bouche. Le flot des algues de sa chevelure ondule lentement en couleurs pourpre, vert et noir dans l'eau translucide sous les rochers... Une sirène... ma langue claque contre mon palais, mes mains sont moites, ma gorge sèche... Dans le miroir, je vois le jus d'orange et le 7 Up sur la table, à mi-chemin de ce tunnel kaléidoscopique... Le troubadour chante. Ma voix rebondit sur le miroir :

— T'as pas soif ?

Je l'entends répondre, au loin :

— Si, j'ai la bouche comme l'aisselle d'un gorille.

Elle glousse, le ménestrel continue. À côté de moi, son reflet me passe une bouteille, je la sens peser dans mes mains, et une barre de Mars.

— Redlands.

On ricane en regardant la barre chocolatée, on explose de rire. En février 1967, Mick Jagger, sa petite amie Marianne Faithful et Keith Richards avaient été arrêtés à Redlands, la maison de Keith, pour possession de drogue. Les tabloïds, eux, se faisaient surtout l'écho de la rumeur que Marianne aurait été retrouvée nue, en fâcheuse position avec une très phallique barre de Mars... Keith et Marianne avaient ensuite posé pour une photo, tenant chacun un journal titrant *Nude Girl at Stones' Party...*

Un liquide froid remplit ma bouche, coule dans ma gorge, Mitch Mitchell martèle sa caisse claire au rythme d'un Boléro de Ravel endiablé derrière les octaves de la gratte, un riff descendant en arpège rejoint la basse à l'unisson... J'engouffre la sucrerie sans me rendre compte qu'elle est encore recouverte du papier noir... Je déchire l'étui avec mes dents et mastique la substance glutineuse, caramélisée et sucrée ; m'étouffe momentanément, mon enfance asthmatique remonte... encore un besoin fâcheux de boire... un liquide sucré coule dans mon gosier.

Irene lance :

— Prenons des photos...

— Oui, OK, allons-y, pourquoi pas...

Elle tire son sac vers elle comme au ralenti, en sort son boîtier Nikon et un stick de khôl noir, me demande de lever la tête ; son pouce et son index me tiennent les yeux ouverts pour tracer un trait noir sur chacune des paupières inférieures.

Mes yeux me regardent dans le miroir, le tunnel kaléidoscopique tourbillonne inlassablement à l'infini, Irene et moi pulsons au centre du vortex. Une couronne de rayons dorés apparaît derrière ma tête, tels les saints des tableaux du Moyen Âge que j'allais voir au Victoria and Albert Museum, à cent mètres du lycée. Elle se répand en échardes aux quatre coins du miroir. Le blanc de mes yeux devient noir, je regarde en haut, en bas, Irene mitraille. Notre connexion transpire ; âmes sœurs...

Je transperce l'objectif, disparais à l'intérieur de l'appareil photo ; il y fait noir. Les claquements du déclencheur coupent l'air, me ramènent dans la pièce. Les cliquetis du levier d'armement résonnent, se mêlent à la musique de l'autre côté de la chambre, comme des crépitements d'armes résonnant au fond d'une forêt lointaine dans un film de guerre. Le double déclic de l'appareil lorsqu'elle fait avancer la pellicule pour la photo suivante ressemble à une carabine que l'on charge.

Elle s'arrête. Sa main tourne rapidement, rembobine avec la petite manivelle sur l'autre épaule du boîtier reflex ; pour moi, tout se passe au ralenti, dans un lent flou. Irene fouille dans son sac, ouvre le dos de son appareil, charge la pellicule avec dextérité... Le temps glisse, s'étire, devient élastique, s'éloigne, dérive. L'intro de la magnifique reprise d'« All along the Watchtower », de Bob Dylan, résonne dans la pièce. Irene se lève et tangue autour de moi, encore des clichés dans la boîte.

— Regarde-moi, oui, oui, bien encore comme ça. Regarde là, en haut. Et maintenant derrière toi, au-dessus de ton épaule...

J'ai du mal à coordonner mes mouvements mais obéis du mieux que je peux.

●●●

J'ouvre les yeux ce qui me semble être des jours plus tard. À côté de moi, Irene feuillette *Los Angeles Parano*, d'Hunter S. Thomson, en ricanant. Je plane toujours, elle aussi, me semble-t-il ; nous amorçons une descente, flottant légèrement. Derrière les rideaux rouge sang, le soleil se lève : des lames dentelées de lumière passent en dessous, des flaques orangées rampent vers le centre de la pièce, illuminent la moquette... des particules de poussière dansent dans les rayons, tournoient comme autrefois les libellules de la mare près de l'église de Wilstead, dont mon grand-père était vicaire... Des papiers de friandises et des bouteilles vides jonchent le sol. Je roule un joint, nous décidons de sortir.

●●●

Quelques jours plus tard, je retrouve Irene au *Speakeasy*, tard le soir. Elle me présente un grand gars baraqué :

— Lemmy, ça c'est Lucas.

Portobello, août 1974

Il est tard quand j'émerge : ma discussion avec Lemmy, rencontré la veille, nous a menés aux petites heures du jour. Qu'importe, je n'ai rien de prévu avant notre rendez-vous, en milieu d'après-midi. Je me prépare un petit déjeuner copieux : céréales, fruits frais, saucisses, bacon, haricots rouges, le tout suivi de toasts au beurre salé nappés de marmelade, accompagné de plusieurs tasses de thé fort au miel. Cette habitude de prendre un bon petit déjeuner ne m'a jamais quitté et m'a, je pense, sauvé la vie plus d'une fois : quand on est musicien, l'heure du prochain repas est souvent incertaine...

Vers 15 heures, je monte dans le Fridge – pas de P-V, merci la bière en canette ! – et prends le chemin de chez Lemmy. Il sort de chez lui, une Marlboro coincée au coin des lèvres et un journal roulé dans la poche arrière de son jean.

On se salue, il monte dans la voiture et, immédiatement, me tend un sac en plastique. Pas besoin de l'ouvrir pour être frappé par l'odeur qui s'en dégage : ça pue les pieds. À l'intérieur, une vieille paire de bottes blanches, façon cow-boy.

— J'aime pas tes godasses ; porte plutôt celles-là, elles t'iront mieux.

Mes chaussures, faites sur mesure, sortent pourtant de chez *Chelsea Cobbler*, « le bottier des stars ». D'un vert foncé rappelant les voitures de course britanniques, ornées d'un col en faux léopard et d'une fermeture Éclair sur le devant, elles sont glam-rock à souhait : pour Ross Stagg, c'est parfait. Mais elles ne plaisent évidemment pas à Lemmy, qui donne plutôt dans le mi-rock'n'roll, mi-hippy. Sans trop discuter, je retire mes pompes, les balance à l'arrière du fourgon et enfile les Winklepicker malodorantes. Je ne remarque pas tout de suite que l'extérieur des talons est usé, et les bottes déformées par les années de démarche en canard de Lemmy. Il me propose qu'on se rende au marché : il voudrait voir les antiquaires.

Je me gare dans Denbeigh Road, une rue parallèle à Portobello Road, et nous commençons notre promenade. Le marché bat son plein. Sous un ciel d'azur parsemé de nuages cotonneux, des stands s'étendent à perte de vue de chaque côté de la rue étroite et sinueuse. Antiquités, pots de chambre, lampes à huile, miroirs et cuillères à thé en argent sont entassés sur les étals. Un marchand de porcelaine, le nez en patate et les oreilles en chou-fleur de rugbyman, vêtu d'un débardeur blanc et d'un canotier, jongle habilement avec des assiettes bleu ciel en criant ses bonnes affaires à des ménagères en bigoudis.

Lem et moi rigolons, et continuons notre promenade. On s'arrête à un stand de bijoux en argent massif pour essayer quelques bagues, que nous reposons finalement. Un peu plus loin, un étal attire notre attention : croix « Pour le Mérite » françaises, médailles de George anglaises, brassards, patchs et dagues nazis... Dans les années 1970, le souvenir de la Seconde Guerre mondiale est très présent en Angleterre et les marchés regorgent de décorations militaires, ramenées par les troupes britanniques à la fin des hostilités. Lemmy inspecte une croix de fer allemande et lâche, sûr de lui et définitif :

— C'est une fausse.

Piqué au vif, le vendeur proteste et s'emporte, ses joues deviennent aussi rouges que les uniformes de parade écarlates de l'armée britannique qui l'entourent. Sa performance nous laisse aussi dubitatifs que sa marchandise, et nous partons sans dire au revoir.

— La Seconde Guerre mondiale, c'est une passion depuis que je suis tout petit, dis-je à Lem.

— Moi aussi ; ça te vient d'où ?

Je lui raconte mon obsession pour les films et les documentaires sur le sujet, lui parle des nombreuses maquettes que j'ai construites, de ma collection de livres sur les avions, les chars et les uniformes des régiments d'élite de l'armée allemande...

— Ah bon ? Tu m'intéresses, il va falloir que tu me montres tout ça, Lou...

— Avec plaisir, c'est quand tu veux, Lem.

— Cette passion, ça vient de ton histoire familiale ?

— Oui, certains membres de ma famille se sont engagés tôt, au tout début des hostilités. Et toi ?

Son visage s'assombrit.

— Mon père était aumônier dans la RAF. Puis il nous a abandonnés, ma mère et moi, quand j'étais tout bébé. Un salopard de première, je préfère ne pas en parler. Les tiens, ils ont fait quoi ?

— Mon père est né dans la dèche à Londres. Il s'est engagé en 39 après avoir, lui et son meilleur ami, juif, lu *Mein Kampf*. Par un concours de circonstances, il s'est retrouvé en Inde, commandant d'une troupe de ravitaillement pour les forts britanniques qui défendaient la frontière afghane. Ma mère, elle, a rejoint la WAAF la même année. En août 40, elle était à Biggin Hill, l'une des bases aériennes...

— ... les plus bombardées de la bataille d'Angleterre, une des principales cibles de la Luftwaffe, je connais. Qu'est-ce qu'elle faisait là-bas ?

— Elle était *plotter*, « traceuse » : elle suivait les indications des radars pour indiquer au commandement les positions respectives des escadrilles alliées et ennemies. Avec une canne, elle déplaçait des blocs de bois sur une table cartographique ; tu as dû voir ça dans les films.

— Ouais, elles coordonnaient les attaques des Spitfires et des Hurricanes... Je me souviens bien des images de ces femmes et leurs longues perches...

Je hoche la tête.

— La salle de contrôle où son équipe travaillait a été touchée par une bombe. Par chance, elle n'était pas dans la pièce... Mais elle a vu pas mal de ses amies mourir, ensevelies sous les décombres.

— Elle s'en est remise ?

— Pas vraiment, ça l'a rendue claustrophobe. Pendant le Blitz, alors qu'elle était en permission à Londres, elle refusait de descendre dans les abris souterrains. Elle préférait monter sur les toits pour voir les bombardiers larguer leurs bombes plutôt que risquer d'être enterrée sous un bâtiment.

— Oh putain, elle était bien atteinte alors.

— Ouais en effet... mais elle était surtout fataliste, comme beaucoup à l'époque : « Si mon nom est inscrit sur un de leurs obus, c'est mon heure. »

— Ouais, ils disaient ça aussi, durant la Première Guerre mondiale : « Si mon numéro est écrit sur la balle... »

— Ensuite, elle a été promue commandante du contingent des femmes à Tempsford. C'est de là que partaient la plupart des résistants envoyés en Europe occupée... Elle avait 23 ans à l'époque.

— Seulement ? C'est si jeune !

— T'imagines ? Seulement deux ans de plus que moi. Son frère, mon oncle John, travaillait au SIS, le service de renseignements, dès 1936. Ma famille a dû être scrutée sous toutes les coutures pour qu'il puisse être accepté. Il y avait une pénurie d'officiers, alors ils ont dû voir ma mère comme la candidate idéale.

— Je comprends mieux ta fascination. Mais pourquoi tous ces livres sur les régiments allemands ?

— Ce qu'ils ont fait m'écœure : l'occupation, l'endoctrinement, la propagande, le racisme, le fanatisme, l'extermination... Mais nous, les mômes, on a été tellement matraqués par les histoires des héros alliés qui nous ont sauvé la mise : les pilotes, les commandos et les Amerloques : « Trop payés, trop portés sur le sexe et...

— ... trop présents[1]. » Et vu de l'Angleterre, les méchants ont toujours eu les meilleurs uniformes : Napoléon, les confédérés, les

1. *Overpaid, oversexed and over here* : c'est par cette formule célèbre que les Anglais évoquaient les troupes américaines qui stationnaient sur leur sol durant la Seconde Guerre mondiale.

nazis... Visuellement, leurs équipements étaient bien plus classes. Je déteste tous les politiciens, je suis apolitique, contre tous les extrémismes : communisme, fascisme... Mais scandaliser la société m'a toujours semblé une bonne manière de se faire connaître. Si les parents sont choqués, on est sur la bonne voie.

— Oui Lem, j'suis d'accord. Ce ne sont pas les nazis qui m'attirent, mais leur look... Le Spitfire britannique est une machine à tuer terriblement efficace, mais ses jolies courbes lui donnent presque un air « mignon ».

Lemmy acquiesce.

— Même son moteur Merlin Rolls-Royce sonne rond, presque agréable... (Il l'imite en faisant planer sa main dans l'air à hauteur d'épaule.) Bvvvvvvbvvvv... Alors que les chasseurs allemands, avec leurs ailes carrées, leur nez tranché et le son métallique, profond, agressif des moteurs Daimler-Benz... Ils avaient même installé une sirène dans le nez des Stukas, pour terrifier les civils qu'ils bombardaient en piqué !

— Ouais, impossible d'oublier ce son et la panique en dessous...

— Le camouflage côté anglais est peint en couleurs rassurantes, des tons bruns et verts. Le camouflage du Messerschmitt, Lou, marbré comme la peau d'un cobra, lui donne une allure bien plus dangereuse.

— Même les casques ! Ceux des soldats britanniques ressemblent toujours à ceux des fantassins du Moyen Âge à la bataille d'Azincourt : un genre de bol de soupe à l'envers...

On rit tous les deux. Lem reprend :

— Au moins les Allemands, eux, avaient abandonné depuis la Première Guerre mondiale, leur ridicule casque traditionnel, le Pickelhaube, avec son pic pointu au sommet du crâne. Le Stahlhelm était bien plus pratique, couvrant la nuque et les oreilles contre les éclats d'obus ou les balles de sniper, avec une visière en bec de canard. À la fois menaçant et efficace...

Soudain, Lemmy met fin à la discussion et me tire par le bras entre deux stands. Veillant à tourner le dos à la rue, il sort un petit sac en plastique de sa manche gauche et un tube en cuivre, accroché autour de son cou par une chaîne, qu'il enfonce dans le fond du paquet. Il glisse l'autre extrémité du tube dans ma narine gauche et appuie fermement sur la droite avec son pouce. Je sniffe et il change de narine... Le nez en feu, je souffle longuement. Les larmes me montent aux yeux. Alors que Lem sniffe à son tour, mes fosses nasales subissent l'assaut d'un mélange de poudre et de petits cailloux. De temps à autre, Irène et moi achetons du speed aux dealers de l'est de Londres, mais nous prenons toujours soin de le hacher fin avec une lame. Mon cerveau accélère et la chimie se répand comme du menthol dans toutes les veines de mon corps, pendant que Lemmy fait disparaître le sachet dans sa manche de veste.

Plus loin, je reconnais Cheryl, jolie blonde cockney jusqu'au bout de ses ongles vermillon, chez qui j'ai l'habitude d'acheter mes fruits et légumes. On se salue tandis qu'elle tend un sac à une vieille dame aux cheveux gris-bleu vêtue d'une blouse mauve fleurie. Son stand, débordant de pommes, de pêches, de bananes mûres, de tomates et de toutes sortes de variétés de patates, est une affaire familiale et occupe cet emplacement face à l'Electric Cinema depuis le début du siècle. Devant, une femme attend d'être servie, et sa fille, une gamine aux boucles blondes serrées et aux joues roses, lui serre fermement la main, de peur de se perdre dans la foule multicolore. Une bande d'apprentis pickpockets tente maladroitement de subtiliser ce qu'ils peuvent dans les sacs des passants, mais les cris de « Voleurs, voleurs ! » alertent les commerçants et les habitants, qui distribuent à ces jeunes têtes à claques des tartes et des coups de pied au cul... Plus loin, un groupe se fait passer un joint, laissant dans son sillage un nuage de fumée épaisse et une forte odeur de haschich... Deux filles habillées à l'identique, en tank top et minijupes jaune fluo, avec des coiffures bouffantes d'un style très années 1950, arpentent les stands bras dessus, bras dessous... Le speed, dans mes veines, décuple mes sensations.

Lemmy et moi descendons le long de Portobello Road en direction du nord. Plus on s'approche du pont de l'autoroute qui mène à Heathrow, plus les marchandises sont bon marché, alors on ralentit le pas pour fouiller dans le bric-à-brac... À notre gauche, au numéro 275 de la rue, on passe devant le *Mountain Grill Restaurant*, *la* cantine des musicos du coin. Lemmy pointe l'enseigne du doigt.

— C'est de là que vient le titre du futur album : *The Hall of the Mountain Grill*[1].

— C'est ce que je me suis demandé quand tu m'en as parlé, hier.

Petite et pas chère, la gargote déborde de clients de tous âges. Ses odeurs de fish and chips et de tourtes à la viande accompagnées de petits pois écrasés ou de haricots rouges nous suivent, malgré mon nez momentanément déficient, jusque sous le pont, où le son des voitures vrombit au-dessus de nos têtes... À mesure que nous nous approchons des derniers stands, les tables se raréfient, remplacées par des draps étalés à même le sol et recouverts de marchandises.

1. Un jeu de mots basé sur « *The Hall of the Mountain King* » (« Dans l'antre du roi de la montagne ») qu'Edvard Grieg composa pour la pièce d'Henrik Ibsen, *Peer Gynt*.

Ici, les prix chutent et les bonnes affaires se multiplient, mais la provenance des objets est suspecte. Des petits voyous vendent à la sauvette leur butin, amassé lors de « visites » dans les riches demeures des environs. Ça commence à sentir l'heure de fermeture : un camelot brade et improvise des enchères, histoire d'avoir le moins d'invendus possible à remballer.

La soif nous rattrape : Lemmy me propose une bière, et on remonte la rue d'un pas rapide vers un pub à l'angle de Portobello Road et de Westbourne Grove.

— Tu connais *Henekeys*, Lou ?

— J'y suis allé deux ou trois fois, toujours pendant le marché.

— C'est un peu mon QG. Tom, le patron, est devenu un pote.

Lemmy fend la foule de clients amassée sur le trottoir, leurs boissons en main. À travers les fenêtres gravées de fleurs victoriennes, j'aperçois un nuage de fumée stagnante qui flotte à hauteur d'épaule. La porte en bois brun, décorée des mêmes motifs que les fenêtres, est ouverte.

— Suis-moi, Lou...

Dans le grand bar bondé, on est serrés comme des sardines. Quelques vendeurs louches essaient de refourguer bijoux et montres sous le manteau ; l'argent passe discrètement d'une main à l'autre... On se fraie un chemin dans la masse. Une bonne partie des habitués semble bloqués dans une faille temporelle, tels des réfugiés de la Love Generation. Des T-shirts difformes *tie-dye* mauves, verts, bleus ou jaunes côtoient des vestes en velours rouge ou vert foncé avec les coudes usés et des vestons indiens avec de minuscules miroirs ronds, des sacs en jean, en jute ou en maille filet pendent des épaules... Les bras sont ornés d'amulettes en liens de cuir ou de bracelets de toutes formes en cuivre, en argent, en perles... Des clefs pendent aux ceintures. Les parfums Brut, Eau sauvage, Denim, ou Tabac original se mêlent aux inévitables odeurs de patchouli, bière et tabac froid... Des pintes trônent sur les tables, autour desquelles se regroupent d'anciens hippies en vestes en daim à franges ou T-shirts de papys avec des petits boutons en bakélite du cou jusqu'au nombril. Les femmes portent des colliers et des bagues en argent avec des petites pierres en turquoise, leurs sacs brodés en bandoulière, comme d'éternelles adolescentes... Leurs longues chevelures flottent, leurs foulards multicolores dansent autour d'elles... Ce halo vaporeux, aérien, les nimbe du mystère des sorcières... Le brouhaha monte et descend comme une vague, une houle. Un grand type saoul, et probablement camé, tangue et finit par bousculer une table. Les verres sont secoués, mais qu'importe, l'élixir est sauf. L'importun se fait bruyamment éjecter par un molosse dont les cheveux blonds semblent avoir viré vert absinthe, et il se retrouve à genoux sur le trottoir, bredouillant des bruits de bête agonisante... Je me faufile jusqu'au comptoir et pose les coudes sur un vernis usé par des générations d'avant-bras. Je crie pour me faire entendre :

— Deux Special Brew, s'il te plaît.

Un barman débordé ramasse mes sous et me tend deux bouteilles, se retournant déjà pour la prochaine commande... Je rebrousse chemin pour retrouver Lemmy, qui m'attend au bout du bar.

— Santé, Lou.

— Santé, man...

On observe le jardin à travers une porte ouverte de l'autre côté de la salle... Des enfants, filles et garçons, y jouent, leurs longs cheveux au vent. On dirait des minihippies, avec leurs T-shirts cousus d'étoiles, leurs pattes d'eph crasseux et leurs sneakers usés jusqu'à la corde. Au fond, clairement visible entre les tables de buveurs, deux mecs aux cheveux longs regardant furtivement autour d'eux, tandis qu'une file de clients s'impatiente. Des deals se font, des joints se roulent... Tout à coup, le barman fait un signe à Lemmy : il roule des yeux vers la porte et passe lentement un doigt sous sa gorge.

— Bordel, Lou, les bâtards au cœur noir arrivent, barrons-nous vite...

Une descente. La nouvelle se propage comme une nuée de poudre et soudain, c'est le chaos. Les poches se vident, des bouts de shit et des sachets tombent sur le sol, c'est la ruée vers les toilettes, des cachets multicolores roulent sur la moquette... Des sacs volent par-dessus les murs du jardin, qui se déverse en une foule serrée sur le trottoir.

Deux fourgons bleu nuit débarquent à toute vitesse, gyrophares allumés, et bloquent la sortie du jardin dans un grincement de frein. Le clignotement bleu éclaire les murs et ricoche dans les miroirs du pub... Les paniers à salade déballent leur flot de bobbies en uniforme. Lemmy et moi fonçons dans la direction opposée, à travers la foule qui s'agite comme des poulets sans tête. On se précipite par la porte qui donne dans Portobello Road, juste à temps : les flics sont en train d'arriver pour faire barrage. Je suis Lemmy à travers les stands du marché, on ralentit le pas pour passer inaperçus. Alors qu'on contourne le pub, j'aperçois au loin les agents qui bloquent maintenant toutes les sorties et, à travers les fenêtres, je distingue les bobbies qui fouillent tous ceux qui sont piégés à l'intérieur, dos au mur.

Une fois de retour dans le Fridge, Lemmy soupire, soulagé.

— Putain, on a eu chaud, j'avais encore du speed sur moi. Heureusement que tu as su garder ton calme, Lou.

Je démarre doucement et descends Denbeigh Road, laissant derrière nous le tumulte du marché de Portobello, où commerçants et antiquaires finissent de bourrer leurs camions des invendus.

Squat, août 1974

Le lendemain, je passe récupérer Lemmy avec le Fridge. On tourne dans Ladbroke Grove, tout à notre discussion sur les groupes des années 1960, et je pile sec pour éviter, de justesse, de me manger le bus 52. Le soleil joue à cache-cache entre les nuages, ombre et lumière font la course sur les façades des grandes maisons de stuc blanc de l'axe nord-sud du quartier. Dans les rues adjacentes, beaucoup ont été peintes, toutes les couleurs de l'arc-en-ciel y sont passées, on dirait de gros bonbons délabrés.

— Prends à gauche, là, dans Bassett Road, et fais le tour du pâté de maisons. On va chercher du speed, j'en ai quasiment plus. Te gare jamais dans la rue d'un dealer, Lou, les poulets planquent souvent près des maisons où il y a un peu trop de passage. En revenant à pied, on peut repérer leur caisse. S'ils sont là, on continuera tout droit sans s'arrêter.

Le jardinet est envahi de mauvaises herbes et de cadavres de bouteilles, une minuscule jungle remplie de détritus non identifiables qui vient cacher la fenêtre sale de l'appartement en sous-sol ; nous descendons la volée de marches fissurées, qui craquent sous nos bottes. Lemmy frappe ; de longues minutes s'écoulent avant qu'une main osseuse aux ongles crasseux n'écarte d'un poil le rideau grisâtre. Un visage pâle comme la mort, joues creuses et longs cheveux sales, apparaît à la fenêtre, s'assure que ce ne sont pas les flics. Trois verrous claquent, la porte verte et écaillée s'ouvre en grinçant, les gonds tiennent à peine.

— Hey Biro... ça, c'est Lou, dit Lemmy de sa voix éraillée.

Le bonhomme hoche la tête, grogne en guise de bonjour. On s'engage dans le couloir sombre de l'appartement, qu'éclaire à peine une ampoule nue au plafond. Mes narines sont assaillies par un savant mélange d'odeurs de moisissure, de pisse de chat mâle[1] et de vomi, relevé de la sueur et du parfum Old Spice du taulier. Au fond, on tourne à gauche devant la cuisine – piles de vaisselle sale dans l'évier, restes de bouffe dans les assiettes, mouches mortes et mégots à l'envi. La pièce baigne dans la fumée de shit, un cafard se balade sur le papier peint décollé, la moquette verdâtre colle à nos bottes comme du sparadrap. L'appartement comme ses occupants sont vert-de-gris. Notre hôte déloge deux chevelus de sexe incertain, tout en jeans, du canapé défoncé et nous offre leurs places. À côté, deux fauteuils des années 1930 accusent des décennies d'usure.

1. Le pire pour mes allergies.

Biro s'assoit sur l'un d'eux, nettoie la table en verre d'un coup de manche de sa veste en velours bordeaux et sort de sa poche un gros sac en plastique plein de poudre blanche. Il en trace trois lignes à l'aide d'un couteau de chasse. J'enroule un billet de 1 livre, me le colle dans le nez et sniffe mon trait ; la brûlure des amphètes me fait monter les larmes aux yeux.

— Vous en voulez combien ?

— Deux grammes pour moi, dit Lemmy.

— Un gramme pour moi, s'il te plaît.

Biro se baisse, tire de sous la table une vieille balance à plateaux et une boîte de poids en cuivre. Avec la pointe de son couteau, il commence à remplir un sachet, le pose sur l'un des plateaux, dépose délicatement les petits poids ronds sur l'autre, sous l'œil expert de Lemmy.

— Vas-y, sers-nous généreusement, je suis un bon client après tout…

Biro bougonne, ajoute un chouillat de poudre ; on sort chacun nos billets, que l'on pose sur le coin de la table. Le grincheux les ramasse, recompte.

— Toujours aussi heureux de me voir, man ? lui demande Lemmy.

Sans le moindre effet sur l'autre. Après un bref échange d'âneries, nous remontons à la surface, clignant des yeux au soleil. Regards discrets à droite et à gauche puis, nonchalamment, nous partons en direction du Fridge. Dans la rue, les maisons tombent toutes en ruine.

— Une bonne partie du quartier appartenait à l'Église anglicane, que je déteste d'ailleurs. Ils n'ont jamais rien fait pour l'entretenir. Tu as entendu parler de Peter Rachman, Lou ? Une pourriture comme pas deux. Il a fait fortune en rachetant des bâtiments à l'Église. Les premiers, c'étaient de grandes maisons victoriennes dans Powis Square, qu'il a sous-divisées pour y faire tenir jusqu'à mille deux cents Jamaïcains, tout en pratiquant des prix d'usuriers. Les pauvres n'avaient pas beaucoup d'argent, ils n'ont pas eu d'autre choix que d'accepter ces logements vétustes et insalubres.

On passe devant une maison avec une affichette à la fenêtre : « Chambres à louer : pas de Noirs, pas de chiens, pas d'Irlandais. »

Lem pointe le panneau.

— Putain, regarde, ça existe encore, tu le crois ? Tu te souviens d'Oswald Mosley, le leader des Chemises noires ?

— Oui, un aristo, ancien député sympathisant de Mussolini. Il avait monté un parti politique, le British Union of Fascists. Il a été emprisonné pour trahison pendant la guerre.

— Il allait voir Hitler dans son Nid d'Aigle à Berchtesgaden.

— Tout comme Edward VIII et sa femme, Wallis Simpson, après son abdication.

— Dans les années 1950, Mosley bringue un nouveau mandat au Parlement. Il installe le QG de son parti juste en face de la synagogue de Westbourne Park Road, fait tout pour attiser les flammes du racisme. Avec succès : les Teddy Boys du coin finissent par attaquer les immigrés jamaïcains du quartier à coups de cocktails Molotov. Qui répondent et sortent les machettes. Les émeutes ont embrasé Notting Hill pendant deux semaines. Mais d'un point de vue politique, c'est raté : Mosley n'obtient que cent vingt voix... C'est en réaction à cette haine qu'a été créé le carnaval de Notting Hill.

Dans les années 1970, le racisme est toujours très présent en Angleterre : beaucoup de Blancs voient d'un mauvais œil cette population venue en nombre reconstruire le Royaume-Uni après les bombardements de la Seconde Guerre mondiale. Les habitants « historiques » du quartier craignent que Notting Hill, déjà pauvre et misérable avant guerre, ne se détériore encore. Pendant ce temps, les Jamaïcains transforment des magasins abandonnés en restaurants, installent des clubs dans les sous-sols. Ils amènent aussi leur joie de vivre, leur culture, leur cuisine, leur musique, la foi rastafarienne ; ça sent la ganja dans le quartier, *notre* Ladbroke Grove.

Lemmy reprend :

— Mais le « Grove », Lou, c'est le métissage justement, une enclave de musiciens, d'artistes, de bohèmes, de marginaux de toutes sortes. Tant de gens concentrés dans le quartier qui vivent au jour le jour. Le trafic de drogue, la criminalité, la pauvreté... mais aussi un tissu social et un havre de créativité.

— À chaque fois que je suis ici, je ressens cet esprit de liberté.

— Malheureusement, cette saloperie d'héroïne a pointé son nez et beaucoup de camés tombent dans la schnouf. On trouve régulièrement des morts dans les chiottes, l'aiguille plantée dans le bras. T'as jamais touché à cette merde, Lou ?

Il semble réellement furieux.

— Non Lem. Vomir dans une bassine et sombrer dans un état comateux ne font pas exactement partie de ma vision d'une bonne soirée.

— Bien, promets-moi de ne jamais y toucher. Si jamais je te trouve avec une seringue, je te casse l'aiguille dans le bras Lou, je te le jure... C'est à cause de cette merde que j'ai perdu Susan. C'était l'amour de ma vie.

Un silence pesant s'installe, mais l'orage passe aussi vite qu'il était venu. Lemmy réembraye sur le Grove.

— Notting Hill est une bulle en dehors de toutes normes, Lou. Quand j'étais encore dans le Nord, à Manchester, on entendait parler de ce quartier comme la réponse anglaise à la scène musicale de Haight-Ashbury, à San Francisco, ou à celle de Greenwich Village, à New York.

— Oui, il paraît qu'il y a ici, dans ce petit kilomètre carré, plus de musiciens que n'importe où dans le monde. Le quartier a donné naissance à tant de groupes incroyables : Pink Floyd, Free, les Pink Fairies...

— ... et Hawkwind, qui a commencé ici. Mon premier concert avec eux, c'était sous la Westway, l'autoroute surélevée ; je te raconterai. En tout cas, le Grove est devenu l'épicentre psychédélique du pays. La contre-culture britannique est née ici ; c'est un morceau à part de Londres, et même du reste du Royaume-Uni. Un autre monde, tout simplement. Les gens sont plus cools, on respire plus librement. Il y a eu plein de projets de réaménagement avortés, retardés par un contexte économique difficile, des rues entières ont été laissées à l'abandon. De sorte que si tu possèdes un pied-de-biche, t'as une maison.

— L'underground c'est ici.

— Et les hippies aussi. Ils constituent une bonne partie du public d'Hawkwind. La presse antiestablishment est fabriquée ici, avant de se vendre dans les magasins alternatifs de tout le pays. Regarde St Mark's Road là-bas, des rues entières du quartier sont squattées. Ici, c'est un refuge, un endroit où les enfants de bonne famille échappent aux contraintes insupportables de leur milieu familial. Ils se libèrent des préjugés dont sont pétries les classes bourgeoises et ouvrières ; leur obsession d'une vie toute tracée, bien dans le rang de cette société étouffante. Ici, les lesbiennes et les gays vivent au grand jour en toute impunité, les mères célibataires ne craignent pas les critiques des voisins.

Les revenus de beaucoup d'entre elles proviennent principalement de la Sécurité sociale[1], mais aussi du système D, travail au noir, deal, voire prostitution occasionnelle. Les fouineurs de la Sécu essaient, sans trop de succès, d'espionner leurs fréquentations et de piéger les fraudeuses, qui vivraient, par exemple, de nouveau avec un compagnon en ayant « omis » de le déclarer. Comme un musicien de retour de tournée, et ils sont nombreux à profiter ainsi du système. Parfois, par calcul ou en désespoir de cause, une fille « oublie » sa pilule pour pouvoir, une fois en cloque, bénéficier des revenus de l'État... ou de ceux du musicien à qui elle a fait un enfant dans le dos.

---

1. Department of Health and Social Security.

En tournant dans Chesterton Road, on tombe nez à nez avec Mick Farren, qui rentre du marché de Portobello les bras chargés de fruits et légumes. Il écrit des articles pour *New Musical Express*, le journal musical le plus vendu au Royaume-Uni, connu pour avoir lancé la carrière d'une bonne partie des groupes alternatifs intéressants… et les avoir descendus en flammes quelques mois plus tard, une fois le succès rencontré. Mick est l'un des moteurs de plusieurs magazines underground, farouchement anti-establishment, comme *International Times* ou *OZ*. Ce dernier journal était d'ailleurs, quelques années plus tôt, au cœur d'un procès pour obscénité très médiatisé, vu comme *le* combat contre toute une génération de marginaux. Dans le viseur de la Couronne, ses rédacteurs recevaient, régulièrement et à domicile, la visite de la police… un harcèlement qui ne faisait que renforcer le mouvement de contestation.

Lemmy le salue et me présente ; Mick nous invite chez lui. 56 Chesterton Road, une grande maison blanche au coin de la rue. On le suit dans les étages jusqu'à la porte de son appartement, où nous entrons directement dans le salon par un escalier couvert d'un tapis indien rouge. Des étagères du sol au plafond, des bouquins partout. Au sol, sur la moquette anthracite épaisse, des magazines empilés en gros tas, apparemment rangés par thème. Une légère odeur de bois de santal et de café froid. Coincés entre les livres, dans les rares espaces où il y a de la place, des jouets colorés en plastique, en métal ou en caoutchouc : des robots, des dinosaures, des automates à clef pour remonter le mécanisme… Lemmy sort de sa manche roulée son sachet de speed, trace trois lignes sur la table basse avec son couteau. Mick sniffe et hurle de douleur, couvrant son nez brûlé de ses deux mains. Puis se lève et place un disque sur la platine vinyle, s'assoit en tailleur sur un gros coussin rouge couvert d'étoiles dorées. Il lèche et colle ensemble trois feuilles de papier Rizla+, étale le tabac d'une cigarette, brûle le bout d'un gros bloc de shit libanais rouge avec son Zippo et l'émiette soigneusement dans le joint. Derrière un nuage de fumée, il nous parle de l'article qu'il vient de livrer à *NME* en secouant ses grands cheveux afro.

Dans mon crâne, le cerveau commence sérieusement à buzzer. Je récupère trois petits robots mécaniques, m'amuse à les faire rouler sur la table à côté de la fenêtre, leurs cliquetis métalliques résonnent, accompagnent la musique. Je me revois à 12 ans, assis un soir d'hiver à la table de la salle à manger dans notre maison de Chiswick, j'assemble une maquette de Messerschmitt Bf 109, un chasseur allemand. Le pilote de la Luftwaffe est collé sur son siège, soigneusement peint ; mes petits pots de peinture rangés en ligne devant moi, sur un journal pour protéger la table... Je m'applique, cherche le bon type de camouflage dans mes livres... Je reviens à moi d'un coup. En pleine montée de speed, Mick passe du coq à l'âne ; lui et Lemmy sont en train de parler des uniformes noirs des SS, l'un de leurs sujets d'intérêt commun. Helmut Berger dans *Les Damnés,* de Luchino Visconti, en 1969 ; Charlotte Rampling seins nus, en pantalon à bretelles et casquette d'officier SS, l'année dernière dans *Le Portier de nuit,* de Liliana Cavani... l'uniforme est porteur d'une charge quasi érotique. Ceux, vert-de-gris, de la Wehrmacht, ou noirs à tête de mort des SS, dessinés par le styliste Hugo Boss...

Mick trouve paradoxal que les ornements nazis, ceux du mal absolu, paraissent plus sexy que les sages tenues kaki des alliés, moins bien coupées, plus « pratiques » que visuellement efficaces... Fidèle à sa rhétorique de la veille, Lemmy répond, péremptoire :

— Nazis, confédérés, les méchants ont toujours eu les meilleurs uniformes.

Avec lui, j'ai décidément trouvé quelqu'un avec qui partager ma passion pour l'histoire récente. Comme moi, il a étudié de long en large cette période terrible mais fascinante, et avec le même recul : en évitant à la fois l'écueil du triomphalisme des vainqueurs et celui de l'aigreur revancharde des vaincus.

Lemmy et moi décidons de lever le camp, avec pour objectifs de diluer les effets de la drogue dans un verre et voir qui traîne dans le quartier. À bord du Fridge, on fait le tour du pâté de maisons et on entre, au pas, dans le Front Line, le secteur jamaïcain du Grove, par All Saints Road. Devant le restaurant *Le Mangrove,* les énormes basses d'un sound system secouent le trottoir, le reggae vibre jusque dans la caisse du fourgon. Les ombres s'allongent, le soleil amorce sa descente derrière l'horizon, pas moi : l'effet des amphétamines reprend de plus belle, une bouffée soudaine, comme un courant d'air glacial qui déferle dans mon cerveau et envoie un torrent de sensations. Le délire s'intensifie ; les rastas déambulent, d'un pas rythmé et nonchalant. Sledge, l'élégant doyen de la communauté rasta, est en pleine discussion. Ses yeux de sage surplombent son épaisse barbe blanche, ses volumineuses dreads argentées amassées dans le désordre sur la tête lui tombent par-dessus les épaules jusqu'au creux du dos. Autour de lui, des hommes aux bras musclés secs, en jogging aux couleurs rastas, les dents ivoire avec des plumes de fumée qui sortent des cônes à leur bec, canette de Red Stripe à la main, certains ont les cheveux remontés à l'intérieur de grandes casquettes à visière, de gros bonnets en feutre ou tricotés en laine arc-en-ciel ; des femmes, les cheveux en nattes, aux longues parures fleuries. Je plane sous l'effet du pétard et je sens les lignes d'amphètes perdre en puissance... Lemmy me demande de le déposer chez une copine. Je rentre, m'écroule sur mon lit. Je ne verrai pas grand-chose de la journée de dimanche.

Spangled Mob, août-septembre 1974

Quelques jours plus tard, Lemmy rejoint les autres membres d'Hawkwind : le groupe joue au festival de Windsor le 28 août avant de partir en tournée aux États-Unis. Il est en grande forme, euphorique à l'idée de remettre les pieds là-bas. Alors qu'on se dit au revoir, il me file une liste de ses dates de concert et promet que l'on se reverra dès son retour dans trois semaines.

De mon côté, je prends la route pour Crawley, près de l'aéroport de Gatwick. J'y joue avec Spangled Mob. Deux jours de répétitions intensives nous attendent dans le garage du père de notre chanteur, un concessionnaire automobile. Perdu au bout d'un village de campagne, sans voisins proches, le lieu est idéal. Notre équipement de scène est installé dans un coin de la salle d'exposition. Quant au couchage, il est sommaire : je partage une minuscule chambre avec le guitariste pendant trois nuits.

Nous allons et venons sur les autoroutes, entassés à six – quatre musicos et deux techniciens – sur deux rangs de sièges d'avion aménagés dans la cabine d'un fourgon Mercedes blanc flambant neuf. À l'avant, notre chauffeur et roadie est installé avec un ingénieur son, qui joue aussi les tour managers.

Les deux premiers concerts ont lieu sur des bases de la Royal Air Force. À l'entrée de la première, on se fait fouiller en règle par des militaires en uniforme. C'est encore la guerre froide et l'ambiance est à l'avenant. Alignés à l'horizon, des hangars abritent des chasseurs Tornado. À la seconde base, ce sont d'imposants bombardiers Vulcan B2 qui dominent l'aérodrome. Dans le crépuscule, leurs gigantesques ailes en delta en « V » découpent le ciel, leurs silhouettes sinistres prêtes à décoller, emportant leur charge destructrice, à toute heure du jour et de la nuit.

Chaque soir, avant de monter sur scène, Dave, notre chanteur, se prépare méticuleusement. Devant le miroir des loges, il brosse ses cheveux et se coiffe à la laque, comme pour invoquer l'esprit du glam-rock. Sur scène, notre répertoire se décline en reprises des tubes du moment. Dans la salle des fêtes des bases, les Spangled Mob se démènent devant un public enthousiaste et hétéroclite : pilotes et techniciens, accompagnés, pour certains, de leurs épouses, staff administratif, rejoints par des femmes célibataires convoyées en car militaire bleu ciel depuis les villages voisins. Le soir venu, on dort dans des lits superposés dans le baraquement des techniciens.

Le dimanche, on laisse cet univers étrange derrière nous, et on file vers le nord, pour jouer au Scunthorpe Baths Hall, en première partie des Bay City Rollers, les chouchous des adolescentes écossaises. Sur une scène qui nous semble immense, on bagarre pour se faire entendre au-dessus du vacarme des mille huit cents fans hurlant, vêtues de la tête aux pieds en tartan rouge et vert comme leurs idoles. Elles crient leurs prénoms : « Leees ! Eriiiic ! Stuaaaart ! » tout le long de notre set. On se donne à fond, mais rien à faire, elles n'ont d'yeux que pour les Rollers.

De retour dans le fourgon, la vitre à ma gauche est embuée. Autour de moi, mes camarades dorment à poings fermés, leur respiration couverte par le roulement des pneus sur le macadam et le grondement sourd du moteur diesel. Le faisceau des phares illumine l'autoroute lisse et noire, comme un circuit infini de petites voitures. Le fourgon Mercedes, kilomètre après kilomètre, aspire la ligne blanche sous ses roues vers la capitale. Je fixe la route en repensant à mes récents jours avec Lemmy. Notre rencontre m'a ouvert les yeux. Je gagne bien ma vie avec Spangled Mob, mais je suis frustré de ne jouer que des reprises. J'ai besoin de composer, de faire des arrangements, d'interpréter et d'enregistrer des chansons originales, comme je l'ai fait pendant près d'un an avec Ross Stagg. Là, j'ai juste l'impression de tourner en rond.

Il est temps de passer à autre chose, de trouver un groupe qui corresponde mieux à mes aspirations. Je sais ce qu'il me reste à faire : mercredi, direction la gare de Paddington pour choper ma copie du *Melody Maker* avant sa sortie officielle… Je dois me remettre aux auditions. Je jette un coup d'œil sur les gars, comateux, inconscients de ce que je mijote. Je sors la liste des dates que Lemmy m'a confiée. 6 septembre : Ford Auditorium, Detroit. Je regarde ma montre. À cet instant, Hawkwind doit être en pleine préparation ou déjà sur scène. Je ferme les yeux et me laisse happer par mes pensées…

Dix ans plus tôt, à 11 ans, je suis au Hammersmith Odeon, en pleine Beatlemania. Hier soir, l'hystérie des fans de Bay City Rollers m'a fait revivre ce concert de 1964.

C'était la veille du réveillon de l'année 1965. Mon billet de concert à 10 shillings serré dans ma petite main, je monte dans le métro avec ma mère, ma sœur et deux copains d'école. Station après station, les portes s'ouvrent et se referment pour accueillir toujours plus d'adolescents surexcités, entassés comme des sardines jusqu'à la même destination : la gare de Hammersmith. À la sortie, la foule explose, et les voitures klaxonnent désespérément, évitant de justesse des filles qui font la course entre les pare-chocs pour être les premières devant la salle mythique. Nous sommes emportés par une marée de fans vers le trottoir plein de monde, débordant sur la chaussée à l'heure de pointe. Partout autour de moi, des cris stridents et haut perchés... Devant le Hammersmith Odeon, l'agitation atteint son apogée sous le panneau lumineux où l'on peut lire en grandes lettres rouges : ANOTHER BEATLES CHRISTMAS SHOW. Un agent de sécurité dépassé nous rend les talons de nos billets, et nous voilà dans la salle.

Passant sous les balcons, nous descendons la pente de l'allée centrale pour trouver nos places en plein milieu de la salle, à soixante-quinze mètres de la scène. Mon talon de billet bleu foncé indique : « Bloc 15, siège numéro 29 ». Le haut plafond me paraît immense, loin dans les astres. Avec ses sièges en velours rouge, ses moulures et ses alcôves couleur crème, et ses luminaires sur les murs des deux côtés, la salle est majestueuse. Des filles crient les noms des stars de la soirée : « Paaaaaaul ! Joooohn ! Geooorge ! Ringooo ! » L'attente est interminable. Les grands rideaux s'écartent et se referment sur des premières parties sans saveur. Enfin, l'intérêt de la salle s'éveille un peu, quand le bluesman Eric Clapton, futur guitariste de Cream, entre sur scène, accompagné des Yardbirds, mais après cinq morceaux, la foule s'impatiente à nouveau. La foule s'enflamme quand les rideaux laissent enfin apercevoir ses idoles. La joie est de courte durée : ils ne sont là que pour un sketch comique minable, déguisés en explorateurs antarctiques à la recherche de l'abominable homme des neiges et laissent vite place à plusieurs autres groupes qui meublent avant le début du concert. Le groupe Freddie and the Dreamers ferme la première partie du spectacle sous les huées du public. Enfin, l'écœurant[1] Jimmy Saville, gros cigare à la main, et les doigts pleins de bagues, annonce :

— Et maintenant... Les BEATLES...

Les rideaux s'ouvrent lentement dans l'hystérie générale... La Beatlemania, inoubliable et assourdissante, sonne dans mes oreilles comme les freins métalliques de cent locomotives... Je n'ai jamais entendu un bruit pareil. Les premiers accords de « Twist and Shout » résonnent à peine au-dessus des hurlements. Les quatre musiciens en costume mauve, chemise blanche, cravate et bottes pointues noires enchaînent les tubes. John, avec sa Rickenbacker noir et blanc, prend le micro et le public explose. Paul, basse Höfner en bandoulière, et George, Gretsch en main, entourent John au micro. À chacun de leurs chœurs, les cris deviennent des hurlements, toute la salle est debout. Les filles dansent, se tiennent

1. Jimmy Saville a d'abord été ennobli, puis accusé de pédophilie après son décès et reconnu coupable.

le visage, tirent sur leurs cheveux, sanglotant, gémissant… folles d'amour pour les quatre stars.

Lorsque John entonne « I'm a Loser », l'hystérie nous prend à notre tour, on se met debout sur nos sièges pliants nous aussi pour mieux voir. Le slow « Baby's in Black » calme le public temporairement. Ringo, loin derrière sur son estrade, martèle sa batterie Ludwig en secouant ses cheveux noirs… Les morceaux s'enchaînent comme les chanteurs au micro, entrecoupés des beuglements de la salle. « Everybody's Trying to Be My Baby » et « Rock and Roll Music », chantées par George, « Can't Buy Me Love » et « She's a Woman », par Paul, « I Feel Fine » et « A Hard Day's Night », issue du film éponyme, chantées par John. Le concert se conclut sur une reprise de Chuck Berry par George, et une autre de Little Richard, « Long Tall Sally », par Paul.

Des rivières de larmes et… d'autres fluides coulent le long des rangées. La Beatlemania dans toute sa splendeur. Le concert est passé en un éclair.

Je me réveille en sursaut. Retour en 1974. Le fourgon Mercedes ralentit. On sort de l'autoroute et on s'engage dans la banlieue nord de Londres. Le jour se lève, les membres du groupe se réveillent autour de moi et se frottent les yeux. Il est 6 heures du matin, minuit à Detroit. Hawkwind doit avoir quitté la scène, je m'apprête à faire de même.

De retour, 23 septembre 1974

Fin septembre, la rupture avec Spangled Mob consommée, Lemmy m'appelle. Surpris, je lui demande :

— Mais t'es où ? T'es pas en tournée aux US, mec ?

— Je suis à Londres. Rejoins-moi au *Carlton Pub*, c'est dans Great Western Road, à côté du bureau de Doug[1].

Une demi-heure plus tard, je le retrouve dans le jardin du pub, au bord du canal qui s'écoule à nos pieds.

— Alors, qu'est-ce qui s'est passé ? Raconte...

— Les quatre premières dates se sont plutôt bien passées. Salles combles, rappels, et tout... Qu'est-ce que c'était bon de se retrouver aux US ! Mais voilà qu'à Hammond, dans l'Indiana, tout part en vrille. On sort de scène après les rappels, et là, en coulisses, bam ! Ça grouille d'uniformes bleu nuit... Une vingtaine de flics costauds, pleins de badges, gros calibre à la ceinture. Tu vois le genre, Lou ? Là-bas, ça ne rigole pas du tout...

Je hoche la tête.

— Je ne suis pas encore allé aux États-Unis, mais on m'a dit qu'ils dégainent pour un rien.

— C'est ça. Et face aux flics, les Amerloques ne la ramènent pas. Bref, voilà qu'arrivent trois mecs en civil avec des tronches de comptables constipés : c'est des agents du FBI et du Fisc. L'un d'eux commence à nous débiter un texte de loi pendant que les deux autres distribuent les amendes comme des petits pains, une pour chacun : on aurait « oublié » de payer une taxe sur les groupes étrangers... Pas pour cette tournée, non, mais pour la dernière, en début d'année ! On n'était même pas au courant que ça existait, encore moins qu'on leur devait tout ce pognon. Je regarde ce qui est écrit sur le papier que j'ai dans les mains : « À payer immédiatement sous peine de poursuites », et en bas de page : « Mille cinquante-cinq dollars et quarante cents ». Pas pour le groupe en entier, hein, par tête !

Lemmy continue, visiblement agacé :

— On leur dit qu'on n'a pas autant de fric sur nous, qu'on payera plus tard. Mais l'autre mec nous lâche, avec une grimace : « Non, c'est à payer sur-le-champ. Sinon... »

Et là, ils partent vers la scène, nous traînant derrière eux comme du bétail vers l'abattoir, et se mettent à coller des autocollants sur tout notre matos : chaque instrument, chaque ampli, partout !

---

1. Douglas Smith, manager d'Hawkwind.

Ça disait : « Mis en fourrière – propriété du gouvernement américain ». Et voilà comment on s'est retrouvés interdits de jouer. Il a fallu annuler le reste des dates et reprendre l'avion pour l'Angleterre.

Il conclut, en haussant les épaules :

— Doug est en train de s'occuper des amendes pour qu'on récupère notre matos et le droit de jouer là-bas. On devrait pouvoir repartir le mois prochain. Bref, changeons de crèmerie : t'es venu avec le Fridge ?

C'est lundi midi et le *Henekeys* est bien plus calme que les quelques fois que j'y suis allé, ou lorsque je suis venu avec Lemmy. Du coup, je prends le temps de détailler les lieux : les murs sont couverts d'une peinture écaillée et le plafond, jadis écru, j'imagine, a pris une teinte jaunâtre après des décennies de fumée de cigarette. Les boiseries, à l'origine vernies et foncées, sont usées jusqu'au bois là où les mains des clients se posent depuis des années. Sous mes bottes, la moquette rouge est collante et passée. Trois serveurs s'activent derrière le bar ovale à l'avant du pub : deux pour les boissons, un pour la nourriture. Tout autour, les habitués sont un patchwork de personnages bigarrés : retraités, vétérans de la Seconde Guerre mondiale, commerçants du marché, criminels vieillissants... Une galerie de personnages déjà bien usés par la vie. Certains rigolent entre eux, mais il est clair que la plupart affichent des mines de mécontents perpétuels, arrimés à leurs bières brunes. Ils portent des vestes élimées avec des pièces en cuir aux coudes, des pulls en laine tachés, fatigués et miteux bleu marine ou bordeaux, et des pantalons qui pendent aux genoux. Certains arborent une chemise blanche, grise, ou à carreaux, aux manches et au col défraîchis. Leurs chaussures à lacets usées jusqu'à la corde auraient bien besoin d'une visite chez le cordonnier. L'un d'eux porte même une paire de charentaises trouées. Beaucoup ont une casquette plate vissée sur la tête, dissimulant leur visage grisâtre aux joues rouges et les veines éclatées sur leur nez... Clopes roulées, pipes coincées dans le dentier, une brume de fumée plane à hauteur d'épaule.

Leur quartier change, les hippies squattent les vieilles baraques insalubres tandis qu'eux sont relogés dans des blocs froids et impersonnels : quatorze étages de béton qui étouffent les rues où leur famille a toujours vécu. Depuis leurs fenêtres, ils épient ces chevelus qui recouvrent les murs de leurs anciens salons de peintures, de tissus et de posters psychédéliques, qui dorment à même le sol. Ils vivent en communauté avec leurs enfants de plusieurs pères différents ou inconnus... Un vétéran grommelle, assez fort pour que Lemmy et moi l'entendions :

— J'ai pas combattu Hitler en Afrique du Nord et en Italie pour voir cette jeunesse dégénérée tout foutre en l'air. On devrait rétablir le service militaire, ça leur apprendrait à devenir des hommes, à toute cette vermine...

Lemmy l'ignore et m'éloigne du bar. Dans un coin de la pièce, deux vétérans s'acharnent sur un jeu de fléchettes et marquent leur score à la craie sur le tableau noir à côté de la cible. Une fille et trois garçons venus de l'arrière-salle se chamaillent gentiment sur le choix de la musique devant le juke-box Wurlitzer, avant d'insérer leurs pièces de monnaie. La musique démarre et Lem m'entraîne vers le deuxième bar, dans le fond.

— Viens, je vais te présenter mon ami Tom, le taulier du pub.

Malgré son mètre soixante-douze, Tom en impose par sa carrure. Droit dans ses bottes, joufflu, rasé de près, il est impeccablement vêtu d'un costume brun, cravate nouée sur une chemise blanche, mocassins aux pieds. Ses cheveux gris gominés et soigneusement peignés peinent à cacher une calvitie avancée. Ses yeux bleus rieurs me sondent alors qu'il m'accueille d'une poignée de main ferme et chaleureuse.

Né en 1918 dans une ferme non loin de Limerick, en Irlande, Tom Reidy est de la génération de mes parents. Et comme beaucoup d'entre eux, il sert dans la Royal Air Force pendant la guerre. En 1942, il est mitrailleur arrière à bord d'un Lancaster, le célèbre bombardier lourd britannique à quatre moteurs Rolls-Royce. Lors d'une mission, son avion gravement endommagé par l'ennemi parvient à franchir la côte française, mais s'écrase dans la Manche avant d'atteindre sa base en Angleterre. Sous la pression de l'eau, les sept membres de l'équipage luttent pour ouvrir les issues de secours tandis que l'eau envahit rapidement le fuselage... Ils ne doivent leur salut qu'à la réactivité de l'Air Sea Rescue, le régiment de sauvetage en mer, qui permettra à près de treize mille hommes de regagner la terre ferme durant la Seconde Guerre mondiale grâce à leurs bateaux rapides.

En 1971, lorsqu'il reprend la gérance de l'*Earl of Lonsdale*, mieux connu sous le nom de *Henekeys*, le pub situé à l'angle de Portobello Road et de Westbourne Grove est déjà le quartier général de Lemmy. Tom emménage dans le quartier avec sa femme Winifred et leur fils de 14 ans, Michael.

Lemmy apostrophe Tom :

— Tu peux m'encaisser mon chèque de salaire ?

— Sans problème, Lemmy. Tu as mangé aujourd'hui ?

— Non, mais je n'ai pas faim.

— C'est ce que tu dis à chaque fois. Je vous apporte une tourte au steak et rognons de bœuf chacun, comme ça vous aurez quelque chose dans le ventre, et on n'en parle plus. Je te sers aussi à boire, Lemmy, la même chose que d'habitude ? Et toi, qu'est-ce que tu bois, Lou ?

— Une pinte de Bitter, s'il te plaît. Merci, Tom.

Tom s'éloigne pour transmettre la commande. Un jeune gaillard d'environ 18 ans, avec ses deux mètres de haut et ses longs cheveux noirs, un T-shirt Hawkwind sur le dos, prend sa place derrière le bar. Ses yeux identiques à ceux de Tom brillent du même éclat bleu.

— Lou, voici Michael, le fils de Tom.

Il me serre la main avec un sourire avant de servir ma pinte. Il décapsule une Special Brew et y ajoute un shot de Southern Comfort. Tom revient alors avec une enveloppe de cash pour Lemmy, qu'il lui tend par-dessus le bar. Ce dernier la plie sans l'ouvrir et la range dans la poche de son jean.

— T'es bien ici, Lem.

— Oui, c'est comme à la maison. Tom me fait rarement payer. En échange, je m'assure que mes potes bikers du coin veillent sur le bar, pour éviter les débordements... au moins pour que Tom, sa famille et son staff soient un minimum protégés. La clientèle dépasse souvent les bornes et devient violente.

— Oui, j'ai entendu dire ça...

Lemmy trinque avec moi et poursuit :

— Avant Tom, fin des années 1960, le pub était franchement mal famé. Le précédent gérant a été licencié après une énième descente de la police qui a mis au jour des deals dans le bar. Les tabloïds l'ont classé parmi les « pubs les plus maléfiques de Londres ». Quand Tom a repris le bar, en 1971, personne n'y mettait plus les pieds, c'était un désert total... Quelques vétérans indécrottables, des réguliers et des antiquaires venaient encore, ainsi que quelques touristes occasionnels, mais pas assez pour faire tourner un pub de cette taille.

— J'imagine que Tom a dû redoubler d'efforts pour faire ses preuves. Il a dû risquer gros avec la rafle, la dernière fois qu'on était là tous les deux...

— Oui, il a même anglicisé son accent et modifié son nom, passant de Reidy à Reid, pour sonner plus anglais. Mais il a tenu bon, et le pub marche si bien maintenant, que même la brigade des stups y trouve son compte. Bon, il a tout de même eu un avertissement l'autre soir. Tu sais, ce n'est pas un quartier facile, Lou. À l'arrivée de Tom, j'étais curieux de savoir s'il tiendrait le coup. On a sympathisé dès le premier jour, j'ai tout de suite vu que c'était un mec solide, sans prétention et ouvert d'esprit. Il avait besoin d'alliés pour ramener du monde au pub, et moi je lui ai donné un cours accéléré sur le quartier, pour repérer les héroïnomanes, comprendre les codes...

Tom revient d'un pas militaire avec deux assiettes chargées de tourtes, frites et petits pois vert fluo. Il pose les plats devant nous, jette un regard insistant à Lemmy, et son fort accent irlandais fait soudainement surface pour couvrir les protestations de ce dernier :

— Tu finis tout, pas de discussion.

Lemmy verse du ketchup un peu partout sur son plat, engouffre une pelletée comme s'il n'avait pas mangé depuis des lustres, et conclut :

— Ce quartier, c'est quand même la Mecque des anticonformistes. Tous les marginaux s'y retrouvent, une vraie mosaïque de fous furieux, de naufragés et de squatteurs.

Les sixties, l'époque où Portobello Road était un paradis pour les hippies, sont toutefois terminées. L'argent ne circule plus comme avant et ils se retrouvent de plus en plus souvent mêlés à des affaires de deal et de fraude, font des passages réguliers dans les cellules de Brixton ou de Wandsworth. Les plus chanceux reçoivent la visite de leur copine, les autres découvrent à leur retour que leurs « amis » leur ont planté un couteau dans le dos, souvent pour des histoires de coucheries. Même s'il reste un lieu de tolérance, le quartier n'a plus la même insouciance...

Lemmy boit une gorgée avant de dévier sur son sujet préféré : Hawkwind.

— Après nos passages à *Top of the Pops* en 1972, « Silver Machine » est montée dans le top 3 des ventes. D'un coup, Hawkwind était à la mode. Le bruit courait qu'on habitait Portobello Road et qu'on traînait au *Henekeys*. Depuis, le pub ne désemplit pas, c'est devenu un des QG de la scène musicale.

— Tiens, c'est là que je vous ai vus pour la première fois... Vous aviez marqué les esprits, rien à voir avec les groupes de pop tièdes qui passaient, à part peut-être Alice Cooper et son « Schools Out ».

Il ricane.

— Pourtant, c'était pas gagné. Pour l'émission, ils ont pris la bande de la Greasy Truckers Party, enregistrée au *Roundhouse*, et l'ont collée sur des images d'un autre concert. Résultat : c'était pas synchro.

— C'est insupportable, franchement ! Ceux qui montent ça doivent être aveugles ou sourds, ou même les deux. C'était bien DikMik aux claviers, non ?

— Ouais, avec tout un tas de machines électroniques...

— Un peu comme Rick Wright pour les Pink Floyd ou Brian Eno avec Roxy Music ?

— Peut-être, mais en bien plus barré... DikMik est un précurseur, on ne le dit pas assez.

Un air de malice passe dans ses yeux.

— Lui et moi, on s'amuse à trouver chaque soir un nouveau moyen de secouer le public. En coordonnant nos sons, on a même réussi à en faire vomir certains une fois.

On éclate de rire. Il reprend :

— Hawkwind, c'est l'outsider du rock, le cousin pauvre des groupes soi-disant progressifs. On s'en fout, on trace notre route à notre façon. Avec le fric de « Silver Machine », on a lancé un projet énorme, le « Space Ritual ». Jonathan Smeeton, *alias* « Liquid Len », notre ingé lumières, et l'artiste américain Barney Bubbles nous ont monté un spectacle extravagant à emmener en tournée. Lumières, images projetées sur des écrans gigantesques, machines à fumée, danseuses et poèmes lus par Bob Calvert, avec des contributions de l'auteur de science-fiction Michael Moorcock. Tout ce cirque, on l'a trimballé en tournée... Barney a peint tout notre équipement en couleurs fluo pour capter les jeux de lumière. Les fans sous acide décollent direct vers les étoiles.

— Et le double album a cartonné, non ?

— Il a grimpé dans le top 10 des charts, ouais. Je te montrerai la pochette plus tard, un chef-d'œuvre signé, là encore, Barney Bubbles...

Lem s'interrompt une seconde puis revient sur DikMik.

— DikMik, il doit son surnom à une histoire qui date de l'école. Dans sa classe, il y avait deux Richard Davies. Donc, leur prof l'a appelé « Dick Mick », pour pouvoir les différencier, « Dick », parce que c'est le diminutif de Richard, et Mick, parce que son second prénom, c'est Michael. Un mec génial, tu verras, je te le présenterai bientôt. On partageait un squat, on passait nos nuits à délirer sous amphètes. On dealait du shit depuis un moment, mais ça prenait trop de place : pour le même prix, un sac de poudre est plus petit et les marges sont meilleures aussi. Alors DikMik et moi, on s'est mis à vendre du speed pour en avoir gratos et se faire du blé en plus.

— Ça ne m'étonne qu'à moitié. J'ai bien vu que tu avais l'œil, chez Biro...

— Au départ, DikMik était un des roadies du groupe, poussant les caisses et installant l'équipement. Il s'ennuyait, alors il s'est acheté un oscillateur, un synthé de base, pour pouvoir s'occuper pendant les concerts. Il s'amusait à ajouter des sons bizarroïdes de temps en temps. Avec les claviers et synthés de Del Dettmar, ça a bien marché.

Ça a fini par devenir une marque de fabrique, ce « son de l'espace ». À la longue, DikMik en a eu marre d'être le seul speedé du groupe, alors quand un des membres a manqué à l'appel pour assurer un concert, il a sauté sur l'occasion et m'a appelé. J'étais emmerdé, parce que je devais jouer de la basse et que j'en avais jamais touché une. Heureusement, Del Dettmar avait une Höfner à me prêter et Dave Brock m'assure que personne n'écoute la basse. Sur scène, il m'indiquait les accords au début de chaque morceau, mais je me suis dit : « Tant qu'à faire, j'ai rien à perdre. » J'ai monté l'ampli à fond et je me suis mis à sortir des trucs improbables, en me calant sur les vibrations de DikMik... Étonnamment, le public a adoré et Dave n'a pas eu d'autre choix que de me faire rejoindre le groupe.

— C'est là que t'as commencé à mélanger basse rythmique et basse « lead », façon John Entwistle ?

— Exact. Depuis, j'ai développé ça, des accords et des lignes mélodiques en « lead »...

— Et alors, pour l'enregistrement de « Silver Machine » ? Il y a plein de rumeurs qui circulent...

— Oh, c'était pendant la Greasy Truckers Party, on était complètement à l'ouest. Sur une autre planète même... pire que d'habitude. Et bien sûr, c'est ce soir-là qu'ils ont eu la brillante idée d'amener un studio mobile au *Roundhouse* pour enregistrer les groupes. Vu notre état, je suis encore surpris qu'il en soit sorti quelque chose. Après le concert, direction Morgan Studios pour écouter les bandes. « Silver Machine » sonnait magique, mais la voix de Bob Calvert, c'était une catastrophe, ça n'allait pas du tout. Doug a décidé qu'il fallait réenregistrer la voix ; tout le monde, sauf moi, s'y est mis, sans résultat probant. À chaque fois qu'il suggérait que j'essaie, les autres s'écriaient : « Oh non, surtout pas lui ! » Ils ont finalement accepté à contrecœur. Alors, je me suis placé derrière le micro, mes neurones étaient en surchauffe. Je l'ai chantée d'une traite, en une seule prise.

— Attends, tu veux dire que tu n'aurais jamais dû chanter « Silver Machine » ? C'était un accident, alors ?

— C'est plutôt parce qu'ils étaient tous désespérés, personne n'était foutu de la chanter correctement. Mais ouais, on peut dire que j'ai eu du bol.

— Tu m'étonnes qu'ils n'étaient pas contents...

— Surtout qu'avant « Silver Machine », Hawkwind jouait partout en Grande-Bretagne, mais gratuitement. Après, tout a changé... On est devenus une alternative aux groupes de rock progressif qui se prennent un peu trop au sérieux, comme Genesis, Yes, Pink Floyd...

— ... ou King Crimson, ELP et Jethro Tull. Ils mettent des mois à faire un album. Ils étaient intéressants à leurs débuts, mais ensuite, c'est devenu pompeux.

— Avec Hawkwind, on s'est plutôt alignés sur le rock progressif allemand, le krautrock d'Amon Düül et de Can. Les Pink Fairies ont un peu le même état d'esprit, ils prônent l'acide, l'anarchie et la musique gratuite. On a souvent partagé l'affiche ; sur certains concerts, on a réuni les deux groupes sous le nom de « Pinkwind »...

— Je les ai vus il y a quatre ans, en off au Bath Festival, mais tu n'étais pas encore dans Hawkwind. Ça doit être un sacré chaos tous ces musiciens ensemble sur scène, non ?

— Plutôt une joyeuse cacophonie bordélique ! Avec trop de batteries, trop de guitares, et aucune direction claire... Mais ça plaît aux fans des deux formations.

— L'important c'est toujours de remplir la salle après tout. C'est eux qui nous payent nos loyers, notre bouffe, nos bières...

— ... notre speed ! Après *Top of the Pops*, je suis un peu devenu la star du groupe, malgré moi. Ça m'a fait marrer mais ça a aussi foutu le bordel. À chaque concert, les gens se mettaient à réclamer « Silver Machine », à crier mon nom... Ça a bien gonflé Dave, c'était son groupe après tout, et je ne te parle même pas des autres... Les journalistes voulaient m'interviewer, alors je ne me suis pas privé. Je racontais tout ce qui me passait par la tête pour être sûr de faire un bon article. Je les ai fait rigoler, j'étais bien plus drôle que lui. Et plus doué avec les filles aussi... Tu devines la suite ? Ça a créé des jalousies, et il n'y a rien de pire dans un groupe.

— Dur... J'imagine que ce n'est pas facile, avec les autres membres ?

— Quelque part, je m'en fous, tu sais, du moment qu'on me laisse vivre ma vie comme je veux et jouer, puisque je ne sais rien faire d'autre... De toute façon, depuis le départ de mon pote Dik-Mik, c'est devenu beaucoup moins cool. Eux, ils sont plutôt acides à gogo et joints toute la journée.

Il sort de sa veste 1 dollar en argent massif, découpé et transformé en pendentif, et me le tend.

— Au fait, tiens, je t'ai ramené ça des États-Unis...

— Wow, Lem, ça me touche vraiment, merci.

Je le soupèse, le retourne, j'examine chaque détail de la gravure et du découpage. Je sais exactement où le mettre. J'ôte de sous mon T-shirt la croix en argent de la première communion de ma mère, que je porte sur une chaîne depuis sa mort, et Lemmy m'aide à y attacher le dollar. On referme délicatement le petit anneau en l'appuyant sur la table avec un couteau.

Quelques bières plus tard, on se retrouve chez deux filles du quartier que Lemmy connaît bien. Il disparaît dans la chambre de Deirdre, moi dans celle de Julie. Quelques minutes plus tard, la porte de la chambre s'ouvre sur Deirdre tandis que la voix de Lemmy nous parvient du salon. Elle demande :

— Il reste une petite place ?

Sans attendre la réponse, elle se débarrasse de sa petite culotte et se glisse dans le lit. Elle nous caresse tous les deux avec ses mains, puis avec sa langue, prend la place de Julie, inverse les rôles... Nos corps s'entrelacent dans un joli ballet à trois. Pas mal d'hommes que je connais ont des problèmes pour assurer sous amphètes. Moi, c'est plutôt le contraire, on ne m'arrête plus, ce qui n'est pas pour déplaire aux femmes, lasses des mecs trop égoïstes ou défoncés pour leur donner du plaisir.

Lemmy entre à son tour sans frapper et m'annonce :

— Il est temps de s'en aller, Lou.

J'embrasse Deirdre et Julie, qui continuent à s'amuser ensemble pendant que je remonte mon jean et boucle ma ceinture, la tête bien embrumée. Décidément, dès qu'il s'emmerde, il faut qu'on bouge... Direction le Fridge, et le *Speakeasy*.

●●●

Tard dans la nuit, Lemmy m'invite chez lui à Blenheim Crescent. Dès que j'entre, je suis frappé par un mélange puissant d'odeurs : tabac froid, poussière et une odeur familière, la même que celle de mes santiags blanches, celle de ses pieds confinés dans des bottes en cuir trop de jours et trop de nuits. Heureusement, le speed anesthésie mes narines enflammées, et je m'installe sur son canapé en cuir défoncé.

Il sort deux Carlsberg Special Brew du frigo et les pose sur la table. Pendant qu'il s'affaire, je scrute la pièce. Partout, des souvenirs des tournées aux États-Unis et en Europe. Un masque autochtone en étain trône sur une commode bancale. Un miroir est entièrement recouvert de stickers et de pass backstage de son groupe, et de dizaines d'autres plus ou moins connus... Sur les murs, des affiches hautement colorées d'Hawkwind signées Barney Bubbles côtoient des reliques diverses, certaines à l'utilité floue, d'autres carrément dérangeantes, comme ce début de collection de souvenirs nazis.

Il décapsule les deux bières, m'en tend une, et remplit ensuite deux verres douteux de Southern Comfort. La combinaison est infecte, mais elle commence à calmer un peu les effets ravageurs des amphétamines coupées à Dieu sait quoi. Il me tend le masque autochtone, et sort un drôle d'objet en cuivre d'un tiroir.

— Tiens, Lou, je te les ai ramenés de la tournée... J'adore tout ce qui est indien, leur culture, leur spiritualité... Mais putain, ce qu'on leur a fait... On leur a piqué leurs terres sacrées, on les a massacrés, parqués dans des réserves...

Je le remercie, sincèrement touché par le fait qu'il ait pensé à moi pendant sa tournée. Je pose le masque sur la table et attrape l'objet en cuivre. C'est une sorte de couteau à cran d'arrêt. Je commence à jouer avec, machinalement, déployant la lame et la repliant, comme une vipère qui entre et sort la langue, dans un concert de clics et de clacs produits par son étui mécanique. J'y arrive, d'abord à deux mains, puis plus à l'aise, avec une seule. Lemmy allume deux Marlboro avec son Zippo et m'en passe une.

— À l'époque du *Star-Club*, à Hambourg, les Beatles jouaient devant un public de matelots et de putes, avec parmi eux des ex-sous-mariniers de la Kriegsmarine, encore sous pervitine, l'amphétamine allemande...

— Sérieux ? Ils en ont pris là-bas ?

— Ouais et pas qu'eux. Ça a commencé en Allemagne, bien avant la guerre. Au départ, la pervitine se vendait en pharmacie comme coupe-faim pour les femmes qui voulaient maigrir. Et en bonus, ça les rendait joyeuses. Mais à haute dose, elles n'arrivaient plus à dormir. Les pharmacies ont fait remonter l'information aux fabricants et devine qui a été très intéressé ? L'armée.

Il marque une pause, tire sur sa cigarette, et continue :

— Ils l'ont d'abord testée sur les pilotes allemands pendant la guerre civile espagnole, puis sur la Wehrmacht. Jackpot. En 1939, sous pervitine, les soldats marchaient soixante kilomètres par jour et tenaient quarante heures debout sans dormir... Parfait pour les attaques éclairs en Tchécoslovaquie, Pologne, Hollande, Belgique et enfin en France.

— La Pologne s'est effondrée en moins de cinq semaines...

Lemmy fixe un point au loin, comme s'il voyait les colonnes de fantassins avancer sur les routes. Il poursuit :

— Hitler a même fait développer une version en barres de chocolat pour les tankistes, le « Panzerschokolade ».

— Panzer « space cake », plutôt, blindé de chocolat...

Lemmy éclate de rire à ma blague d'écolier et enchaîne :

— Au printemps 1940, ils avaient distribué plus de trente-cinq millions de doses...

— C'est énorme !

— C'est ce qui a rendu le Blitzkrieg possible, ça plus les tactiques d'une armée moderne et motorisée et des fantassins avançant à une vitesse sans égale dans l'Histoire. L'armée française, la plus grande du monde, est encore organisée comme pour la Première Guerre mondiale. Sa défaite est un énorme choc. En plus, ce cher Pétain qui retourne sa veste pour signer l'armistice en juin 1940. Le héros de Verdun… Tu parles.

Je prends une gorgée de bière.

— J'étais horrifié quand j'ai appris ça à l'école. De retour à la maison, j'ai demandé à ma mère comment ils avaient pu me mettre dans un lycée français alors qu'il avait embarqué tant de gens dans la collaboration avec l'ennemi. Son visage s'est assombri, elle m'a emmené dans sa chambre, devant la fenêtre, et a pointé une voiture dans la rue. Elle m'a dit : « Tu vois cette voiture en bas, Lucas ? Mamie est sur la banquette arrière, entre les mains de la Gestapo. Qu'est-ce qu'on *aurait* fait, *nous* ? » Je suis resté pétrifié. Je me suis mis à imaginer ma grand-mère torturée. Soudain, l'horreur de l'Occupation m'a frappé en pleine face… Sa phrase a tourné dans ma tête pendant des jours.

— La vache, c'est dur, Lou… mais elle a eu raison. L'Europe entière était prise en tenaille entre les nazis, les collabos et les résistants.

— Ça m'a marqué, cette histoire. Ici, en Angleterre, on a pris des bombes sur la gueule, mais c'est pas la même chose que d'être occupé. Pas de soldats ennemis dans nos rues, nos bistros, nos théâtres… Pas de Gestapo qui frappe à la porte à n'importe quelle heure du jour et de la nuit pour t'embarquer… Sans parler des dénonciations, du chantage, de la torture, des exécutions…

— Et la pervitine les rendait encore plus fanatiques. Plus de fatigue, plus de peur, plus de douleur… Juste des machines de guerre, endoctrinées par la propagande la plus efficace de l'Histoire. Et après tout ça, ces mêmes mecs qui applaudissent les Beatles au *Star-Club*. Ils avaient torpillé des dizaines de milliers de marins anglais, quasiment coupé les vivres d'un pays entier, l'avaient traîné au bord de l'abîme… Et maintenant, ils tapaient dans leurs mains devant la scène. Les Beatles, eux, jouaient plus de cinq sets de quarante-cinq minutes chaque soir, ce qui leur faisait un total de plus de quatre heures sur scène par nuit…

— Pas étonnant qu'ils aient dû carburer au speed pour en tenir la cadence. C'est vrai qu'ils logeaient derrière l'écran d'un cinéma porno ouvert vingt-quatre heures sur vingt-quatre, Lem ?

— Je ne sais pas si c'est vrai ou pas, Lou, mais j'ai entendu la même histoire… T'as entendu celle où John Lennon aurait tué quelqu'un ? C'est pour ça qu'ils auraient dû quitter Hambourg précipitamment…

— Sérieux ? Non, Lem, j'en ai jamais entendu parler. Moi, les Beatles, je les ai vus pour la première fois au Hammersmith Odeon en 1964. J'y repensais pendant ta tournée américaine. On venait de jouer en première partie des Bay City Rollers, à Scunthorpe, leurs fans étaient hystériques, ça m'a ramené à la Beatlemania, à Hammersmith, à ce soir de mes 11 ans.

— C'était bien ?

— Inoubliable, mais je ne les entendais presque pas au-dessus des cris...

— Je les ai vus plein de fois l'année d'avant, en 1963, au *Cavern Club* à Liverpool. J'avais 18 ans. La salle était pleine à craquer, on devait être cinq cents, pas plus. Les murs suintaient. Là, on les entendait bien, ils étaient énormes. Ça se voyait qu'ils allaient percer.

— Waouh j'aurais bien aimé les voir au *Cavern*, mais j'étais trop jeune...

— Et pas dans la bonne ville ! À Hambourg, ils ne jouaient presque que des reprises... À force, ils se sont mis à expérimenter des accords plus complexes qui ont bien enrichi leur son.

Lemmy, en bon guitariste rythmique, les connaît tous. Il attrape l'acoustique posée contre le mur et gratte quelques accords : du rockabilly, du rock'n'roll et les Beatles, avec sa voix rauque à la John Lennon. Je chantonne avec lui...

La nuit avance. Lemmy décapsule les deux dernières Special Brew du frigo, coupe des lignes et finit le Southern Comfort. Il pose une drôle de boîte rectangulaire sur la table. Dessus, on peut lire la marque : « Philips ». C'est la première fois que je vois un lecteur de cassettes. Moi, j'ai un lecteur à huit pistes dans le Fridge, mais là, avec celui-ci, tu peux enregistrer tout ce que tu veux dessus. Comme avec l'enregistreur à bandes de mon père, mais beaucoup plus compact.

On passe la fin de la nuit à écouter les sketchs du Goon Show et des Monty Python qu'il a copiés dessus. On rigole comme des gamins en imitant les accents et en échangeant des répliques que l'on connaît par cœur tous les deux.

La lueur pâle de l'aube glisse imperceptiblement dans la pièce. Lemmy s'assoit par terre, enlève le dos de sa télé et s'acharne à la démonter – « pour la réparer », dit-il. Tournevis en main, l'œil brillant de concentration, il a l'air d'un fou. Autour de lui, des pièces électroniques s'étalent en un chaos méthodique sur la moquette usée. Je le regarde un moment. Malgré notre différence d'âge et d'expérience, on est parfaitement alignés. On se marre bien ensemble.

Quand je repars, le masque autochtone est posé sur le siège passager à côté de moi, le dollar pend à la chaîne autour de mon cou et le couteau repose dans ma poche. Le Fridge me ramène chez moi sain et sauf. Je m'écrase sur l'oreiller.

De retour [suite], 24 septembre 1974

Lorsque je rejoins Lemmy au *Henekeys*, il est à la machine à sous, concentré à actionner le bras. Sans lever les yeux des roues qui tournent, il réembraye sur la tournée américaine qui vient de s'interrompre.

— Je t'ai déjà parlé de Liquid Len, Lou ? Jonathan Smeeton, notre ingé lumières. C'est lui le génie qui a inventé les effets visuels d'Hawkwind. Pendant les tournées, c'est le seul qui ne refuse pas d'emblée de partager une chambre avec moi. Tu sais, parce que j'aime rester debout jusqu'à pas d'heure, plusieurs nuits d'affilée. Dormir m'a toujours semblé être une perte de temps. L'autre raison, disons que bon... erm... c'est mes pieds. Jon, lui, n'a de problème ni avec mes horaires ni avec mes panards.

Le père de Jonathan a été officier dans la Royal Navy pendant la Seconde Guerre mondiale. Trois des navires auxquels il était affecté ont coulé ; comme tant d'autres, il doit la vie à la vitesse de réaction des services de sauvetage et à leurs bateaux super rapides. Il a élevé son fils à la dure ; Jonathan est intelligent, n'a pas la langue dans sa poche et a appris, très jeune, à ne pas se laisser marcher sur les pieds.

— Tu te rends compte, Lou ? Il arrive même à me convaincre de laisser mes santiags sur le balcon et de prendre une douche ! Mais on s'entend bien, c'est un féru de la Seconde Guerre mondiale, comme nous... En faisant chambre à part des autres, on évite aussi de se retrouver au milieu des interminables rivalités et des divisions qui règnent dans le groupe – la plupart initiées par Dave, d'ailleurs.

— Diviser pour mieux régner, la tactique classique pour maintenir son pouvoir.

— Les seuls musiciens qui voyagent en tour bus aux États-Unis, ce sont les « grands », ceux qui ont fait péter les ventes. Chacun possède son propre car, personnalisé... Mais ce luxe, ce n'est pas pour les « petits » groupes de rock, ceux qui montent. Nous, on se balade de scène en scène dans deux camionnettes neuf places. Le matériel, et on en trimballe une tonne, fait la route de son côté dans un semi-remorque, pour que tout soit en place au moment où on arrive. Bref, on débarque à Cincinnati le 12, on joue le lendemain à l'Albee Theatre. Trois mille cinq cents places. Visualise la scène, Lou : je n'ai pas dormi depuis deux ou trois jours, tous les autres sont en pleine montée d'acide, on rentre dans l'hôtel et on voit un grand panneau : « Convention annuelle des baptistes évangélistes du Sud ». Le hall est plein de bigots, les hommes en costard cravate, chemise blanche, les cheveux bien coupés, bien gominés, bonnes bouilles bien propres ; chignon impeccable, robes sages et droites, pastel et layette, ni bijoux ni maquillage pour les dames. Tout ce petit monde porte son nom écrit sur un badge rectangulaire épinglé sur le cœur. Ça doit être mon cerveau qui me joue des tours : on se croirait parachuté dans les années 1950. J'ose même pas imaginer ce qu'ont dû penser les autres lascars, cramés à l'acide… Les affaires posées dans les chambres, notre horde chevelue se retrouve au dernier étage pour un plongeon dans la piscine. On arrive ; partout des évangélistes, en train de discuter, autour de la piscine, sur les transats, d'autres dans l'eau à faire des longueurs. Il y a comme un blanc quand ils nous voient débarquer, les yeux écarquillés, visiblement chargés, en slip de bain. Ils essaient bien de nous faire virer par la direction – il paraît que nos maillots sont « trop osés » pour ces dames. Moi, je pense plutôt que ça les excitait et que leurs maris ont pris peur… Rien à voir avec nos cheveux longs, bien entendu. Mais ça ne marche pas et on s'installe. Jon se met à l'eau, entame des longueurs de dos crawlé… et percute une congressiste en pleine tête, qui se met à hurler au milieu de la piscine. Nouvelle tentative de scandale… J'en ai marre, Jon aussi, nous redescendons dans la chambre mais on se rend compte qu'on n'a plus de feuilles à rouler. Mon coloc décide d'aller en chercher dans la chambre d'un des gars de l'équipe, à l'étage du dessous ; l'ascenseur n'arrive pas – on est au quarantième –, il s'engage dans l'escalier de secours… la porte claque derrière lui, l'alarme incendie se déclenche et il se retrouve coincé dehors, en slip de bain et chaussettes sur l'escalier en béton. Un agent de sécurité se pointe, lui crie dessus, mais Jon est déjà trois étages plus bas, essayant à chaque niveau d'ouvrir la porte. Elles sont toutes fermées ; il descend, réessaie, descend encore… d'innombrables étages plus tard, il arrive, épuisé, au rez-de-chaussée, les chaussettes en lambeaux ; saute dans un ascenseur sous les yeux scandalisés de l'assemblée, trouve comme prévu les feuilles à rouler et débarque, triomphant, dans la chambre. Un joint plus tard, il s'écroule sur son lit, le nez dans un bouquin. Moi, je pars en vadrouille ; je tombe sur une bombe dans l'un des bars de l'hôtel, la convaincs de venir avec moi. Il est 18 heures, on papote sur mon lit, Jon continue de bouquiner à trois mètres de nous. La fille, je ne me souviens plus de son nom, on va l'appeler Rebecca, me dit qu'elle a faim et veut qu'on aille becter un truc. Je lui dis : « Sans problème, mais il faut d'abord que je fasse un petit somme. »

Une demi-heure plus tard, Rebecca essaie de réveiller Lemmy, en vain. Jonathan s'y met, sans plus de succès. Comme ils ont faim tous les deux, ils sortent dîner ; à leur retour, quelques heures plus tard, Lemmy dort toujours. De fil en aiguille, ils finissent par faire l'amour sur le lit d'à côté et s'endorment ensemble. Lorsqu'ils se réveillent, tard le lendemain, ils prennent un bain, s'habillent puis sortent prendre le petit déjeuner et passer la journée en ville. Ils rentrent à l'hôtel vers 17 heures, Lemmy n'a pas bougé d'un pouce. Jonathan s'allonge sur son lit, reprend son livre en attendant de partir pour le show ; Rebecca passe dans la salle de bains, revient s'asseoir, à côté du bassiste… qui se réveille en sursaut et lui dit : « Désolé, j'ai dû m'assoupir un moment. Allons manger un morceau, je t'emmène dîner. »

— Et moi qui ne comprends pas pourquoi Rebecca et Jon se fendent la gueule !

La Cour, 7 octobre 1974

Début octobre, alors qu'on passe notre samedi dans le quartier en attendant la reprise de la tournée américaine d'Hawkwind, on croise trois gars, dos contre un mur. Deux flics, l'un en uniforme l'autre en civil, sont en train de les fouiller. Lemmy part au quart de tour.

— Ces ordures t'ont jamais fait le coup de te planquer de la came pendant une fouille Lou ?

— Non mais je les ai vus faire. Avant d'avoir le Fridge, j'empruntais des voitures à droite et à gauche, souvent des modèles flashy. Avec mes cheveux longs, je me faisais régulièrement arrêter mais j'ai toujours réussi à éviter la fouille en tchatchant. J'imite l'accent aristo, je les prends de haut, relève leur numéro... J'essaie de les embobiner en leur demandant mon chemin vers un coin pas trop loin. En général, ça suffit pour qu'ils me laissent tranquille. Mais bon, je pense que jusque-là, j'ai surtout eu beaucoup de chance.

— C'est la grande spécialité du coin. Une fois que les stups véreux t'ont chopé, ils menacent de t'envoyer en taule pour longtemps. Si tu tombes dans le panneau, ils te remettent en circulation comme indic pour dealer les drogues qu'ils ont confisquées. Mais tout se sait dans le quartier, personne n'est dupe, on communique entre nous, on reste vigilants. T'as un casier, Lou ?

— Non, pourquoi ?

— Moi si. D'ailleurs, t'aurais pas un costard à me prêter ? Faut que je sois au tribunal lundi après-midi.

— Ouais j'ai ça, un trois-pièces beige. Mais je ne suis pas sûr que tu réussiras à entrer dedans, t'es beaucoup plus baraqué que moi. T'as fait quoi ?

Sans répondre, il continue :

— Et tu pourrais m'y amener ? Je dois y être à 15 heures. Faut que je m'en sorte indemne sinon ça pourrait faire capoter mon visa pour les États-Unis.

— OK, sans souci, je suis libre lundi. Mais on t'accuse de quoi ?

— De possession d'un petit bout de shit. Bon, je vais rentrer, Lou. On se voit lundi pour l'audience ?

●●●

Lundi en fin de matinée, coup de téléphone de Lem :

— Salut Lou, ça tient toujours pour le costume et le transport ?

— Salut Lem, oui, passe pour le costard, on partira ensemble d'ici.

Quand il arrive, je lui file une chemise un peu large pour moi et une cravate. Il se tortille dans tous les sens pour entrer dans le pantalon, peine à remonter la fermeture Éclair – il n'est même pas question d'envisager de fermer le bouton –, passe une ceinture et la veste. Ça devrait faire l'affaire... du moment qu'il la garde fermée. Sacrée dégaine qu'il a, tout boudiné dans mon costard ! Mais ça ne l'empêche pas de tracer deux lignes de speed sur le verre d'un miroir qui traîne.

Dans la voiture, alors qu'on traverse Londres, il me redemande :

— T'es sûr que t'as pas de casier ?

— Oui Lem, même mon permis de conduire est clean.

— Bon, alors je voudrais que tu témoignes en ma faveur, que tu dises au juge que tu me connais depuis trois ans, que je suis un citoyen modèle...

C'était donc ça. Léger coup de stress : il aurait quand même pu me prévenir plus tôt.

— Je ferai de mon mieux.

C'est la première fois que j'entre dans un tribunal, une salle d'audience. L'angoisse monte. Soudain, tout s'accélère et je me retrouve aux côtés d'un avocat et face à un juge, qui m'interroge.

— Depuis combien de temps connaissez-vous M. Kilmister ?

Je n'ose pas regarder mon voisin de droite, engoncé dans son costume, par peur de rigoler. Il vient de nier être le propriétaire du morceau de cannabis qu'on lui reproche, soutenant que « quelqu'un » lui a mis dans la poche juste avant ou pendant la fouille qui l'a mené ici. Je décide d'essayer de noyer le poisson, de donner au juge l'envie de couper court et d'en finir avec nous : il a sûrement des cas bien plus graves à traiter aujourd'hui. J'inspire profondément, sors mon anglais le plus châtié et m'efforce, contre les effets du speed qui montent, de parler distinctement, avec assurance et aplomb.

— J'ai rencontré M. Ian Kilmister en juillet 1971 votre honneur et je tiens à dire devant la Cour combien son honnêteté et son sérieux, autant dans sa vie professionnelle que personnelle, sont appréciés dans la communauté.

Je témoigne de sa bonne conduite, raconte et improvise, donnant un maximum de détails... Comment Hawkwind, depuis l'arrivée de « M. Kilmister », est devenu un groupe célèbre... Comment son talent a permis de vendre tant de disques que « Silver Machine » a atteint la troisième place des charts britanniques... Comment leur célébrité s'est accrue depuis leur passage dans l'émission de la BBC *Top of the Pops*, au point que la Cour tout entière l'a sans doute déjà vue...

— Il m'est difficile d'imaginer, votre honneur, que M. Kilmister, après tant de travail acharné et tant de tournées, prenne le risque d'enfreindre la loi en consommant des substances illicites – sans même parler d'en transporter la moindre quantité sur lui. Cela pourrait rendre caduc le visa de travail qu'il a obtenu pour la tournée aux États-Unis du groupe, qui reprend dans une dizaine de jours, le 15 octobre.

Une montée de speed vient se balader entre mes oreilles, j'inspire un bon coup avant d'enchaîner :

— S'il était interdit de travail en Amérique, cela mettrait en péril non seulement ses revenus, dont il a bien besoin, mais aussi ceux de tous les membres du groupe. Leurs familles, nombreuses, souffriraient terriblement de ce manque à gagner. Je n'ai pas été témoin, personnellement, de l'arrestation de M. Kilmister ; mais avec tout le respect que je dois à la Cour, vous ne devriez pas être surpris d'apprendre, votre honneur, qu'il est notoire à Londres que la police de notre quartier de Notting Hill place régulièrement de la drogue dans les affaires de personnes innocentes. La presse s'en est fait l'écho à plusieurs reprises, affirmant que ces pratiques permettaient de gonfler le nombre d'arrestations, tout en donnant l'impression d'une efficacité accrue contre ce terrible fléau qu'est la drogue en Grande-Bretagne.

Par miracle et sûrement par manque de temps, le juge, visiblement agacé, finit par retourner son attention contre les flics, leur reprochant de lui faire perdre son temps avec une nouvelle affaire montée de toutes pièces. Lemmy s'en tire sans égratignure.

— Putain, tu les as bien baratinés, Lou. J'avais l'impression que tu ne t'arrêterais jamais…

— Le speed y est pour quelque chose, Lem. J'ai préféré les embrouiller avec des histoires à la con en espérant que le juge perdrait patience.

— Va falloir se la jouer fine avec les stups du quartier maintenant, ils nous auront à l'œil. En tout cas, ça a marché, allons fêter ça.

Soulagés, on sort du tribunal, se débarrasse de nos cravates. Les marches, à la descente, paraissent moins impressionnantes qu'à l'arrivée. Au-dessus de nos têtes, les nuages s'écartent dans le ciel. Je me demande quel rôle a joué mon costard dans toute cette histoire…

The Babys, janvier 1975

Toujours aussi déterminé malgré ma récente déconvenue avec Spangled Mob, je reprends la route des auditions. Le *Melody Maker* jouera une fois de plus un rôle important dans ma vie.

En janvier 1975, le guitariste, Gordon Hawtin, fraîchement parti des magasins de musique Top Gear et Guitar Village, décide de monter un groupe. Le jour de son vingt-quatrième anniversaire, avec John Waite et Mike Corby, ils créent les Babys au *Sir Richard Steels Pub* à Belsize Park au nord de Londres.

Peu de temps après, le trio et leur manager, Adrian Miller, débarquent dans les bureaux du *Melody Maker* à Covent Garden pour passer une annonce. Ils réservent une demi-page du journal pour la somme royale de 200 livres. L'idée initiale était d'écrire, « Cherche batteur, pas de CONS », mais le journal interdit l'insulte. Ils publieront donc une version plus polie : « Cherche batteur avec un bon look, doit bien jouer, pas de vauriens. »

Les auditions se tiennent aux studios de Hallighan's, à Holloway Road. Deux batteurs sont retenus, Graham Broad[1] et moi. Avec John Waite et Mike Corby, le courant passe bien. On traîne un peu ensemble après les sessions et Mike me confie :

— À part toi et Graham, on a surtout perdu notre temps avec ces auditions.

Cette confidence m'éclaire. Malgré leur grande annonce d'une demi-page, ils n'ont retenu que deux candidats... J'en tire une leçon de plus : dans la musique, beaucoup de choses passent par le bouche-à-oreille. Si je veux augmenter mes chances de trouver un groupe, il va falloir que je passe encore plus de temps au *Speakeasy* et au *Dingwalls*, que j'aille à un maximum de concerts...

Finalement, les Babys décident qu'ils ne veulent ni de Graham ni de moi. C'est Tony Brock, le batteur de Strider, qui récupère le poste.

Quant à Gordon Hawtin, il abandonne peu à peu la musique, à moins que ce ne soit la musique qui l'abandonne. Il devient photographe pour *Penthouse, Sunday Sport* et d'autres magazines pour adultes. À défaut de gratter celles d'une guitare, il se spécialise dans un autre type de cordes... les g-strings.

---

1. Il finira par jouer dans Bandit, Bill Wyman's Rhythm Kings et avec Roger Waters.

The Roundhouse, Londres, 16 février 1975

En ce dimanche froid et humide, je rejoins Lemmy au *Henekeys* à l'heure du déjeuner.

— Viens avec moi cet après-midi, on joue au *Roundhouse*, à Chalk Farm. Les Pink Fairies sont en première partie.

14 h 30, fermeture du pub, on traîne un peu dans le marché de Portobello avant de rejoindre la salle pour les balances. Je gare le Fridge dans une rue de Camden Town, juste à côté de la salle. Il bruine, le ciel semble de plomb ; nos bottes résonnent sur l'acier luisant de l'escalier extérieur. Arrivé en haut, Lemmy s'allume une clope, se retourne et, le dos plaqué à la porte de fer, se met à tambouriner dessus avec le talon de sa santiag. Le crachin s'intensifie, plusieurs minutes passent, Lemmy s'évertue à faire le maximum de bruit possible ; on nous entend jusque dans la rue. Finalement, une voix éraillée traverse le battant :

— Oh là, c'est bon ! Ça suffit, bordel ! Ça ne va pas la tête ?

La lourde porte grince pour révéler un vigile visiblement furieux. Il reconnaît Lemmy, se calme un peu et grogne :

— Ah c'est toi. Bon, t'étais peut-être pas obligé de faire tout ce bruit quand même...

Il continue de râler alors qu'on le suit dans le bâtiment ; le battant claque derrière moi dans un grand bruit sec et métallique, on dirait une porte de prison, qui résonne à travers l'espace caverneux qui s'ouvre à mes pieds. Nous dévalons les escaliers et entrons par le balcon dans une halle circulaire d'une cinquantaine de mètres de diamètre, ceinte de vingt-quatre poteaux en fer forgé noir qui soutiennent des arches. À vingt mètres au-dessus de nos têtes, une vaste voûte en bois ; on se croirait sous le chapiteau d'un cirque industriel. Ce beau bâtiment de 1847 est une ancienne rotonde ferroviaire, les mécanos pouvaient intervenir sur vingt-trois locomotives en même temps. Vingt ans plus tard, le bâtiment est obsolète : les locomotives, plus grosses car plus puissantes pour répondre aux besoins accrus de transport de marchandises et de population, sont trop grandes pour y entrer. En 1966, le hangar est reconverti en salle de concert et devient le cœur battant de la scène underground londonienne, accueillant parmi tant d'autres les Doors, Pink Floyd et Hendrix qui y joue « Purple Haze », « Foxy Lady » et « Hey Joe »... et Led Zeppelin.

Lorsqu'on arrive en bas des marches, les techniciens finissent juste d'installer tout le barda du groupe ; les amplis et les baffles, couverts des couleurs psychédéliques de Barney Bubbles, sont alignés sur scène ; devant, en plein centre, deux batteries, la peau des doubles grosses caisses peinte elle aussi. On tombe à pic : les autres membres du groupe se préparent pour les balances devant le grand écran de dix mètres par trois en fond de scène. Là-haut, sur le balcon, Liquid Len mitonne son jeu de lumières avec ses deux assistants : de petites plaquettes de verre, entre lesquelles il fait couler de l'huile et de l'encre, qu'il place ensuite dans neuf projecteurs de cinq cents watts prolongés par un téléobjectif.

À droite sur une estrade, les coudes sur la console, l'ingé son est concentré sur ses boutons. Lemmy le salue de la main en traversant la pièce et enjambe le plateau. Je m'installe sur le côté de la scène. Il ramasse sa basse, se branche, balance deux ou trois notes, pousse le volume, ajuste le micro et crie :

— Test, testing, testicules...

Les deux batteurs, Simon King et Alan Powell, trônant derrière leur empire jaune canari, tapotent toms, cymbales, gongs et bouts de percussion de toutes sortes... Nik Turner, cheveux roux flamme, arrive sur scène, suivi de Dave Brock et de Simon House.

À peine voilée, la tension entre les membres est palpable, les piques volent, l'atmosphère s'alourdit... ils se préparent à l'action. Sous mes yeux, Hawkwind, monstre démembré, se reconstitue en machine de l'espace contre son gré, joue quelques morceaux. Les balances ne vont pas durer des heures, c'est clair. La scène se couvre à mi-mollet d'un brouillard de fumigènes ; de la tête, Lemmy me fait signe de venir en coulisses. Les lumières de la salle s'éteignent pour que Jonathan puisse tester ses éclairages. Je suis Lemmy en faisant gaffe à ne pas me prendre les pieds dans les spaghettis de câbles.

Là-haut, au balcon, les murs en brique des loges sont peints en blanc ; dans la grande pièce principale, je vois des glaces entourées d'ampoules nues, comme les coiffeuses des théâtres. Lemmy passe devant et entre dans l'autre espace, plus petit, où de longues barres fluorescentes jettent une lumière blafarde sur les miroirs. Les Pink Fairies s'y préparent en attendant leur tour de balances. Ils saluent Lemmy, qui me les présente un à un. L'ambiance ne semble pas meilleure que chez Hawkwind. Larry Wallis accorde sa guitare à l'aide d'une petite flûte à trois notes en plastique, tout en se chamaillant avec les deux batteurs, Russell Hunter et Twink, tous trois joint en main... Les seuls qui semblent de bonne humeur sont le bassiste, Duncan « Sandy » Sanderson, et le grand Canadien, Paul « Blackie » Rudolph, tout en noir, Les Paul noire en main.

Lemmy m'emmène de l'autre côté de la pièce, trace deux lignes d'amphètes sur l'une des tables... lorsque nous quittons ensemble les loges, les deux premières parties, Lady June's Linguistic Leprosy et Al Matthews, ont déjà terminé leur set. La salle et le bar se remplissent vite, de gens et de fumée. Des volutes d'encens s'élèvent des tables de merchandising, à l'extérieur du bar, où se vendent affiches et disques, mais aussi bangs, feuilles à rouler, fanzines et presse indépendante.

Je commande deux bières au comptoir, passe une bouteille à Lemmy, en pleine discussion avec une fille tout en jeans.

— Comment va ta mère, elle était à l'hôpital la dernière fois que l'on s'est vus ?

— Elle est sortie, elle récupère à la maison.

— Tant mieux, passe-lui le bonjour.

— Merci Lemmy, je n'y manquerai pas, ça lui fera plaisir.

Ce ne sera pas la dernière fois que sa faculté à se souvenir de tout me surprendra. L'intérêt qu'il porte à la vie de ses fans n'est jamais feint.

Andy Dunkley, le DJ de la soirée, annonce les Pink Fairies ; la foule se déchaîne. Larry Wallis apparaît, s'approche d'un micro et hurle en grimaçant :

— *Heeeyya... alllriiight?*

Et ils démarrent leur set avec « City Kids ». Lemmy et moi trinquons, on se dégage vers l'autre bout du comptoir. Arrivent les derniers accords de la chanson, la foule exulte, échanges de cris entre la scène et le public, puis le groupe lance « Do It ». Dans le bar, le brouhaha est monté de plusieurs crans, il faut se gueuler dans les oreilles pour se faire entendre. Shit, herbe, riz brun et cuisine macrobiotique... tout se mélange à l'odeur de l'inévitable patchouli. Dans l'obscurité, les dealers prospèrent en toute impunité.

« 3/5 Mile in 10 Seconds »
« The Snake »
« Lucille »
« Waiting for the Man »
« Uncle Harry's Last Freakout »
« Street Urchin »

Les derniers au revoir de « Bye Bye Johnny » signalent la fin du set, il faut remonter dans les loges. Larry, T-shirt noir marqué des mots « Made in Japan » en rouge, Stratocaster blanche en bandoulière, quitte la scène, suivi des autres musiciens. Je talonne Lemmy dans les escaliers alors que les Fairies reviennent sur scène pour le rappel, « Going Down ». Vu d'ici, il est clair qu'une bonne partie du public s'est préparée à la venue de ses héros du space rock avec une franche dose d'acide. C'est l'un des avantages du Roundhouse : une fois dedans, on est à peu près libre de faire ce qu'on veut tout en étant en sécurité. Dans le fond de la salle, une pièce a même été aménagée pour aider les camés victimes d'un mauvais trip à redescendre en douceur. Andy Dunkley annonce Hawkwind, la pénombre lui répond en écho dans de grands cris. Je descends vers la scène au milieu du groupe, une note de synthé tourne dans les airs, les lumières hallucinées de Liquid Len rebondissent sur les instruments, les amplis, les musiciens qui apparaissent au public l'un après l'autre ; je reste sur le côté, à quelques pas de Lemmy.

— Salut tout le monde, vous passez un moment agréable ?

Dave Brock se lance dans un speech sur fond de larsens, de roulements des batteries, les nappes de synthé planent, les rayons multicolores balaient la salle... Ça danse déjà dans le public, mains en l'air... Dave Brock fait durer, le préambule s'étire, le public s'impatiente. Au bout d'une bonne dizaine de minutes, Lemmy lance un riff, rejoint par Simon King et Alan Powell, le synthé siffle ; « Lord of Light » s'installe. Mouvements dans la foule au-devant de la scène, masse ondulante de figures multicolores sous les lumières ; à hauteur d'épaule, une brume épaisse s'est installée. Elle sent le shit.

De mon poste, j'observe Dave Brock ; à ses côtés Lemmy, en appui sur la jambe gauche, bouge les hanches en rythme, à gauche à droite ; au centre, les deux batteurs martèlent ; Simon House au violon et au synthé ; Nik Turner vêtu de la tête aux pieds en vert, un masque de grenouille sur la tête, son saxophone peint de flammes vertes et rouges dans la bouche. Sur le devant de scène, les yeux rivés sur un horizon imaginaire, la danseuse du groupe, Stacia[1], ondule avec de larges mouvements de bras. Elle porte une perruque grise et une robe rose à grandes manches ; son visage est recouvert d'argent et de noir. À ses pieds, une foule de jeunes garçons de bonne famille, hypnotisée, attend le moment où elle se déshabillera et se tiendra au-dessus d'eux, entièrement nue et majestueuse, donnant corps à leurs fantasmes adolescents. Le synthé gronde, la guitare rythmique de Dave Brock tranche, incisive, roulements de toms et de caisses claires, cloche incessante, des mandalas tournent sur le fond de la scène, glissent sur les visages et les corps du groupe. La basse de Lemmy pousse, omniprésente ; « The Psychedelic Warlords (Disappear in Smoke) » envahit la salle. Les fumigènes commencent à dégouliner sur les premiers rangs ; la machine qu'est Hawkwind est en route et s'envole, embarquant avec elle cadets et cadettes de l'espace. Les amphétamines, les bières, la fumée et la puissance du son cumulés commencent à faire effet : je me mets à planer, en communion décalée avec les hippies sous acide du public.

1. Blake.

L'IRA, nuit du 16 au 17 février 1975

Cette nuit-là, en rentrant du concert avec Lemmy dans le Fridge, je tourne à un coin de rue en arrivant dans notre quartier et tombe pile sur un barrage de police. En Irlande, la guerre civile entre les catholiques, qui veulent la réunification, et les protestants loyalistes, accrochés au Royaume-Uni, est à son comble. Il y a trois semaines, le même jour, l'IRA a posé sept bombes à retardement dans différents quartiers de Londres, dont une à Old Bond Street, pas loin du *Speakeasy*, et une autre à Kensington High Street, faisant deux blessés, juste au sud d'où nous sommes. L'antiterrorisme a répondu par des descentes dans les squats du Grove, suspectant que des membres de l'IRA se cachaient parmi les ouvriers du bâtiment irlandais, nombreux à y habiter. La tension dans la capitale est palpable, les barrages routiers se multiplient.

Pas moyen d'y échapper : l'aspect inoffensif du Fridge n'est pas suffisant cette fois-ci pour que les flics passent à côté du plaisir de fouiller deux chevelus. Et pas de bol, Lemmy vient tout juste d'acheter du speed et cache trois grammes de sulfate dans la manche gauche roulée de sa chemise.

Un grand flic baraqué, tête sévère et regard perçant, se dirige droit sur moi. Je décide de tenter un bluff et adopte mon meilleur accent d'Oxford.

— Bonsoir officier. Je suis ravi de vous croiser. Auriez-vous la gentillesse de m'indiquer le chemin pour Shepherd's Bush, s'il vous plaît ?

Ma tentative de jouer sur son sens du devoir est un échec.

— Sortez du véhicule tout de suite.

Lemmy roule des yeux, inquiet. Il sort de la voiture et fait le tour pour me rejoindre. On s'aligne devant le policier qui nous a arrêtés. Pendant ce temps, ses collègues entreprennent d'inspecter méthodiquement la fourgonnette, en commençant par l'arrière. Ils ne plaisantent pas.

Lem risque gros s'il est fouillé. Je réfléchis à toute vitesse. Soudain, une idée jaillit : une balle de fusil traîne sur la tablette du tableau de bord. Il faut que je tente quelque chose. J'ouvre la portière, récupère la balle, et la tiens entre le pouce et l'index devant le visage du chef. Mes yeux et les siens sont maintenant rivés sur la douille.

— Officier, je sais qu'être en possession d'une munition est illégal. C'est une fan qui vient de me la donner. Voyez-vous, nous sommes tous deux musiciens...

Lemmy comprend ce que je suis en train de faire et poursuit :

— Oui, je jouais ce soir, au *Roundhouse*. Je suis le bassiste d'Hawkwind, vous connaissez ? « Silver Machine »...

Je prends la relève, tentant de noyer le poisson :

— Dites, ce serait pas une 7,62 mm pour fusil FN[1], par hasard ?

Le policier scrute la balle d'un air méfiant sous le rayon de sa torche et balaie nos silhouettes : nos cheveux longs, les bagues de Lemmy, nos blousons de cuir, jusqu'à nos bottes de cow-boy.

— Oui, ça en a l'air. Qui vous a donné ça, déjà ?

— Une fan, officier, rencontrée dans un pub après le concert. Une superbe blonde, danoise ou peut-être suédoise. Je comptais justement remettre cette balle au poste de police le plus proche ce matin même... Mais peut-être pourriez-vous vous en charger directement ? Ou m'indiquer à quel commissariat je dois l'apporter ?

Il semble hésiter, surpris. Finalement, il empoche la balle et, à mon grand soulagement et surtout à celui de Lemmy, il nous balance :

— Foutez le camp, et tout de suite. Avant que je change d'avis. Pour Shepherd's Bush, prenez à gauche au carrefour, tout droit, puis à droite dans Holland Park Avenue. Vous y serez.

— Merci infiniment, officier. Bonne soirée à vous et merci pour votre vigilance. C'est important pour nous, surtout par les temps qui courent.

On réintègre le Fridge, je démarre en vitesse et on déguerpit le plus loin possible. Lemmy allume deux Marlboro et m'en tend une en soupirant.

— Putain Lou, tu les as bien baratinés.

— Heureusement que j'avais cette balle pour faire diversion.

— Tu sors ça d'où ?

— Un cadeau d'Irene, je me suis toujours demandé ce que j'allais bien pouvoir en foutre.

— Bah ? Irene n'est pas blonde ! Ni danoise ni suédoise d'ailleurs. Bon, en tout cas, elle vient de me sauver la mise.

On se marre alors qu'on trace vers le Grove.

---

1. Le FN MAG en calibre 7,62 × 51 mm a été adopté par de nombreuses grandes armées. Au Royaume-Uni, il est connu sous le nom de L7A2 GPMG (affectueusement surnommé « Gimpy », le boiteux).

face B, 1er mars 1975

Quatre jours après mon vingt-deuxième anniversaire, Lemmy m'appelle et me demande de le rejoindre au bureau de Douglas Smith, le manager d'Hawkwind au 15 Great Western Road. Je gare le Fridge en face, traverse la rue et vois Lemmy descendre les marches. Il se met à sautiller comme un gamin, un grand sourire sur sa bouille, en me chantant « *Oh, I do like to see me on the B-side...* », sur l'air d'« Oh I Do Like to Be beside the Seaside », un classique du music-hall de 1909. Excité comme une puce, il m'annonce :

— Ma chanson « Motorhead » va figurer sur la face B du nouveau 45 tours, *Kings of Speed* !

— Félicitations Lem ! *Kings of Speed* ? Quelle blague, t'es le seul à prendre des amphètes dans Hawkwind...

On part fêter la nouvelle avec Nisa, sa copine du moment, au *Carlton Bridge,* un pub à deux pas qui donne sur le canal. C'est une nouvelle importante : avoir sa chanson en face B, ça veut dire toucher la moitié des droits d'auteur-compositeur sur les ventes du disque, en plus des revenus d'interprète – sans compter le revenu des deals occasionnels... Nisa finit par partir – le vendredi soir, elle est strip-teaseuse dans un bar – et nous rentrons chez moi : Lemmy veut me faire écouter le *pressing test* du 45 tours. Volume à fond, sa chanson passe en boucle sur ma platine, avec les solos de Simon House au violon. Accrocheuse et addictive : je n'arriverai pas à me la sortir de la tête avant un moment.

— Vous auriez dû la mettre en face A, Lem.

— Jamais de la vie Lou : Dave ne laisserait pas Hawkwind sortir une face A qu'il n'a pas écrite.

« Kings of Speed » me plaît bien aussi, on écoute en alternant les deux faces.

On passe notre samedi dans le quartier ; Lemmy tire le portrait de tout ce qui bouge avec le jetable qu'il vient de s'acheter. On finit le film par des clichés de nous deux dans ma chambre.

Electric Cinema, mars 1975

Avec Irene, on aime les toiles en marge, les films de genre. Alors, tard le soir, on s'aventure dans les cinémas indépendants, le Gate à Notting Hill, le Paris Pullman, entre Old Brompton Road et Fulham Road, et surtout l'Electric Cinema, dans Portobello Road. L'un des plus vieux du Royaume-Uni, ouvert en 1910.

Après avoir fait la fermeture des pubs, à 23 heures, au *Duke of Wellington,* nous remontons Portobello Road direction la façade fatiguée, faussement néoclassique, de l'Electric. Les néons rouges, « Electric » en italique, « Cinema » en majuscules droites, aimantent les noctambules. Une des spécialités des lieux, ce sont les nuits à thèmes. À l'affiche ce soir, les films de la Factory d'Andy Warhol. D'abord la trilogie *Flesh – Trash – Heat,* suivie par *Du sang pour Dracula,* et pour finir, *Chair pour Frankenstein.* Tous ont été réalisés par Paul Morrissey avec l'acteur fétiche de Warhol Joe Dallesandro. Pour cette nuit blanche cinématographique, je monte les trois marches du cinéma, et achète nos places au petit guichet à gauche de l'entrée. On pousse les doubles portes, descendons l'allée centrale, et nous faufilons entre les rangs afin de s'installer en plein milieu de la salle feutrée. Au-dessus de nos têtes, un plafond orné en courbe d'une couleur ocre jaune. Les fauteuils en velours et la moquette couleur fuchsia sont usés, témoignant du passage d'innombrables spectateurs. Les murs de la salle, quant à eux, sont d'un vert-bleu pâle, habillés par des panneaux d'une nuance rose fanée et encadrés de moulures crème, ternies par des décennies de fumée de cigarettes.

Les lumières s'éteignent, l'excitation monte. Le moteur du projecteur se met en marche dans un ronronnement régulier qui envahit la salle alors que l'écran s'illumine. Le premier film commence ; il ne faut pas dix minutes pour que les premiers ronflements se fassent entendre, derrière nous. Un spectateur se déplace pour secouer le coupable qui grogne, le bruit cesse. De part et d'autre, on aperçoit des lueurs de flammes de briquet, déformées par la rencontre avec un bloc de shit. Ça roule des joints un peu partout, de petits ronds de fumée s'élèvent à travers le faisceau du projecteur, l'atmosphère s'épaissit. Les trois films, décousus et improvisés, purs produits de la Factory, se succèdent sur l'écran. Dans la salle, les spectateurs font leur vie : certains ont amené des thermos de café, d'autres se passent une bouteille de vodka, on entend des bières se décapsuler et des sandwichs se dévorer. Les senteurs d'un curry à emporter se mélangent à celles du cannabis, de la moisissure et de l'inévitable patchouli. Dans la même rangée que nous, une prostituée en minijupe, la cinquantaine, enlève ses talons et s'accroupit pour tailler une pipe à son client, 60 ans bien sonnés. Il penche la tête en arrière, la nuque sur le siège, les yeux fermés face au plafond, la bouche ouverte. Mais le film se termine et les lumières se rallument pour l'entracte ; l'homme, en panique, remonte son pantalon, coups d'œil furtifs à droite et à gauche, une grimace coupable sur son visage. La tapineuse se relève, remet ses chaussures tout en crachant dans un mouchoir, remonte l'allée centrale vers la sortie, passant la queue de spectateurs qui se forme déjà devant une petite fenêtre à côté de l'entrée. Des senteurs de saucisses, frites, pizzas, quiches macrobiotiques et café fraîchement moulu se répandent dans la salle. Certains se retournent et s'accoudent au dossier de leur siège pour parler avec ceux du rang derrière, partager leurs avis sur les films en particulier et Warhol en général. En toile de fond de ces scènes de vie, une ambiance Art déco gentiment désuète, couverte d'une poussière remontant au début du siècle.

Débute la deuxième partie de cette nuit cinématographique : deux films d'horreur, ceux pour lesquels Irene et moi sommes venus – nous sommes particulièrement fans des productions de la Hammer, avec Peter Cushing et Christopher Lee.

Le générique du *Sang pour Dracula* démarre, l'atmosphère s'alourdit dans la salle. La bande-son est splendide, le scénario parsemé d'humour. Udo Kier crève l'écran en comte maléfique et malade en quête de sang de vierges pour survivre ; les scènes de violence et de sexe donnent rapidement le ton du film et le pourquoi de son classement X… Après la projection, nouvel entracte, nouvelle queue devant le kiosque. Les haut-parleurs de la salle annoncent que le prochain film sera projeté en 3D et débutera dans cinq minutes. Retour sur les sièges. On se munit des lunettes en carton distribuées à l'entrée du cinéma, un filtre rouge, un filtre vert ; autour de nous, tout le monde a la même tête. *Chair pour Frankenstein* démarre, on retrouve, dans les rôles principaux, trois des acteurs du film précédent. J'allume un joint, tire une taffe et le passe à Irene. Le nuage de fumée qui s'invite, au-dessus de nos têtes, dans le faisceau du projecteur, semble donner plus de réalisme encore à l'effet 3D. Sexe, gore et répliques loufoques mélangées tirent des « oh » de peur et des rires hystériques. Au climax du film, le baron Frankenstein, fou de rage devant le corps de sa sœur morte, ordonne à son monstre de tuer Nicholas, campé par Joe Dalessandro. Celui-ci refuse et se retourne contre son créateur qui perd une main, coupée net par une porte de fer, des gerbes de sang aspergent le laboratoire. Il meurt transpercé par le monstre, son foie empalé sur la gaffe vient dégouliner au-dessus de nos têtes, arrachant à notre assemblée des cris horrifiés et des ricanements nerveux.

On sort du cinéma vers 7 ou 8 heures du matin et rentrons chez Irene. Le Fridge garé près de Gunter Grove, on remonte lorsqu'on aperçoit un drôle de sac à patates enlaçant un réverbère, la tête endormie dans un angle improbable contre cet oreiller en fer, les jambes largement écartées sur le trottoir. Irene s'accroupit, essaie de le réveiller en lui tapotant les joues et s'exclame :

— Mais c'est Iggy Pop ! C'est bien toi, non ?

Les yeux toujours fermés, sans bouger, il murmure, dans un accent américain :

— Oui, mais je préfère qu'on m'appelle Jim...

— D'accord, sans problème. Mais qu'est-ce que tu fous là, Jim ?

— Bah j'ai saisi ce poteau pour me stabiliser et après, mes jambes se sont écroulées. J'ai glissé...

— Mais pourquoi ici ?

— Mon manager est quelque part dans le coin.

— C'est MainMan, non ?

— Oui, oui, c'est ça. Vous pouvez m'y amener ? Ne vous inquiétez pas pour moi, ça va aller. Ils vont s'occuper de moi...

On prend chacun l'un de ses bras sur une épaule et on l'embarque, ses pieds touchent à peine par terre au bout de ses jambes molles, il n'est pas bien grand, cet iguane. Les bureaux de MainMan, la boîte de Tony Defries, ne sont pas loin : le manager de David Bowie a investi une ancienne chapelle, au croisement de Gunter Grove et de Fulham Road. Mais à cette heure-là, c'est fermé. Alors pour patienter, on s'assoit sur les marches devant la grille, notre colis affalé entre nous, jusqu'à l'ouverture.

Nous retournerons souvent ensemble au cinéma, Irene et moi. En vrais fans du genre, nous avons vu *Orange mécanique* au moins trois fois ensemble. Et comme dans le film, nous avons nos propres phrases-clefs, comme le surnom « Droog » qu'on utilise pour se saluer ou désigner un pote. Notre rituel le plus personnel vient d'un autre film. Dans une scène de *Butch Cassidy et le Kid*, les deux héros se préparent à sauter d'une falaise pour échapper aux détectives à leurs trousses. Paul Newman demande alors à Robert Redford, qui préférerait les affronter :

— Tu veux mourir ?

— Et toi ?

Et de montrer la rivière, des dizaines de mètres en contrebas.

Aussi, quand Irene et moi nous apprêtons à faire quelque chose de dangereux, nous nous regardons dans les yeux avec malice et nous demandons, ensemble :

— Veux-tu vivre pour toujours ?
— Je ne veux pas vivre éternellement[1].

Lemmy nous a souvent entendus ; notre devise est désormais passée à la postérité, gravée au cœur des paroles d'« Ace of Spades ».

1. *I don't want to live forever.*

L'ordonnance, fin mars 1975

Une fois de plus, je rejoins Lemmy au *Henekeys*. Je gare le Fridge, traverse la rue bondée ; il est déjà là, fidèle au poste devant la machine à sous.

— Ça va, Lem ?

Il tourne la tête, me regarde avec un sourire, la Marlboro coincée où il lui manque l'incisive, remet une pièce dans la machine infernale.

— Ouais Lou, et toi ?

— Bien ; tu prends une bière ?

— Merci, Special Brew.

Et il abaisse le bras du bandit manchot alors que je me dirige vers le comptoir. Les habitués me saluent de la main ou d'un hochement de tête ; un « C'est pour moi » s'élève derrière tandis que je commande les deux bières. Amusant de voir comme l'attitude des gens à mon égard a changé depuis que je traîne avec « Mr Silver Machine ».

On trinque ; Lemmy m'annonce :

— J'ai vu Doug au bureau tout à l'heure ; la tournée est repoussée au 29 avril. L'ambassade américaine n'a pas encore fourni le visa de Dave.

De l'autre côté du pub, deux femmes s'engueulent.

— Tu es libre cet aprèm, Lou ?

— Oui pourquoi ?

— J'ai un rendez-vous chez le toubib à 16 heures...

— T'es malade ?

Il rigole en tirant sur le bras, les fruits se mettent à tourner.

— Non, ça va très bien. Et avec un clin d'œil complice : Tu vas voir...

Une rangée de pastèques apparaît ; une pause ; la machine crache une petite cascade de pièces qui tombent sur le plateau dans un joyeux bruit métallique... Lemmy les ramasse, m'en donne une poignée.

— Tu nous prends deux autres bouteilles ? Après ça, faudrait y aller.

Lorsque je reviens, il jette un regard furtif autour de lui, me fait signe de m'approcher. Il plante le tube de cuivre qu'il porte toujours en pendentif autour du cou dans un sachet de poudre, me le passe ; je sniffe des deux narines, retrouve la brûlure glacée, désormais familière, et le flash dans mon cerveau. Lemmy fait de même avant de prendre une grande gorgée de Special Brew.

Welcome to My Nightmare, d'Alice Cooper, à fond dans le Fridge, on passe le canal, laissant le bâtiment en brique du métro Westbourne Park derrière nous. Le bus n° 28, juste devant, nous force à ralentir l'allure ; au pas, nous croisons Simon King et Alan Powell en pleine discussion avec des filles devant les bureaux de Doug.

— Tiens, tiens nos deux jumeaux de l'empire des percussions...

Après le feu, je vire à droite dans Harrow Road pour rejoindre Marylebone Road, l'un des grands axes ouest-est de Londres. On croise Baker Street, où Sherlock Holmes n'a jamais pratiqué, et passons devant Madame Tussauds. Je retire la cartouche huit pistes du lecteur alors qu'on s'immobilise dans la file de droite, derrière une Rolls-Royce Silver Cloud grise. À sa suite, le Fridge fait son entrée dans Harley Street, de longue date le lieu d'exercice des médecins les plus cotés – et les plus riches – du Royaume-Uni. Nous passons devant le Queens' College, institution pour filles célèbre dans ma mémoire car j'y avais, plus jeune, une petite amie. En 1971, Caroline était fière d'avoir un copain aux cheveux longs et sans uniforme, deux caractéristiques incompatibles avec les instituts pour garçons que fréquentaient ses autres amis. De mon côté, déboutonner son uniforme était un plaisir supplémentaire.

Les numéros de la rue continuent de décroître ; une très grosse plaque, installée sur une façade au-dessus de la boîte aux lettres, annonce fièrement notre terminus. Nous montons les trois marches ; derrière nous, le Fridge fait tache dans cette rue de limousines aux chauffeurs en attente. La porte, bleu royal, est surmontée d'un vitrail en demi-cercle jaune, ambre et vert ; au centre, à force de lustrages, la poignée, en laiton, nous renvoie notre image. Lemmy sonne.

— Fais comme moi ; et surtout, souris pas.

Tout sourire, une réceptionniste en blouse blanche nous accueille chaleureusement, indiquant la salle d'attente. Y patiente une clientèle assise sur son balai, qui nous toise dédaigneusement avant de nous ignorer tout à fait.

Lemmy chuchote :

— Tu te souviens, tu ne rigoles pas hein ?

— C'est bon, je te suis...

L'effet des amphètes s'estompe, la descente s'annonce et je vois poindre le coup de barre à l'horizon. La réceptionniste vient nous chercher au pas militaire ; nous lui emboîtons le pas, traînant les pieds jusqu'au cabinet. Un grand type, costard rayé, chemise blanche à col cassé et nœud papillon derrière son bureau grandiose, se lève et nous indique deux chaises. Lemmy s'y affale, dos rond et épaules tombantes ; je l'imite. Derrière nous, la porte se referme doucement.

Le bon docteur, dans l'anglais le plus académique et le plus courtois qui soit, nous demande alors la raison de notre venue.

Lemmy murmure sa réponse d'un air épuisé :

— Je ne sais pas ce qui m'arrive : j'arrive à peine à me réveiller et à me lever le matin. Je n'ai aucune énergie.

Je fais écho avec un « moi non plus » du même ton déprimé...

Lemmy continue :

— Nous avons une longue série de concerts à tenir et nous n'y arriverons jamais sans quelque chose pour nous remonter.

De manière mécanique et lapidaire, notre interlocuteur nous soumet à l'interrogatoire classique, auquel nous répondons dans un unisson misérable :

— Pas de problèmes de cœur ?

— Non, non...

— Pas de problèmes de reins ?

— Non, non...

— Des problèmes de respiration ?

— Non tout va bien de ce côté-là aussi...

Pour éviter le regard clinique du médecin, je m'attache à scruter sans enthousiasme les portraits anciens qui ornent les murs du cabinet, sans doute ceux de ses devanciers. La descente, bien entamée, nourrit mon jeu d'acteur. Je recouvre l'odorat d'un coup ; les effluves d'alcool à 90° me sautent immédiatement aux narines. Mes pensées divaguent... lorsque je lève les yeux, notre hôte termine de rédiger deux longues ordonnances, qu'il nous passe.

— Voyez avec mon assistante pour le règlement. Et bonne chance pour vos... concerts.

Un brin de malice semble traverser sa figure pâle de gentleman ; on ne s'attarde pas. La consultation payée, en cash, nous remontons dans le Fridge. Un grand sourire d'écolier triomphe sur le visage de Lemmy.

— Prochain arrêt, la pharmacie *Boots*, dans Queensway !

J'enfonce une nouvelle cartouche dans le lecteur, monte le son à fond, Lemmy ouvre sa fenêtre, allume deux Marlboro, m'en passe une. « No More Mr. Nice Guy » fait sursauter les bourgeois dans les rues, nous attirant des regards noirs.

— T'étais parfait, Lou. Lui, c'est comme le « Docteur Robert », des Beatles, sur l'album *Revolver* : un des toubibs qui fournissent les stars...

On sort de la pharmacie, tourne dans Porchester Gardens, direction chez moi. Dans le salon, Lemmy ouvre les deux sacs en papier, en sort une petite série de bouteilles de verre couleur ambre et les aligne sur la grande table. Méthodiquement, cérémonieusement, il les ouvre l'une après l'autre, sort de chacune un cachet qu'il pose à côté. Et c'est d'un ton de prof d'université qu'il se fait un devoir de tous me les présenter, détaillant doctement l'assortiment de bonbons multicolores chargés au speed pharmaceutique.

— Ces minuscules cachets violets : Dexamyl. Prescrits à l'origine pour lutter contre l'anxiété et la dépression. Bon, c'est assez léger...

— Notre médecin de famille en a prescrit à mon père. Je lui en piquais de temps en temps mais ça ne me faisait pas grand-chose.

— Oui, il faut en prendre une poignée.

Rires.

— Les petits cachets jaunes, c'est du Dexedrine, ou *yellow dex.* Là, on arrive à quelque chose de plus intéressant. Les verts et transparents, c'est du Drinamyl, un médicament contre l'obésité et un anxiolytique et antidépresseur. Ces beautés noires, parmi mes préférées, c'est du Durophet, un mélange d'amphétamine et de dextroamphétamine. C'est la même chose dans les gélules noir et blanc, mais le dosage est moins fort. Bon, ça devrait nous suffire pour tenir jusqu'à mon départ.

Je vais chercher deux bières dans le frigo de la cuisine et on avale chacun une gélule noire.

— Tu vas voir Lou, le speed pharmaceutique, ça n'a rien à voir avec les amphètes coupées dont t'as l'habitude...

En effet : des montées, oui, mais plus claires et lucides dans ma tête. De toute évidence du speed de première classe. De l'énergie à la pelle et des descentes beaucoup plus calmes, plus douces, moins de paranoïa... La semaine de trip passe à une vitesse vertigineuse, de bar en pub en club en appartement de copines. À chaque fois que nous entamons une descente, une des petites bouteilles sort de la poche de sa veste, accompagnée d'une bière. Heureusement que Tom, le patron du *Henekeys,* nous file à manger ; de mon côté, j'essaie de m'astreindre à préparer un petit déjeuner tous les matins. Lemmy, lui, ne pose pas son appareil photo de la semaine, il mitraille tout ce qui bouge. On retourne donc faire un tour chez *Boots,* mais cette fois-ci pour récupérer les tirages des pellicules[1] déposées plus tôt. On se plonge ensemble dans la série de photos, témoignages de nos journées et nuits récentes qu'il range dans une boîte à biscuits en fer chez lui. Mon père y figure, hilare à une blague de Lemmy sur le canapé de la maison, entre des images de copines joyeuses et sérieuses, des habitués du *Henekeys* en pleine discussion avec Tom, des gens à *Kensington Market* : une mannequin shootée

1. À l'époque, *Boots* développait et tirait les pellicules. La pharmacie a ouvert son premier labo photo en 1954.

aux *mandies*, que Lemmy avait rattrapée *in extremis* avant qu'elle tombe dans les escaliers, Dave et Blase, deux copains du lycée français[1], derrière leur stand, moi avec des yeux rouges bizarroïdes... Et de nouveau on sort, de bar en pub en club... nuit après nuit, surpuissantes, drôles et obsessionnelles.

On revient chez moi une énième fois au petit matin, j'ai perdu le compte. Ça fait peut-être trois jours qu'on n'a pas dormi. Malgré la qualité du speed, tout ce que j'ai ingurgité commence sérieusement à faire des ravages. Je n'en peux plus, une descente sévère s'annonce, à la verticale ; lampadaires, phares, la moindre lumière m'éblouit, ma tête tourne, il est urgent que je dorme. J'ai un goût de fer dans la bouche : pour rester éveillé et concentré sur la route, du mieux que je peux du moins, je me mords l'intérieur des joues jusqu'au sang. On tourne dans les rues autour de Porchester Gardens à la recherche d'un endroit où abandonner le Fridge. Une place, vite ; les minutes s'allongent en heures à la recherche de cette putain de place. À l'autre bout de Kensington Gardens Square, quelqu'un vient de se barrer. Soulagé, j'accélère à fond, et pile net pour éviter la voiture qui vient d'apparaître, en train de manœuvrer pour se garer. Une bordée de jurons explose dans l'habitacle du Fridge, la chasse reprend, à bout de nerfs. Le salut apparaît enfin, à cent mètres de la maison. Un dernier effort surhumain pour bloquer la fente du parcmètre avec l'anneau d'une canette, ouvrir la porte, me hisser jusqu'au dernier étage, pousser la porte de ma chambre, m'écrouler le dos sur mon lit, indiquer à Lemmy de prendre la chambre d'amis, de l'autre côté de l'escalier. Je ferme les yeux mais la dope joue contre moi, lutte contre mon sommeil. Le cœur dans les oreilles, j'entends le battement ralentir, me sens tomber sans fin comme le corps d'un marin mort, jeté d'un bateau de pirates dans un océan noir et sans fond.

J'entends des cris, on me secoue violemment. Incapable de bouger, en plein coma, je suis trempé de sueur, l'air est suffocant.

— Lou, Lou, réveille-toi, lève-toi Lou, il y a le feu !

Une décharge d'adrénaline me traverse, je parviens à me frotter les yeux, ils brûlent, les ouvre ; une lumière orange danse sur le plafond, devant moi, il y a de la fumée. Je tourne la tête ; des flammes lèchent les draps du lit, à ma gauche. D'un bond, je tombe au pied du lit, sous lequel quelque chose brûle. Lemmy m'aide à le

---

1. Dave Schaefer est le guitariste de Koufrey, mon groupe vers la fin du lycée, et un ami de ma sœur. Nous jouons encore régulièrement ensemble, durant le festival Local & Live de Tunbridge Wells. Blase Morgan, un descendant du pirate Captain Morgan, travaille avec lui à *Kensington Market*, et au *Speakeasy* : c'est lui qui m'a permis d'avoir ma carte de membre et d'y entrer avant l'âge légal.

renverser : le matelas est en train de cramer. Je dégringole les trois étages d'escalier jusqu'à la cuisine en hurlant à Lemmy d'ouvrir les fenêtres, ouvre la porte du placard de l'évier, saisis le seau et balance le contenu d'éponges, de brosses et de serpillières par terre. J'embarque aussi une grande casserole et remonte quatre à quatre jusqu'à la salle de bains du dernier étage. Mes poumons sifflent, mon asthme se rappelle à moi. Mes gamelles pleines, je cours dans la chambre, éclaboussant le couloir, et balance toute l'eau sur les flammes, qui ont pris de l'ampleur. Aucun effet. Pendant ce qui semble des heures, Lemmy et moi on se relaie, avec seau et casserole, courant de la salle de bains à la chambre pour finir par enfin éteindre les flammes.

— Mais qu'est-ce qui s'est passé Lem ?

— J'arrivais pas à dormir alors j'ai fouillé sous ton lit, pensant trouver des magazines pornos. Mais comme je voyais rien, et pour pas te réveiller, j'ai allumé mon Zippo et vrooup, le matelas a pris feu.

Ce lit, c'est celui que mes parents avaient acheté d'occasion en 1947, celui de leur mariage, et sans doute aussi celui sur lequel j'ai été conçu. Celui sur lequel j'ai fait l'amour avec Bridget. Lorsque nous avons emménagé à Porchester Gardens, ils me l'ont donné. Le matelas, comme la plupart de ses homologues de l'époque, est rempli de crins de cheval, retenus par une toile de jute… Une combinaison franchement inflammable. J'en suis là de mes pensées quand mon père apparaît dans l'encadrement de la porte, complètement assommé sous l'effet d'un somnifère. Je n'avais même pas imaginé qu'il puisse être là, il couche rarement à la maison.

— Il y a un problème ?

— Non, non, tout est sous contrôle. Tu peux aller te recoucher.

Il lève une paupière endormie vers Lemmy, qui le rassure à son tour, puis disparaît dans l'escalier. Crevé par tant d'efforts, Lemmy s'effondre dans la chambre d'amis. Le lendemain, il me file une liste des concerts prévus, la tournée américaine d'Hawkwind est pour bientôt. Moi, je dors vingt-quatre heures d'affilée.

Heathrow, mai 1975

Le 6 mai 1975 : les chevelus en habits multicolores d'Hawkwind arrivent, dans des états variables et approximatifs, à l'aéroport d'Heathrow, pour les huit heures de vol jusqu'à Chicago. Trois véhicules les attendent à l'aéroport O'Hara. Ils font salle pleine au Arie Crown Theater le 7 mai. Hawkwind distille son space rock devant une foule acquise à la cause, qui leur offre une ovation délirante… avant de voir ses espoirs de rappel déçus. Le claviériste Michael Quatro, frère de Suzi « Can the Can » en première partie, a dépassé le temps qui lui avait été alloué, Hawkwind ne ressort pas des loges. Comme dans beaucoup de salles américaines, il y a un couvre-feu à l'Arie Crown Theater : la moindre minute de dépassement de l'horaire peut coûter cher à l'organisateur, qui risque sa chemise… et sa licence. Le concert prévu à Hammond le 9 étant reporté au 25 – après l'affaire du matos confisqué, en 1974, ce patelin de l'Illinois semble avoir une dent contre Hawkwind –, le groupe reste à Chicago pour faire la fête. Le 9 mai, ils prennent la route pour Detroit, puis ce sera Toronto… Mais le 13 mai, le bureau de Doug m'appelle pour me demander de me rendre à Heathrow le lendemain. Lemmy y débarque par l'un des premiers vols.

Je me mets en route après une courte nuit. Je la connais par cœur : je vais souvent prendre le petit déjeuner à Heathrow, au petit matin après une nuit de bringue, entre amis. En 1969, j'y avais vu Led Zeppelin revenir en superstars de leur première tournée américaine. Stetson gris vissé sur la tête, sac de duty free rempli, une valise et l'étui de basse dans les mains, Lemmy secoue ses longs cheveux bruns lorsqu'il me voit, de l'autre côté de la douane. Les traits tirés, livide, il est d'une humeur massacrante ; je lui demande ce qui se passe, silence de mort en réponse. Sans un mot, on charge son barda à l'arrière du Fridge et on s'engage sur l'autoroute pour Londres en pleine heure de pointe. À gauche, à droite, devant, derrière, des banlieusards en route pour leur journée de labeur… on roule lentement ; une fois de plus, malgré l'allure commune, nous sommes en décalage complet avec la société. Au bout de plusieurs minutes à ne rien se dire, je tente à nouveau :

— Mais bordel, Lem : raconte !

— Qu'est-ce qu'il t'a dit, Doug ?

— Rien du tout. Il m'a juste demandé de venir te chercher.

Ça ralentit encore devant nous, pare-chocs contre pare-chocs. Encore un long silence de plomb avant que, finalement, il s'ouvre un peu :

— La tournée commençait à fond : première date, salle pleine, un show impeccable devant un public déchaîné. On reste un peu à Chicago, on fait la fête… Le 10, Doug nous rejoint, tout le monde embarque dans les vans direction Detroit. On s'arrête à mi-chemin pour becter un morceau ; à la fin du repas, ils ont dû se rendre compte que j'étais plus là. Ils m'ont peut-être cherché du côté des machines à sous, mais vu que j'y étais pas non plus, ces salopards ont repris la route sans moi. Les connaissant, ils se sont sûrement dit que j'arriverais à me démerder pour les rejoindre, ou que quelqu'un de l'équipe pourrait me remplacer à la basse.

— Mais c'est dégueulasse de te laisser en plan comme ça, dans un relais routier !

— Mais moi, une fois que j'arrive à Detroit, Doug débaroule dans ma chambre, me demande ce que j'ai foutu… Comme je pionçais, je lui dis d'aller se faire foutre.

— Mais t'étais où, Lem ? Comment t'as fait pour aller à Detroit ?

Après encore une longue pause, visiblement mal à l'aise, Lem reprend :

— Au relais, je suis tombé sur une jolie nana qui m'a proposé une ligne… Moi, tu me connais, Lou, je suis toujours partant. La seule chose dont je me souviens, c'est d'un grand coup derrière la tête, et d'un méchant mal de crâne quand je reviens à moi. J'ai encore toutes mes bagues, j'ai pas été fouillé ; j'imagine que ces salopards ont été dérangés. La seule chose qu'ils m'ont volée, c'est un de mes Instamatic à quatre balles. Tu te rends compte Lou ? Ils auraient pu tout me prendre : ma veste en daim, mes bottes, mon speed… J'aurais pu me retrouver en slip, et les autres s'étaient barrés. Bref, un routier a bien voulu m'emmener à Detroit. Le soir, personne ne me parle de l'incident, on joue à guichets fermés et on réussit à faire décoller le public.

— Bon, t'as eu chaud mais c'est reparti.

Lemmy soupire, s'enfonce dans son siège.

— Bin, pas vraiment. Le lendemain, on prend le petit déj dans un café en face de l'hôtel. Doug rentre à Londres, nous on prend la route pour Toronto vers midi.

Pause pour allumer deux Marlboro, il m'en passe une.

— Moi devant, Brock au volant, je m'endors aussi sec. On me secoue ; je reconnais direct la longue courbe qui mène au tunnel sous Detroit River. À l'autre bout, c'est Windsor et la douane canadienne. Le moral dans les chaussettes, je vois défiler les murs à carreaux blancs, le plafond noir. On me demande si j'ai un truc sur moi, je réponds que non…

Il continue mais, le connaissant, j'imagine déjà la suite.

— J'arrive pas à comprendre pourquoi ils n'ont pas pris par le poste-frontière de Niagara Falls. Tout le monde sait que le passage Detroit-Windsor est plus sévère, qu'ils fouillent tout le monde à la recherche de drogues.

— Même moi j'en ai entendu parler, c'est dire.

— Alors on sort du tunnel, on arrive à la frontière, les barrières se referment devant et derrière nous. Les flics nous font descendre, vu la bande, t'imagines, retournent la caisse ; d'autres nous embarquent dans le bâtiment pour la fouille… et ils découvrent le sachet de Beecham's Powders[1] que j'ai dans le slip. J'avais remplacé le médoc par un gramme d'amphètes.

— Oh merde Lem, non…

— Bon évidemment, ils croient pas une seconde à mon subterfuge, mettent un peu de poudre dans un tube, un peu de liquide, qui vire instantanément de couleur. Le flic me dit : « C'est de la cocaïne, mon pote. » Moi, je réponds : « Hm, je ne pense pas, non. » Il réplique : « Tu peux dire au revoir à tes petits copains, tu ne vas pas les revoir avant un moment. » Deux minutes plus tard, certains de ma culpabilité, ils me coffrent pour la nuit, pendant les analyses. Je me retrouve avec les menottes dans le dos, les autres me crient qu'ils contactent Doug pour me trouver un avocat et reprennent la route. On me prend en photo, de face, de profil, mes empreintes et je me retrouve en taule. C'est pas des rigolos, les *mounties*[2].

— … malgré l'uniforme rouge et le chapeau de scout.

— Tu te rends compte ? Ils m'ont menotté à un barreau de la cellule, comme si j'allais réussir à sortir de là tout seul. Je ne sentais plus ma main. Je ne faisais pas le fier, Lou, je peux te le dire. J'ai été vraiment con.

— Comment tu t'en es sorti, Lem ?

Il commence à pleuvoir, je mets les essuie-glaces en marche. Lemmy fronce les sourcils, tourne la tête vers la grisaille londonienne, de l'autre côté de la vitre.

— Le lendemain, après une nuit blanche, un des matons vient me dire que j'ai un avocat qui me représentera devant le juge. On m'emmène pour la désinfection ; j'attends avec d'autres d'être aspergé de leur liquide infect contre les poux. D'un coup, j'entends : « Tu peux partir. » Un miracle. Comme je leur avais dit, les analyses de ma poudre sont revenues négatives : les amphètes, au Canada, c'est pas illégal. Tu crois ça Lou ? Affaire classée au motif d'une arrestation injustifiée !

---

1. Un médicament contre la toux.

2. Surnom de la police montée canadienne.

Un grand sourire de triomphe illumine son visage, juste un instant avant qu'il s'assombrisse à nouveau.

— Quand l'avocat s'amène, il me trouve assis, tranquillement en train de griller une clope sur un banc devant le poste. On me laisse passer un coup de fil rapide, j'arrive à joindre Nik Turner à l'hôtel. Je lui dis que c'est bon, qu'on m'a libéré, que je suis en route pour le concert. J'arrive au Massey Hall juste à temps pour les balances. Tout se passe normalement, comme si de rien n'était. On monte sur scène, le concert est grandiose ; moi je mets les bouchées doubles, soulagé d'être libre, sur scène ; un rappel, on sort... et les autres se réunissent dans une des loges, me laissant poireauter tout seul. Simon et Nik ressortent – il paraît qu'ils ont tiré à la courte paille – et me balancent que je suis viré. Sur-le-champ. Mon billet est réservé sur le vol retour du lendemain.

— Les salopards ! Attends Lem, c'est pas toi qui avais fait entrer Simon dans Hawkwind ?

— Si. Je croyais que c'étaient des amis... Voilà comment les gens retournent leurs vestes.

— Quelles pourritures, j'en reviens pas.

— J'ai appelé Doug ce matin, dès que je suis sorti de l'avion. Dave Brock l'avait appelé la veille pour lui demander si Blackie[1], le guitariste des Pink Fairies, était disponible pour me remplacer. Doug lui a répondu que j'avais été libéré mais, apparemment, Dave a quand même insisté pour que Blackie prenne le premier avion. Tout ça dans mon dos.

Ça se dégage un peu devant nous ; un lourd silence retombe dans le Fridge alors qu'on entre dans Londres, le toit du Hammersmith Odeon se dessine à droite.

— Où veux-tu que je t'emmène, Lem ?

— Dépose-moi chez Irene, j'ai besoin de dormir.

On arrive à Gunter Grove ; je l'aide avec sa basse et son sac de duty free, des bouteilles, pendant qu'il porte sa valise. Lemmy sonne à la porte, il a perdu ses clefs, et la tête d'Irene apparaît au dernier étage.

— Mais t'es pas en Amérique toi ? Qu'est-ce que tu fous là ? T'étais pas censé revenir avant deux semaines...

Et lui jette les clefs. Il entre en claquant la porte.

●●●

Le vendredi, Lemmy m'appelle pour que je le retrouve au bureau de Doug : il va chercher son salaire.

— T'as envie de faire quoi Lem ?

---

1. Paul Rudolph.

— Allons à Gunter Grove...

Je le ramène au bercail ; Irene est partie, je suppose qu'elle ne supportait plus son humeur exécrable, entre rage et tristesse, blessure et colère. Les bouteilles du duty free sont éparpillées sur la moquette grise, vides. Il a dû se les descendre en arrivant. Je m'assois sur une chaise ; Lemmy, tournant autour, se met en devoir de saccager tout ce qui lui passe sous la main. Il hurle au complot, à la trahison, qu'il n'a plus d'amis dans le groupe depuis que Dik-Mik est parti. Une véritable tempête. Même s'il est capable d'être très virulent, surtout envers ce qu'il déteste – la religion, l'héroïne, les flics, les menteurs, les faux derches, les hippies hypocrites, les racistes, le glam-rock... –, je ne l'ai jamais connu dans un tel état. Il ne veut plus voir *personne*, et ça continue pendant des jours et des nuits. La tournade laisse un navire de guerre échoué, les voiles déchirées, les mâts brisés... J'essaie bien de lui remonter le moral, tente l'humour, lui fais écouter nos sketchs préférés des Monty Python sur le lecteur cassette, en vain. Dans l'appartement de Gunter Grove, le speed n'est plus la seule chose qui finit par me monter à la tête... Son pessimisme commence sérieusement à me peser. Dans ses phrases les plus sombres, il se plaint de ne savoir rien faire d'autre, se lamente que tout est fini, qu'il ne trouvera jamais un autre groupe.

— Qui voudrait de moi, après que ces bâtards au cœur noir m'ont viré ? Et juste parce que je ne prends pas les mêmes drogues qu'eux. Qui va chanter « Silver Machine » ? Personne n'a réussi à part moi. Il faut qu'ils me reprennent. Je suis sûr qu'ils vont me reprendre...

Quelques jours passent encore sans que rien ne change, et un jour, il disparaît. Je suppose qu'entendre mon opinion, différente de la sienne, le gonflait et qu'il en a eu marre. Je m'inquiète quand même, il était franchement déprimé. Deux jours plus tard, il m'appelle et me donne rendez-vous au *Carlton Bridge* en début d'après-midi. Il a l'air triomphal, un sourire mauvais au coin des lèvres.

— T'as l'air d'aller mieux, Lem...

— Je me suis tapé deux de leurs copines.

— C'est pas vrai...

Mais en même temps, ça ne m'étonnerait qu'à moitié. Il est capable d'être charmeur, drôle... mais aussi convaincant et persuasif, épuisant les gens par sa persévérance.

— Je me suis vengé de ces bâtards d'Hawkwind.

On rigole, moi jaune. Sa manœuvre me met mal à l'aise ; c'est un coup dans le dos, ils sont encore en tournée, et puis se servir d'une personne pour se venger d'une autre… En tout cas, j'ai des doutes sur son histoire mais, au moins il se sent mieux.

— En revanche, Blackie qui me remplace à la basse, je l'ai encore en travers de la gorge.

Retour au Fridge ; on se balade, nous passons chez un dealer, stoppons pour un verre au *Henekeys*. Mais Lemmy n'a pas envie de répondre aux questions, on repart rapidement, direction *Kensington Market*… même problème. Partout où l'on va, des curieux veulent savoir ce qui s'est passé, ce qu'il va faire… Alors qu'on remonte Church Street en direction de Notting Hill, je lui parle d'une idée qui me trotte dans la tête depuis un moment.

— Écoute Lem, avec ton passif dans les Vickers et Hawkwind, t'avais déjà pas mal de fans. Depuis « Silver Machine », c'est encore mieux.

— Et alors ?

— Moi je fais de la batterie depuis que j'ai 9 ans, j'ai joué dans cinq groupes pros, OK pas très connus c'est vrai. Mais du studio et des concerts, j'en ai fait. Trouvons un guitariste ou deux… Montons un groupe, le tien – ton groupe. Ton pote Phil Lynott l'a fait avec Thin Lizzy, pourquoi pas toi ?

— Va te faire foutre.

Ce n'est pas dit méchamment, mais suffisamment spontané pour que j'en sois sûr : l'idée d'avoir son propre groupe ne lui a jamais traversé l'esprit. Il était bien dans Hawkwind, il y serait encore s'il n'avait pas été viré… Le succès de « Silver Machine » lui a donné le beau rôle et a braqué les projecteurs sur lui. Il était la star, la cible des filles et le sujet des interviews dans la presse sans avoir à supporter la responsabilité de mener la troupe… Il avait qu'à se pointer aux concerts et jouer.

— Je suis musicien, c'est ma vie, je ne veux pas faire autre chose et de toute façon, je n'ai jamais rien su faire d'autre. Mais être le chanteur et le leader d'un groupe, c'est une autre paire de manches. Dans Hawkwind, je chantais lead seulement sur « Silver Machine », « The Watcher », « Lost Johnny » et « Motorhead ». Faire plus, ça ne m'a jamais intéressé.

— Tu m'as raconté les problèmes internes à Hawkwind ; je comprends que tu sois réticent à gérer ton propre groupe mais…

— Tu sais, les musiciens célèbres n'ont jamais pris Hawkwind au sérieux.

À chaque fois qu'il prononce le nom de son ancien groupe, sa bouche se tord dans un petit rictus de haine.

— Tous ces grands groupes nous considèrent comme des rock-hippies de l'espace complètement défoncés. Quelque part, ils n'ont pas tout à fait tort. Eux, ils drainent des foules énormes, vendent leurs albums comme des petits pains, ont des fonds quasi illimités pour enregistrer, tourner dans le monde entier, faire la fête...

— Oui, c'est différent pour Hawkwind.

— Tu sais, dans le business, certains se font un plaisir de dire que je me suis fait virer parce que j'ai été chopé à essayer de passer la frontière avec des amphètes ; et pas que je suis parti pour « divergences musicales », comme ça a été annoncé à la presse. Après ça, qui voudrait miser sur moi ?

— Bon d'accord, le monde du rock, c'est tout petit. Mais imagine : *ton* groupe, toi et moi, ça ressemblerait à quoi ?

— Que ça soit clair, Lou, je n'ai pas envie de monter mon groupe.

— Je sais, je sais.

— Hawkwind a une image de rebelles antiestablishment ; ils font peur aux maisons de disques et à la société. C'est aussi pour ça que j'ai envie d'y retourner... Et qui va chanter « Silver Machine » ?

Le voilà qui repart en boucle.

— OK. Mais s'ils ne veulent pas que tu reviennes ?

Lemmy esquive la question : il faut qu'on passe par la pharmacie *Boots*, dans Queensway, il a encore une pellicule à faire développer. De retour chez moi, dans ma chambre rouge de Porchester Gardens, j'attaque à nouveau :

— Alors ? Si on faisait un groupe tous les deux, ça ressemblerait à quoi pour toi ?

Un tantinet agacé par mon insistance, il me dit :

— Tu lâches pas le morceau, toi. Dans cette *éventualité*, et je dis bien *si*, parce que ça ne m'intéresse toujours pas, le son qui me plairait ? Il faudrait que ce soit rapide, rocailleux, plein de riffs...

Nous voilà revenus sur la même longueur d'onde.

— Comme ce qu'on écoute...

— Ouais, le live des MC5, *Kick Out the Jams.* Nerveux et sale, des mélodies rentre-dedans... et dangereuses.

Je m'emballe :

— Et *Back in the USA*... Ou « Jenny Take a Ride », de Mitch Ryder et ses Detroit Wheels. Tiens, Lem, encore un groupe de Detroit, Motor City, comme les MC5, les Motor City 5...

— Ouais... et « The Rumble », de Link Wray.

— Grandiose, le son du riff. Distorsion *et* trémolo, c'est du lourd.

— Sortie en 1958, qui plus est...

— « Sabre Dance », de Dave Edmunds.

— La vitesse de son jeu, et ce son, quelle tuerie Lou... Les guitares déchirantes et la voix de Lennon sur « Revolution ».

— Et « Helter Skelter », Lem.

— Oui, là c'est Paul qui chante. Comme sur « Kansas City », à leurs débuts à Hambourg.

Je mets « Boris the Spider », des Who, sur ma platine et monte le son. La pièce se remplit de l'attaque ronde et puissante de John Entwistle.

Lemmy s'extasie devant le son de la basse, ses lignes mélodiques.

— T'entends ça, Lou ?

— Ma sœur et moi on a acheté *A Quick One* à sa sortie. Quand je suis tombé sur « Boris », la deuxième chanson de l'album…

Je mime, les yeux exorbités, les mains sur les tempes, ma tête qui explose.

— Boooooouuuum…

— Pareil.

— J'ai découvert « My Generation » à la MJC, je devais avoir 12 ans. Ça m'a retourné ; depuis, je ne vois plus la basse de la même façon. La batterie non plus, d'ailleurs. Keith Moon, un vrai avion à réaction.

— Les Who jouaient sur les mêmes scènes que nous, quand j'étais dans les Vickers.

— Pete Townshend ne vous avait pas filé une chanson ?

— Si, « It's Alright ». C'était juste avant que j'arrive dans le groupe. Les Vickers, les Who, quels groupes, quels showmen sérieux. Eux savaient exciter les foules, eux étaient dangereux sur scène.

Je me lève pour mettre « My Generation » sur la platine.

— C'est quand j'ai commencé à vouloir imiter Keith Moon à la batterie que les emmerdes avec les voisins ont débuté.

— Tu m'étonnes, Lou.

— Tu entends ça ? La basse lead derrière le chant dès le début de la chanson.

— Le bégaiement de Daltrey, la provoc antivieux…

On arrive à la partie où tout stoppe net : John Entwistle se lance seul, intercalant ses solos avec le groupe.

— Là, le dernier est un chef-d'œuvre.

— Dom didlidom didlidom didlidomdom.

Le style propre à Lemmy, un mélange des accords à la guitare à l'époque des Vickers et de la basse lead d'Entwistle, quand il entre dans Hawkwind. Maintenant, il veut arracher un son aussi gros que possible.

— Je vais changer les micros de ma Rickenbacker et faire trafiquer mon Marshall pour saturer plus et plus fort. Ou acheter un ampli supplémentaire.

Petit à petit, l'humeur de Lemmy s'améliore, nous arrivons à quelque chose. Une ligne plus tard, ressourcés, nous sautons dans le Fridge, direction chez Irene, qui a fini par revenir chez elle. Elle le pousse à son tour :

— T'as qu'un mot à la bouche depuis que tu es rentré, Lem : bâtard, bâtard, bâtard… T'as plus besoin de ces trous du cul. Monte ton groupe et appelle-le Bâtard !

Sans que je le sache, Doug attaque sur le même terrain que moi depuis le retour de Lem. Quand il vient toucher son salaire, Doug lui dit et redit qu'il faut faire une croix sur Hawkwind : malgré ses nombreuses tentatives de négociations, le groupe est catégorique. Qu'il voit dans ce malheur l'opportunité idéale de monter son propre groupe.

L'idée fait son chemin ; Lemmy finit même par se l'approprier, ce qui au fond est devenu la vérité : seuls les cons ne changent pas d'avis. Mais Doug refuse tout net Bastard. Arriver à faire accepter « Silver Machine » à *Top of the Pops* était déjà un exploit ; un groupe avec ce nom n'aurait ni passages télé ni programmation radio. Difficile de vendre des disques dans ces conditions…

Lemmy m'appelle et le mercredi 28 mai on se rejoint au *Carlton Bridge*. Il sort deux Marlboro de son paquet, les allume avec son Zippo, m'en passe une.

— J'ai vu Doug. On commence un groupe, toi et moi.

Une pause. À travers un nuage de fumée, sa voix rauque reprend :

— *We're called Motorhead and we're gonna play rock'n'roll.*

J'aspire une grande taffe.

— T'es sérieux Lem ? OK, génial. On y va alors.

Ça y est… Mon cerveau part à toute vitesse, notre conversation d'il y a quelques jours repasse en accéléré. Son passé dans les Vickers… Roadie d'Hendrix… Hawkwind… « Silver Machine »… Moi à la batterie depuis l'âge de 9 ans… Cinq groupes pros… L'habitude du studio et des concerts. Un guitariste ou deux… Montons *son* groupe… Je reviens à moi.

— À quoi on veut que ça ressemble, alors ?

— Faut que ce soit rapide, nerveux, dangereux ; des mélodies, des riffs forts…

Et on se remet, une fois de plus, à faire un tour de nos influences communes, ces groupes qui sont l'un de nos principaux sujets de discussion.

— Alors qui comme guitariste ?

Sans hésiter, et à l'unisson, les yeux dans les yeux :

— Wayne Kramer des MC5.

Lemmy enchaîne :

— Mick Farren le connaît bien, je vais lui demander de voir s'il est disponible, s'il est partant pour traverser l'Atlantique et nous rejoindre… Doug payera son billet.

— On devrait pouvoir lui trouver une piaule dans l'un des squats de Portobello, pour commencer.

— Sans problème.

On quitte le pub. Un grand sourire m'étire les joues, les coins de mes lèvres se rejoignent derrière ma tête.

Ö, fin mai 1975

Pendant trois jours, chez lui, chez moi, nous discutons de la place du tréma dans le nom du groupe, que Lemmy veut absolument germaniser : lui sur le premier o, moi le second. Au début, je laisse pisser en me disant qu'après tout, c'est sa décision… On parle d'autre chose, on va boire un coup au pub… Mais ça me gêne, je n'arrive pas à laisser couler : en allemand, le tréma change la prononciation des lettres. Pour la première fois, on se chamaille ; pour moi, c'est désormais une question de principe ; pour lui aussi… Lemmy se braque, insiste lourdement. J'argumente :

— Écoute Lem, j'ai fait sept années d'allemand au lycée français. *Es ist unmöglich*[1]. Si tu veux que tout le monde germanique, et pour toujours, prononce « *Meu*torhead » au lieu de « Mo*teur*head », vas-y.

— Non Lou, c'est ce que je veux.

Exaspéré, je finis par prendre une feuille et un feutre, m'appliquant à écrire « Motorhead » en lettres gothiques, comme je l'ai appris dans mes cours de calligraphie, à City & Guilds. Je finis soigneusement le lettrage et, sous l'œil noir de Lemmy, ajoute la dernière touche : les deux points du tréma sur le second o et pousse le papier vers lui sur la table. L'umlaut, au centre du mot, équilibre le visuel, c'est beaucoup plus fort graphiquement.

motörhead

C'est évident… même pour Lemmy. Nous éclatons de rire. Le lettrage de Motörhead en gothique est né[2].

---

1. « C'est impossible. »
2. Phil Mee dessinera le lettrage officiel.

Covent Garden, fin mai 1975

Doug ne perd pas une minute. Pour officialiser la création de notre groupe, il contacte Ian Dickson, un photographe écossais réputé dans le milieu du rock. Rendez-vous est pris devant le pub *Nag's Head,* à James Street, près de Piccadilly.

Dans le Fridge, Lemmy me briefe :

— Ian c'est un sacré numéro, Lou. Né comme moi en 1945, il a grandi à Clydebank, à Glasgow, sur les rives du Clyde. Au XIXe siècle, c'était le plus grand chantier naval au monde. Les mecs là-bas, c'est des durs à cuire.

— Oh, je sais. J'en ai connu, des Glaswégiens. Mais ils ont un grand cœur.

— T'as raison. Depuis qu'il est descendu du Nord en 1972, il n'arrête pas de photographier des groupes. Ça marche du feu de Dieu pour lui. Il bosse souvent pour *Sounds.*

Je gare le Fridge dans une ruelle derrière le pub. Lemmy est au top : cheveux propres flottant derrière lui, T-shirt noir frappé d'un crâne blanc au centre, pantalon pattes d'eph et veste en jean délavé, l'as de pique en écusson sur la manche gauche, bracelet clouté en cuir noir, ceinture à douilles, santiags aux bouts ciselés, lunettes Ray-Ban noires façon wrap-around. Moi c'est cuir noir, bracelets, bagues, jean, T-shirt, et aux pieds, les fameuses santiags blanches que Lem m'a filées.

Ian est déjà là, repérant les lieux pour le shooting. On le suit dans le quartier de Covent Garden, du nom de l'ancien couvent qui cultivait là ses fruits et légumes. Loin d'être un endroit chic, c'est un enchevêtrement de ruelles pavées et d'entrées arrière de théâtre, cachées derrière les façades grandioses de Shaftesbury Avenue, célèbre pour ses comédies musicales. Ce lundi après-midi, tout est désert. Les bâtiments, comme la plupart à Londres, sont couverts de suie depuis la révolution industrielle.

On tourne dans une rue sur notre gauche. Le grondement de la circulation s'estompe.

Ian, avec son accent guttural de Glasgow, roule les r et ponctue ses phrases de « Aye » pour dire oui. Il nous place dans un coin de rue, et nous fait poser côte à côte. Lemmy écarte les jambes en « A », moi je me mets de trois quarts, clope à la main, en soufflant lentement... Ian recule et cadre son cliché : les deux grands murs dans notre dos, un vieux lampadaire écrasé à mi-hauteur, une poubelle en fer derrière Lem.

— Aye, Lemmy bien. Ouais, bien Lucas... Rrrregardez-moi tous les deux.

Le bruit familier des clics de son appareil photo, suivi du double claquement du rebobinage, résonne dans l'air.

On avance, notre copain écossais nous dirige d'un geste vers une grille fermée d'escalier, une allée sombre à gauche. Il travaille vite, propose des poses. Les clics de l'appareil se succèdent. Plus loin, on pose devant un vieux magasin de coin, des caisses vides éparpillées à nos pieds. Ensuite, devant une sortie de secours, la barrière en ferraille noire fermée. Ian nous fait monter un escalier, clic après clic, jusqu'à une plateforme en fer à la peinture bleu délavé. Il se met en bas, déclenche, nous prend en contre-plongée.

On arrive dans une cour plus large, où il nous fait poser devant l'entrée des artistes d'un théâtre. Une affiche y est accrochée, avec une critique du *Sunday Times* :

« Mérite de courir pour toujours » (« *Deserves to run forever* »).

Lemmy, les bras croisés, s'immobilise devant l'affiche, pendant que je m'y adosse. Ian immortalise la scène. Lemmy, qui n'en rate pas une, me dit :

— Tiens, Lou, fais semblant d'être figé en train de courir, comme moi !

— Aye, ouais c'est drrrôle ça.

Il se marre en prenant la photo. Plus loin, Lemmy rigole et me lance :

— Fais semblant de sniffer un truc là-dessus !

Je me penche sur une borne en fonte noire, cabossée et tordue.

Ian s'éclate. Ces moments de déconne devant l'objectif deviendront la marque de fabrique des photos de Lemmy et Motörhead.

Quand Ian remballe son appareil, il déclare :

— C'est bon, les gars, j'ai tout ce qu'il me faut.

On le remercie. Je lui propose de le déposer quelque part, mais il préfère rester dans le quartier pour développer ses photos et les livrer à *Sounds*.

Direction *Henekeys*, Lemmy me présente à plusieurs personnes :

— C'est mon nouveau batteur, Lucas.

Ça y est, c'est donc officiel – du moins dans le quartier. La nouvelle se propage rapidement dans notre communauté de Ladbroke Grove : le nouveau groupe féroce de Lemmy est en marche.

Dès le lendemain Mick Farren, convaincu lui aussi qu'avoir Wayne à la guitare serait une excellente idée, contacte le manager des MC5 aux États-Unis. Mauvaise nouvelle : Wayne est en taule depuis avril, pour ce qu'il appelle « capitalisme illégitime » – c'est-à-dire dealer et être en possession de cocaïne, en bien trop grosse quantité pour plaider « l'usage personnel ». Il en a pris pour trois ans ferme à la prison fédérale de Lexington, dans le Kentucky, surnommée la « Narcotics Farm ». Ray Charles, Chet Baker et William Burroughs y ont tous fait un passage pour se désintoxiquer.

On passe au plan B : Lemmy appelle Larry Wallis, le guitariste des Pink Fairies.

En allant chercher son salaire chez Doug, il apprend que le matos d'Hawkwind est en train de revenir des États-Unis. Il me demande si on peut utiliser le Fridge pour aller récupérer son ampli et ses baffles, restés avec le groupe après son éviction, sans attendre que les autres se remettent de leur décalage horaire. Il n'y aura que les roadies, c'est l'idéal.

Devant l'entrepôt, les portes ouvertes en grand, Lemmy repère son ancien matériel parmi l'équipement fraîchement débarqué, et me glisse :

— Allons-y, laisse la porte arrière du Fridge ouverte.

Je le suis, on charge rapidement, mais alors qu'on termine, Alan Powell pointe son nez et se met à hurler :

— Qu'est-ce que tu fous là, connard ? Tu viens piquer du matériel ?

Lemmy lui crie par la fenêtre :

— Demande à ta femme…

Alors que j'appuie sur le champignon et qu'on démarre en trombe, morts de rire, Lem lâche :

— Bon, OK, peut-être que c'était *leur* matos.

Répétitions, juin 1975

Lundi 2 juin : la salle est réservée depuis vendredi, Larry Wallis a confirmé sa présence... L'heure est venue de notre première répétition ensemble, Lemmy et moi. Jusque-là, il m'a seulement entendu improviser en rythme, tapant sur la table ou sur mes cuisses pendant qu'on chantait des morceaux des Beatles ou des Flamin' Groovies. Depuis vendredi, la tension monte doucement, comme il y a quatre ans lorsque je passais des auditions importantes.

Vers 2 heures ce matin, je l'ai déposé chez Irene après une courte soirée au *Speakeasy* – enfin, courte selon nos standards. Je finis mon petit déjeuner : céréales, fruits, saucisses, bacon et haricots rouges, le tout accompagné de toasts et de marmelade, et arrosé de copieuses quantités de thé chaud. J'allume une Rothmans en scrutant la route pour le studio de répétition sur le plan de Londres. Molly passe l'aspirateur dans le salon, je lui fais un signe rapide avant de monter les quatre marches. La porte d'entrée claque derrière moi.

Dehors, le froid est mordant : un vent glacial balaie le Royaume-Uni accompagné de violents orages de grêle et de chutes de neige, avec une intensité jamais vue pour cette période depuis juin 1888. Le Fridge est garé dans le fond de Kensington Gardens Square, à cent mètres de la maison. Pourtant, alors que je tourne dans la rue, je ne peux pas m'empêcher de m'inquiéter : et si l'anneau de canette de bière que j'ai glissé dans le parcmètre ne l'avait pas bloqué ? Et si je me retrouvais avec un de leurs putains de sabots accrochés à la roue ? Et si on m'avait volé la caisse ? Encore une vingtaine de mètres... un poids tombe de mes épaules. Le Fridge est là, fidèle au poste au bout de la rangée de voitures, sur la gauche. J'accélère le pas... pas le moindre P-V. Ouf. Avec un grand soupir de soulagement, je pose mes fesses sur le siège conducteur, tourne la clef et enfonce la pédale... Le vrombissement familier du moteur achève de me rassurer. Je me gare devant la maison le temps de charger ma batterie dans la fourgonnette, et dix minutes plus tard, je suis assis derrière le volant, une cartouche enfoncée dans le lecteur et le son monté au maximum... Le chauffage peine à réchauffer l'habitacle. Les premiers accords de « Rosalyn », des Them, version Bowie, résonnent dans le Fridge ; la guitare lead suit la guitare rythmique, tandis que je tape quatre mesures sur le volant, accompagnant Aynsley Dunbar à la batterie. Je démarre en marmonnant :

— *Fuck it...*

Je longe *Whiteleys*, le premier grand magasin construit à Londres, qui se dresse fièrement sur ma gauche, traverse Queensway, tourne à droite dans Inverness Terrace et accélère, passe devant l'*Inverness Court Hotel*, ancien hôtel particulier de Lillie Langtry. La comédienne a partagé un temps la vie d'Edward VII avant son accession au trône (après aussi, d'après moi, et la légende) ; elle organisait ici des soirées très privées avec ses amis officiers. La suite royale contient toujours son lit à baldaquin, dans lequel dormiront, neuf années après ce lundi de juin 1975, Poison Ivy et Lux Interior, des Cramps. Le Fridge tourne dans Bayswater Road, passe devant le *Coburg Hotel*, où Alfred Hitchcock a tourné des scènes de *Frenzy* trois années plus tôt, les arbres de Kensington Gardens défilent sur ma gauche puis l'ambassade russe, encore en pleine guerre froide. La guitare de Mick Ronson déchire l'ouverture de « Here Comes the Night » alors que je m'approche de Kensington Church Street puis bifurque dans cette longue rue, flanquée d'antiquaires. Sur la droite, au numéro 119, le *Churchill Arms* et son plafond couvert de pots de chambre. Plus loin, je tourne à gauche dans Kensington High Street, passe devant la façade du *Kensington Market*, paradis des hippies de quatre étages. Sur les étals du marché couvert, pipes à eau, encens, longs papiers à rouler et presse alternative, mais aussi manteaux afghans ou bottes sur mesure... Deux copains du lycée, Dave et Blase, travaillent dans cette fourmilière. À droite, dans Gloucester Road, je dépasse le *Civil Service Riding Club*, l'écurie où mon père et moi montons à cheval tous les dimanches. L'équitation : encore une passion que je partage avec Lemmy, d'ailleurs...

Je suis presque arrivé : je passe devant le 102 Edith Grove – Mick, Keith et Brian ont vécu ensemble ici pendant treize mois dans un appart miteux, aux tout débuts des Rolling Stones, il y a de ça treize ans... Enfin, je m'engage dans Gunter Grove, m'arrête devant le numéro 26, coupe le moteur et sonne à l'interphone d'Irene. La tête de Lemmy apparaît à la dernière fenêtre, tout en haut.

De retour dans le Fridge, Rothmans à la bouche, je m'élance dans la circulation tandis que Lemmy embraye sur Larry.

— Ne fais pas trop attention à son attitude : on a l'impression qu'il se plaint constamment et sa voix nasillarde peut un peu taper sur les nerfs...

Je relance la lecture de *Pin Ups*. La guitare de Mick Ronson résonne d'un larsen tranchant, la batterie d'Aynsley Dunbar fait trembler le Fridge : grosse caisse, caisse claire, toms... Lemmy grimace en reconnaissant la voix de Bowie, dont il n'est pas un grand fan, mais finit par le concéder : c'est une excellente reprise de « Don't Bring Me Down », des Pretty Things. On embraye sur un de nos sujets de discussion favoris : les groupes de rhythm and blues britanniques des années 1960, Them, Yardbirds… et leurs mérites.

— Quelles chansons tu veux jouer avec Larry, aujourd'hui, Lem ?

— « Motorhead ».

— Évidemment !

— Et « Leaving Here » aussi, sans hésiter ! Tu te souviens, Lou, on l'a mise souvent chez moi. La version des Birds, de 1965, avec Ronnie Wood à la gratte…

— Oui, je m'en souviens bien… Tiens, Ronnie vient de rejoindre les Stones, d'ailleurs, ça va être quelque chose, avec Keith Richards.

— Et « Lost Johnny », que j'ai écrite avec Mick Farren et que je jouais avec Hawkwind… On verra aussi s'il y a des titres que Larry veut essayer.

Apparemment, Lemmy n'a aucun doute sur mes capacités de batteur. Moi, j'ai le sentiment de devoir faire mes preuves. La Tamise est en vue, et le pont de Battersea, le plus étroit de Londres. C'est à cet endroit que Jules César traversa avec son armée lors de sa conquête de la Grande-Bretagne en 54 avant J.-C. Moi, ma victoire ou ma défaite se jouera sur la rive sud, que nous traversons en droite ligne jusqu'à Lavender Hill. On tourne une dernière fois à gauche, direction le numéro 58. Terminus : le studio de répète.

Lemmy écrase le bouton de l'interphone. Après quelques secondes, une voix féminine en sort en grésillant :

— Ouais ?

— C'est nous, Lemmy et Lucas, de Motörhead.

Je coince la porte avec le tapis, le temps de décharger notre matériel. La réponse de Lemmy résonne dans ma tête comme une formule magique. Lemmy porte son étui de basse et son ampli, moi je prends ma grosse caisse et la housse de cymbales. En passant devant la fille de l'accueil, installée au fond du couloir, il lance :

— Tout est OK ?

Toujours aussi laconique, elle hoche la tête sans interrompre sa conversation téléphonique et nous indique, d'un geste de la main, l'escalier derrière elle. Le premier chargement déposé à l'étage, on découvre Steve Gilmore, l'assistant de Doug Smith, près du Fridge et c'est à six bras qu'on finit de monter tout l'équipement dans le studio. Je redescends garer la caisse, juste à côté, dans Shirley Grove. Jackpot : pas de parcmètre, tout est gratuit !

La lourde porte insonorisée refermée d'un coup de pied, le studio révèle toute son odeur caractéristique des salles de répète : un mélange de cigarettes froides, de bières renversées et d'années de poussières chauffées par les lampes des amplis. Sous mes pieds, une moquette usée, poisseuse, tachetée de gris et de noir.

Je déballe mes fûts, monte ma Ludwig rose champagne finition paillettes ; à force, je suis devenu rapide. Je fixe mes cymbales Zildjian une à une, termine par le charleston. Lemmy, de son côté, a terminé de monter son stack. Le Marshall est allumé, la Thunderbird brun foncé et bois blond ornée de stickers branchée ; il monte le volume, s'accorde vite fait puis bidouille les boutons de son ampli, visiblement mécontent du son qu'il obtient. J'en profite pour observer les lieux. Le studio a dû connaître des jours meilleurs : la pièce, d'une douzaine de mètres sur cinq, est éclairée par des néons fatigués, dont l'un clignote traîtreusement. À un bout, de l'autre côté de la vitre, ce qu'il reste de la régie : une table vide, couverte de poussière. La porte a disparu, tout comme la console qui devait autrefois s'y trouver. Huit chaises d'école sont empilées dans un coin du studio ; deux cendriers débordant de mégots, vestiges de la session précédente, leur tiennent compagnie. Ma batterie est adossée au mur. À ma droite, le stack de Lemmy : la tête Marshall, décorée de cinq autocollants Hawkwind, est posée sur deux baffles superposés, avec un énorme double quinze pouces en bas. Le tolex est toujours couvert des peintures psychédéliques de Barney Bubbles. À ma gauche, un stack Hiwatt, loué au studio, chauffe patiemment en attendant Larry.

Lemmy ajuste la hauteur du pied de micro – au-dessus de sa tête –, la tête du Shure SM57 pointée vers sa bouche. Je me lance sur le rythme de « Leaving Here » ; il m'emboîte le pas, alternant entre rythmique et lead. Sa Thunderbird gronde comme une Harley sous amphètes. Steve retire l'une des chaises de la pile, s'installe à côté de la régie. On tape le bœuf pour s'échauffer, enchaînant les riffs. Je sens le sang affluer dans mes bras et mes cuisses, je domine ma coordination… Les ondes de la basse me frappent en plein plexus, soutenues par la grosse caisse, le sol tremble, ma caisse claire ricoche sur les murs, quasiment pas insonorisés. Chaque coup de cymbale éclate et le son semble se maintenir dans l'air comme une brume. Encore quelques notes et Lem monte soudain en puissance, s'arrêtant sur un climax auquel je réponds par des roulements effrénés : toms, caisse claire, cymbales ride et crash. D'un geste final, il attaque les quatre cordes ensemble, comme un flamenco déchaîné pour se joindre à mon roulement, montant un accord fulgurant sur le manche. On stoppe, la vitre de la régie vibre encore, pour quelques millisecondes… On éclate de rire, complices.

Je tire trois bières de mon sac, en propose à Lem et Steve avant de m'allumer une clope. Les bières s'ouvrent avec un *pschhhhit* familier. Lemmy fait sauter une Marlboro entre ses dents depuis son paquet et l'allume avec son Zippo. Il prend une longue gorgée de la bière, puis explose :

— Putain, il est où Larry ? Steve, tu peux te renseigner s'il te plaît ?

Steve disparaît pour appeler Doug pendant qu'on réattaque. Riff rapide de basse, que je rejoins après un long roulement de caisse claire. On s'ajuste à l'instinct, montant et descendant, on se tend des perches ; je me laisse guider par le rythme de Lemmy, qui continue à alterner lead et accords, devine où il veut aller ; on se lance mutuellement des défis rythmiques... Au moment où on joue nos derniers accords, Steve revient.

— J'ai eu le bureau au téléphone, Larry ne viendra pas aujourd'hui. Il faudra que quelqu'un aille le chercher demain. Doug a demandé si tu pouvais y aller, Lucas ?

Lemmy fronce les sourcils, le regard noir.

— Il va m'entendre demain.

Je décide de calmer le jeu :

— Pas de souci, Steve. Tu m'accompagneras ?

— OK, Lucas, on n'a qu'à se retrouver au métro Elephant and Castle vers 11 heures.

Coup d'œil à Lemmy : sans perdre plus de temps, on attaque une autre chanson et l'après-midi file à toute vitesse, avec très peu de pauses. Le courant passe d'emblée, on s'éclate. Après quatre heures et demie à se défouler sur nos instruments, on décide de s'arrêter là et d'aller boire un pot. En passant devant l'accueil, Lemmy demande au manager de bien fermer le studio à clef : nous laissons tout sur place pour la nuit. Après une « courte » escale au *Speakeasy*, je dépose Lemmy vers 4 heures du matin et rentre chez moi. Mes inquiétudes de la matinée se sont évaporées ; je n'avais jamais joué à un tel volume... j'adore ça.

●●●

La nuit balaie la neige de la veille, Londres se réveille sous une vague de chaleur. Cueillant Steve au métro, je le préviens :

— Lemmy nous rejoindra au studio. Il est encore en rogne que Larry ne soit pas venu hier.

On prend la direction de Walworth Road, où habite Larry. Steve en profite pour s'ouvrir à moi :

— Tu sais, quand j'ai appris qu'Hawkwind avait viré Lemmy, je me suis dit que c'était foutu pour eux. C'est Lemmy qui fait décoller le public et qui est le centre de l'attention sur scène – avec Stacia et Nik Turner. Sans lui, ils vont manquer de présence. En perdant Lemmy, ils perdent un moteur. Et puis, c'est lui qui chante « Silver Machine », c'est quand même leur plus gros tube.

— Oui. Qui va la reprendre, maintenant ?

— Bonne question. Je me souviens d'un de ses premiers concerts avec Hawkwind, c'était à l'All Saints Hall en 1971. J'ai suivi leur tournée « Space Ritual », l'année suivante. On sentait déjà des tensions entre lui et le reste du groupe.

— Au fait, pourquoi tu viens assister aux répètes ?

— Doug m'a demandé de lui faire un rapport. Il veut savoir comment ça se passe.

Il esquisse un sourire avant de reprendre :

— Hier, quand je suis arrivé, je vous ai vus au loin. Vous étiez en train de vous trimbaler le matos à sortir de la camionnette. Ça m'a surpris : je m'attendais à ce qu'il y ait un gars ou deux pour le faire à votre place. Je me suis dit que vous étiez sacrément motivés.

— Ça, c'est bien vrai.

Après un silence, il ajoute :

— Lemmy a souvent essayé de me convertir à ses amphétamines. Mais j'ai déjà donné, j'en ai pas mal pris, des cachets de speed, dans les années 1960 ! Les descentes en fin de soirée sont trop violentes, aujourd'hui ça ne m'intéresse plus trop.

On arrive devant une maison à trois étages, où Larry habite dans un appartement. J'appuie sur l'interphone en bakélite jauni. Une fenêtre s'ouvre au deuxième, une tête chevelue apparaît brièvement, suivie d'un lourd trousseau de clefs qui tombe vers moi et que j'attrape de justesse comme une balle de cricket. On monte les escaliers raides ; la voix nasillarde de Larry, façon Alice Cooper, nous accueille.

— Luuucaas Fooox, bienvenue dans mon humble demeure ! Entrez vite.

Il claque la porte derrière nous. Une étrange odeur musquée flotte dans l'air… Devant moi, Steve, qui m'a précédé, se fige net à l'entrée du salon. Je regarde par-dessus son épaule : un énorme serpent noir ondule vers lui. « Un python », précise Larry, en nous assurant qu'on ne risque rien et nous invitant à nous asseoir. Car il n'a, de toute évidence, pas l'intention de partir maintenant : il ouvre son frigo, entièrement couvert de stickers et de pass backstage, nous sert une bière et annonce qu'il doit nourrir son serpent à sonnette. On le suit dans sa chambre : à gauche et à droite de la fenêtre, deux grandes cages à reptiles et entre elles un grand perroquet bleu, jaune et rouge qui s'énerve dès que nous entrons.

— Voilà Sally, elle est très jalouse.

Sally étend lentement ses ailes et avance rapidement sur son perchoir, menaçante. Elle siffle, crache, sa longue langue carrée sortie de son bec bleu comme pour nous attaquer. Le ton de ses petits cris rauques n'est pas sans rappeler la voix de son maître. Lemmy ne m'avait pas menti au sujet de Larry ; mais moi, même s'il nous fait attendre, je le trouve plutôt marrant...

Plusieurs joints plus tard, je réussis enfin à extraire Larry de son appartement. On abandonne les serpents dans leurs cages et le perroquet braillant sur sa perche pour monter tous les trois dans le Fridge. Je démarre en trombe. Steve, cramponné aux sièges avant, rebondit à l'arrière. Mais nos péripéties sont loin d'être finies... la voiture n'a pas fait dix mètres que Larry, installé sur le siège passager, donne un coup dans le tableau de bord avec un cri strident et pointe la rue du doigt.

— Maaaan arrête-toi là ! Il faut qu'on prenne des feuilles à rouler et de la bière !

Et jaillit par la portière en la claquant.

— C'est un drôle de numéro...

Steve hoche la tête.

— Je confirme, Lucas. Bonne chance à toi !

— Enfin, il est vraiment bon à la guitare. Et puis, heureusement qu'il est drôle, sinon il serait insupportable ! dis-je en riant.

— Son caractère et celui de Lemmy, ça va faire des étincelles. Ça passe ou ça casse.

Larry finit par réapparaître après de longues minutes, un gros sac en papier dans les bras. Ses chaussures noires à talons compensés lui donnent une démarche voûtée, avec son sac en daim à franges et son mouchoir rouge et blanc attaché à sa ceinture. On passe sous le pont du chemin de fer et on trace dans Kennington Park Road. J'ai le temps d'apercevoir, sur la droite, le City and Guilds College of Art. J'y étudiais encore il y a quatre ans, ça semble désormais une éternité. Vingt minutes de trajet plus tard, on atteint enfin Lavender Hill. Comme la veille, je me gare dans Shirley Grove. Larry fait porter son sac de courses par Steve et nous précède dans l'escalier qui mène au studio. J'en profite pour l'observer plus longuement. Il a de longs cheveux noirs fins un peu ondulés, un jean bleu foncé très moulant, et un T-shirt blanc sans manches. Serrée fort dans sa main droite, la poignée de l'étui noir de sa Fender sur lequel « Pink Fairies » a été peint en blanc au pochoir... En haut des marches, Larry donne un grand coup de latte dans la porte et fait une entrée théâtrale dans la pièce, la main gauche sur son front, feignant la surprise.

— Leeeemmmy Kiiiilmisteuuur...

Lemmy ricane et répond du tac au tac :

— Salut Lazza ! Tiens donc, tu t'es finalement décidé à te pointer aujourd'hui ?

S'ensuit une joute verbale, faite de moqueries amicales et de sarcasme. Un échange typiquement *british* entre deux fortes têtes qui testent les limites l'une de l'autre et cherchent un terrain d'entente cordiale.

Larry ouvre l'étui, sort sa Stratocaster blanche et ajuste sa sangle. Il branche un jack dans sa pédale wah-wah, un autre dans une distorsion et un dernier dans l'ampli Hiwatt ; Lemmy se branche. Ils s'accordent, et Larry teste son micro :

— Un deux, un deux, un, un…

Il pousse les curseurs du volume, ajoute une dose généreuse de réverb sur la miniconsole de la sono posée sur une table en formica entre les deux stacks. C'est le moment que Lemmy choisit pour sortir un paquet de poudre et en couper trois longues lignes. J'enroule un billet de 10 shillings que je passe à Larry. Ce dernier demande :

— C'est quoi, ça, Lemmy ?

— Du sulfate d'amphétamine. Renifle ça, ça te fera du bien…

Larry se penche, inspire profondément de chaque narine et sa tête part violemment en arrière, comme après un coup du lapin. Des larmes ruissellent sur ses joues, ses mains plaquées de chaque côté de son nez, alors qu'il hurle de douleur :

— Aïïïïe… maaaaaaan !

Lemmy éclate de rire ; je sniffe à mon tour. Ça pique, mais j'ai vécu pire… ou peut-être que mes narines commencent à s'habituer. Il prend lui aussi sa ligne ; quand je lui fais signe de me rendre mon billet, il joue l'air surpris, comme s'il pensait qu'il lui appartenait.

Je m'installe derrière ma batterie, les deux autres poussent les volumes à fond puis Larry attaque l'intro d'un classique du rock'n'roll connu de tous, « Johnny B. Goode »… On se chauffe et on se défoule, improvisant une version beaucoup plus rapide que l'originale de Chuck Berry. L'absence d'insonorisation du studio se fait sentir à chaque note, le plancher tremble sous mes pieds au son de la basse, chaque coup sur ma batterie rebondit sur les murs et le son de mes cymbales tourbillonne avec les notes aiguës de Larry vers le plafond. Steve, concentré, est de retour sur sa chaise, comme hier. Une expression sur son visage montre qu'il est conscient que quelque chose est en train de se passer, même s'il ne sait pas exactement quoi.

On prend une courte pause pour siffler des bières. Larry sort son matos de son sac à franges et roule un joint que nous partageons, pendant que Lem enchaîne les blagues. Mes deux acolytes reprennent leurs guitares, je me glisse derrière ma Ludwig, on s'y remet.

— « Leaving Here », Lou ! lance Lemmy.

Un, deux, trois, quatre ! Je donne le tempo en tapant avec mes baguettes sur le charley, et on se lance. Larry fait de grands gestes de la tête pour nous indiquer ses changements d'accord.

Chaing chaing, chaaaaaaiiinnnnnnng...

La basse, la guitare et mes cymbales jouent à l'unisson. J'alterne les roulements de caisse claire et des toms...

Chaing chaing, chaaaaaaiiinnnnnnng...

C'est parti.

Bong kaaachaing, bong kaaachaing, bong kaaachaing...

Chaing chaing chaing chaing...

Lemmy lance sa tête en arrière et ouvre grand la bouche pour scander le début des paroles ; Larry le rejoint sur le refrain. Sa voix nasillarde s'accorde parfaitement avec celle, rauque, de Lemmy. Comme dans la version des Birds, Lem et moi, on s'arrête net pour laisser à Larry un solo de guitare : une série de riffs sanglants ponctués par des accords, des coups de caisse claire et les cymbales de l'intro... Encore un roulement de caisse claire et on repart dans des enchaînements de solos. Larry grimace, tête en l'air, les yeux fermés, secouant ses cheveux, la basse de Lemmy vrombit et gronde, le son de la guitare de Larry fend l'air comme des lames au-dessus de nos têtes. Dès que je passe du charley à la cymbale ride, tout le monde se déchaîne. On se jette des regards satisfaits, on se sourit... Retour sur un couplet, Larry et moi, on se stoppe net pour laisser l'espace à Lem, qui déroule deux bouts de solo de basse :

Chaing chaing, chaaaaaaiiinnnnnnnglainglainglaing...

On reprend tous à l'unisson, un dernier roulement de caisse claire, roulements des toms... Et tchack, on finit ensemble !

Tout le monde hoche la tête, satisfait. Mes oreilles sifflent déjà, mais ça m'est égal. Larry propose « City Kids », une de ses chansons avec les Pink Fairies, sortie sur l'album *Kings of Oblivion*... Lemmy et moi l'avions préparée quand on avait envisagé Larry comme notre futur guitariste. Larry montre rapidement les accords, mais Lem assure qu'il les connaît déjà. On peaufine l'arrangement, répète le couplet, le pont, le refrain, et Larry me fait signe de lancer le décompte...

Un, deux, trois, quatre ! Mes baguettes claquent quand je les frappe l'une contre l'autre, et la chanson démarre, Lem et moi appuyant Larry qui joue les accords de l'intro...

Chang chachang chang chang chachang chang chaaang chaaang.

Deux coups secs de caisse claire...

Chang chachang chang chang chachang chang, chaaang, chaaang.

Encore deux coups de caisse claire...

Chang chachang chang chang chachang chang, chaaang, chaaang.

Larry se colle à son micro pour commencer à chanter.

Chang chang chang, changchang chang.

Chang chang chang, changchang chang.

Les montées rythmiques sont soutenues par les accords de basse boogie-blues rageurs de Lemmy… L'énergie monte d'un cran à chaque note, sous l'effet de la musique et des amphétamines.

Chanson après chanson, on commence à trouver nos marques… Peu à peu, le son que Lemmy et moi avions imaginé prend forme.

Roger Morton, 4 juin 1974

Le bureau de Doug nous informe que Roger Morton viendra photographier la répète du jour. Lemmy et moi arrivons en premier au studio, Larry nous rejoint en taxi.

On joue pendant une bonne heure et demie, reprenant les morceaux travaillés la veille quand Roger fait son apparition. Il nous salue en sortant son appareil photo et commence à nous cadrer sans perdre de temps. Je suis assis derrière ma batterie, Lemmy se tient debout juste derrière moi à ma droite, devant son ampli, tandis que Larry, à ma gauche, repose sa guitare à plat sur son stack. Il essaie de se débarrasser discrètement du joint qu'il a encore en main, le refile à Lemmy.

Roger nous donne quelques instructions. Il demande d'abord à Lemmy de s'asseoir sur le bord de ma grosse caisse, Larry fait le tour de ma batterie pour se placer à mes côtés. Lemmy arbore fièrement une croix gammée en or suspendue à une chaîne autour de son cou... Ses doigts, ornés de bagues, se posent sur le bord de ma cymbale crash. Sa main gauche est couverte d'un gant noir en daim, ouvert sur le dessus et orné de franges et de clous chromés.

Soudain, Lem se lève, sourire ironique aux lèvres, et tend ostensiblement le joint à Larry, bien conscient que Roger est en train de photographier la scène... Larry, pris au dépourvu, attrape le joint sous les clics incessants du déclencheur, visiblement gêné.

Je me lève à mon tour et Larry et moi encadrons Lemmy, debout devant son stack. Roger s'agenouille pour nous prendre en contre-plongée, Lemmy croise les bras, relève légèrement la tête, et toise l'objectif avec dédain.

— Ça suffira pour l'intérieur. Continuons en plein air.

On sort du studio et on se faufile dans le Fridge pour se rendre dans un parc un peu plus loin. Une fois dans l'enceinte, Lem jette un regard à droite, puis à gauche et insiste pour que l'on prenne chacun une ligne sur la lame de son couteau. Larry, à nouveau, gémit de douleur en se tenant le nez, les narines à vif, visiblement irritées par le manque d'habitude. Je m'allume une clope avec la braise de celle de Larry tandis que Roger nous précède, marchant à reculons pour nous photographier.

Il fait très chaud. Il y a encore trois jours, il neigeait à Londres, mais aujourd'hui une canicule exceptionnelle touche la ville... Roger nous emmène sur un chantier de construction. On prend appui sur un tas de boîtes retournées, Larry pose sa main sur mon épaule, tandis que Roger avise une grande grille en fer destinée à être coulée dans le béton.

— Mettez-vous derrière.

On s'exécute, on joue les fauves en cage. Lunettes miroir vissées sur le nez, Lem croise les bras avec un air hautain. Larry l'imite... Toute une série de clichés suit, on bouge légèrement entre chaque prise. Une pile de gravats attire notre attention ; on s'y installe. Roger m'incite à soulever une pierre pour faire semblant d'attaquer Lem par-derrière... On joue le jeu, tandis que Larry, plus sérieux, semble embarrassé par nos pitreries... Alors qu'on s'amuse près d'une grille métallique, mon pantalon, déjà troué, finit de se déchirer complètement à l'entrejambe. Fin de la séance photo, Roger range son matériel et part de son côté, visiblement satisfait. Je le suis encore plus : Motörhead commence à rugir.

●●●

Le lendemain, retour à Gunter Grove pour récupérer Lemmy : le plan est d'aller chez Larry, de discuter du groupe, de passer l'après-midi ensemble... si tout va bien, car le lapin de la « première » répète n'est toujours pas digéré. Pour la quatrième fois de la semaine, je prends la direction de Battersea mais nous longeons cette fois-ci la Tamise sur sa rive nord. À trois cents mètres du pont, sur la gauche, les maisons emblématiques de Cheyne Walk : celle de Mick Jagger au numéro 48, une bâtisse imposante du XVIIIe siècle, puis, plus loin, celle de Keith Richards au numéro 3. Toutes deux désertes depuis que les Stones ont fui l'Angleterre pour des raisons fiscales il y a quatre ans. Ce n'est donc pas ici, mais dans le sous-sol de la villa louée par Keith à Villefranche-sur-Mer, à côté de Nice, qu'*Exile on Main Street*, un de mes albums favoris, a pris forme. Albert, puis Chelsea : les ponts se succèdent avec, en toile de fond, l'imposante Battersea Power Station. Cette centrale électrique désaffectée deviendra célèbre, en décembre de l'année suivante, pour être au cœur d'un incident artistique et pink-floydesque. Pour la photo de la pochette d'*Animals*, le groupe décide de faire voler un énorme cochon rose gonflable entre les cheminées de l'édifice, retenu par un câble. Coup de vent, le cochon s'échappe dans le ciel londonien, trop rapidement pour que le tireur d'élite appelé en renfort puisse l'abattre. Il est finalement retrouvé à des kilomètres de là, en pleine campagne, par un fermier mécontent que ce monstre en plastique rose terrorise ses vaches...

On continue jusqu'au pont de Vauxhall, puis on bifurque sur le pont de Lambeth pour s'enfoncer dans les quartiers populaires du sud de Londres. C'est ici que les usines ciblées par les bombardements dévastateurs de la Luftwaffe ont subi les pires dégâts. Trente ans après la fin des hostilités, chaque rue porte encore les traces de la guerre, des immeubles récents côtoient les maisonnettes en préfabriqué censées être temporaires, mais toujours habitées par des familles qui ont tout perdu. À nouveau, la station Elephant and Castle, puis Walworth Road et la chute du trousseau de clefs. Mais cette fois-ci, c'est Lemmy qui l'attrape au vol.

Larry nous présente Shirley, sa compagne, installée devant la télé du salon. On passe dans la chambre : le python a réintégré sa cage et fait le mort, comme son collègue à sonnette dans l'autre ménagerie, tous deux accablés de chaleur – ou par les vociférations de Sally à notre vue. L'air est saturé d'une odeur de zoo, la poussière est suspendue dans l'air, éclairée par un rayon de soleil. On s'assoit sur le lit. Larry nous montre les souris qu'il élève dans une boîte pour nourrir ses serpents. Son délire, c'est de les faire se reproduire… Il commence à rouler un joint tout en parlant de tout et de rien, monopolisant la parole.

Lemmy sort son paquet d'amphètes, trace une ligne et le coupe :

— T'en es où avec les Fairies, alors ?

— Il nous reste quelques concerts. On joue à l'université de Brighton ce samedi et au *Roundhouse* le mois prochain…

Mais Lemmy ne lâche pas le morceau.

— T'es avec nous, oui ou non ?

— Oui, oui, bien sûr… À fond.

À peine sortis de chez Larry, Lemmy me glisse :

— On va lui rendre une petite visite pendant le concert de Brighton.

— Comment ça ?

— On y va au bluff. Dès qu'ils auront fini leurs rappels, on prend la scène tous les trois, et on joue un morceau ou deux… C'est une occasion en or pour annoncer le nouveau groupe directement aux fans des Fairies et leur dire que Larry fait désormais partie de Motörhead. Il faut qu'on le pousse à s'engager officiellement avec nous.

Le contrat, 6 juin 1975

Ce vendredi, j'arrive à peine devant chez Irene que Lemmy jaillit de la fenêtre et me crie dessus :

— Putain Lou, t'es en retard ! On doit rejoindre Larry chez Doug...

Plutôt gonflé venant d'un gars connu pour ses retards quasi systématiques... quand il n'oublie tout simplement pas de se pointer ! Il me rejoint dans le Fridge, allume deux clopes, m'en tend une...

— On a des papiers à signer.

— Eh bien, il suffit de me le dire, quand il y a urgence Lem...

Je trace, pied au plancher, à travers Hyde Park. Le lac Serpentine scintille au soleil.

— Doug m'a appelé. United Artists, le label chez qui j'étais avec Hawkwind, accepte de nous signer. On va officialiser ça avec eux aujourd'hui. Doug sera notre manager.

— En voilà de bonnes nouvelles Lem !

C'est inespéré : une grosse maison de disques, un manager... c'est tout ce dont j'ai toujours rêvé. Les deux autres lascars sont déjà célèbres, ils ont des fans, l'attention de la presse... Ce groupe a un futur, je le sais, je le sens.

Je me gare dans Hormead Road, on slalome entre un taxi et un camion, traverse le jardinet et on grimpe les deux marches en pierre du 15 Great Western Road. Lemmy pousse la porte et je le suis dans le couloir étroit qui mène aux bureaux de Douglas Smith, à droite. Quatre ou cinq personnes travaillent avec lui. Je suis souvent venu récupérer Lemmy ici – le vendredi, jour de la paye, la plupart du temps. C'est la première fois que j'y entre pour une affaire qui me concerne directement, et les lieux prennent une autre dimension. Nos bottes résonnent sur les marches en bois de l'escalier sans moquette, qui grince à chaque pas : Doug travaille à l'étage, dans une pièce en forme de L. Près de l'immense bureau ancien en bois sombre, derrière lequel il est assis, une armoire vitrée abrite une collection de petites voitures de toutes les couleurs, soigneusement rangées. Aux murs, des posters encadrés d'Hawkwind ; dans un coin, une table basse et un canapé Chesterfield en cuir brun. On s'y installe en attendant Larry.

Doug, je le connais un peu : jusque-là, il me voyait comme un « gamin » sympa, qui servait de chauffeur à Lemmy. Mais aujourd'hui, c'est différent, il va devenir le manager de notre groupe... et par extension, *mon* manager. Cheveux épais en boucles noires, poils qui sortent de sa chemise en jean, ses yeux pétillants trahissent un esprit vif à l'origine d'idées originales et d'un sens de l'humour décapant.

Je le vois comme une sorte de magicien, qui a réussi le tour de force de faire signer par une major des artistes aussi imprévisibles et barrés qu'Hawkwind, de les hisser tout en haut des charts et de les faire tourner en Europe, aux États-Unis et au Canada.

Par la fenêtre ouverte, on entend l'écho de la rue : un bus démarre, le diesel d'un taxi qui ralentit puis s'arrête, une altercation qui éclate... Le klaxon d'un camion, une portière claque. Bientôt, des bruits de talons dans l'escalier. Larry fait son entrée.

— Lemmy Kiiiilmister, Luuucas Fooox, Dooouglas Smiiith...

Lemmy et moi échangeons un regard mi-amusé, mi-agacé en écrasant nos clopes. On s'installe tous trois sur les chaises alignées face au bureau, Larry entre nous.

Doug sort quatre piles de feuilles et les pose devant nous : un contrat de management, pour lequel nous allons chacun recevoir un salaire de 40 livres par semaine, et un contrat d'enregistrement. Je commence à lire la première page puis feuillette rapidement les suivantes. Je lève les yeux.

— Super, merci Doug. Je vais demander à mon avocat de relire tout ça.

Lemmy me regarde de travers.

— Fais pas d'histoires, Lou. On signe tout de suite, comme ça, c'est réglé.

— Désolé Lem. Je ne signe jamais rien à l'aveugle. Question de principe, je fais toujours vérifier.

Son humeur s'assombrit d'un coup, tandis que Doug me fixe d'un regard perçant. Heureusement, Larry vole à ma rescousse :

— Non, maaaan, il a raison. Faut faire vérifier, je ne signe jamais un contrat comme ça non plus. Si Lucoïd a un avocat, demandons-lui.

Ouf, tiré d'affaire : Lemmy semble se ranger à cette idée. Doug recentre la conversation sur les huit jours de répétitions prévus à Battersea, à partir du 1er juillet. Il parle aussi des futurs concerts et d'une séance d'enregistrement à organiser. L'atmosphère s'allège et les plaisanteries reprennent.

Avant de filer au *Henekeys*, je passe un coup de fil à Irving Spellman, un avocat qui m'a bien conseillé par le passé, pour les contrats de mes deux derniers groupes. Il est l'avocat attitré du Musician's Union, le syndicat des musiciens, c'est comme ça que je l'ai connu. Je lui explique la situation, et il me fixe un rendez-vous pour lundi en fin de journée.

●●●

Sculpturale, avec une gueule à faire chavirer des navires, Aina apparaît au *Henekeys* avec sa copine Gunda. Ses cheveux blonds crêpés coupés au carré tombent au-delà de ses épaules, encadrant des pommettes hautes et sculpturales. Une longue frange effleure ses cils, couvrant ses sourcils minces dessinés au crayon. Pour aller avec sa coupe de pharaonne, elle porte une veste en cuir nonchalamment jetée sur ses épaules, au-dessus d'un haut en soie noire bordé de dentelle. Une petite croix gammée en or est suspendue à son long cou sur une fine chaîne. Son jean stretch moule tellement ses longues jambes qu'on dirait qu'il est peint à même sa peau.

Elle s'approche, titubant légèrement sur des bottines noires à talons, me scrute de ses yeux bleu clair lourdement fardés de noir. Elle semble me dévisager lentement de la tête aux pieds, puis elle pose sa main sur l'épaule de Lemmy, me pointe du doigt, et lui lance d'une voix nasillarde avec un fort accent de Nottingham :

— Qui c'est, ce beau jeune homme, Lemmy ?

Lemmy, une Marlboro coincée entre les lèvres, lève à peine les yeux.

— Oh, salut Aina. C'est Lou, mon batteur. Lucas, voici Aina, Aina, voici Lucas.

Et tire d'un coup sec le bras de la machine à sous.

— Enchanté, Aina. Qu'est-ce que je peux t'offrir à boire ?

— Ah, en plus, il sait comment charmer une lady ? Un double gin-tonic, mon beau, dans un grand verre, avec des glaçons et des rondelles de citron.

Elle me suit au bar, laissant sa copine Gunda se débrouiller toute seule avec les garçons autour. Je lui demande :

— Tu sors d'où, toi ? J'ai comme un sentiment de déjà-vu, je crois que je t'ai aperçue de loin l'autre jour. Pourtant, je n'ai pas l'impression de t'avoir souvent vue dans les parages ? Tu ne passes pas inaperçue, je m'en souviendrai.

— Mais dis donc, t'as la langue bien pendue, toi...

Ses yeux se baissent et s'attardent quelques secondes en dessous de ma ceinture. Elle continue :

— Je travaille chez *Biba*, à Kensington High Street. Peut-être que tu m'as vue là-bas ?

— Possible. J'y vais régulièrement depuis l'ouverture. T'aurais pas participé à leur campagne de pub ?

— Oui, aussi. Barbara, ma patronne, m'a à la bonne, alors elle me fait poser de temps en temps.

On bavarde tout en sirotant nos boissons au bar, dans notre bulle, ignorant la clientèle autour. Elle a un sacré débit de parole... et d'alcool, enchaînant les gorgées de son gin-tonic en un temps record, comme pour étancher sa soif avec un verre d'eau. Je lui propose de lever le camp avec moi. On salue Lem, et alors que je tiens la porte pour laisser Aina passer devant moi, elle se retourne, souriante.

— Oh là là, mais quel homme galant ! Tu commences à me plaire, toi…

Lemmy me lance un clin d'œil complice pendant qu'on s'éloigne. On passe l'après-midi ensemble, se racontant nos vies dans le Fridge.

— Je vais te présenter George Snow. Tu le connais peut-être ? Il a conçu pas mal de pochettes d'albums.

— Pas sûr, non, ça me dit rien.

— Allons chez lui, c'est vers Earls Court Road.

Avant d'enchaîner, passionnée, sur son admiration pour Barbara Hulanicki :

— Barbara, c'est la fondatrice de *Biba*. Elle est née à Varsovie. Elle a démarré dans une toute petite boutique à Abingdon Villas.

On descend Church Street. À mi-chemin, elle désigne une rangée de boutiques à notre droite.

— Ensuite, elle a ouvert son second magasin, plus grand, juste là, pas loin de la boutique rouge.

— Oui, je me souviens bien. Elle et Mary Quant, c'est des légendes du Swinging London.

Je tourne à droite au feu de Kensington High Street. Face à nous, *Big Biba*.

— Regarde ça, Lucas ! Regarde ce splendide magasin qu'elle a créé avec son mari, Stephen Fitz-Simon. C'est là que je bosse. Dix-huit mille mètres carrés de boutique de mode en plein centre du quartier huppé de Kensington.

— Je connais bien. Sept étages thématiques dans le style Art déco. Depuis la semaine de l'ouverture, mes amis et moi, on y va tout le temps.

Big Biba est devenu une curiosité à Londres, avec quasiment un million de visiteurs par semaine. C'est plus qu'une simple boutique, c'est une icône, une philosophie de vie. Dès l'ouverture des premiers magasins, les tissus très colorés de la marque intègrent le folklore londonien. Les couleurs Biba bleu profond, bruns, verts, pourpres, mauves, ainsi que les rouges à lèvres noirs, en avance sur la mode gothique, révolutionnent le maquillage. Les rues sont remplies de femmes belles et minces adoptant le style Biba, certaines avec des jambes en allumettes interminables, d'autres aux jambes courtes, toutes le visage recouvert de fond de teint blanc, les yeux bordés de fard noir comme la suie et de longs faux cils noirs fixés au-dessus.

Chaque étage du magasin est consacré à un univers : un pour les femmes, un pour les hommes, un pour les enfants, évidemment vêtus en parfaites imitations miniatures de leurs parents. Un étage librairie, un pour l'alimentation et un étage « déco » qui vend du papier peint et de la peinture dans les couleurs Biba, mais aussi des couverts, des meubles, des statues et des lampes typiques des années 1930, représentant une boule tenue par une femme. Au dernier étage se trouve le *Rainbow Room*, avec son plafond aux lumières néon arc-en-ciel, mauve, orange, bleu et jaune. En journée, c'est un restaurant ouvert en continu. Le soir, il se convertit en salle de concert, où Suzi Quatro filme la vidéo de « Devil's Gate Drive ». Les New York Dolls y font leur showcase londonien en septembre 1973. David Bowie y filmera la vidéo de « Blue Jean », et Roxy Music celle de « Let's Stick Together ».

Je demande :

— Tu es déjà montée sur le toit ?

— Oui, on y va pour fumer des joints de temps en temps. Il y a un petit bassin à fontaines, même des paons et des flamants roses s'y promènent.

— Ah ça n'a pas trop changé alors. Ma mère nous y emmenait quand nous étions petits, ma sœur et moi. On y prenait le thé. J'ai grandi à Wynnstay Gardens, dans Allen Street.

Je lui montre une rue à gauche, presque en face d'Holland Park.

— On habitait là-bas.

— Mais t'as eu une enfance de riche, alors ?

— Pas vraiment, non. Mon père a beaucoup galéré dans sa vie, mais quand on est nés, ma sœur et moi, on avait un peu d'argent. Et puis, les affaires se sont gâtées, et on a dû déménager en banlieue, à Chiswick.

On passe devant une grande église renfoncée dans une cour, puis on tourne à gauche dans Earls Court Road. Je l'interroge :

— Qu'est-ce que tu fais, chez *Biba* ?

— Je suis assistante. Je travaille souvent avec Barbara et Fitz.

— Et d'où te viennent ces magnifiques pommettes, Aina ?

— Oh Lookaas, là tu me flattes ! Je suis d'origine lettone. Mon nom de famille, c'est Vasilevskis.

Elle me fixe, un sourire moqueur plaqué sur sa grande bouche. Je lui demande :

— Et alors, c'est quoi l'histoire de ta famille ?

— Mon père a été enrôlé de force dans la légion lettone de la Waffen SS sur le front russe.

— La vache, le pire des fronts. Il a dû en baver.

— C'était un expert en explosifs alors il a été promu officier. À la défaite, dans la confusion et la débâcle de la fin de la guerre, il a réussi à s'échapper jusqu'aux lignes alliées et à se faufiler jusqu'à être accueilli comme réfugié en Angleterre, où il a pu vivre une vie tranquille dans les Midlands.

— Il a eu du pot de s'en sortir indemne et de ne pas avoir d'ennuis.

Elle esquive la remarque, je n'insiste pas.

— Donc, je suis née à Nottingham. Ma mère était également latvienne, mais elle n'a jamais réussi à s'habituer aux Anglais ni à se faire d'amis. Elle s'est suicidée quand on était tout petits, mon frère et moi. C'est mon père qui nous a élevés.

— C'est terrible Aina, ça a dû être dur...

— Tourne à droite ici.

Elle m'indique le chemin, enterrant définitivement le sujet, jusqu'au 2 Nevern Road. Je la suis tandis qu'elle descend l'escalier extérieur jusqu'à une petite cour. Une grande fenêtre aux vitres noircies nous fait face. On emprunte la porte d'entrée à notre gauche, et on se retrouve dans un grand appartement long et fin. À gauche, derrière nous, les toilettes. Devant nous, un large couloir peint en blanc, éclairé par des lumières fluorescentes accrochées au plafond. Le long du mur de gauche, quatre tables d'architecte sont alignées, inclinées à 50°, avec des fauteuils de bureau devant. À droite, la pièce dont la fenêtre sur cour est couverte d'une bâche en plastique noir clouée tout autour : une chambre noire de photographe doublée de sa chambre à coucher.

Aina me présente :

— Tu connais Lucas, George ? C'est le batteur de Motörhead, le nouveau groupe de Lemmy.

George, debout, absorbé dans son travail, lève la tête et nous salue :

— Salut Aina ! *Hi*, Lucas. Je ne pense pas que l'on se soit déjà croisés. Désolé, mais il faut que je me grouille, j'ai un travail à livrer.

Visiblement sous speed, il semble pressé, et mâche son chewing-gum frénétiquement. Il nous quitte dans la précipitation en nous demandant de claquer la porte derrière nous. À peine est-il parti qu'on s'enlace passionnément. Aina m'entraîne par la main au fond de l'appartement. À côté d'une petite cuisine se trouve une chambre qui donne sur le jardin, peinte couleur brun foncé Biba, comme un boudoir édouardien. Elle m'enlève ma veste sans sortir sa langue de ma bouche, et nous tombons sur le lit en tentant de nous déshabiller mutuellement. Ses bottines glissent l'une après l'autre au pied du lit, et elle étend ses jambes en l'air, le dos plaqué au lit, pour que je retire par les chevilles son jean collé à la peau. Je découvre la blancheur de ses cuisses et une jolie fente impeccablement rasée en V. Alors qu'on bascule dans une étreinte violemment sensuelle, son pied heurte la table de chevet, qui bascule et fait voler au sol une lampe lady Art déco. Elle explose dans des milliers d'éclats de verre. J'hésite à aller m'interrompre pour nettoyer les dégâts, mais Aina me ramène à elle, saisissant mes fesses à pleines mains : rien ne dérange ses ébats. Lorsqu'on a terminé, je cherche un balai et une pelle dans la cuisine et je nettoie en lançant :

— Je rembourserai la lampe, je vais lui laisser un message.

— T'es vraiment trop bien élevé toi ! T'inquiète pas pour ça, je vais lui en faucher une au boulot.

Je laisse quand même un mot pour m'excuser sur le bureau de George, éteins les lumières et claque la porte. Je la raccompagne à l'appartement qu'elle partage avec Gunda : coïncidence, c'est celui de Boss Goodman, qu'elles squattent pendant son absence. Je lui raconte notre rencontre, mon concert avec Ross Stagg au *Dingwalls*. Encore un sous-sol. Il y règne une odeur de chats, à peine masquée par celle de la moisissure. Je sens approcher les dangers d'une crise d'asthme imprévue... Je sors ma Ventoline, que j'ai toujours en poche.

En début de soirée Gunda rentre du boulot. J'ai une idée en tête.

— Est-ce que l'une de vous sait broder ?

— Oui, toutes les deux, pourquoi ?

Je place entre leurs mains six brassards SS noirs de trois centimètres de large, aux liserés argentés, que j'ai achetés quelques jours plus tôt au marché de Portobello.

— J'aimerais que vous brodiez « Motörhead » en lettres gothiques blanches dessus, comme les brassards des divisions Panzer SS.

— Hmm, ça ne va pas être facile, ils ne sont pas bien larges tes trucs. Mais c'est jouable. Il te les faut pour quand ?

— D'ici deux à trois jours, c'est possible ? Je voudrais les mettre sur la manche gauche de nos cuirs.

— OK. Et les trois autres ?

— J'ai un autre plan pour ceux-là.

Brighton, 7 juin 1975

Pour ne rien changer, c'est au *Henekeys* que nous nous donnons rendez-vous le lendemain, à l'heure du déjeuner. Ce soir, les Pink Fairies jouent à Brighton, Lemmy prépare son coup d'éclat. Sans préambule, il me tend une ceinture à douilles identique à la sienne. Très touché, je le remercie avec émotion. Je la soupèse avant de la boucler autour de mes hanches, à ma façon, la bande noire reliant les étuis de cartouche vers l'extérieur.

On siffle une bière ensemble et avant de sortir, il m'entraîne dans les toilettes, sort son fameux tube en cuivre, et après une bonne sniffée, me lance :

— Tiens, on a des courses à faire. Je connais un vrai expert, je suis sûr que tu vas être bluffé...

On quitte le *Henekeys*, et on atterrit sous la pancarte « 60 stands sur 3 étages » du marché aux puces de Portobello. La halle est bondée, la chaleur étouffante. Sous les plafonds bas, les néons jettent sur la foule une lumière blafarde ; les stands minuscules croulent sous le bric-à-brac, au point qu'on peine à apercevoir les vendeurs derrière. J'emboîte le pas à Lemmy, qui se fraie un chemin dans les allées bondées, entre les clients et les tréteaux chargés de chapeaux multicolores, de ceintures, de bracelets ou de théières en porcelaine. Au fond de la halle, il s'arrête devant un stand qui, déjà de loin, attire l'attention. Le propriétaire nous salue chaleureusement : Lemmy est visiblement un bon client, et de longue date. Les vitrines regorgent de dagues, de patchs et de brassards brodés en lettres gothiques avec des noms de régiments d'élite, en blanc sur noir, ornés d'une lisière argentée. Sur le comptoir, sous verre, s'alignent des médailles par dizaines, des bagues et des broches représentant des aigles nazis. Les symboles de la Luftwaffe, de la Kriegsmarine, et d'autres divisions de l'armée allemande. Le mur derrière lui aligne épées, fanions triangulaires aux runes nordiques, drapeaux, casquettes...

Le propriétaire nous montre ses dernières trouvailles : il déroule un drapeau de sous-marin allemand, avant de sortir une dague d'ordonnance SS. Lemmy s'en empare, les yeux brillants comme ceux d'un gosse. Il tire la lame et examine l'inscription gravée : « *Meine Ehre heißt Treue*[1] ». Je suis partagé entre fascination et dégoût devant cet étalage de souvenirs nauséabonds. Des images de documentaires sur les rassemblements prohitlériens en Angleterre me reviennent

1. « Mon honneur, c'est ma fidélité », la devise des SS.

en mémoire pendant que j'examine le stand. Pendant ce temps, Lemmy négocie sec. Après une bonne demi-heure de tractations et de discussions sur la provenance des objets, il demande au vendeur de lui mettre la dague de côté jusqu'à vendredi, jour de sa paye.

Puis, comme pour m'éduquer, il me tend une croix de fer suspendue à un ruban noir, blanc et rouge. Il scrute mes réactions, me montre du doigt la qualité de la gravure et la compare avec celle, de piètre qualité, des marchandises du charlatan de la dernière fois... Le vendeur s'en mêle aussi, m'expliquant que c'est une décoration de seconde classe. Lem finit par l'acheter et, avant que je ne dise un mot, il ajoute :

— Vas-y, Lou, prends deux Totenkopf en métal et un aigle.

Deux insignes SS : la tête de mort était portée sur la casquette et au revers des vestes, l'aigle trônait sur le haut de la manche gauche. Lemmy glisse quelques billets dans la main du vendeur et me tend le petit sac en papier.

— Tiens, cadeau.

— Waouh... merci, Lem ! Mais... t'es sûr ?

— Ouais. Mets ça sur ton cuir, ça claquera, au concert des Fairies.

Retour à la lumière du jour, qui nous éblouit, et au brouhaha du marché de Portobello. On grimpe dans le Fridge, je retire ma veste, dégaine mon cran d'arrêt et perce de la pointe les revers de mon cuir, pour accrocher les deux crânes en fer-blanc. Puis j'épingle la croix de fer sur la poitrine, à gauche, près de la fermeture Éclair. L'aigle, je le glisse dans ma poche. On verra plus tard. Fin prêt, je me penche pour récupérer ma carte routière, sur la tablette devant Lemmy ; les douilles de ma ceinture en profitent pour me pincer le haut des cuisses. J'ouvre le plan aux pages des banlieues sud de Londres, et lui montre grossièrement les endroits où j'aurai besoin d'aide pour trouver mon chemin. D'un coup de pied, j'enfonce la pédale d'embrayage, je passe la première et le Fridge s'engouffre dans la circulation. Lemmy fouille dans les cartouches huit pistes devant lui, choisit *Mad Dogs and Englishmen* de Joe Cocker.

On traverse Kensington, puis Chelsea ; on traverse la Tamise *via* le pont de Putney, on croise St Mary's, église du XVe siècle. On suit les panneaux de direction pour Brighton. Alors qu'on remonte la colline de Putney, je confie à Lem :

— C'est la route que je prenais avec mon père le dimanche quand on habitait à Chiswick. On allait monter à cheval dans le parc de Richmond. Durant tout le trajet, je devais supporter ses critiques, ses remontrances et ses suggestions soi-disant bienveillantes pour – selon lui – m'aider à faire mieux.

— Je compatis. Les rares fois où je l'ai vu, John n'avait pas sa langue dans sa poche. Il semble avoir un sacré caractère. Mais bon, au moins t'as un père qui se soucie de toi.

— C'est vrai, c'est un dur à cuire. Comme toi, il n'a quasiment pas connu son père : il est parti en sanatorium quand mon père avait 4 ans, et y est resté jusqu'à sa mort quelques années plus tard.

— La tuberculose, la maladie des pauvres...

— Elle était comment, ta mère, Lem ?

— Elle a fait comme elle a pu, dans des circonstances qui n'étaient pas si mal après tout. Elle m'a appris à être poli et à respecter les autres, comme toi, j'imagine...

— Oui. Les femmes de ma famille m'ont transmis de bonnes valeurs, le respect, la politesse, mais aussi l'égalité des sexes... Ça ne te manque pas de monter à cheval ?

— Si, beaucoup. Je n'en ai pas fait depuis que j'étais ado à l'époque où je travaillais dans un centre équestre...

— Enfourcher sa monture, se mettre en selle, puis lâcher les rênes et galoper librement dans la cambrousse...

— Le hennissement du cheval quand il voit l'horizon s'ouvrir devant lui à perte de vue sur une plage déserte. L'ébrouement quand tu lui donnes carte blanche, ses sabots qui martèlent le sol, comme pour secouer les excès de la nuit précédente...

— Et déambuler sous la pluie !

— Ou dans la neige en pleine campagne.

Je suis soudain forcé d'interrompre la conversation.

— Tiens, on arrive au moment où je vais avoir besoin de tes talents de copilote.

Il s'empare de la carte et me donne des directions claires et précises. On quitte la rocade de Kingston pour rejoindre Malden Way. L'aide de Lemmy est précieuse pour traverser le labyrinthe de rues enchevêtrées des banlieues tentaculaires à vingt kilomètres du centre de Londres.

— Prends la deuxième sortie à gauche, Hook Road. C'est bientôt.

On passe devant un panneau indiquant l'autoroute M25, fraîchement construite avec ses blocs de béton couleur sable. Les joints entre les plaques font sursauter le Fridge, dans un fracas qui couvre la voix d'Alice Cooper sur « No More Mr. Nice Guy ». Finalement, on prend la sortie n° 7 et l'autoroute M23, ouverte l'année dernière, en direction de l'aéroport de Gatwick puis de celle de la station balnéaire de Brighton.

On laisse la ville dans le rétroviseur. Devant nous, la campagne verte du Sussex se déploie, vallonnée et onduleuse. On roule vers Brighton, bifurque vers Falmer. Enfin se dresse devant nous, tout de verre et de béton, l'énorme campus moderne de l'université du Sussex. Le ciel bleu et les boules de flocons des nuages se reflètent sur les longues barres de trois étages. Je cherche une place pour le Fridge et on repère un panneau qui indique : « Parking strictement réservé à la direction de l'université ». Lemmy, hilare, s'exclame triomphalement :

— Ça, c'est pour nous...

Nous ne sommes visiblement pas les seuls à avoir eu cette idée. Une bonne partie du parking « officiel » est un campement anarchique de vieux vans cabossés aux couleurs psychédéliques. Certains sont aménagés, avec des rideaux tirés aux fenêtres, quelques-uns ont même une cheminée. Ces véhicules s'entassent en rangées chaotiques, leurs pare-chocs défoncés parfois tenus par une corde. À côté, de vieilles bagnoles aux pneus lisses et la peinture écaillée partagent l'espace avec quelques choppers du club de motards local et les motos des bikers de la région. L'ensemble a l'air d'un musée hippie à ciel ouvert.

Après avoir fait le tour, nous abandonnons le Fridge à une place stratégique : juste à côté de l'entrée du dépotoir, histoire de pouvoir décamper rapidement si nécessaire en fin de soirée. Le concert se tient dans un immeuble de béton beige-gris dont les fenêtres teintées reflètent nos silhouettes qui passent. Nous montons des marches, entrons dans un long couloir surélevé en verre ; les talons de nos santiags résonnent. La billetterie, enfin, et la porte de la salle, qui vibre : les Pink Fairies sont déjà sur scène.

Derrière le comptoir, je reconnais Boss Goodman, le manager des Pink Fairies, qui semble avoir pris un coup de soleil. À ses côtés, Hamish MacDonald[1], les yeux brillants sous la tignasse qui lui tombe sur les épaules. Tous deux comptent la recette, des liasses de billets et des piles de monnaie étalées devant eux. Boss lève la tête, ses joues rouges d'une colère feinte, et lance à Lemmy, d'une voix nasillarde qui n'est pas sans rappeler celle de Larry :

— Qu'est-ce que tu veux encore, toi ?

— Jouer avec Larry sur scène après le concert des Pinks, milord, répond Lemmy sans se démonter. Larry est dans mon nouveau groupe, Motörhead. Et voici notre batteur, Lucas...

— C'est Lemmy, boss, intervient Hamish.

---

1. DJ, organisateur de concerts, membre du groupe Sexbeat et l'un des fondateurs du club *Batcave*, à Londres.

— Bordel, je sais exactement qui c'est, Hamish ! Bon, allez-y.

Hamish se lève, me gratifie d'un « Hello, Lucas » très courtois, et nous ouvre la porte. Une déferlante sonore nous percute de plein fouet jusque dans la cage thoracique. Nous le suivons dans la salle, de la taille d'une piscine olympique. Une chaleur moite imprégnée de sueur, d'herbe et de haschisch nous enveloppe aussitôt. La foule est dense.

Avec son haut plafond, le gymnase reconverti en auditorium a un bon son. Ses murs sont recouverts de plaques acoustiques et une brume de fumée flotte dans les lumières multicolores qui dansent sur le plafond et les murs. Les silhouettes de la foule s'agitent dans la pénombre devant nous. De jeunes étudiants aux joues roses, des fans des Fairies et d'Hawkwind sont mélangés aux bikers aux têtes de morts-vivants vêtus de cuir venus pour l'occasion. Tous les squats de Brighton et des environs ont dû se vider de leurs occupants venus recouvrir chaque centimètre carré du parquet en bois foncé poli. Nous suivons Hamish en file indienne, qui tente de se frayer un chemin entre les tas serrés de chevelus, debout et assis, évitant d'écraser mains, pieds, sacs et jambes. Ils ne prêtent pas attention à nous, concentrés sur leurs discussions, leurs joints et leur concert. À l'autre bout de cette marée humaine, une grande scène d'un mètre de haut, encadrée par des rideaux noirs montant jusqu'au plafond.

Les Pink Fairies se déchaînent sur leurs instruments, dans un son puissant et ramassé. En m'approchant, j'aperçois Larry, sa guitare à la main, le visage tordu d'une grimace intense. Ses solos hurlent comme une bête blessée et fendent l'air au-dessus de nos têtes.

On grimpe trois marches pour passer en coulisses. Là, face à nous, un piano droit, parfait pour couper des lignes… ce que Lem entreprend immédiatement de faire. Hamish, déjà sous acide, sniffe la sienne avec un sourire satisfait et disparaît dans l'auditoire. Les Fairies sont en ligne face au public, leurs deux batteurs au centre. De notre côté de la scène, Larry joue sur sa Stratocaster blanche, et Russell et Twink tapent furieusement sur leurs batteries. Sandy, avec sa basse blanche et Paul Rudolph, tête baissée sur sa Les Paul noire, complètent la formation.

Les solos interminables s'enchaînent entre Paul et Larry et chaque chanson laisse place à une autre. La foule se déchaîne.

Quand leur concert s'achève, les Pink Fairies sortent de scène, Larry en premier. Il est très surpris de nous voir à Brighton. Lemmy le prend à part et lui expose son plan : jouer une chanson ensemble après les rappels pour annoncer officiellement Motörhead aux fans des Pink Fairies. Larry, d'abord réticent, se laisse convaincre, et on s'organise avec Russell et Sandy pour emprunter leurs instruments. Les Fairies retournent sur scène sous les applaudissements et hurlements pour quelques morceaux de plus. Les rappels s'éternisent... puis dans un flash, le plateau se vide : c'est à nous.

Sandy tend sa basse blanche à Lemmy qui monte sur scène, branche son instrument, et pousse le volume à fond. Il ajuste le pied de son micro tandis que je m'installe derrière la batterie la plus proche. Larry se rebranche dans l'ampli, augmente le volume...

Lemmy s'approche du micro, dégage ses cheveux en arrière et d'une voix rauque, il balance :

— Nous sommes Motörhead et nous jouons du rock'n'roll !

Des hurlements : « Lemmy ! Larry ! » Un frisson d'excitation remonte tout le long de ma colonne vertébrale. Je n'en entends pas plus : Lemmy attaque l'introduction de « Motorhead ». Je lui emboîte le pas, perçois la guitare de Larry qui nous rejoint. Dans l'auditorium, j'aperçois des mains levées, des têtes qui se secouent... Motörhead vient de faire sa première apparition en public.

L'avocat, 9 juin 1975

La vague du miniset de Brighton me dépose, à 18 heures précises ce lundi, devant le bureau d'Irving Spellman, au 62 Pont Street Mews, dans le quartier de Knightsbridge. Les bâtiments de cette petite rue, construite avant l'invention des automobiles, servaient autrefois d'écuries et de garages pour les coches, avec de modestes appartements pour les postillons. Désormais, ce sont des banquiers et des hommes d'affaires qui habitent ce quartier chic de l'ouest de Londres.

Le cabinet d'Irving se trouve au rez-de-chaussée. Il y jongle entre ses clients personnels et sa mission de conseil du syndicat des musiciens, pour lequel il met son expertise au service des artistes gratuitement. Avec le temps, il est devenu une pointure en respect du droit d'auteur et un expert de la lutte contre les abus des maisons de disques et des managers véreux. C'est lui qui m'a appris à lire les contrats et à les négocier.

Dans les années 1960, le show-business se concentre à Soho, ce kilomètre carré de ruelles sales et bruyantes derrière Shaftesbury Avenue, le quartier des théâtres. Un repaire de malfrats où se mêlent prostitution, clubs de strip-tease, casinos et bars clandestins ouverts à toute heure. Sexe, cinéma et musique s'y côtoient, sous la coupe de voyous qui ont fait fortune grâce au marché noir pendant la guerre. Dix ans plus tard, les caïds sont toujours grandement à la manœuvre, épaulés par une police des mœurs corrompue jusqu'à la moelle... Le manager de Led Zeppelin, Peter Grant, en est un bon exemple : craint et redouté par ses ennemis, aimé et respecté par ceux qui ont la chance de l'avoir de leur côté et de faire partie des poulains qu'il défend obsessionnellement. Ancien catcheur, il avait travaillé pour Don Arden, l'Al Capone de la pop des années 1960. De nombreuses rumeurs courent au sujet de musiciens suspendus par les pieds au-dessus du vide, depuis la fenêtre du bureau de Don, pour les inciter à signer un contrat... On raconte que Grant était celui qui leur tenait les orteils.

Irving Spellman tire justement une partie de sa renommée du procès qu'il a intenté à Don Arden : il est le seul avocat à s'y être risqué et à avoir gagné. À moins qu'il ne soit le seul à avoir survécu pour le raconter...

Je sonne à la porte de la maison blanche. Son assistante m'ouvre, enfile sa veste, récupère ses affaires pour partir. Irving apparaît : chemise blanche impeccable, cravate mauve, lunettes fines qui ne masquent rien de son regard perçant. Crâne légèrement dégarni, cheveux poivre et sel coupés court. Il me fait entrer dans son bureau, après m'avoir salué, et m'interroge immédiatement sur mon nouveau groupe, mon manager, la maison de disques. Il me tend une feuille verte estampillée « Legal Aid » pour que je la remplisse : ainsi, je n'aurai pas à sortir un sou de ma poche, c'est le syndicat des musiciens qui payera Irving.

Je lui passe les deux contrats, qu'il se met immédiatement en devoir d'examiner. Le bureau est austère, bien que lumineux ; un stylo Montblanc et un crayon soigneusement alignés, une pile de dossiers bien ordonnée sur une table derrière lui, des étagères remplies de livres de droit... Seule fantaisie, quelques photos décorent les murs rigoureusement blancs, trônant aux côtés de son certificat du barreau de Londres. Rien de majeur n'entache le contrat de management ; deux ou trois suggestions de modifications tout au plus. Le contrat d'enregistrement, en revanche, semble davantage l'intriguer. Irving prend son temps, vérifie soigneusement et m'explique chaque clause puis propose plusieurs amendements qui me semblent raisonnables, comme le payement direct par la maison de disques des redevances aux musiciens.

Lorsque je retrouve Lemmy pour faire le point, il semble finalement satisfait de ma démarche. Nous revenons tous trois vers Doug, qui accepte nos conditions, tout comme le service juridique de United Artists. Il n'y a plus qu'à signer les contrats... et fêter ça au *Henekeys*.

Larry et Lemmy, euphoriques, répandent la nouvelle dans le pub. Larry crie à qui veut l'entendre :

— Motörhead est en marche, que vous le vouliez ou non ! Faites avec, ou allez vous faire foutre, on s'en fout, on est là... c'est du rock et du vacarme, pas de baratin...

Et Lemmy ajoute :

— On va être le groupe de rock'n'roll le plus sale du monde. Si on emménage à côté de chez toi, ta pelouse va crever...

Une blague au sujet de l'herbe qui jaunit et meurt dans le jardin du voisin d'Irene, à Gunter Grove... L'information se répand comme une traînée de poudre à travers le pub bondé, et on devient vite le centre de l'attention. Mais déjà, la cloche annonçant la dernière tournée retentit, alors qu'on a encore des shots plein les mains, offerts par des inconnus euphoriques.

Lemmy décide qu'il est temps d'aller répandre la bonne nouvelle parmi les musiciens du quartier : il veut en particulier rendre visite à Chris Wood, le fondateur de Traffic. Pour une fois, Larry est partant, plein d'enthousiasme. Michael, derrière le bar, nous refourgue des sacs pleins de canettes de Special Brew et une bouteille de

Southern Comfort. Dans le Fridge, alors qu'on longe Hyde Park, Larry est surexcité. Je suis les indications de Lem : Hyde Park Street, Connaught Street, Upper Barclay Street, Hampden Gurney puis l'impasse en T de Great Cumberland Mews. On se gare devant la maison du saxophoniste. De la musique filtre depuis l'intérieur. Lem sonne, ça s'arrête, et Chris nous ouvre, l'air surpris.

— Oh c'est toi Lem ? Salut, comment ça va ?

— Bien Chris, et toi ? Cette petite bande de malfaiteurs, c'est Larry, mon guitariste et Lucas, mon batteur.

— Entrez, entrez ! On est en train de taper un bœuf avec quelques amis.

La pièce principale est un ancien garage, haut de plafond, recouvert de tapis indiens qui cachent le sol en béton.

— Alors, Lem, j'ai entendu dire que t'avais « quitté » Hawkwind ? Le bruit court que t'as un nouveau groupe...

— Ouais, on s'appelle Motörhead. On vient de signer chez United Artists.

— Génial, t'as agi vite ! Faut pas traîner, battre le fer quand il est encore chaud...

On s'assoit tous les trois sur un sofa. La pièce est remplie d'instruments et de musiciens qui improvisent dans un nuage de fumée. À la basse, Ric Grech, aux congas, Rebop : ils jouaient tous les deux avec Chris dans Traffic. Un peu plus loin, Lemmy salue Mitch Mitchell, le batteur d'Hendrix. Je repère deux anciens membres des Stones : Mick Taylor, à la guitare, et Bobby Keys, au saxo. Chris reprend le sien et tous réattaquent. Lemmy, sourire en coin, semble ravi d'être pris au sérieux par cette illustre confrérie. Je jette un coup d'œil sur Larry, il rigole comme un gosse. De mon côté, je suis sur un nuage : tout est enfin en train de se mettre en place...

Paris, 13 juin 1975

Le bureau de Doug m'appelle : Motörhead va remplacer Dr. Feelgood, un groupe de pub rock, dans une émission de télé, à Paris. Il faut que je prépare mon passeport. Une voiture vient me chercher, Wayne Bardell, qui bosse avec Doug, assis à côté du chauffeur. On récupère Lemmy et Larry, étui de guitare en main, direction l'aéroport. Fouille de rigueur à Heathrow, où l'on nous confisque nos ceintures à douilles pour les passer en soute. Les choses se compliquent à Roissy-Charles-de-Gaulle, lorsque la délégation venue accueillir un gentil groupe de rock voit débarquer trois hurluberlus, dont certains arborent sur leur veste en cuir Totenkopf et croix de fer, entre autres décorations nazies. Les yeux s'écarquillent sur la croix gammée qui pend au cou de Lemmy. Dire qu'ils sont choqués est en deçà de la réalité : c'est carrément la panique. Ils s'isolent longuement plus loin, on voit de grands gestes et les signes d'une discussion franchement agitée. Ils reviennent vers nous : hors de question qu'on passe dans leur émission. Je tente d'apaiser la situation ; je n'ai pas parlé français depuis mon départ du lycée, cinq ans plus tôt, mais ça revient assez vite. J'essaie d'expliquer que nos tenues ne sont que de la provoc en réaction à une société trop coincée. Ils connaissent sûrement Hawkwind, qui a joué à l'Olympia à guichets fermés en novembre dernier. Lemmy est leur ancien bassiste, il chantait « Silver Machine », un tube connu dans le monde entier. Nous ne sommes en aucun cas des nazis. Rien à faire, ils restent campés sur leurs positions, le ton finit par monter. La télé française n'est pas encore prête pour le choc Motörhead. Wayne file au guichet acheter nos billets retour. Nous avons juste le temps de rentrer avant la fermeture du *Henekeys*.

Free, juin 1975

Les commerçants et antiquaires remballent leurs marchandises dans des camionnettes. Depuis le siège passager, Lemmy me guide à travers Portobello : vers Elgin Crescent, puis Ladbroke Grove, sous le pont, et enfin Goldbourne Road. Il me fait bifurquer vers les petites *mews*, ces anciens chemins de service autrefois bordés d'écuries et des logements des cochers – reconvertis aujourd'hui en petites maisons mitoyennes.

On sort de la voiture. Les pavés sous mes pieds me rappellent l'état catastrophique de mes talons. Ça me donne une démarche de cow-boy, comme lui... Les réparer ? Ça ne me traverse même pas l'esprit.

Lemmy a une revanche à prendre. Il veut absolument asseoir la crédibilité de notre groupe auprès des légendes du milieu. Aujourd'hui, il m'emmène rencontrer Paul Kossoff, le guitariste mythique de Free. L'adresse : 5 Goldbourne Mews. Lem pousse la porte d'entrée et on grimpe l'escalier étroit. « Little Wing », de Hendrix, résonne dans les marches, un parfum français haut de gamme flotte dans l'air, accompagné d'un mélange d'odeurs immédiatement reconnaissables : celle des amplis à lampes chauds et poussiéreux et un soupçon d'herbe thaï.

En entrant dans le salon, Lem me présente à Paul. Celui-ci lève à peine les yeux pour me saluer d'un signe de tête. Une Gibson Les Paul dorée à la peinture écaillée, encore branchée par un serpent de corde noire, repose sur un ampli Marshall dans un coin. Assis sur un sofa, l'air éteint, il semble perdu dans ses pensées, mais se réanime en voyant Lemmy sortir son paquet de speed. La porte de la chambre s'ouvre sur une bombe : sa copine Sandy Chard, en sous-vêtements, à moitié endormie... Kossoff est encore obsédé par la mort, il y a déjà cinq ans, de son héros Jimi Hendrix, dans un hôtel à proximité. Les souvenirs et la perte imprègnent encore l'appart.

Lemmy aligne quatre lignes de poudre blanche sur la table basse et Sandy nous tend une paille. Lem tente d'utiliser l'humour pour lui décrocher un sourire en imitant Tommy Cooper :

— Ma femme avait la mauvaise habitude de ronger ses ongles. J'ai réussi à la guérir, j'ai caché ses dents...

Je ris, Paul aussi, mais il est évident qu'il préférerait être seul avec Sandy... Celle-ci n'a pas l'air du même avis, un peu de compagnie semble lui faire du bien. Elle nous sert un whisky et Paul accompagne sa ligne de speed de quelques somnifères Mandrax piochés dans une petite bouteille en verre brune...

Lemmy retente sa chance :

— J'ai croisé un clodo dans la rue, il portait une seule chaussure... Je lui demande : « T'as perdu une chaussure ? » Il répond : « Non, j'en ai trouvé qu'une... »

Les blagues de Tommy Cooper semblent ne plus faire effet : Paul commence à sombrer dans le sofa.

On finit nos verres, on salue Paul et Sandy et on redescend les escaliers de bois.

Lemmy veut rendre visite à l'une de ses copines, pas loin, à Lancaster Road. Elle nous ouvre la porte, visiblement alcoolisée après un passage au pub ; quelques mots échangés plus tard, ils disparaissent tous les deux dans la chambre. Moi, je m'enfonce dans le canapé avec une BD trouvée sur une étagère. Le speed qu'on a pris chez Kossoff commence à monter, tourbillonnant dans mes veines, une montagne russe de sensations me traverse, mon cerveau accélère et commence à délirer. Les mots s'animent et dansent comme des fourmis sur la page de ma BD. Je reprends la lecture, m'efforçant de me reconcentrer, mais les dessins prennent une intensité presque hypnotique. Page après page, l'histoire se déroule... Des monstres prennent vie, des vaisseaux spatiaux fendent l'air, à droite et à gauche... Je pose ma BD, les yeux dans le vague, l'esprit envahi d'images de ma journée avec Lem.

Mission clandestine, juin 1975

Je retrouve Aina, une idée farfelue en tête… Décidément, ces amphétamines stimulent mes neurones. À l'arrière de mon fourgon, deux larges pinceaux et deux pots de peinture blanche. Je lui expose mon plan et à 3 heures du matin, nous nous mettons en route pour le site de construction que j'ai repéré à Notting Hill.

Les rues sont désertes, le monde dort, tandis que nous, complices et hilares, sortons nos pots et pinceaux de la porte arrière du Fridge. Nous nous appliquons pour tracer, en lettres d'un mètre de haut, « GO TO BED WITH MOTÖRHEAD » tout le long de la palissade de l'ancien site de bombardement. La tôle ondulée du chantier portera l'inscription longtemps. Aina et moi, nous faisons une promesse : celle de ne jamais divulguer à qui que ce soit notre culpabilité dans cette affaire de tag.

Quelques jours plus tard, je déniche trois crânes miniatures en caoutchouc dans une boutique de Piccadilly. Ils ont une petite clef sur le côté pour les remonter et deux roues en dessous leur permettent de zigzaguer dans tous les sens. Je les trouve drôles. On dirait des minitêtes de Lemmy, les dents serrées. Quand ils roulent sur une peau de batterie renversée, ils émettent un bourdonnement de sauterelles métalliques, rebondissant sur le bord comme des autos-tamponneuses à la fête foraine. Avec une bonne ligne de speed dans le sang, je passe la nuit à les customiser.

Je peins le premier d'un camouflage marbré inspiré du front russe, avec un éclair SS sur le côté. Le deuxième, aux teintes sable, évoque l'Afrika Korps. J'ajoute aussi une croix noire et blanche de l'armée allemande et des pièces non utilisées de maquettes de chars que j'ai à la maison. Ils ont vraiment de la gueule.

Mon idée, c'est de les envoyer à la presse rock pour faire la promo du groupe. Je les mettrais dans une boîte, la mécanique remontée au préalable, avec, attaché derrière chacune, un des brassards Motörhead fraîchement brodés par Aina et Gunda.

Visualisez la scène : un chroniqueur ouvrirait innocemment la boîte, et le petit crâne en surgirait en trombe, traversant son bureau comme une locomotive furieuse, traînant derrière lui le brassard et la boîte d'emballage… En tout cas, c'est ce que j'imagine. Ah, les amphètes.

Le vendredi, jour de paye, Lem m'accompagne soumettre mon idée à Doug, puis à Andrew Lauder de la maison de disques. On a rendez-vous avec eux chez United Artists, au 37 Mortimer Street.

Fondée à Hollywood en 1919, c'était à l'origine une coopérative créée par Charlie Chaplin, Douglas Fairbanks, Mary Pickford et Douglas Griffiths pour produire et distribuer leurs propres œuvres. Il s'agit, depuis ses débuts, d'une société américaine indépendante faite par les artistes pour les artistes. Elle a notamment produit des classiques comme *Le Dernier Tango à Paris, Orange mécanique, Macadam Cowboy* ou encore *Le Lauréat.* Elle se dote d'un département musical en 1957, qui se développe particulièrement au début des années 1970 sous la direction de Martin Davis, son nouveau président-directeur général, et d'Andrew Lauder, directeur de l'Artiste et Répertoire. C'est ce dernier qui importe au Royaume-Uni des artistes tels que Captain Beefheart et Creedence Clearwater Revival, et qui signe les Américains Flamin' Groovies. Il découvre et signe aussi des groupes britanniques, comme Hawkwind, Dr. Feelgood... et Motörhead.

On passe la porte d'entrée et on monte l'escalier pour rejoindre le bureau d'Andrew. La porte est ouverte, et lui au téléphone. Il se lève et nous fait signe de nous asseoir... Pour moi, il incarne la dimension humaine de la maison de disques. Ce jour-là, je lui laisse un des petits crânes – il l'a toujours.

Dans le cadre du lancement de la promo de la tournée, Doug nous envoie enregistrer deux titres pour un 45 tours dans un petit studio à Worthing, une ville balnéaire sur la côte sud. Nous revoilà sur une route familière, presque la même que celle pour aller à Brighton. Le studio nous fournit une batterie, et on enregistre deux titres : « Motorhead » et, si ma mémoire est bonne, « Lost Johnny ».

Après la session d'enregistrement, on reprend la route à bord du Fridge, la cassette de notre premier mix en main.

le stack, 26 juin 1975

On est en plein dans la deuxième série de répétitions. Doug a prévenu Lem qu'un journaliste de *Sounds* viendrait l'interviewer aujourd'hui. Lem débarque avec un pot de peinture noir mat, un pinceau et un sac de clous chromés, gros comme des pièces de 20 centimes, qu'il a dénichés au marché…

Sans attendre, il se met à décoller un par un les stickers d'Hawkwind de sa tête d'ampli. Avec un dégoût non dissimulé, il chiffonne chaque autocollant en boule et le dépose dans un cendrier. Puis il saisit son couteau pour ouvrir le pot de peinture et entreprend de recouvrir d'une épaisse couche noire les couleurs éclatantes et psychédéliques qui évoquaient son ancien groupe.

Larry arrive, juste avant que le journaliste de *Sounds*, Geoff Barton, ne nous rejoigne. Geoff s'assoit, sort son carnet de notes et se lance immédiatement dans une rafale de questions à Lem sur son départ d'Hawkwind et la fondation de Motörhead.

Lem répond, sans lever le nez de son pinceau, continuant d'enduire de peinture noire son stack Marshall. Il détaille les déboires de la débâcle canadienne, sa déception face à la trahison de son ancien groupe, et ses espoirs pour son nouveau projet. Il en profite pour nous lancer quelques piques au passage, nous qualifiant affectueusement, Larry et moi, de « bons à rien ». Je l'écoute, en retrait, accoudé sur ma caisse claire, alors que Larry, lui, se planque derrière l'ampli, évitant soigneusement le journaliste.

Quand Geoff a fini ses questions, il range son carnet et repart, apparemment satisfait de son interview. Lem, quant à lui, descend emprunter un marteau au studio. Lorsqu'il revient, il s'attelle à finaliser la décoration de ses baffles avec les clous chromés. Une fois son œuvre accomplie, il recule, s'allume une cigarette et contemple son travail, avec un sourire satisfait.

On commence – enfin – à répéter, profitant des quelques heures qui nous restent.

Deuxième jour des répétitions, 27 juin 1975

Lemmy et moi passons souvent nos nuits sous amphétamines, déconnectés du rythme du commun des mortels pendant que le reste du monde dort. La veille cependant, j'étais à bout et je suis tombé comme une masse, écroulé de fatigue. Pour une fois, je parviens à dormir d'un sommeil réparateur. Pas assez longtemps, malheureusement. Mon réveil sonne, je grignote un truc en vitesse, puis je file récupérer Lem au *Henekeys*.

Dans la voiture, je lui demande :

— T'es debout depuis quand, Lem ?

— Aucune idée, Lou. Deux, trois nuits, peut-être, voire plus. Je ne m'en souviens plus.

Il a l'air un peu absent, mais toujours de bonne humeur, fidèle à lui-même. Nous arrivons tôt au studio de répétition, à Battersea.

— Je vais faire un petit somme ; dix minutes, un quart d'heure max. Réveille-moi quand Larry arrive.

Lem se dirige vers la cabine de la régie, grimpe sur la table et s'allonge sur le dos. En un clin d'œil, il sombre dans un sommeil profond.

Larry débarque, comme à son habitude avec une bonne heure de retard.

— Salut, Lucas, il est où Lemmy ?

Je pointe la cabine du doigt. Larry suit mon regard et aperçoit Lem, de profil, allongé sur la table. Sa silhouette évoque celle d'une momie égyptienne, dans la pénombre, de l'autre côté de la vitre.

— Je vais le réveiller.

Lem fait une drôle de tête, ses yeux grands ouverts, le blanc des yeux rivé sur le plafond. Il a l'air d'un cadavre.

— Putain Lucoïd, il fait peur ! T'es sûr qu'il est encore en vie ?

— Oui, regarde, il respire. Pas profondément, mais il respire, t'inquiète. J'ai vérifié plusieurs fois pendant que je t'attendais.

Tour à tour, Larry et moi on l'appelle, d'abord doucement, puis de plus en plus fort. Larry le secoue un peu, puis lui pince les joues… Rien. Il ne répond pas, pas un grognement, pas un murmure. Larry hausse le ton, on essaie ensemble, par tous les moyens. Rien.

Il finit par perdre patience, attrape un appareil photo dans son sac, monte sur la table, à califourchon sur Lem, et le photographie.

— Maaaaaaan, réveille-toi Lemmy ! Putain !

Mais c'est peine perdue. Ce « mort-vivant » ne compte pas ressusciter de sitôt. Larry, furieux, ramasse sa guitare et quitte le studio, claquant la porte derrière lui.

J'apprendrai plus tard que, une fois de retour chez lui, il a appelé le bureau pour se plaindre. Richard Ogden, notre attaché de presse, trouve l'anecdote marrante. Sautant sur l'occasion, il contacte les journaux musicaux : il a une bonne histoire à raconter. La nouvelle se répand... Moi, de mon côté, j'ai bien mis deux bonnes heures à réveiller Lemmy.

Luther Grosvenor, 28 juin 1975

Entre deux répètes, Lem et moi n'avons pas perdu l'espoir de mettre en place un duo de guitares lead, façon Thin Lizzy, dans Motörhead. Le jeu de Luther Grosvenor dans Spooky Tooth, puis sous le pseudo d'Ariel Bender dans Mott the Hoople, nous impressionne tous les deux. Son style compléterait bien celui de Larry. En plus, il chante, il compose et il a une bonne gueule… Sur le papier, les « 4 L », Lemmy, Lucas, Larry et Luther, ça ressemble à un signe du destin. Et ça tombe bien, il vient de quitter Mott the Hoople et de se faire remplacer par Mick Ronson, l'ancien guitariste de David Bowie. Bref, nous, on l'attend au *Henekeys*, où Lemmy lui a donné rendez-vous en fin de matinée.

Luther arrive, longs cheveux roux châtain clair, visage enfantin, vêtu de jean de la tête aux pieds. On discute un peu tous les trois ; il a l'air vraiment emballé. Rapidement, la conversation glisse vers nos influences et nos goûts musicaux. Lem disparaît un moment, me laissant seul avec Luther, et Michael nous sert à boire. Pendant notre conversation, Luther, avec son accent de l'ouest Midlands, me confie :

— J'ai quitté Mott parce qu'on n'arrivait plus à se mettre d'accord, Ian[1] et moi. Il voulait faire de la musique beaucoup plus commerciale, alors je suis parti. Ce que je cherche vraiment, c'est un MC5 anglais.

La formule magique.

— Un MC5 anglais ? Mais c'est exactement ce qu'on veut faire, Luther.

Une fois seuls, Lem et moi on s'échange nos impressions :

— Ça a l'air de coller, Lem, on s'entend bien.

— Ouais, il est intéressant, intelligent et talentueux, c'est sûr. Mais il se comporte un peu trop comme une star à mon goût, et je me méfie des grosses têtes.

— Ah bon ? Moi je l'ai trouvé cool. Il m'a dit qu'il cherchait à faire un genre de MC5 anglais.

— Hmm ? C'est vrai que c'est prometteur.

— Mais… tu penses vraiment que Larry va s'entendre avec lui ?

— Alors ça, rien n'est moins sûr.

On ne va pas tarder à le savoir. L'après-midi, on répète tous les trois et Lemmy décide d'inviter deux gars de notre cercle proche à la répétition : Michael, qui vient de nous servir un énième verre, et Peter Frampton, avec qui il partage un squat à Powis Square.

---

1. Ian Hunter, chanteur de Mott the Hoople.

Il veut un avis extérieur sur notre groupe. Pete est un débrouillard : il va régulièrement ramasser des douilles de mitraillette sur des champs de tir de l'armée, il les assemble en ceintures et il les vend le week-end au marché de Portobello.

Michael débarque avec des provisions de Special Brew. Lem et moi, on commence à jouer tout de suite, en attendant l'arrivée de Larry. Ma batterie et tout notre équipement sont déjà prêts : un roadie a tout monté avant la première séance, et on laisse tout en place chaque soir.

Larry pointe enfin le bout de son nez. Cinq rails, un joint et une tournée de Special Brew plus tard, on se lance dans les chansons qu'on a préparées en répétition, mais avec plus de hargne que d'habitude : cette fois, nous avons un public, aussi restreint soit-il... Ça sonne bien, Michael et Peter semblent apprécier...

Pendant une pause, Lem tente d'aborder *le* sujet délicat. Il fait discrètement signe à Michael et Pete de s'éclipser un instant pour qu'on puisse discuter tous les trois en tête à tête.

— Écoute Larry. Avec Lucas, on voudrait explorer l'idée d'un second guitariste. Une configuration *double lead-killer-guitar*, comme Thin Lizzy.

Le visage de Larry se crispe, il le prend visiblement très mal.

— Pas question, Lem. Je suis le seul guitariste à bord.

— Mais imagine, Larry : Luther Grosvenor. Tu le connais ? L'ancien guitariste de Mott the Hoople. Toi et lui, en duel, échangeant riffs et solos... ce serait dévastateur !

Larry l'interrompt sèchement, montant dans les aigus :

— Si c'est ce que vous voulez, Motörhead, ce sera sans moi.

Lem me lance un regard désespéré. On sait tous les deux qu'on n'a pas le luxe de perdre Larry maintenant. On risque de se retrouver à nouveau à chercher un guitariste – voire deux. La presse a déjà annoncé les noms des membres du groupe, et les dates de tournée s'accumulent. On n'a pas le choix.

— OK, Larry. C'est vrai qu'on sonne déjà suffisamment méchant à trois.

Larry boude, roule un joint en silence, alors que Lem rappelle Michael et Peter. On partage une nouvelle tournée de Special Brew, Lem coupe des lignes, l'atmosphère se détend. On joue encore un peu ; Larry attaque les morceaux avec plus de rage encore. Quand Michael et Peter quittent le studio, ils ont l'air convaincus. Larry parti, Lem soupire.

— Putain, quel têtu ! Heureusement que c'est un bon guitariste et que ses blagues sont drôles. Peut-être qu'avec le temps, on pourra le convaincre, mais pour le moment c'est mort.

— Ça, c'est clair.

— T'as toujours tes bouquins sur les régiments allemands, Lou ? Allons les chercher, je voudrais qu'on rende visite à Joy, l'ex de Mick Farren. Elle s'y connaît en symboles occultes et ésotérisme. J'ai besoin d'inspiration pour l'esthétique du groupe.

Son léger accent de Cornouailles nous accueille chez elle, à Lancaster Road :

— Tiens, tiens... Il était temps, je vous attendais !

— Salut Joy ! Je te présente Lucas, le batteur de Motörhead.

— Oui, Lemmy, j'ai vu vos photos dans la presse. Bienvenue, Lucas !

Petite, blonde, avec une frange et un petit nez arrondi, son fard à paupières mauve contraste avec son visage pâle. Pour agrémenter sa robe en mousseline écrue brodée de fleurs, un amas de colliers et une grande croix en argent ornent son cou et résonnent avec les cliquetis de ses innombrables bracelets aux poignets et de ses bagues en argent.

— Mais enfin, comment avez-vous résisté si longtemps avant de passer me voir ?

— Mieux vaut tard que jamais, réplique Lem.

Elle caquète et ils continuent de se chamailler alors que Joy nous fait entrer dans son appartement-boudoir, sombre et cosy. Elle nous invite à nous asseoir autour d'une table basse de l'autre côté de la pièce pendant qu'elle termine avec sa cliente : une femme aisée du quartier, à qui elle tire les cartes. Je jette un coup d'œil autour de moi : des chaînes de perles multicolores ornent les bords des miroirs, des châles en soie sont accrochés aux murs et étalés sur un lit, de longues rangées d'étagères croulent sous les piles de livres. Des coussins de toutes les tailles sont éparpillés sur le sol, et un tapis indien couvre le plancher en bois. Des lampes de style années 1930 créent des îlots de lumière tamisée de part et d'autre de la pièce. Un filet de fumée monte d'une tige d'encens Santal sur un autel décoré d'un pentacle noir, de petits crânes d'oiseaux et d'autres talismans arrangés en demi-cercle.

Je sors mes livres de mon sac, et un bloc de papier. Lem prend le premier en main et le feuillette.

— Ils sont superbes, Lou, où est-ce que tu les as achetés ?

— Dans un magasin de maquettes, à South Kensington.

Côte à côte sur le canapé, on tourne les pages. Les symboles des régiments de la Waffen SS attirent particulièrement l'attention de Lemmy et on les reproduit sur le bloc-notes.

Joy raccompagne finalement sa cliente à la porte et nous rejoint avec tout un tas de bouquins sur les runes vikings, la sorcellerie et les symboles de l'Antiquité. Elle sait bien la vraie raison de notre visite : Lem veut ajouter une touche mystique à l'image du groupe, comme c'était le cas dans Hawkwind. Les yeux scintillants, elle arrange les ouvrages sur la table. Ravie de partager sa passion pour l'ésotérisme et l'occulte, elle nous parle de la puissance des lignes magnétiques en Cornouailles, au Devon et dans le comté du Dorset dans le sud-ouest de l'Angleterre, des sages-femmes païennes, les chamanes des villages qui se passaient les secrets des épices et des poisons de mère en fille au temps des matriarcats préchrétiens, de leur signe distinctif pour se faire reconnaître : un chapeau pointu... Ces femmes furent accusées de sorcellerie et brûlées pendant l'Inquisition... Elle nous parle aussi de Glastonbury, d'Avalon, du roi Arthur, des armoiries des chevaliers de la Table ronde.

Lorsqu'elle nous tend un tube en argent et nous propose trois lignes, alignées sur un miroir à main biseauté style années 1920, un doux parfum sucré caractéristique envahit l'air. C'est une poudre dont on reconnaît la provenance avant même qu'elle ne touche les narines : Joy coupe son speed à la poudre pour bébés Johnson's.

Tous les trois, on plonge dans les photos, comparant les symboles saxons, normands, indiens, teutons, vikings et celtes gravés sur les pierres tombales et tableaux de l'époque, qui ont visiblement inspiré certains des insignes des régiments d'élite Panzer. Joy nous explique la signification de chaque rune, son origine, son importance à travers les siècles pour les différentes cultures païennes.

Ce jour-là, on fait un pas de plus vers l'esthétique de Motörhead.

Une question de look et d'honneur, fin juin 1975

Même si Larry avait été plus ouvert à notre idée de quatuor, nous n'aurions jamais eu l'occasion de découvrir l'effet « killer » d'un duo de guitaristes solistes. Peu de temps après notre discussion, Luther annonce à Lemmy qu'il préfère finalement monter son propre groupe. C'est le début de Widowmaker, avec Hugh Lloyd-Langton comme second guitariste – que Lemmy connaît bien, puisqu'il est, lui aussi, un ancien membre d'Hawkwind… Et la fin de notre projet : nous n'avons pas de plan B. Motörhead reste un trio, qui continue les répètes en prévision du premier concert officiel. Larry se pointe un jour dans un Perfecto Lewis Leathers flambant neuf. Moi, de mon côté, j'ai récupéré les brassards qu'Aina et Gunda ont brodés : Motörhead s'étale fièrement, en gothique, sur les anciens insignes nazis. Lemmy et moi avons déjà les nôtres, cousus sur la manche gauche de nos cuirs ; j'en sors un autre. Aussi sec, Larry refuse mon cadeau :

— Non maaan, j'ai pas envie de mettre quoi que ce soit sur ma veste… Faites ce que vous voulez ; moi, c'est pas mon délire.

À nous deux, donc, la charge de l'image provoc que Lemmy veut donner au groupe, et qui doit faire parler de lui. Il faut dire qu'il a été à bonne école, tout d'abord avec les spécialistes du blasphème que sont les Vickers ; auprès de Jimi Hendrix ensuite ; avec Hawkwind enfin. Mais Motörhead n'est pas le premier groupe à exploiter l'image de l'ennemi, et ce dès les années 1960 : Brian Jones et son uniforme SS, son coéquipier, Keith Richards, en tenue de la Wehrmacht, Jimmy Page sur scène avec un képi SS sur la tête, Keith Moon en uniforme de la Gestapo… Lemmy disait : « Si les parents sont choqués, on est sur la bonne voie. » Notre ligne de conduite tracée, il n'y a plus qu'à lui donner forme. Je m'installe derrière mes fûts.

●●●

Pour la plupart d'entre nous à l'époque, garçons comme filles, une coucherie d'un soir n'était pas synonyme de « sortir ensemble », et encore moins de « relation exclusive ». Mais pour moi, l'aventure avec Aina, c'était autre chose. Dans ma tête, c'était sérieux.

Pour elle, un peu moins visiblement, car lorsqu'elle me file rendez-vous chez George, je la retrouve dans les bras d'un autre et en plus l'un des principaux bikers du coin. Pas question de laisser passer ça, Aina est à moi, ma jalousie naïve prend le dessus – je vois rouge. Sans réfléchir, je me jette sur le gars, me mets sur lui, grognant comme un animal en rogne. Pour lui, ça doit ressembler à un combat avec une araignée, mais je suis quand même trop près pour qu'il puisse me coller un vrai coup de poing. Alors, il se contente de me taper derrière la tête, de sa main couverte de bagues. Rapidement, je pisse le sang. Finalement, il me repousse en rigolant, se barre vers les toilettes en me lançant :

— Barre-toi vite avant que je change d'avis et que je te tue...

Aina, impressionnée, me confie :

— C'est bien la première fois que quelqu'un se bat pour moi... mais je reste quand même avec lui.

Je pars, furieux et blessé, au sens propre comme au figuré. Soulagé d'avoir évité le pire, mais je m'en veux d'avoir été assez stupide pour croire qu'Aina me serait fidèle. Heureusement que le type connaît Lemmy et qu'il sait que je fais partie de son groupe, sinon je n'en serais sans doute pas sorti vivant.

Au studio, je raconte fièrement ma bagarre mais Lem réagit au quart de tour :

— T'as perdu la tête ? Te battre pour Aina ? Elle en vaut pas la peine, t'aurais pu te faire tuer ! Je te l'ai dit l'autre jour, les gonzesses et les groupes, ça fait pas bon ménage, compris ?

Je hoche la tête, et Lem se calme.

— Pas trop de dégâts ?

— Non, ça va. Quelques égratignures derrière la tête, c'est tout. J'ai eu de la chance...

Les journaux en parlent, 3 juillet 1975

Le 3 juillet, Lemmy et moi attaquons la journée en nous retrouvant au *Henekeys* dès 11 heures. Dans le bar de devant, une table nous attend avec nos verres – en nous voyant arriver, Tom a décapsulé deux Special Brew et servi deux shots généreux de Southern Comfort –, trois piles de 45 tours et des journaux : le *New Musical Express*, le *Melody Maker*, le *Record Mirror*, *Sounds* et *Beat International*... Comme tous les jeudis, Michael est allé récupérer la presse musicale et quelques 45 tours au marché de Berwick Street, à Soho, près de Piccadilly Circus. De quoi alimenter le juke-box du pub.

On s'installe pour éplucher les articles, sirotant nos boissons et grillant clope sur clope. Lem, concentré, lit en diagonale, tournant page après page en se mouillant le pouce. Après un bon quart d'heure, il ricane et me montre, triomphant, un gros titre qui s'étale sur une page people : « *Lemmy sleeps!*[1] ».

— Oh putain, Larry va péter un câble...

— Oh que oui, Lou. On va lui montrer ça, tout à l'heure, à la répète...

Notre revue de presse terminée, il se met à faire le tri dans les 45 tours, les rangeant en deux piles. Désignant la plus grande, il lance à Michael :

— Ce tas-là, t'as qu'à le jeter, ou le vendre sur le marché. Ça ne vaut pas un kopeck...

Et en pointant son doigt sur la plus petite :

— Ça, c'est pour le juke-box...

Tom nous amène une tourte au steak et aux rognons chacun, et on mange avant de rejoindre le Fridge pour filer vers le sud de Londres et la salle de répète.

●●●

La réaction de Larry est à la hauteur de nos attentes : il s'étrangle carrément en découvrant l'article sur Lemmy :

— Putain Lemmy ! Même quand tu dors, t'arrives à ce qu'on parle de toi ! Demain après-midi, on va à Carnaby Street. Je vais nous avoir de la presse, moi, vous allez voir !

Le lendemain, on part en balade tous les trois, Lem et moi à l'avant, la chevelure touffue de Lazza rebondissant dans le rétroviseur du Fridge. Il est excité comme une puce, et bien déterminé à provoquer un incident pour faire parler du groupe. À Regent Street, je bifurque à gauche sur Great Marlborough Street, où je

---

1. « Lemmy dort ! ».

trouve miraculeusement une place. Comme d'habitude, je bloque le parcmètre avec un anneau de canette. Et nous partons en direction de *Liberty's*. Bâti dans les années 1920, ce grand magasin a été construit avec les boiseries de deux bâtiments de guerre de la Royal Navy du XIXe siècle, le *HMS Impregnable* et le *HMS Hindustan*. On traverse Carnaby Street. Sous nos pieds, un pavé caoutchouteux aux dessins géométriques, couleurs pêche, jaune, bleu et blanc. La rue est bondée, des touristes flânent de boutique en boutique.

Larry nous entraîne vers un groupe de policiers, en chemises blanches et képis hauts. Lem et moi échangeons un regard incrédule ; sans hésiter, il s'approche de l'un des flics par-derrière, feint de le bousculer par accident, et se met à crier, alors que le policier se tourne vers lui :

— Brutalité policière, brutalité policière ! Aidez-moi, ils vont m'arrêter. C'est injuste, je n'ai rien fait du tout, au secours !

Les autres se retournent et le toisent, impassibles ; l'un d'eux lui répond, expéditif :

— Allez, monsieur, circulez. Il ne s'est rien passé. S'il vous plaît, ne créez pas un problème. Allez, circulez.

La foule alentour n'a pas non plus l'air très intéressée par ce chevelu bruyant. Larry retente sa chance. Il se remet à hurler :

— Il m'a frappé ! Il m'a frappé ! Cet agent m'a frappé !

Un autre policier intervient à son tour, haussant légèrement le ton :

— Mais non, monsieur. Nous sommes tous témoins de ce qui s'est passé, c'est-à-dire rien. Ça suffit maintenant, sinon on sera réellement obligés de vous arrêter.

— C'est ça, arrêtez-moi…

Larry tente de prendre à témoin les passants, qui ne comprennent rien à ce qui se passe.

— Vous avez vu ? Ils vont m'arrêter ! C'est de la brutalité policière !

Un des autres policiers intervient, dédaigneux :

— Allez, cassez-vous. On a autre chose à faire que de passer la soirée à remplir des papiers pour rien.

À côté de moi, Lem pouffe.

— Même pas foutu de se faire arrêter pour nous faire de la pub…

Larry nous rejoint, furieux ; nous, on se marre. Lem le console :

— Allez, Lazza, c'était pas si mal comme idée, ça aurait pu marcher. Allons voir Pat dans son magasin, c'est juste un peu plus loin…

Lem m'a déjà amené au *Great Frog*. Dans le sous-sol de la boutique, il nous présente un grand gaillard : Paterson Riley, *alias* « Pat ». Celui-ci s'interrompt dans la confection d'un moule en cire pour discuter quelques minutes avec nous. Autour de lui, des bagues en forme de crânes, de scarabées, d'insectes de toutes sortes, ainsi que des pendentifs et des colliers, tous plus beaux les uns que les autres. C'est Pat qui a confectionné la plupart des bagues que Lem porte, ainsi que la célèbre bague crâne de Keith Richards... À défaut de pub, un peu de shopping !

Faux troubles à Notting Hill, juillet 1975

Lorsque Tom et sa femme partent en vacances en Grèce, Bill, un manager remplaçant, prend le contrôle de *Henekeys* avec l'aide de Michael, maintenant bien établi comme second barman.

Un énième vendredi soir que j'y passe avec Lemmy, un groupe d'ouvriers irlandais envahit le pub, bruyants et déjà bien éméchés. Richard, le barman polonais, victime de la polio dans son enfance et qui porte un appareil orthopédique à la jambe, devient leur cible. Les maçons se mettent à se moquer du barman, le traitant de « Polak spastique ». Un siphon de soda est posé à chaque bout du bar pour les clients qui souhaitent rallonger leur scotch, et deux Irlandais s'en saisissent pour arroser Richard, qui jure en polonais :

— Oh, kurva !

Michael s'interpose et se fait arroser à son tour. Le plus grand de la bande jette un billet sur le comptoir et ordonne une tournée supplémentaire. Michael tire les pintes et lui rend sa monnaie. Tout en distribuant les bières, l'autre se met à accuser Michael de l'avoir arnaqué, prétend avoir payé avec un billet de 20 livres, alors qu'il n'a donné qu'un billet de 10. Bill assiste, impuissant, à leur échange, et murmure à l'oreille de Michael :

— Ne fais pas d'histoires. Donne-lui la monnaie sur 20, comme il te demande.

Michael s'exécute à contrecœur.

À côté de l'Irlandais, assis au bar, un motard d'un mètre quatre-vingt-dix, tatoué, barbu, et les doigts pleins de bagues observe la scène. Il apostrophe l'Irlandais :

— Alors, tu l'as eue, ta monnaie ?

— Ouais, pourquoi ?

— C'est bien, tu vas en avoir besoin...

— Tiens donc, et pourquoi ?

Un murmure général traverse le bar : les habitués savent bien ce qui va se passer.

— Eh bien, tu vas devoir t'acheter de l'aspirine avec...

— Ah bon ? Et pourquoi faire ? demande l'Irlandais avec un large sourire.

— Pourquoi ? Voilà pourquoi !

Les conversations s'arrêtent net. Le silence se fait pendant une milliseconde qui semble durer une éternité et le motard se retourne, chope l'Irlandais par le col et lui écrabouille violemment la tête sur le comptoir, dans un fracas d'os mêlé au son d'un gant de toilette humide s'écrasant sur une baignoire. L'ouvrier rebondit, ramolli, le nez en bouillie ; une giclée de sang décrit un demi-cercle dans l'air avant de retomber sur le bois. Tout le monde recule dans un grand bruit de tables et de chaises renversées, des boissons finissent sur la moquette déjà poisseuse. L'Irlandais trébuche, s'écroule en arrière, ses bras battant l'air. Il s'écrase sur le sol et rebondit mollement comme un sac de patates. Son visage ensanglanté, désormais méconnaissable, s'écrase au sol, la joue contre le tissu rouge. Quatre de ses compagnons le soulèvent et le tirent hors du bar, inconscient. Ses pieds traînant par terre laissent de longues traces de bière et de sang derrière lui... Le reste du groupe le suit à l'extérieur.

— Et ne revenez pas ! grogne le motard.

Puis reprend calmement sa bière pendant que Michael nettoie le sang du bar avec un chiffon, et vide un seau de sciure sur le sol pour éponger la bière renversée. Et effectivement, on ne les reverra pas : la bande ira fréquenter le *Princess Alexandra*, ou l'*Alex*, comme on l'appelait, un pub un peu plus haut dans Portobello Road... jusqu'à ce que Tom passe le mot au patron et qu'ils s'en fassent déloger. Petit à petit, ils se font chasser de tous les pubs du coin. La protection que Lemmy a mise en place avec ses amis bikers pour le pub de Tom fonctionne.

Penetration[1], 13 juillet 1975

Le 13 juillet, rendez-vous est pris au *Roundhouse* : Paul nous interviewe pour son magazine, *Penetration*, en coulisses du concert des Pink Fairies...

Paul : Quel genre de son prévois-tu de faire avec Motörhead ?

Lemmy : Du rock'n'roll méchant. Du rock'n'roll distordu. C'est dommage qu'on n'ait pas pris la cassette avec nous, on a enregistré deux morceaux en studio. Tiens, d'ailleurs, voici Lucas, notre batteur.

Paul : Lucas, dans quoi jouais-tu avant Motörhead ?

Lucas : Des tas de groupes qui ne méritent pas qu'on les mentionne.

Paul : Spangled Mob ?

Lucas : Oui, Spangled Mob. Et Rubber Band, Rust Egg... Des centaines d'autres. Je jouais dans des groupes à 5 dollars la nuit pour survivre. Je connaissais Lemmy avant qu'il ne se fasse virer d'Hawkwind. Cela m'a semblé naturel de rejoindre Motörhead.

Paul : En parlant d'Hawkwind...

Lemmy : Qu'est-ce que tu veux que je te dise ? On m'a viré sans préavis, au moment où j'avais le plus besoin d'amis. Je sortais tout juste de quarante-huit heures de garde à vue. Moi, je trouve pas ça très éthique ni très moral, c'est mon opinion. On ne m'a même pas donné l'occasion de me défendre. Je ne sais même pas ce qu'ils me reprochent.

Paul : Le communiqué de presse laissait entendre que tu avais quitté le groupe de ton plein gré.

Lemmy : Oui, c'est ce qu'ils ont insinué. C'est pour ça que j'ai rétabli la vérité dans le *New Musical Express*.

---

1. Interview traduite par l'auteur.

Paul : Ils ont aussi dit que tu étais parti parce que tu pensais qu'Hawkwind s'éloignait trop des racines de la musique...

Lemmy : Je ne pense pas du tout ça. Ils s'en rapprochent plus que jamais, au contraire.

Paul : Tu aurais aimé rester dans le groupe ?

Lemmy : Oh, bien sûr ! Je n'envisageai pas de partir, j'y étais très heureux. J'appréciais notre musique, je l'ai appréciée pendant quatre ans. Mais je ne me suis jamais senti réellement intégré dans le groupe, parce qu'ils me mettaient toujours la pression pour me prouver que je n'étais pas l'un des leurs. Si quelque chose se passait mal, c'était toujours moi, le « Speed Freak », qui étais accusé. Bon, une fois sur deux, c'était juste un coup de ma parano. Mais pas le reste du temps.

Paul : Dave Brock voulait que tu reviennes, non ?

Lemmy : Oui, il m'a téléphoné. Mais les autres n'étaient pas d'accord et l'ont mis de côté. C'est le genre de choses qui arrive, dans les groupes démocratiques.

Paul : Que prévoyez-vous pour Motörhead ?

Lemmy : Eh bien, nous allons jouer quelques dates pour faire connaître notre nom. Je veux aller aux États-Unis, tu sais, j'adore ce pays. Et en Europe, aussi. J'aimerais aussi tourner ici, mais il y a encore beaucoup de pays où je ne suis pas allé avec Hawkwind, parce qu'ils évitaient les longues tournées pour rentrer chez eux retrouver leurs mères, leurs pères, leurs femmes, leurs familles et leurs putains de petites amies tout le temps. On a même écourté parfois parce que quelqu'un avait le mal du pays et que sa putain de femme lui manquait. C'est pas rock'n'roll, ça, le rock'n'roll, c'est la route.

Paul : Avez-vous eu des réactions enthousiastes à l'annonce de « Motörhead » ?

Lemmy : Oui, très !

Lucas : Oui, ça ne cesse de grandir. Tout le monde est derrière nous, c'est génial.

Lemmy : Larry est un putain de génie. Je ne sais pas ce qu'il foutait jusque-là, mais il n'avait jamais joué aussi bien.

Paul : Toi, tu vas tenir la basse, c'est ça ?

Lemmy : La plupart du temps, oui. Mais j'aimerais arriver à proposer une double guitare lead, Larry et moi, avec une basse à six cordes. On pourrait alterner en plein milieu d'une chanson, tu vois, et avoir aussi deux basses ensemble de temps en temps. Un truc puissant.

Paul : Il n'y aura pas de musiciens en plus, donc ?

Lemmy : J'ai essayé de recruter une superstar, mais il n'arrive pas à se décider. Il est venu taper un bœuf avec moi.

Lucas : C'est pas encore fait.

Paul : Vous sortez un single ?

Lemmy : Oui, « Motorhead ». C'est le truc que j'ai sorti sur la face B de *Kings of Speed*. On l'a refaite de la bonne façon, pour la ressortir.

Paul : Parlons un peu de ton histoire ; tu me disais tout à l'heure que tu avais vécu près des bureaux de *Penetration*, dans Heaton Moor Road ?

Lemmy : C'est vrai... J'ai habité là un moment, et à Ashton-under-Lyne aussi. C'était bien. On vivait à trente-deux dans une seule pièce... J'étais sur la route en permanence. C'était en 1964-1965, et puis j'ai rejoint les Rocking Vicars au début de l'année 1966 et j'ai joué avec eux pendant environ un an et demi. C'était un bon groupe ; j'en suis parti un temps, avant de revenir mais ça ne servait à rien : il n'y avait plus le truc. Alors j'ai continué pendant un moment et je me suis mis au psychédélisme parce que c'était le truc qui montait, j'ai un peu fumé de la drogue puis j'ai débarqué à Londres en septembre ou août 1967. C'est là que j'ai fait mon premier trip à l'acide, ça m'a complètement soufflé... La seule personne que je connaissais à Londres à l'époque, c'était un certain Neville, qui avait été roadie pour les Who et les Merseybeats. Il m'a hébergé, il vivait avec Noel Redding, un des roadies d'Hendrix. J'ai vécu là pendant quelques semaines, pile quand Hendrix faisait sa tournée avec les Move, les Pink Floyd, les Nice – qui n'étaient alors que quatre – et les Amen Corner. J'ai été roadie pour Hendrix pendant cette tournée d'environ deux mois et j'ai pu le voir jouer tous les soirs, ce qui était vraiment génial : cet homme, c'est ce que j'ai vu de mieux sur scène de toute ma vie, et pourtant, j'avais vu les Beatles et les autres. Bon sang, ça, ses disques ne le montrent pas. C'est comme Hawkwind : ce n'est pas sur les disques, il fallait venir nous voir en concert. Hendrix, c'était autre chose, tout simplement. Et puis, j'ai rejoint le groupe de Sam Gopal au milieu de l'année 1968.

Paul : Oui, j'ai l'album *Escalator.*

Lemmy : Vraiment ? Ça aurait pu être un bon album, c'est dommage que nous n'ayons pas eu la chance de participer à la production ou au mixage, ça a été fait sans nous.

Paul : C'est toi, Ian Willis, sur cet album, non ?

Lemmy : Oui, c'est le nom de mon beau-père, mais tous les documents légaux sont sous le nom de Kilmister, donc j'ai dû revenir à ce nom. Bref, on a fait l'album, mais c'était une expérience horrible avec Gopal. Lui, c'était un putain de voyou, pour des raisons que je ne vais pas détailler. Ensuite, j'ai rejoint Opal Butterfly après n'avoir rien fait pendant un an ou deux. Ils étaient déjà en déclin, tu sais, ils étaient déjà sur le point de se séparer de Simon King et de Ray Smith – qui s'appelle maintenant Ray Major – et qui venait de rejoindre le nouveau Mott. Tiens, en parlant de Ray Smith Major, ou quel que soit son nom, il s'était fait voler sa guitare et je lui ai prêté ma Gibson Firebird n° 7 qui était mon bien le plus précieux. Eh bien, il l'a vendue pour s'acheter une nouvelle guitare ! Ça montre bien quelle sorte de merde il était. Je lui en veux toujours pour ça. Quand Opal Butterfly s'est séparé, j'ai rencontré Dikmik, le fameux Dikmik, le légendaire Dikmik qui était en route pour l'Inde pour la deuxième fois, mais cette fois il n'est pas allé plus loin que Gloucester Road. Je vivais dans un squat avec une bande d'idiots. Il est venu et il est resté un moment. J'ai appris à le connaître et nous sommes devenus comme un monstre à deux têtes, toujours ensemble, ravageant tout. Ah, quelle bonne période ! Dikmik et moi, c'était trop. Il est retourné dans le groupe et il m'a plus ou moins emmené avec lui et j'ai trouvé ma place dans Hawkwind, en haut d'une file d'attente de quatre personnes pour le poste. C'était il y a quatre ans, en 1971. Le reste, tu le connais sûrement très bien.

Paul : Tu penses que Motörhead va durer ?

Lemmy : J'espère que oui, c'est putain de bien. À l'origine, j'avais prévu d'engager deux guitaristes. Mais la superstar qu'on a démarchée n'arrive pas à se décider. Donc pour l'instant on continue comme ça, et si ça ne marche pas comme prévu, on pourra toujours engager un autre gratteux. Je ne pense pas que ça va se terminer parce qu'on est un bon groupe, on joue vraiment bien. Lucas est phénoménal et Larry joue comme un putain de génie ! Honnêtement, je suis presque jaloux de lui ce soir, il monte sur scène une semaine avant nous.

Paul : Qu'est-ce qui va se passer si les Pink Fairies se reforment ?

Lemmy : À mon avis, c'est juste pour une tournée. Il y a peu de chances qu'ils se reforment pour de bon. Ils feront peut-être un concert anniversaire une fois par an, tout au plus, tant qu'il y a un public pour aller les voir. D'ailleurs, ils ont prévu une tournée en Angleterre après le concert de ce soir, ce qui veut dire que Larry va travailler dur parce qu'il va tourner avec nous et avec eux en même temps. Le pauvre !

Paul : Comme Paul Rudolph, d'ailleurs.

Lemmy : Ouais, ils sont gourmands ces garçons, avec leurs deux boulots.

Lucas : Le truc avec Lemmy, Larry et moi, c'est que nous aimons tous la même musique. Larry est venu chez moi, je lui ai fait écouter certains de mes disques préférés et c'étaient aussi les siens. Il s'est produit exactement la même chose avec Lemmy.

Paul : Et c'est quoi, cette musique qui vous met tous les trois d'accord ?

Lucas : Hawkwind et les Pink Fairies bien sûr, les MC5, aussi. Musicalement, Motörhead sera probablement assez similaire aux MC5, mais peut-être pas aussi rigoureux. Ils étaient vraiment bons...

Paul : Larry, qu'est-ce que tu as fait depuis la séparation des Fairies ?

Larry : Moi ? J'ai élevé des serpents.

Russell[1] : Je raconte ça à tout le monde, ils sont très impressionnés.

Larry : Je m'en sors bien avec les serpents, c'est des *gopher snakes*.

Paul : Mais rien, musicalement.

Larry : Non, rien musicalement, juste un peu d'écriture. Je ne pouvais rien faire jusqu'à ce que les Fairies se réunissent parce que je ne voulais pas m'impliquer dans quelque chose de nouveau. Puis, Motörhead est arrivé et ils proposaient quelque chose de vraiment différent. Je me suis dit : « Oh oui, je dois essayer ça, et voir ce qui se passe. » Mais les Fairies aussi sont un bon groupe...

Paul : Oui, mais vous n'allez pas rester ensemble de façon permanente.

Larry : Je ne sais pas, faut voir ce qui se passe. C'est le but du concert de ce soir, voir si ça marche.

Paul : Que penses-tu de Motörhead ?

Larry : C'est la première chose qui m'excite depuis un moment. Les Fairies, je peux m'en séparer à chaque fois, parce que je sais que nous allons rejouer ensemble et que ça va être bien. J'ai eu des opportunités avec d'autres personnes, mais ça n'a jamais rien donné. Là, avec Motörhead, c'est la première fois que j'ai l'impression que ça pourrait être génial, tu sais, quelque chose de prometteur.

Paul : Lucas, tu disais tout à l'heure que toi, Larry et Lemmy aviez les mêmes goûts musicaux.

Lucas : Oui, c'est vrai.

Larry : On n'a pas vraiment choisi le son de Motörhead. Lemmy a un style de jeu hyper singulier. J'ai moi aussi mon propre style de jeu et Lucas balance tout au centre. Donc le résultat ne pourrait pas être différent, c'est terriblement puissant, nous ne sommes pas un groupe subtil.

---

1. Le batteur des Pink Fairies.

Lucas : Mais il y a bien des nuances, non ?

Larry : C'est de l'ombre et de la lumière, beaucoup d'ombre et de lumière.

Lucas : Et un peu de noir et de noir.

Larry : Mais tu sais, ça ne va pas sonner comme Crosby Stills and Nash. Personne dans Motörhead ne va pondre une chanson sans âme, sans énergie, sans pulsation… Le syndrome du speed, c'est ça.

Paul : Si les Fairies se séparent après cette tournée, penses-tu qu'ils pourraient se reformer à nouveau, plus tard ?

Larry : Oui, c'est possible. Paul Rudolph est parti avec Hawkwind et je travaille avec Motörhead maintenant, deux groupes de rock'n'roll… Et pile au milieu des deux, il y a les Pink Fairies. Chaque fois que Paul ne travaillera pas ou que je ne travaillerai pas, il y aura un concert des Pink Fairies – à moins bien sûr que Russell et Sandy ne veuillent faire autre chose, mais pour le moment, ils n'ont pas encore de nouveau projet. Quand ça sera le cas, on s'arrangera pour jouer pour le plus grand nombre de personnes possible, mais Motörhead va me tenir occupé et je sais que ce sera pareil pour Paul avec Hawkwind. Les Fairies, ce sera occasionnel.

Paul : Twink joue avec un groupe appelé…

Larry : Glider. Ouais, il semble satisfait avec eux, apparemment il va aussi faire quelque chose avec Island Records, mais j'ai entendu dire qu'Island va être liquidé par notre Julie. En tout cas, Twink semble bien s'amuser. Nous tous, on aime les Fairies. Sauf Russell, lui, il n'aime rien – si tu écris ça, mets-le entre guillemets. Motörhead, ouais, Motörhead, Motörhead.

Lucas : Motörhead.

Larry : Motörhead est le premier groupe depuis les Fairies que je trouve digne d'intérêt.

Lucas : Vraiment ?

Larry : Vraiment, ouais. C'est la première chose qui m'excite depuis un moment.

Lucas : Ouais, je suis super heureux de ce qu'on a fait, jusqu'à présent. Je suppose que c'est un mélange des Pink Fairies et d'Hawkwind...

Larry : Je pense que quiconque aime les Pink Fairies et Hawkwind aimera Motörhead.

Lucas : Au minimum.

Larry : Oui, il n'y a pas qu'eux.

Lucas : C'est bien plus que ça...

Larry : C'est le meilleur des deux mondes...

Lucas : Oui. C'est vrai.

Larry : D'autres questions ?

Paul : Je ne sais pas quoi dire de plus.

Larry : Passe le bonjour à Diane. Et dis à tout le monde à quel point on aime *Penetration* !

Paul : OK.

●●●

Après l'interview, je descends au bar avec Lemmy. Un jeune gars vient lui parler :

— Salut Lemmy, t'as un instant ?

— Oui, bien sûr. Tu t'appelles comment ?

— Paul, euh, Paul Apperley. Je suis descendu de Birmingham pour voir les Fairies et je voulais juste vous souhaiter bonne chance, tous les trois, avec Motörhead.

— Merci, Paul. Tu viendras nous voir la semaine prochaine ? On joue ici.

— Non, je n'ai pas les sous pour revenir. Mais j'ai vu dans la presse que vous jouez au *Barbarella's*, à Birmingham, le mois prochain. C'est pas très loin de chez moi, mais c'est un club... J'ai que 16 ans.

— Qui tente rien n'a rien Paul...

— Oui, t'as raison. Je vais essayer, bien sûr.

The Roundhouse, Londres, 20 juillet 1975

Ça deviendrait presque une routine : une semaine après l'interview pour *Penetration*, Lem et moi reprenons la direction du *Roundhouse*. Comme à son habitude, il tambourine sur la porte du talon. On entre, on descend, mais tout est différent : aujourd'hui, en ce dimanche 20 juillet 1975, va avoir lieu le tout premier concert officiel de Motörhead. Bizarrement, on est programmés en première partie d'un groupe de rock progressif, Greenslade. Avant nous, c'est à Shanghai que revient la tâche d'ouvrir la soirée, le groupe de Mick Green. Il est aussi le guitariste des Pirates, les auteurs d'un titre qui m'a toujours épaté, « Shaking All Over ».

Quand on arrive, les Greenslade sont sur scène ; on file directement dans la loge sans descendre dans la salle. Une semaine avant, c'était celle des Pink Fairies... Je pose mon sac de baguettes en cuir, mon T-shirt de rechange pour après le concert et une petite serviette pour la scène : mon rituel depuis mes premiers concerts. Larry arrive avec Des, son roadie, chargé de sa guitare, et Shirley. La dernière fois que je l'ai vue, c'était il y a moins de deux mois ; ça semble bien plus, tout s'est passé si vite. Petit à petit, la pièce se remplit, de proches, d'amis... Larry se lance dans des jeux de mots, Lem le rejoint avec ses blagues, tout le monde se marre... Les joints se roulent à droite et à gauche... Lem coupe trois lignes. On vient nous prévenir que Greenslade est en train de finir sa balance, c'est notre tour. On descend les escaliers vers le plateau. Ma batterie rose champagne trône en plein milieu, sur une estrade. Je commence par la grosse caisse ; très vite, l'ingé son me fait signe que c'est bon, m'indique de passer sur la caisse claire ; puis chaque tom. Deux pouces en l'air, des signes circulaires pour que je fasse le tour de la batterie entière... On est bons. Lemmy et Larry vérifient leur accordage, testent leur micro et le volume des retours. Lem se retourne vers moi ; on attaque « Leaving Here ». Ça ne dure qu'un instant ; la balance est faite, on quitte la scène ; Mick Green et Shanghai font leur entrée, nous saluant au passage. On s'installe au bar pendant leur balance, on discute avec quelques amis qui ont réussi à entrer avant l'ouverture des portes. Puis rapidement, ça se remplit de visages familiers, des filles, des garçons, des chevelus de toutes sortes. Irene est là ; tout un tas de musiciens et de connaissances du Grove. Parmi eux, deux avec qui je formerai Warsaw Pakt deux ans plus tard ; mais pour le moment, l'heure est à Motörhead. Lemmy se retrouve au milieu d'une petite cour très excitée à l'idée de découvrir son nouveau groupe ; comme à son habitude avec le public, il est agréable avec tout le monde.

Le concert commence : Mick monte sur scène, suivi de son groupe. Au bar, j'ai l'impression d'être chez moi : la moitié des habitués du *Henekeys* et une bonne partie de Portobello sont là. Des filles coiffées à la Rod Stewart, des coupes afro, des nuages de shit, d'herbe. L'incontournable patchouli se mélange à l'encens des stands de merchandising. Une trentaine de minutes plus tard, je vois Lemmy me faire un signe de la tête : on remonte dans la loge, où Larry se trouve déjà. Il y a franchement du monde ; Lemmy me prend à part :

— Lou, une fois sur scène, surtout, souris pas. Faut avoir l'air menaçant.

— Compris Lem.

L'heure approche, je m'échauffe, quelques exercices avec mes baguettes sur le bureau. La tension monte, on échange des regards tous les trois. Un des gars de la salle débarque : il faut y aller. Lemmy s'adresse à nous deux :

— On y va à fond, sans se poser de questions. C'est eux contre nous, ou eux avec nous. Pas de quartier !

Cette fois, c'est parti. Je descends vers la scène comme dans une arène. Un speech en allemand résonne dans le couloir et dans la salle, suivi par des « Sieg Heil » et l'annonce d'Andy Dunkley, le DJ de la soirée :

— C'était la voix d'Adolf Hitler. Au chant et à la guitare, Larry Wallis, à la batterie, Lucas Fox, à la basse, Lemmy... et la musique de MOTÖRHEAD !

Lemmy et Larry se branchent, je m'installe derrière mon kit, face aux cris de la foule. Une note de basse dure... Larry s'accorde... et Lemmy balance le riff d'entrée de « Motorhead ». Sur mon siège, je martèle mes fûts et vois Lemmy haranguer la foule, la tête jetée en arrière, chaque syllabe crachée avec du venin au fond de la gorge.

Aux premiers rangs, tout le monde reste bouche bée, en état de choc, à la fois scotché par le volume sonore et comme en transe. Couplet après couplet, la chanson écrase tout sur son passage, un dernier refrain... Hurlements de la foule. Larry demande plus de sa voix dans les retours, quelques secondes de répit... L'intro de « Leaving Here » s'élève, suivie par le premier couplet : Lemmy et Larry chantent ensemble, avec ma batterie pour seul accompagnement. J'entends mes coups résonner comme dans une caverne gigantesque. Je détourne le regard des deux lascars, jette un coup d'œil vers la fosse. Des cheveux longs s'agitent un peu partout, tout le monde semble connaître la chanson qui s'achève...

— Merci, très gentil de votre part...

Lemmy entame « Good Morning Little Schoolgirl » par un solo, puis les paroles s'entrecoupent de chorus guitare, basse, guitare, basse, on improvise comme en répète... On reprend les refrains, signes de tête pour signaler la fin, longs larsens de Larry qui montent en crescendo comme pour l'étirer à l'infini. Sans le moindre temps mort, on embraye avec « Lost Johnny ». Les fans d'Hawkwind et des Pink Fairies connaissent une partie des morceaux mais ils ne les ont jamais entendus comme ça, si rapides, sans le moindre compromis, avec une telle violence sonore. Partout, ça danse. Lemmy aussi, appuyé sur sa jambe droite légèrement pliée, qui balance ses hanches à gauche, à droite... On finit à l'unisson, Lemmy reprenant le riff à la voix. C'est Larry qui compte pour lancer « City Kids », les fans adhèrent à notre boucan de tous les diables. Mais on a atteint un peu trop à la fin. Profitant de l'occasion, le public réclame « Silver Machine »... qu'on n'a pas répétée car Lemmy avait juré de ne plus jamais la rejouer. Mais bon, puisqu'on nous la demande... Une vraie cacophonie, on frôle le désastre, mais bizarrement ça tient quand même. On embraye rapidos avec notre version de « I'm Waiting for the Man », du Velvet Underground...

William Jellett[1], un habitué de tous les festivals et grands concerts, apparaît sur le côté de la scène, comme sorti de nulle part, secouant ses longs cheveux blonds. C'est un signe : quand il se met à danser, généralement, c'est que la magie du concert opère.

Le son n'a rien à voir avec celui de la balance, ni celui des répétitions. *Vraiment* rien à voir. Le maelström de notre groupe à trois embarque toute l'assemblée. Ce n'est ni Hawkwind ni les Pink Fairies : un autre animal rugit devant la foule clouée par le volume. Et d'un coup, tout s'arrête. C'est fini. La salle en entier applaudit en rythme, tape des mains, appelle un rappel qu'on ne leur donnera pas. Convaincus que c'est désormais « eux avec nous », on sort de scène, remonte les escaliers... Le premier concert a eu lieu.

Dans la loge, désormais pleine à craquer, c'est la fête. Mon père accompagné de sa copine Stella, sa fille Alexa et ma sœur détonnent un peu parmi tous ces chevelus, pour beaucoup dans un état second. Exaltés, ils parlent à mille à l'heure, fumant des joints et sniffant

1. Surnommé Jesus, ce célèbre fan de rock a écumé la plupart des concerts et festivals des années 1970 et 1980.

sur les tables. Irene, Aina, Joy sont là, des motards et toute la garde rapprochée du groupe.

J'apprendrai plus tard que pas mal de monde a assisté aux premiers pas officiels de Motörhead : certains des Damned, des Stranglers, des Sex Pistols et d'Eddie and the Hot Rods, les futurs Clash – eux aussi issus de Ladbroke Grove – et Generation X... Les pontes du mouvement punk-new wave à venir sont quasiment tous là, dans la salle. Après le concert, ils se côtoient au bar. La scène londonienne n'a pas fini de bouillir, ni moi de planer.

Twickenham, 3 août 1975

La voiture nous dépose, Larry, Lemmy et moi, devant les arches blanches du Winning Post, à Twickenham, après une balade d'une vingtaine de kilomètres depuis le centre de Londres. Dans la salle, nos techniciens finissent d'installer ma batterie et les deux stacks ; on se met en place pour la balance... et Lemmy manque de passer à travers la scène, à trois pas de moi, dans un grand crac : une des planches vient de céder sous son poids, il se retrouve coincé jusqu'au mollet. L'un des bouts de bois finit sa course dans le dos d'un jeune roadie, Stephen Budd, occupé à brancher l'un des amplis de la sono, sous le plateau. Il a le dos en sang ; pour son premier boulot, c'est pas de bol. Un des gars de la salle va chercher des compresses. L'incident clos, on finit la balance et on file dans les loges. Larry se roule un joint et Lemmy remonte le bas de son pantalon déchiré sur sa jambe rouge de griffures...

— Putain vous avez vu l'état de cette scène pourrave ? Et ce pauvre gars en dessous qui s'est tout pris dessus.

Larry et Lemmy s'accordent, je me chauffe, tapant sur mes genoux avec mes baguettes ; une bonne ligne d'amphètes chacun...

Un mec de la salle se pointe : c'est l'heure. Et comme deux semaines plus tôt, Lemmy motive les troupes :

— Allez, on y va, on fonce. Pas de quartier !

Remontés à bloc, on se lance sur scène à fond ; chanson après chanson, on enchaîne, pas de temps mort, pas le moindre espace entre elles – même une feuille à rouler ne s'y glisserait pas. Dans un déluge sonore, comme un torrent, on cloue la foule sans les laisser souffler. Rapide coup d'œil entre nous ; on est tous les trois convaincus que nous avons rallié à notre cause les deux cents fans des Pink Fairies et d'Hawkwind amassés là, parsemés d'une bonne centaine de bikers. Nous disparaissons avant le rappel, sous les cris de « Motörhead », « Motörhead ». Victorieux, mais surpris d'entendre également des sifflements et des vociférations. La porte des loges jaillit de ses gonds sur un Doug Smith surexcité :

— L'organisateur est furax, il faut remonter sur scène tout de suite.

On a joué beaucoup trop vite : notre set, qui dure normalement une heure, n'a même pas tenu quarante-cinq minutes.

Larry se met à m'accuser et à me crier dessus :

— Pourquoi t'as joué si vite Lucoïd ? Putain, t'es le batteur le plus chanceux du monde...

Lemmy prend ma défense :

— Attends, Larry. C'est nous, tous les trois...

Doug reprend :

— Quoi qu'il en soit, il faut y retourner.

— Noooon Doooouglas, pas question maaan. Nous, on a fait notre boulot, dis-lui d'aller se faire foutre.

— C'est une heure de spectacle, ce qui est écrit dans le contrat. Pas une minute de moins.

— Nooooon, c'est non, Douglas. Je ne remonterai pas sur cette putain de scène, un point c'est tout.

— C'est seulement votre deuxième date, les gars. Vous ne pouvez pas vous payer le luxe de vous mettre l'organisateur à dos : c'est un tout petit monde, tout le monde se parle et s'observe. Sans compter qu'on risque de ne pas être payés.

— Ah ! Alors c'est ça, le truc : y a que le fric qui compte pour toi.

Lemmy lève les yeux au ciel, me fixe, cherchant mon appui : on se range tous les deux à l'avis de Doug. La discussion commence à tourner à l'engueulade ; Lemmy essaie de détendre l'atmosphère :

— Allez Lazza, on a qu'à rejouer la deuxième moitié du set, *un poil* moins vite.

On finit par remonter sur le plateau après plusieurs longues minutes de palabres, traînant la moue boudeuse de Larry derrière nous. C'est reparti, pour la quasi-totalité du set, un chouia plus lentement ; Lemmy encourage Larry à prolonger ses solos, salués par les cris et les applaudissements conquis de tout le public. Ouf, sauvés.

De retour dans la loge remplie d'amis et de fumée, Larry retrouve son sens de l'humour et amuse sa cour, finalement satisfait de notre prestation. Soulagé d'avoir été payé, Doug nous rejoint après avoir rassuré l'organisateur, en compagnie de Joe Petagno, qu'il nous présente. C'est à lui que Doug a confié la création d'un logo pour le groupe – le graphiste américain a pas mal de pochettes d'albums et de posters de science-fiction à son actif –, et il est venu pour se faire une idée. Lemmy, assis à côté de moi, lui lance :

— Tu pourrais faire un crâne humain, mais avec des traits d'animal.

Il montre sa veste et la mienne.

— Tu vois l'idée, Joe ? Sers-toi de notre look, hésite pas à pousser le truc, faut que ce soit agressif, dangereux. Que ça choque. Tu piges ?

Et en pointant un par un les insignes sur nos cuirs :

— Inspire-toi de notre image...

On ne s'attarde pas : Lemmy et moi embarquons Stephen dans la voiture direction l'hosto, où il finira par récolter quelques points de suture.

Plymouth, Yeovil, Torquay, 7-10 août 1975

Notre tournée continue, erratique, en zigzag à travers le pays, avec la logique d'un groupe qui monte, mais pas assez vite et sans suffisamment de succès pour que l'agent puisse planifier l'enchaînement des dates d'une manière géographiquement logique. Les concerts sont espacés de deux ou trois jours, ce qui nous oblige à remonter les autoroutes qu'on avait descendues, retrouver nos bercails plutôt que tracer direct vers le prochain. Quelques dates seulement nous permettent de loger à l'hôtel, où je cohabite avec Lem, Larry ne voulant jamais partager sa chambre. Malgré mon odorat anesthésié au speed, qui s'active par intermittence, je subis l'odeur des pieds de Lemmy, qui envahit et domine chaque chambre où l'on s'arrête.

●●●

Le jeudi 7 août, nous partons pour plus de cinq heures de trajet, vers l'extrême sud-ouest de l'Angleterre, à trois cent quarante kilomètres de Londres. C'est notre première série de trois dates en province. Il fait beau et chaud, on s'arrête à mi-chemin pour becter sur une aire d'autoroute. Les dernières heures de trajet, c'est la pleine campagne, les routes montent et descendent à travers des comtés verts et vallonnés qui n'ont que peu changé depuis la nuit des temps. Larry, d'une humeur exceptionnelle, partage la banquette arrière avec moi, raconte ses blagues loufoques, nous fait ricaner. Devant, à côté du chauffeur et à la place du mort, Lemmy lit un bouquin, comme d'habitude. On finit par arriver devant la salle et on sort de la voiture, les jambes engourdies. Deux tours, une immense d'au moins cinquante mètres de haut et une plus petite, surplombent l'édifice en granite, découpant le ciel d'azur. La bâtisse, aux fenêtres gothiques, a plus une tronche de cathédrale médiévale que de salle de concert. C'est pourtant ici qu'on joue ce soir : le Guildhall. On vient d'atterrir à Plymouth, à deux cents kilomètres à dos de cormoran de Morlaix. La ville est célèbre : c'est là que, en 1588, Sir Francis Drake a empêché l'Armada espagnole, réputée invincible, d'envahir l'Angleterre. Devenue, des siècles plus tard, le plus grand port militaire d'Europe, elle a bien évidemment été une cible privilégiée de la Luftwaffe pendant la Seconde Guerre mondiale. La ville a été presque entièrement détruite entre fin mars et début avril 1941 : sept nuits d'affilée durant, vague après vague, les bombardiers allemands l'ont noyée sous les bombes incendiaires, plus de deux cent mille ; neuf cents personnes ont perdu la vie, quarante mille leur habitation.

La salle, de huit cents places, est impressionnante : un plafond très haut, quatorze fenêtres en arc brisé avec des vitraux tout le long des murs en pierre de taille, des panneaux de bois hauts de trois mètres juste en dessous, le sol recouvert de parquet... De grands luminaires, style candélabres, pendent du plafond, en plein centre. Sur scène, afin d'être moins submergé par le volume et d'entendre mon retour, je demande à nos techniciens d'aligner les stacks de chaque côté de la batterie, face au public. Comme ça, je sors de la ligne de tir[1].

Quand vient l'heure d'entrer en scène, Lemmy prend la parole sous les applaudissements :

— Lucas Fox à la batterie... Larry Wallis à la guitare... Nous sommes Motörhead et nous jouons du rock'n'roll !

Des cris, « Lemmy ! », « Larry ! », fusent dans la salle, on lance « Motorhead » en ouverture. Plus à l'aise qu'à Twickenham, on trouve rapidement nos marques, en faisant gaffe à ne pas jouer trop vite. Nos versions d'« On Parole », « Lost Johnny » et « City Kids » n'en perdent rien en véhémence ; elles atteignent et embarquent les Hawkfans et Pinkfans multicolores, les motards éparpillés dans cette assemblée dense, les percutent de plein fouet... On fait deux rappels.

Première nuit d'hôtel ensemble ; Lem et moi, on se retrouve dans une chambre mansardée. Larry dort seul : il a appelé Doug, refusant de partager sa chambre avec notre chauffeur. Encore un de ses coups de fil... Je trouve les pieds de Lemmy moins nocifs que d'habitude, peut-être que mes narines sont anesthésiées... Ou alors je ne remarque plus leur odeur, à force de traîner chez lui. À moins que les effluves de mes propres bottes, celles que Lemmy m'a filées et que je porte depuis quasiment un an, ne m'y aient habitué... Je les ai quand même saupoudrées avec du talc pour bébés Johnson's, ce qui a, il me semble, pas mal réduit leur puanteur... Disons que c'est devenu supportable.

Le lendemain, vendredi, est un jour de repos. Larry reste cloîtré seul à l'hôtel, tandis que Lem et moi partons en vadrouille de pub en bar dans le centre. La météo est au beau fixe, il fait chaud, le mercure monte à 34 °C. On croise quelques fans d'Hawkwind, qui étaient présents au concert de la veille. Lem se souvient de leurs noms et des moindres détails de leurs vies, alors qu'il ne les a pas vus depuis plus d'un an, quand il avait joué dans la même salle

---

1. C'est comme ça que j'ai pu garder mes oreilles intactes.

avec Hawkwind. Leur gentillesse, typique des gens du Sud-Ouest, à l'accent chaleureux, rond et lent, me touche.

Samedi matin, on rejoint Larry et le chauffeur pour un copieux petit déjeuner : saucisses, bacon, haricots rouges. Boudin noir pour moi, œufs au plat pour eux. Lem noie le tout d'une épaisse couche de ketchup. Je me remplis le ventre et enchaîne avec des toasts couverts de marmelade, le tout arrosé d'une grande tasse de thé. Rassasiés et en meilleure forme que d'habitude, on monte dans la caisse pour parcourir les cent quarante-six kilomètres qui nous séparent de Yeovil.

Le Johnson Hall, flambant neuf, peut accueillir neuf cents personnes debout. La salle est quasi pleine, la tension à son comble ; les fans d'Hawkwind et des Fairies nous y attendent, avec le public de Yeovil, et quelques bikers locaux, rapidement rejoints par ceux de Plymouth, qui ont parcouru cette longue route pour ramener plus de monde.

Le lendemain, il faut reprendre la route. Direction Torquay sur la Riviera anglaise. Devant l'hôtel, on grimpe dans notre caisse, encore cent onze kilomètres à parcourir jusqu'à la ville balnéaire, une heure et demie de routes vallonnées. Ce soir, on joue au Pavilion, une merveille d'architecture art nouveau. Les dômes élégants du toit brillent sous le soleil, certains en faïence émaillée crème et verte, d'autres plus sombres avec une statue de Mercure à leur sommet. Une statue immense de Britannia, symbole national et personnification de la Grande-Bretagne, avec son trident et son bouclier, surplombe toutes les autres. Des sortes de kiosques à musique octogonaux sont placés à chacun des quatre coins du bâtiment, leurs drôles de toitures en dômes pointus recouverts de cuivre vert pastel reposant sur des piliers en fonte. Sur les collines derrière et tout autour, des villas et des hôtels. Je suis Larry et Lem à l'intérieur. Dans la salle, le décor est tout aussi somptueux : un balcon en fer à cheval entoure la salle, soutenu par des colonnes décorées. Le plafond voûté est orné de stuc.

La balance accomplie, bouteilles de bière à la main, on sort respirer l'air marin iodé et fumer un joint. À perte de vue, des diamants scintillent sur une mer d'huile, les petites taches triangulaires des voiliers lointains s'étirent vers l'horizon. Des goélands pleurent et raillent, des mouettes planent en cercles larges. Les silhouettes blanches de leurs ailes se détachent sur le ciel sans nuages au-dessus de nos têtes, à notre gauche, le port de plaisance avec une flotte de bateaux de pêche à quai. Le contraste est flagrant entre la pompe de l'édifice victorien et notre dégaine de musicos débraillés. Les hippies aux looks multicolores côtoient les motards en cuir aux jeans bleus noircis, le soleil se reflétant sur les fourches chromées de leurs choppers.

Des retraités endimanchés, en couples, ou en bandes, passent devant nous, bras dessus, bras dessous, pendant leur promenade dominicale. À la vue de notre horde splendide, les langues claquent en signe de désapprobation, comme des oies aux plumes froissées marmonnant des « ça ne devrait pas être permis » et autres « on devrait les arrêter », horripilés par cette vision désagréable de bons à rien échevelés, entachant le jour du Seigneur dans leur ville. On échange longuement avec les motards qui nous ont suivis depuis nos deux derniers concerts avant de monter sur scène. Tout le monde dans le public, filles ou garçons, hippies de l'espace, fans des Fairies ou bikers, se prend notre ouragan sonore en pleine face, à notre volume de prédilection. Taper en pleine poitrine, cisailler les crânes, c'est devenu notre marque de fabrique.

Barbarella's, Birmingham, 12 août 1975

On passe le lundi à remonter sur Londres, où on finit la soirée au *Speak*. En milieu d'après-midi, après une courte nuit, nous reprenons la route, vers le nord cette fois-ci direction Birmingham. Après cent quatre-vingt-dix kilomètres à travers les Midlands, notre chauffeur se gare devant un bâtiment crème, au 41 Cumberland Street, dont l'entrée est surmontée d'une grande enseigne ovale et rouge vif. Dessus, en grandes lettres blanches sur deux lignes, « Barbarella's Discotheque », et juste entre les deux mots, en mauve « Night Club & Restaurant ». À l'intérieur, le mardi, c'est soirée rock ; et ce soir, le programme, c'est nous.

Pendant que nous faisons le tour des lieux, Paul Apperley, 16 ans, et son frère aîné Alan, 17 ans, grimpent à l'étage du bus n° 13. Par cette chaude fin de journée d'août, ils quittent leur banlieue sud de Birmingham, voient défiler les usines de chaque côté de la route… Arrivés au centre-ville, ils descendent au pied du Rotunda, une tour circulaire de bureaux jouxtant le quartier commerçant de Bull Ring. Il y a un peu moins d'un an, à peu près à la même heure, l'IRA faisait ici sauter une bombe dans le pub *Mulberry Bush*, tuant dix personnes. Paul et Alan marchent une vingtaine de minutes, passent devant la mairie, prennent Broad Street puis Cumberland Place. Les deux frères sont nerveux : ils n'ont pas 21 ans, l'âge légal qui leur ouvrirait à coup sûr les portes du club ; mais l'excitation de découvrir le nouveau groupe de Lemmy l'emporte. Heureusement pour eux, le vigile à l'entrée est à la cool et les fait entrer sans la moindre remarque. Ils découvrent un couloir, les murs abîmés de la discothèque peints en rouge façon boudoir.

Comme souvent, et ce qui deviendra une habitude avant nos concerts, Lemmy et moi sommes accoudés au bar, qui domine une poignée de tables rondes entourées de poufs en velours rouge. Plus loin, une petite piste de danse, puis la scène. Tout sent la discothèque kitsch et pourrie, un ovni parmi les salles dans lesquelles nous avons joué jusque-là. Mais faire la fine bouche n'est pas le genre de la maison, et surtout pas à nos débuts. À l'autre bout du long bar, des filles de la nuit encadrées par quatre gueules de gangsters en costard cravate sirotent un cocktail décoré d'un minuscule parasol rose et vert. Devant elles, de petits paniers en osier débordent d'ailes de poulets frites. Peu de chances qu'elles travaillent ici ce soir : la salle est en train de se remplir de cheveux longs, femmes et hommes, d'habits colorés, sans compter une bonne part de bikers.

— Bonjour Lemmy ; et toi, tu dois être Lucas non ?

— Oui c'est ça, salut.

— Moi c'est Paul ; ça, c'est mon frère, Alan.

On se serre la main tous les quatre. Lemmy plisse les yeux.

— T'étais pas au *Roundhouse* le mois dernier, Paul ? Le concert des Pink Fairies, on s'était pas vus au bar ?

— Wow, tu te souviens de ça ? Oui, j'étais venu en train. Malheureusement, j'avais plus assez de sous pour venir vous voir la semaine d'après.

— Merci d'être là ce soir en tout cas les gars.

Alan réplique :

— On a flashé sur le slogan : « Si Motörhead emménage à côté de chez toi, ta pelouse va crever. »

— C'est déjà arrivé, répond Lem en souriant.

Tout le monde rigole. Paul reprend :

— C'est marrant, on avait monté un petit groupe l'été dernier, avec Alan à la guitare et moi à la batterie. On cherchait un nom... Devinez quoi ? On a choisi Motorhead, rapport au morceau d'Hawkwind... On trouvait que ce nom était cool.

— Non mais c'est pas vrai ! C'est vous, alors, le premier Motorhead ! rigole Lemmy.

— Oui mais bon, c'était un petit groupe d'école, c'est allé nulle part...

On continue à discuter un moment ; Alan est un grand fan du jeu de Larry et il a hâte de le voir dans cette nouvelle configuration.

— Je ne suis pas sûr qu'il sorte avant le concert, Alan.

Je leur offre une pinte chacun ; Paul nous demande :

— Tu penses que je pourrais prendre des photos du concert, Lemmy ? J'ai apporté mon appareil.

— Oui, bien sûr. Tu veux pas qu'on en fasse quelques-unes maintenant, ensemble ?

Ravi, Paul prend la pose à côté de Lemmy, Alan fait quelques clichés.

C'est l'heure, en scène. Je fais tomber mon cuir, l'accroche sur le stand de ma cymbale ride à ma droite, prends mes baguettes, les fais tourner entre mes doigts. Un drapeau en triangle noir et blanc, avec un aigle allemand argenté au centre, pend sur le baffle Marshall de Lemmy. Le stack Fender de Larry, lui, est couvert d'un drapeau confédéré, coincé sous son ampli Hiwatt.

Cuirs cloutés, ceintures à douilles, crânes de toutes sortes... l'image créée pour le groupe semble s'être propagée à une partie de la congrégation hirsute qui a pris possession de la salle. Les premiers fans inconditionnels de Motörhead... Paul et Alan sont au premier rang, coudes appuyés sur le plateau, appareil photo sorti.

Tête jetée en arrière, Lemmy est comme multiplié ; sa Rickenbacker au moteur Harley Davidson pompe, percute les cages thoraciques, tire à boulets rouges. Larry, la figure tordue, lance riff après riff et solos en sirènes métalliques, survolant les vagues chevelues de la foule. Je martèle la mesure sur ma caisse claire, roule furieusement sur mes toms ; mes cymbales Zildjian cisaillent au couteau la voix de Larry.

Entre deux chansons, Lemmy vient me voir, se penche au-dessus des toms et me crie, sourire en coin :

— Lou, t'as vu ce gars qui s'est fracassé la tête dans le baffle de la sono ? C'est un *fucking headbanger*...

— Ouais, j'ai vu. Un *fucking motörheadbanger* sourd !

Nous démarrons « On Parole » en rigolant, l'expression reste[1]...

À la fin du rappel, Lemmy met sa Rickenbacker en joue, me lance le signal pour que je pilonne ma caisse claire *rata ta ta ta ta ta ta ta ta ta ta*, imitant une rafale de mitraillette lourde, pendant qu'il arrose et fauche la foule lentement de gauche à droite. Je lance une baguette à Paul, dans la foule, qui la rattrape facilement, un grand sourire sur sa bouille. Je décroche ma veste du stand, suis Larry et Lem. Retour en coulisses.

1. « Motörheadbanger » deviendra le nom de l'un des fan-clubs du groupe. Et c'est peut-être la première fois que le terme *headbanger* est utilisé. Il reviendra dans l'émission *MTV Headbangers Ball*.

Joe Petagno, 14 août 1975

De retour à Londres, au premier étage des bureaux de Doug, en fin d'après-midi. Joe Petagno, grosse barbe et petits yeux perçants, nez longiligne, casquette noire délavée vissée au-dessus de sa binette, est serré entre Lem et moi sur le Chesterfield. Il sort deux grandes esquisses d'une enveloppe kraft A3, glisse côte à côte les deux versions d'un logo sur la table basse en verre devant nous. L'index bagué de Lem sort, plus rapide qu'une lame à cran d'arrêt, et vient frapper le crâne de droite en plein milieu du front.

— Je veux celui-là, mais rends-moi ça beaucoup plus méchant, Joe. Ajoute des éléments plus extrêmes, plus provocants.

— Comme quoi par exemple, Lemmy ? lui demande l'artiste avec son accent de Portland.

— J'sais pas... Si tu attachais des chaînes sur les défenses ? Et pendant que t'y es, avec une croix de fer dessus.

— Compris.

— Et pourquoi pas un casque, avec des pics chromés sur le dessus ?

— Je vois l'idée. Autre chose ?

— De la salive qui dégouline de sa mâchoire... Sinon, ça me va bien, je l'aime beaucoup, Joe.

Dans le bureau, la lumière tourne couleur moutarde, un éclair illumine nos visages, puis un autre, encore un... Un courant d'air chaud souffle depuis la fenêtre ouverte et soulève des papiers sur le bureau de Doug. Neuf secondes plus tard, un orage violent éclate en une série de coups de tonnerre assourdissants, suivi de trombes d'eau... Ce ne sont plus des cordes qui tombent, mais un rideau, des nappes tellement denses qu'on dirait une mousson d'Asie, frappant le trottoir dehors d'un bruit de graisse bouillonnant dans une poêle. Cette tempête a déversé une telle quantité de pluie en l'espace de trois heures qu'elle est considérée comme l'une des cinquante plus importantes du XXe siècle en Angleterre. Les inondations qui en ont résulté ont fait un mort et deux cent cinquante sans-abri.

Ce jour-là, Snaggletooth est né.

Dagenham, Croydon, 16 et 17 août 1975

Les deux concerts suivants, dans la banlieue de Londres, se passent sans événement particulier.

À trente kilomètres de notre quartier de Notting Hill, Dagenham a vu se construire entre les deux guerres la plus grande cité ouvrière du monde. Le Becontree Estate s'étale sur deux cent quarante-trois hectares ; cent vingt mille personnes y vivent dans vingt-sept mille maisons, censées être, à l'origine, des habitations dignes des héros qui rentraient de la Grande Guerre. En fait, elle a surtout servi à reloger les habitants des quartiers pauvres et insalubres de l'est de Londres, qui se sont retrouvés pour la première fois de leur existence avec l'eau courante, une cuisine, une salle de bains et des toilettes *dans* la baraque. Et pour tenter de faire baisser le taux d'alcooliques chez les résidents ouvriers, les autorités n'ont donné leur accord que pour l'ouverture de six pubs seulement dans le quartier. Le *Roundhouse* est l'un de ceux-là, construit dans le style Art déco en 1936 à la bordure ouest de la cité, pour éviter que les débordements des clients trop torchés ne dérangent les quartiers résidentiels. Comme son nom l'indique, il est rond, surmonté d'un étage en forme de T avec au centre une volumineuse tour carrée. À l'intérieur, on découvre la plus prestigieuse salle de concert de l'est de Londres, une longue aile rectangulaire, le Village Blues Club qui, depuis son ouverture en 1969, a accueilli Led Zeppelin, Genesis, Pink Floyd, Queen, Thin Lizzy, Status Quo… Tous ont joué sur cette scène au plafond bas, devant les moulures murales rectangulaires beiges sur fond fuchsia. Larry et Lemmy connaissent bien l'endroit, les Fairies y ont joué sept fois, Hawkwind trois, avant de monter en grade vers des salles plus grandes suite au succès de « Silver Machine ». Ce samedi 16 août, c'est notre tour. En première partie, un groupe du coin, formé trois ans plus tôt, que j'ai déjà croisé sur le circuit du pub rock : Cock Sparrow. Ses membres attendent patiemment qu'on finisse notre balance ; on s'exécute *illico* pour leur laisser la place.

●●●

Le lendemain, cap sur Croydon. « The Greyhound » en grandes lettres jaunes, avec en dessous en rouge le nom du brasseur Courage ; à droite le portrait peint d'un lévrier de course ; le tout sur le fond gris d'un bâtiment moderne, genre HLM : peu de chances qu'on soit au mauvais endroit pour notre concert du soir. En coulisses, des chaises en bois recouvertes de velours vert, un sofa arc-en-ciel, une moquette verdâtre au sol. Sur le mur, enroulé, le tuyau d'incendie attend patiemment que la loge prenne feu.

La scène est surélevée d'à peine une cinquantaine de centimètres ; dessus, ma Ludwig rose champagne resplendit d'une aura kitsch sous les lumières, devant le rideau de taffetas en demi-cercle bleu layette du fond de scène. Les murs de la salle arborent fièrement un papier peint bleu aux rosaces grises. Au premier rang, je reconnais David Bennett et son copain Tony : on les a rencontrés à notre date du *Roundhouse*, je leur avais donné le numéro du bureau pour qu'ils puissent s'acheter un T-shirt Motörhead – les tout premiers.

À deux reprises pendant le concert, Lemmy doit s'arrêter en plein milieu d'une chanson : il a des crampes dans les mains. Mais on s'en sort bien quand même. Lee Fardon, mon bassiste avec Ross Stagg, et sa copine Sue passent me voir dans les loges. Sue me chuchote à l'oreille qu'elle trouve Lemmy d'une humeur massacrante – ses problèmes de crampes, terrifiants.

Marquee, Londres, 21 août 1975

Vers 17 heures ce jeudi, Londres est chauffée à bloc, assommée depuis un mois par l'un des étés les plus chauds de son histoire. Peter Egan, tout en jean, T-shirt noir et chemise en denim, Docs aux pieds, claque la porte du squat où il habite. Laissant les fenêtres barricadées derrière lui, il descend vers le métro pour attraper la ligne Bakerloo à Maida Vale, comme tous les jours, pour le boulot. Huit arrêts plus tard, il descend à Piccadilly Circus, grimpe les escalators encadrés par des affiches de comédies musicales et émerge sur la grande place bruyante, en plein cœur de la ville.

La pollution des voitures, amplifiée par la chaleur torride, le prend à la gorge. Autour de la fontaine surmontée de la statue d'Éros, sur le rond-point central, un groupe de hippies assis par terre chante des reprises de Dylan accompagnées par une guitare acoustique. Les enseignes en néon géantes de Coca-Cola, Fujifilm et des chewing-gums Wrigley's qui dominent la place ne sont pas encore illuminées pour la soirée.

Peter fend la foule de touristes, passe sous l'arche en pierre et s'engage dans Windmill Street. Devant lui, le célèbre club, *Raymond's Revue*, temple du strip-tease, a déjà allumé ses néons. Une foule d'hommes bruyants, déjà à moitié saouls, affluent dans Rupert Street, attirés par le spectacle. De tous les côtés dans la petite rue, des vitrines exhibent des photos crues et en couleur de femmes à moitié nues, ne cachant que le strict minimum avec des stickers noirs microscopiques en forme d'étoiles ou de croix.

Des vendeurs de boissons, kebabs, hamburgers et hot dogs, postés à chaque coin de rue ajoutent des effluves gras et salés à l'odeur de la sueur des hommes. Les sex-shops, dissimulés derrière des rideaux en fines lamelles de plastique pastel, masquent à peine les rangées de magazines pornos à l'intérieur. Des clients aux cheveux gominés, vêtus de gabardines difformes grises ou beiges, portent sous leurs bras des sacs remplis de leurs trouvailles du jour. Les vitrines racoleuses promettent « maîtresses attachantes », « fessées pour mauvais garçons » ou encore « leçons françaises ». Dans l'ombre, les macs en costumes italiens supervisent les opérations, attirant le chaland aux poches pleines vers des escaliers sombres et sales menant aux petites chambres des étages…

Peter bifurque à droite dans Brewer Street, traverse Walker's Court, puis Peter Street et atteint le marché de Berwick Street. Les marchands commencent à plier leurs stands tandis que les plus démunis du quartier, accroupis, le dos courbé, fouillent le caniveau, triant fruits et légumes endommagés ou pourris. Il passe devant le disquaire *Harlequin Records* et son enseigne orange – il y a acheté l'album d'Hawkwind, *Hall of the Mountain Grill*, deux semaines plus tôt. Il croise Duck Lane, l'impasse où se trouvait le *Bricklayers Arms* : c'est dans ce pub que Brian Jones a mené ses auditions, après son annonce dans le *Melody Maker*. Mick Jagger, Keith Richards et Bill Wyman s'y rendent ; les Stones naissaient ici, au premier étage. Leur premier concert aura lieu à trois rues de là.

Peter continue sa route vers Rom's Yard, une longue allée étroite aux airs de coupe-gorge – et aux odeurs d'urine. Il slalome entre les préservatifs usagés, laissés sur place par les prostituées qui pratiquent à ciel ouvert, les canettes de bière écrasées, les mégots, les seringues et des flaques de vomi desséché. Après cinquante mètres oppressants, l'allée couverte débouche sur Tyler's Court dévoilant un mince filet de ciel azur lointain au-dessus de sa tête. Tout au bout, la ruelle s'ouvre enfin sur Wardour Street. En face de lui, une grande bâtisse en briques rouges évoquant l'architecture des maisons bourgeoises d'Amsterdam. Il traverse la rue pour entrer au 90, pénètre dans le couloir du club et rejoint le bar, où il salue Ulli, le sous-manager, occupé à jouer au flipper. Le cliquetis des manettes et les bruitages du jeu s'évanouissent lorsque se referme derrière lui la double porte sur ressorts. Peter prend son poste pour la soirée derrière le bar du fond, le *back bar* de la salle de concert.

Au même moment, je nous conduis, Lemmy et moi vers notre destination du soir – lentement, c'est l'heure de pointe. Les fenêtres ouvertes et la musique à fond, on prend la longue courbe grandiose de Regent Street. On débouche sur Piccadilly Circus, saturé de voitures. Dans Shaftesbury Avenue, les théâtres de comédies musicales défilent sous nos yeux. On aperçoit Covent Garden à l'autre bout – il y a à peine trois mois, on y faisait notre première séance photo. À gauche, sur Dean Street devant Good Earth, les studios de Tony Visconti, producteur de Bowie.

Je gare enfin le Fridge, non sans difficulté, en face de la maison de disques CBS, à l'angle de Soho Square. Après avoir traversé le parc arboré, passant devant la statue de Charles II, le roi qui a été restauré à la fin de la dictature de Cromwell, et une réplique d'un kiosque Tudor, on ressort dans Carlisle Street. À gauche dans Dean Street, puis immédiatement à droite, et nos bottes claquent dans la longue allée de St Anne's Court... On passe devant les studios Trident, le long bâtiment en briques blanches où David Bowie a enregistré *Hunky Dory* et *The Rise and Fall of Ziggy Stardust* ainsi que son single « Space Oddity »... Deux ans plus tard, c'est là que j'enregistrerai *Needletime* avec Warsaw Pakt. On passe devant le lampadaire victorien planté au milieu de la voie, et dans Wardour Street, devant l'immeuble de la Hammer Horror. J'arpente ces rues depuis tant d'années ; à 14 ans déjà, je venais ici voir jouer mes groupes préférés. On est arrivés : l'arche en brique rouge, l'auvent en forme de pentagone, le mot « Marquee » en couleur orange blasonné sur les trois côtés, et surtout les noms des groupes à venir, affichés dans la vitrine à l'extérieur. Parmi eux, aujourd'hui, le jeudi 21 août : « Motörhead ». Ce soir, c'est enfin à mon tour d'y jouer. Flash-back en 1970, lors d'un jeudi night-club : j'y avais écouté Rod Stewart, encore accompagné de Ronnie Wood à la guitare – il a rejoint les Stones il y a trois mois. Putain, leur version de « I'm Losing You » et de « Baby I'm Amazed », des Faces, quelle tuerie…

On entre dans le couloir, on passe devant la billetterie et le vestiaire encore fermés sur notre gauche, insère chacun quelques pièces dans la machine à cigarettes et on récupère les deux paquets qui tombent dans un bruit mécanique, suivi d'un « ploc » : Marlboro pour Lem, Rothmans pour moi. Au-dessus de nos têtes, un grand panneau en plexiglas sur lequel sont accrochées les affiches de stars de jazz et de blues comme Chris Barber, The Steampacket avec Long John Baldry, le bluesman de deux mètres de haut accompagné de Rod Stewart et Julie Driscoll, qui ont fait la réputation du *Marquee* depuis son ouverture au 165 Oxford Street en 1958.

Le long couloir nous mène dans le club par le bar de devant, avec ses vitres carrées en verre épais conçues pour bloquer le son de la salle.

Un gars joue sur le flipper dans le fond et se retourne pour saluer Lem en tirant sur le lance-bille. Lem lui répond « *Hi*, Ulli ! », en poussant des deux mains la double porte sur ressorts, comme un cow-boy entrerait dans un saloon. Je le suis dans la salle aux murs peints en noir mat jusqu'au plafond et recouverts de grands miroirs. La froideur blafarde des lumières blanches s'accorde harmonieusement avec la puanteur de la salle, savant mélange de bière, de cigarettes froides, de relents des hamburgers et des hot-dogs de la veille, surmonté des effluves d'urine et des déodorants senteur pin qui émanent des chiottes des hommes, juste après le bar. Et en arrière-plan, l'infâme odeur caractéristique du vomi… Le vieux tapis imbibé d'années de bières et de Coca-Cola renversés et couvert de traces blanchâtres de bouts de chewing-gums aplatis nous colle aux bottes.

On traverse la salle où Peter Egan tire une pinte dans un seau pour purger, un par un, les tuyaux des pompes à bière. Chaque tireuse est décorée du nom de la bière qu'elle contient sur un panneau en plastique : Carling Black Label, Worthington E avec un grand « E » et la Guinness en noir, rouge et blanc. Peter reprend ses préparatifs, sort ses bouteilles de scotch, de vodka et de gin et place deux cendriers blancs aux traces de nicotine jaunâtres sur le comptoir. Il est prêt pour accueillir les clients à l'ouverture du club. Lem et Peter se saluent, une connivence de longue date, tandis que nous grillons une cigarette, adossés au bar qui n'a pas encore ouvert. Je regarde distraitement en direction de la scène. Je sens comme une distance entre nous, qui s'est installée petit à petit il y a quelques jours. On ne se parle plus comme avant. Depuis un moment, Larry et lui se rapprochent de plus en plus. Dans le fond, de grandes lettres jaunes se démarquent, formant le nom « M-A-R-Q-U-E-E ». Par terre devant la scène, un de nos roadies, à genoux, sort ma batterie de ses étuis et l'assemble pièce par pièce, fût par fût. Il monte les stands en métal chromé, luisant sous les lumières blêmes. Le cuivre de mes cymbales et la couleur paillettes rose champagne de mon kit contrastent avec le reste de la salle sombre. Accoudé au bar, écoutant d'une oreille ce que Lemmy me raconte, j'observe le roadie pousser les éléments de ma batterie vers l'autre technicien sur le plateau, puis grimper sur scène pour la disposer au centre entre les stacks Marshall de Lemmy et Fender de Larry... Elle est installée au même endroit que tous les soirs de la tournée, exactement comme je l'aime, au millimètre près. Larry arrive, en bande comme d'habitude, et nous rejoint au bar. L'ingé son descend de sa console surélevée, grimpe sur scène et s'accroupit pour arranger les micros : un dans la grosse caisse, un sur la caisse claire, un sur le charleston, quatre sur les toms et une dernière paire, accrochée au bout d'une perche au-dessus des cymbales. Des stands rejoignent les miens, formant une petite forêt de chrome. Tout est enfin en place, il est prêt pour ma balance, j'abandonne Lem au bar. Larry me suit avec son étui de guitare, disparaît dans la minuscule loge derrière la scène.

Domp, domp, domp, domp, domp, domp, domp, domp, domp... Les coups sourds de la grosse caisse ricochent sur le mur du fond. Depuis son estrade en façade, l'ingé son me fait signe que tout est bon pour lui. Je passe à la caisse claire : *crack, crack, crack, crack, crack, crack, crack* et *crack*, et *crack* encore, jusqu'à ce qu'il me fasse signe de m'arrêter, levant un pouce. On peut passer aux toms. Lentement, j'effectue ma routine, tom par tom, avant d'enchaîner sur un riff complet, me déchaînant sur la batterie entière. Les cymbales, crashs, rides et charlestons résonnent à plein volume, emplissant la salle mythique. L'ingénieur me parle dans mon retour : c'est bon pour la batterie, on peut passer à la basse. Je coince deux paires de baguettes de rechange dans les vis de la grosse caisse : il m'arrive souvent d'en casser ou d'en perdre. Lemmy enjambe la scène d'un bond, se place à ma droite et passe la sangle de sa guitare au-dessus de sa tête. De ses deux mains, il repousse ses longs cheveux derrière ses épaules, puis me regarde dans les yeux avec un sourire :

— Tout roule, Lou ?

— Ouep, tout bon pour moi. À ton tour, Lem.

Il branche sa Rickenbacker dans son ampli, à sa hauteur, joue deux notes sur chacune des quatre cordes, puis tripote les potards pour finir par les pousser à fond. Quelques accords, une véritable explosion – *vrrrooommbbb* –, les bouteilles de bière, de scotch et de gin s'entrechoquent les unes contre les autres derrière le bar de Peter, le vrombissement traverse la salle et rebondit encore sur le mur du fond. Cinq minutes plus tard, Lemmy laisse la place à Larry, qui apparaît par la porte de la loge, derrière moi, sa Stratocaster blanche suspendue à l'épaule.

— Maaan, c'est fort quand même...

— Et comment, Lazza !

Lemmy ajuste l'angle de son micro Shure 87 au-dessus de sa tête, teste le son :

— Un, un, deux, tessssticuuules...

Puis, pointant le plafond du doigt, il ajoute :

— Plus de voix dans mon retour, s'il te plaît.

Larry se branche dans l'ampli Fender, se met face à Lem et ils s'accordent. Larry fait signe de la tête, se retourne en jouant quelques notes et des accords, puis passe en revue ses effets, son fuzz, sa distorsion, sa wah-wah... s'appuyant sur ses pédales une par une. Il lève la tête, se met à son micro et crie :

— Un, deux, trois, quatre... plus de volume dans le retour, s'il te plaît...

Lem me regarde :

— OK, « Leaving Here »...

Click click click click. Mes baguettes décomptent et c'est parti... Les power chords lancinants de l'intro s'élèvent de la guitare et la basse, ma caisse claire, ma grosse caisse et mes cymbales envahissent la pièce... Le son est lourd, la voix rauque de Lemmy jaillit dans mon retour, à ma gauche, lorsqu'il commence à chanter.

Après la balance, Larry et moi filons pour fumer un joint et nous sniffer un rail sur le couteau de Lemmy. La loge est exiguë, à peine trois mètres de large, et ses murs et plafonds sont entièrement recouverts des graffitis laissés par les groupes – plus ou moins célèbres – passés par ici. Un banc et une longue console noirs, sous un miroir fissuré couvert de stickers, sont le seul luxe qu'on y trouve. Pendant que Larry, entouré de ses amis, vide son sac et arrange ses affaires sur la table, on part au bar. C'est là que les yeux de Peter s'arrondissent, voyant de face nos vestes de cuir : les brassards Motörhead, l'aigle SS, les croix de fer, les Totenkopf, les ceintures à douilles, surtout la mienne, avec quatre cartouches gros calibre de vingt centimètres de long supplémentaires, font leur petit effet. Peter, comme les autres membres du staff, a tout vu depuis le temps, le glam-rock, les groupes de toutes sortes avec des looks pas possibles pour se démarquer. Mais là, même lui est clairement choqué. On commande deux pintes de Carling Black Label, accompagnées de shots de Southern Comfort.

Je me sens solitaire mais calme et confiant. National Flag, le groupe en première partie, arrive en retard et nous remplace sur scène pour une courte balance son avant l'ouverture des portes. On en profite pour aller inscrire nos amis sur la *guest list* de la jeune femme de la billetterie. Au bout du couloir, il y a déjà la queue sur le trottoir ; le videur est en pleine négociation avec deux Allemandes, tétons visibles sous leur T-shirt serré sans soutif, qui insistent pour entrer avant tout le monde.

Ce soir-là, nous faisons un beau concert, ruisselants de sueur sous les projos. La lune est pleine quand on sort du *Marquee* pour regagner le Fridge. Je repasse dans ma tête les quelques instants avant notre performance : être enfin dans la loge du *Marquee*, mondialement connu. Qui aurait pu imaginer qu'il ne s'agissait que d'un simple couloir étroit et délabré, séparé de la scène par un mince mur en bois contreplaqué ? Certainement pas moi. Assis dans la salle, à 15 ans, j'imaginais bien autre chose. Le rugissement de la foule qui crie « Motörhead, Motörhead, Motörhead » si fort qu'on aurait pu se croire dans la fosse avec eux, à une douzaine de mètres de nous. Beaucoup de spectateurs avaient revêtu leurs cuirs de symboles similaires à ceux que nous portons ; la nouvelle se répand : Motörhead est là... qu'on le veuille ou non.

Le lendemain, en fin d'après-midi, on prend l'autoroute M1 vers le City Hall, bâtiment de briques rouges à St Albans, qui a ouvert ses portes en juin 1968 avec un concert du grand bluesman anglais, John Mayall... Puis, retour à Notting Hill pour trois jours, avant de partir vers le sud, la station balnéaire de Bournemouth et le *Hard Rock*. Deux jours off, et c'est reparti vers le nord sur l'autoroute M1 et le Civic Hall de Bedworth, à neuf kilomètres de Birmingham dans les Midlands. On passera la nuit à l'hôtel, puis deux heures de route supplémentaires nous emmèneront jusqu'au Guildhall de Bury St Edmunds. Puis, enfin, retour pour quinze jours dans le Grove.

Studios Rockfield, 15 septembre 1975

Ce soir du 14 septembre, je viens de marteler mes peaux de toutes mes forces au *Greyhound*, à Croydon. C'est la deuxième fois en à peine un mois qu'on joue ici – cette fois-ci, un orage de grêle nous a souhaité la bienvenue. Mes oreilles bourdonnent et sifflent encore de la déferlante sonore. Trempé de sueur, affalé sur la banquette arrière de la voiture, je repose ma tête contre la vitre embuée. La nuit est froide, on roule en direction des studios Rockfield.

Semaine après semaine, je me suis habitué à improviser pendant les répètes, à arranger les chansons puis à les tester devant le public. En général, la suite logique, ça consiste à entrer en studio pour pousser encore plus loin l'expérimentation, peaufiner, enregistrer les versions définitives... puis repartir en tournée pour promouvoir le disque. Après seulement onze jours de répétitions et une tournée rocambolesque de quatorze dates, c'est maintenant à notre tour d'enregistrer notre album. Dans l'habitacle enfumé, Lem et Larry partagent leurs mauvaises expériences de studio, râlent que les producteurs ne réussissent jamais à capturer l'excitation brute des performances live.

— Sauf *Kings of Oblivion*, qu'on a sorti il y a deux ans avec les Fairies. On avait eu carte blanche... mais Polydor avait réussi à bousiller le truc en faisant mixer à la va-vite pendant qu'on tournait. Quel gâchis.

C'est Dave Edmunds qui va produire notre album : ça fait trois ans que j'écoute sa chanson « I Hear You Knocking », et bien plus longtemps encore que j'admire sa version rock de la « Danse du Sabre », du compositeur arménien Aram Khatchatourian. À Noël 1970, c'est ça qui a propulsé son groupe, Love Sculpture, en tête des charts : tout le monde, Lem et moi en tête, était bluffé par les guitares frénétiques s'entrechoquant à mille à l'heure. En écoutant ensemble *Subtle as a Flying Mallet* à sa sortie en avril, nous rêvions d'un savoureux mélange – en plus brutal – entre le son d'Edmunds et celui des MC5. Bref, c'est peu dire que la tension est palpable dans la caisse, l'excitation, au plus haut, n'est pas près de redescendre – nous non plus. Malgré leurs réticences, Lem et Larry sentent, tout comme moi, qu'il pourrait être celui qu'il nous faut pour réussir à capturer la puissance sauvage de nos live. Si quelqu'un peut y parvenir, c'est bien lui.

Le vent souffle en bourrasques sur le pont suspendu de Severn, fouettant les vitres de la voiture de grosses gouttes de pluie. On entre au pays de Galles, on quitte l'autoroute M4 pour des routes de campagne sinueuses. La voiture est enfumée de nos clopes et joints. Après quelques kilomètres supplémentaires, on tourne à gauche et on avance au pas sur un chemin cabossé. Les phares illuminent les buissons qui encadrent le chemin, révèlent les murs d'une ferme : le studio. La dernière fois que Lem y a mis les pieds, c'était en mars, pour l'enregistrement de *Warrior on the Edge of Time*, son dernier album avec Hawkwind.

Dave nous accueille chaleureusement, nous fait rire, nous met à l'aise. Les chambres ont été aménagées dans une grange ; on se couche immédiatement.

Le lendemain, en début d'après-midi, nous traversons la cour de la ferme pour attaquer les balances. Dave est déjà au travail, plaçant les micros sur les instruments installés tard dans la nuit par nos techniciens, arrivés après nous en camion. Jusqu'en début de soirée, il fait des allers-retours entre le studio et la cabine, réglant les micros et peaufinant les égalisations. Instrument par instrument, on y passe chacun notre tour. Lem et Larry s'impatientent, mais la magie de Dave commence à opérer. La guitare de Larry devient énorme, riche et puissante, la basse de Lemmy rugit comme les moteurs Daimler-Benz d'un bombardier Heinkel au décollage.

De mon côté, je désaccorde deux toms plus bas que d'habitude pour qu'ils s'intègrent mieux avec la grosse caisse entre les fréquences de la basse. J'accorde les deux autres toms un poil plus haut, pour qu'ils s'insèrent dans les médiums de Larry. Dave obtient un son exquis de mon kit Ludwig à coque épaisse des années 1960, tirant parti de la résonance distinctive de ma caisse claire. Larry, moqueur, commente :

— C'est moche, ta caisse claire, Lucoïd. Ça sonne bizarre, c'est le « Kloon ».

— Non, je l'aime comme ça, Larry. Ça sonne bien métallique, ça va percer à travers la guitare et la basse sans avoir besoin de pousser le volume. On entendra encore mieux vos instruments, ça sera encore plus puissant…

Dave installe également trois paires de micros d'ambiance sur des perches, espacées le long du studio, pour capturer la puissance sonore au-dessus de nos têtes, en complément des micros rapprochés des amplis, caisse claire, cymbales, grosse caisse et toms. Avec peu ou pas de séparation entre les instruments, il crée un mur du son explosif, agressif. Les balances finies, nous sommes prêts. On piaffe comme des chevaux avant une course. Dave propose de faire une pause pour aller fêter notre arrivée chez des amis dans le village voisin.

Dave et Lem, grands amateurs de rockabilly, décident d'y aller déguisés en rockeurs. Dave nous prête des vestes, et Lem m'aide à me gominer les cheveux, peignant une banane parfaite. Il fait de même avec sa propre crinière. Tous les deux satisfaits, on échange un sourire dans le miroir. Un moment de complicité devenu désormais rare et précieux pour moi, comme il y en avait pourtant beaucoup il y a encore quelques semaines. Larry, rabat-joie, refuse de se déguiser, mais nous accompagne tout de même.

Je fais la connaissance de Lesley, la copine de Dave, une Galloise charmante et adorable, avec qui le courant passe tout de suite. Son accent mélodieux me fascine, chaque phrase semble finir en point d'interrogation suspendu en l'air. Elle éclate de rire à mes blagues, ce qui me fait un bien fou. La soirée s'étire, et nous rentrons épuisés pour retrouver nos lits.

Le lendemain, levés vers midi, nous attaquons en studio avec « Lost Johnny ». Après plusieurs prises, nous montons écouter le résultat dans la cabine de contrôle. Ça claque, le son est mordant.

— Dave, ça sonne énoooorme !

— Ouais mec, ça me va aussi ! T'as bien capturé la puissance et les graves de ma Rickenbacker.

— Et ma batterie déchire. Merci, Dave.

Après quelques prises supplémentaires, on passe à « Leaving Here ». Dave décrète une pause pour répondre à un appel. Sur les terres derrière la baraque où on dort, le soleil descend, jouant à cache-cache à travers les branches qui perdent déjà leurs feuilles, découpées comme des squelettes noirs. Leur silhouette se détache sur le ciel nuageux gris sombre déchiré de longues bandes roses. Un cheval bai s'approche lentement broutant l'herbe. Lem saute la clôture, caresse son museau, puis saisit instinctivement sa crinière et l'enfourche à cru, pour faire le tour du champ au petit galop. Le bruit des sabots résonne sur le sol : on dirait un Sioux dans les grandes plaines d'Amérique du Nord. Alors que les ombres géométriques des bâtiments s'allongent avec les dernières lueurs du jour, Lem revient et libère son cheval, avant de retraverser la cour à mes côtés.

En tournée, Larry a développé un riff mélodique accrocheur sur « Lost Johnny ». Dave l'a repéré tout de suite. Il l'adore et, une fois satisfait de la prise, il demande à Lem et moi de laisser Larry au studio pour superposer une guitare et renforcer le tout. Puis le garde encore en studio, le faisant doubler, tripler le même riff, puis ajouter des harmonies pour enrichir l'ensemble. Assis derrière la console, à côté de Dave et de moi, Lem fronce les sourcils :

— Je préfère le son brut live qu'on a déjà enregistré Dave. Faut pas que sa guitare sonne trop propre.

Dave lui lance un regard noir, tout en ajustant les manettes de volume sur la console, préparant une mise à plat pour que Larry puisse écouter le résultat.

— C'est comme ça que j'obtiens la texture sonore que tu aimes bien sur mes disques, Lem, comme dans *Subtle as a Flying Mallet.*

À l'écoute, Lem admet que ça sonne bien, mais il insiste :

— Il faut que tu le salisses, que tu le rendes plus dur...

Larry nous rejoint en régie, passe derrière la console et glousse en exagérant, fidèle à lui-même.

— C'est épouuuustouflant, Dave ! C'est le meilleur son de guitare du monde...

Ce son si distinctif est la marque de fabrique d'Edmunds. Hawkwind et les Pink Fairies avaient tout un tas de musiciens qui façonnaient leur son, en se mêlant, couvrant les divergences rythmiques ou mélodiques par un maillage créé à partir de tous les instruments enregistrés en même temps... Cela a semblé bien fonctionner pour eux, mais Larry et Lemmy étaient souvent déçus du résultat. Ici c'est un trio et je vois où Dave veut en venir... et Larry aussi.

Le lendemain, en pleine séance, la fenêtre entre la cabine et le studio vibre. Des Harley vrombissent dans la cour. Deux bikers, veston en cuir plein de patchs, entrent et refilent à Lemmy un gros sac d'amphètes. Notre routine repose désormais sur cette poudre blanche bien plus forte que celle que l'on prend d'habitude. De longues lignes disparaissent dans nos narines... et je commence à être sérieusement atteint. Je décide alors de la jouer simple et sage : des pistes de batterie basiques, solides, dans un style à la Charlie Watts ou Ringo Starr, comme je l'ai fait en studio dans d'autres groupes dans le passé. Rien à voir avec les folies à la Keith Moon que je me permettais en concert. Je m'installe derrière ma batterie Ludwig pour enregistrer « City Kids », « On Parole » et « Motorhead » d'affilée. Après quelques essais, c'est dans la boîte. Je suis alors convaincu que je vais pouvoir revenir plus tard pour embellir chaque chanson, en réenregistrant comme Larry, pour superposer des roulements de toms et des crashs de cymbales, histoire de ramener une puissance et une dynamique proche du live. Ce sera ensuite à Dave de choisir ce qui restera sur l'album et ce qui finira à la poubelle.

Mais Lemmy, avec sa quasi-obsession pour les Beatles et les premiers groupes de R'n'B britanniques, n'a apparemment pas développé, comme moi, un amour pour les nouveaux procédés d'enregistrement, qui permettent de pousser beaucoup plus loin la création en studio, bien au-delà de ce qu'on peut faire en live.

Sur scène, une fois le moment passé, il est passé. Mais en studio, chaque note devient un matériau à traiter, à creuser, c'est comme peindre avec le son pour perfectionner à souhait le résultat dans ses moindres détails. Dave suit cette philosophie. Lem et Larry, en revanche, restent dubitatifs : pour eux, ce qui est enregistré est la prise définitive, crue et brute, sans ajustements ni overdubs…

Nous ne sommes que trois musiciens avec nos trois instruments et deux voix. En live, on joue sur l'intensité, la vitesse, la hargne sans compromis et un volume sonore qui, depuis juillet, cloue le public au mur. Mais moi, j'aime l'idée de travailler deux versions de chaque chanson : une version live et une version studio.

Plongé dans mes pensées, je me souviens m'être régalé de mes expériences de studio avec FKS, WH Pearce Band ou Ross Stagg. Bien que la direction finale prise par ces projets ne m'ait pas toujours emballé, j'avais été fasciné par leur maîtrise technique. Avec Ross Stagg, on écoutait en boucle David Bowie et Alice Cooper, décortiquant leurs albums pour comprendre comment ils avaient été produits. Cela nous avait inspirés pour préparer nos sessions d'enregistrement. Adolescent, je m'entraînais dans la salle à manger à Chiswick à accompagner à la batterie mes disques favoris, suivant de près l'évolution des enregistrements studio des Beatles, des Stones, des Who et de Jimi Hendrix. J'avais passé des heures à comparer leurs albums conceptuels avec leurs premiers albums, enregistrés rapidement, avec peu de réenregistrements et peu d'effets de production, à cause des limites techniques de l'époque de leurs débuts. À force d'assister à des concerts, je trouvais naturel que chaque chanson ait une version live plus brute et une version studio plus travaillée. Ce sont des producteurs pionniers extrêmement talentueux, comme George Martin pour les Beatles, Andrew Loog Oldham pour les Stones, Brian Wilson pour les Beach Boys, ou Tony Visconti pour Bowie qui ont révolutionné le son, les techniques d'enregistrement et l'approche créative en studio… Peut-être que je suis mieux préparé que les deux autres aux méthodes de Dave ?

Le style d'Edmunds, avec ses micros placés sans séparation entre les instruments, garantit que nos bases enregistrées resteront toujours audibles. Il insiste pour poursuivre sur cette voie, et Larry commence vraiment à prendre son pied, superposant ses guitares couche après couche. Lem, malgré ses réticences initiales, est forcé d'admettre que les chansons sonnent grandiose.

Le speed fait vriller mes pensées, mais une voix dans ma tête m'encourage à garder le cap : « Peu importe à quel point t'es défoncé, tant que tu parviens à assurer, ça ira. La règle d'or, c'est de ne pas foirer… ne jamais foirer. Y a rien de plus pathétique que quelqu'un qui ne tient pas l'alcool, ou qui laisse les drogues prendre le dessus sur lui. Gâche pas ta chance, ça fait tant d'années que tu t'es préparé à ce moment. Nous serons tous réduits en poussière bien assez tôt de toute façon. »

J'essaie désespérément de parler au jeune homme de 22 ans que je suis, la tête pleine d'amphétamines, sous l'influence de son troisième ou quatrième rush de la journée… ou est-ce la nuit ?

En réalité, je suis de plus en plus isolé dans ma coquille. J'arrive à peine à aligner les mots les uns après les autres. Un fossé se creuse entre Lem et Larry d'un côté et Dave de l'autre, tous enflammés par cette fièvre de la ligne blanche. J'en perds même mon sens de l'humour et mon autodérision, seul barrage contre des assauts de sarcasmes et de cynisme à peine voilés qui sapent ma confiance en moi.

Les amphétamines me piègent dans ma tête, je ne suis plus que spectateur, et je ne parviens plus à saisir les blagues des trois autres. Ils semblent bien décidés à continuer la fête, à sniffer de longues lignes sans fin, mais cette fois, il y a moins d'alcool pour en absorber les effets néfastes. Le manque de sommeil et de nourriture a raison de mon naturel optimiste et enthousiaste. Et puis, ma peau commence à me gratter, j'ai des palpitations, les hallucinations de plus en plus fréquentes. Les souvenirs des nuits sous speed ou sous acide se mélangent dans un flux irréel sans fin, hantent mes pensées, de jour comme de nuit. Je ne suis pas prêt à baisser les bras, à raccrocher les armes, mais de toute évidence, mon cerveau et mon corps sont pris d'assauts trop violents pour moi. Je me sens coincé : il est trop tôt pour changer de cap, mais trop tard pour faire marche arrière. Des armées d'insectes virulents semblent être à l'œuvre sous ma peau, comme sur un champ de bataille. Pas de prisonniers, pas de quartier. Impuissant, je ne sais pas quoi faire d'autre que tenter de jouer de ma batterie du mieux que possible, et aller écouter les morceaux qui s'accumulent. Ne parvenant plus à interagir avec deux étrangers, qui étaient jusqu'à récemment ses alliés les plus proches, le « batteur le plus chanceux du monde » s'effondre, à bout de souffle.

Les jours et les nuits défilent, accompagnés de cette nouvelle poudreuse extrablanche. Putain, qu'elle est forte : plus pure, plus dure que d'habitude, elle est forte… et traîtresse. Est-ce parce que mes narines sont anesthésiées qu'elle ne m'agresse pas autant que l'effet qu'elle produit ?

Cet automne-là, au pays de Galles, c'est une escalade d'amphétamines à chaque séance d'enregistrement. Larry et Lem semblent lancés dans une compétition frénétique pour savoir qui pourra en prendre le plus. Dave est aussi de la partie, moi loin derrière. Depuis que je connais Lem, j'ai pris l'habitude de manger peu, mais cette fois, il n'y a même pas les bières et les shots de bourbon habituels pour compenser notre jeûne.

Un soir, on ouvre la porte insonorisée de la cabine, et une déferlante de bruit blanc jaillit des baffles, comme le son assourdissant d'un avion à réaction. Dave Edmunds est affalé sur la table de mixage, inconscient, les bras en croix, tenant entre ses doigts une clope éteinte avec une longue tige de cendres, les tirettes de la console enfoncées dans la joue. C'est ce moment précis que choisissent Doug, Andrew Lauder, qui nous a signés chez United Artists, et notre attaché de presse Richard Ogden pour se matérialiser dans le studio – venus voir l'avancée des travaux... Tous les trois sont horrifiés par la scène. Lem secoue Dave par l'épaule, celui-ci se réveille en sursaut, coupe le son net et déclare :

— Excusez-moi une seconde...

Avant de sortir vomir bruyamment dans la cour. Comme si de rien n'était, il revient, frais comme un gardon, pour faire écouter à nos trois visiteurs les mises à plat de « Motorhead », « Lost Johnny », « On Parole », « Leaving Here » et « City Kids ». Ils ont l'air d'apprécier le résultat – surtout Andrew, particulièrement emballé, qui nous submerge d'éloges. Enfin, ils rebroussent chemin vers Londres dans la nuit.

Larry reprend prise après prise ses solos de guitare déchirants, qu'on intercale avec l'enregistrement de la voix et des chœurs. On fait des essais sur « The Watcher » et « Fools », la chanson que Larry vient d'écrire avec l'aide de son roadie personnel, Des Brown...

De mon côté, je suis à bout. L'étau dans ma tête se resserre. J'aperçois mon visage dans la glace des toilettes. Mes yeux sont comme ceux d'un lapin pris dans les phares d'une voiture, les veines gonflent sur mon front, mon pouls bat visiblement sur ma tempe. Pendant les écoutes des prises, j'ai pris l'habitude de me tenir debout entre les deux grands moniteurs, les coudes posés sur le block des VU-mètres, pour observer les réactions de Dave, Larry et Lemmy, assis derrière la console. Ce jour-là, l'ingénieur de maintenance n'a pas bien sécurisé cette partie du matos et le bloc se décroche et s'écroule devant moi, renversant cendriers et tasses de café par terre à mes pieds. Mes trois compagnons se mettent à hurler de rire comme des hyènes. C'en est trop pour moi, mon sens de l'humour est anesthésié et je ne trouve pas ça drôle... Je quitte le studio, furieux. J'entends tout de même Larry, qui crie derrière moi :

— T'approche pas de mon ampli, il risquerait de cramer !

Je sors en claquant la porte sur leurs rires. Lorsque je reviens, Dave annonce qu'il a reçu un appel de Swansong, la maison de disques de Led Zeppelin, pour signer un gros contrat d'albums solos avec le label. Il a l'air content, mais dans un état de choc, lui aussi est bien mal en point. Et puis, il semble que son couple avec Lesley bat de l'aile aussi. Soudainement, il disparaît, et on ne le revoit plus.

La lune est quasi pleine quand on repart de Rockfield pour les prochains concerts. Mes roulements de toms et mes cymbales sont restés dans ma tête, enterrés aux côtés de la dynamique que j'avais imaginé apporter aux morceaux.

Barbarella's, Birmingham, 7 octobre 1975

Les jours raccourcissent, les nuits rallongent. Larry a encore joué avec les Pink Fairies quelques jours plus tôt – le 26 septembre, au Cambridge Corn Exchange : un silence funèbre règne désormais entre nous trois lorsqu'on sillonne les routes du pays. Birmingham, pour la seconde fois de la tournée ; à nouveau le *Barbarella's*, encore un mardi soir « rock »... Il fait noir quand on arrive ; le bâtiment, l'enseigne n'ont pas changé.

Les fans des Fairies et d'Hawkwind, eux, sont aussi enthousiastes qu'à notre premier passage : à nouveau, ils ont répondu à l'appel, mais bien plus nombreux. Paul et Alan en tête : on les retrouve tous deux au bar, où Lem et moi traînons avant le concert. Paul sort de sa poche une photo de lui et Lem, prise la dernière fois et qu'il a fait tirer entre-temps, et la pose sur le comptoir avec un feutre. Lemmy la lui dédicace en lui demandant :

— Ça a été pour entrer ce soir, Paul ?

— Sans problème, Lemmy. Comme une lettre à la poste.

Alan montre la scène du doigt, surpris.

— Qu'est-ce que vous avez fait des drapeaux, vous ne les avez plus ?

— Non, on en a eu marre...

— Et t'as aussi changé de batterie, Lucas ?

— Non, c'est bien la même ; j'ai demandé à des amis bikers de la repeindre en noir. Pas seulement les toms, mais aussi les stands des cymbales et tout ce qui est chromé normalement ; ils ont fait ça par électrolyse. Je viens juste de la récupérer, c'est exactement le résultat que je voulais.

Larry pointe son nez au bar, aperçoit mon kit.

— Maaan, quelle horreur, je déteste ta batterie, Lucas. Sous l'éclairage, comme ça, c'est encore pire qu'à la balance. C'est lugubre et sinistre.

— Une présence maléfique : c'est exactement ça qu'il faut, Larry, rétorque Lem.

Et les frères en rajoutent une couche :

— Ah ouais, elle est magnifique, Lucas. C'est Motörhead tout craché...

On reprend nos places de la dernière fois : nous sur scène, les frangins au premier rang et Paul derrière l'appareil photo. Derrière eux, dans la salle, l'image que nous avons créée s'est répandue comme une tache d'huile : partout, les cuirs sont décorés de souvenirs de la Seconde Guerre mondiale, des vrais ou des copies ;

les hanches ceintes de ceintures cloutées ou à douilles ; les nez surmontés de lunettes miroirs – moins nombreuses, quand même. Chez les fans, sous nos yeux, l'uniforme commence à se répandre...

Pas le temps de détailler : Lemmy attaque « Motorhead », la tête renversée. Je cogne, plus fort encore, sur les fûts, je me bats pour mon existence. Dans sa nouvelle robe, ma batterie luit d'un éclat mauvais, le bruit blanc de mes cymbales ponctuant toujours la voix rauque de Lem et la voix pleurnicharde de Larry... La foule rugit, plus fort encore qu'il y a un mois.

Fender Soundhouse, Londres, mi-octobre 1975

Je ne sais ni comment ni par qui ça a été manigancé – sûrement une idée de l'équipe de Doug, très probablement l'attaché de presse Richard Ogden –, mais un deal de parrainage se profile pour récupérer gratos une batterie de la marque Rogers. Convaincre le mécène potentiel n'a pas dû être une mince affaire... Motörhead traîne déjà une sacrée réputation... Honnêtement, une batterie Rogers ne m'intéresse pas plus que ça. J'ai trimé dur pour pouvoir m'offrir ma Ludwig. C'est ma batterie idéale, je l'ai réglée à mon goût ; ce son que j'adore, c'est mon son et j'en suis très satisfait. Mais bon, c'est tout de même une batterie gratuite et ça fera de la pub pour le groupe auprès des musicos. Ça ne coûte rien d'aller voir. On me donne rendez-vous au *Fender Soundhouse*, situé au 57-87 Hampstead Road, un des premiers supermarchés d'instruments de musique – à sept minutes en voiture de la boutique du père Macari, où j'ai acheté ma Ludwig et l'ampli de Ross Stagg.

La veille, ça a recommencé entre Aina et moi, chez George. Nous nous sommes retrouvés planqués sous une des tables de l'atelier... en plein milieu d'une fête bondée. On a continué à faire les cons toute la nuit et, ce matin, j'ai décidé de l'emmener avec moi au rendez-vous... juste pour le fun.

Sur place, je suis attendu. À l'entrée, un gars nous accueille et nous invite à patienter pendant qu'il va prévenir ses chefs. Avant de disparaître, il me confirme notre accord : une batterie gratuite, en échange de quelques photos pour leur pub, et bien sûr, mes compliments enthousiastes sur la qualité de leurs batteries et de leur magasin, à chaque opportunité qui se présente.

Aina et moi, on s'assoit sur un canapé bas. Elle remarque vite que je suis dans un sale état, et me propose gentiment d'aller me chercher un café serré... Elle ne s'absente que quelques minutes, mais à son retour, je dors à poings fermés, comme une marmotte. Je refais surface, l'esprit embrumé, alors qu'Aina me secoue.

— Réveille-toi Lucas, ils sont là.

J'ouvre un œil et, sans me rendre compte, je renverse le café bouillant et fumant sur ma poitrine au moment même où la délégation du management s'approche de nous. Je ne sens rien, je me réveille à peine et ignore ce qui m'est arrivé. Dans le brouillard, je peine à distinguer leurs bouches qui mâchouillent des syllabes incompréhensibles, jusqu'à ce que l'un d'entre eux déclare :

— Bon, vous comprendrez, monsieur Fox, que le deal est caduc.

Déjà que le nom de Motörhead faisait peur, je suis clairement trop à l'ouest pour être un musicien acceptable pour promouvoir leur marque : ils sautent sur l'occasion pour retirer leur offre. Ça, je l'ai bien compris. On les regarde nous tourner le dos, et disparaître dans l'escalier. Aina et moi repartons bredouilles.

Hammersmith Odeon, Londres, No Sleep at All, 19 octobre 1975

Le 19 octobre 1975, par une sombre soirée pluvieuse, Derek Gibbs et sa bande d'amis – Sneak Deacon, Johnny πr^2, Wayne, Adrian Bridle, Craig Nicol, Steve Redman dit Speed Machine et Garry Masters – roulent tous ensemble serrés dans le fourgon emprunté à son boss. Ils descendent Chiswick High Road, passent devant Duke's Avenue, juste derrière laquelle j'ai passé mon adolescence.

Tout droit vers Hammersmith, ils longent Turnham Green sur leur gauche, puis Saint Peter's Square, où se trouve Island Records – là où j'enregistrerai plus tard avec Warsaw Pakt. Ils passent aussi devant *Western Music*, au 150 King's Street, là où j'ai acheté ma première paire de baguettes et mes premiers fûts de batterie. Finalement, ils se garent à côté du Hammersmith Odeon.

Au même moment, David Bennett et Tony, nos fans du Roundhouse, sortent du métro, grimpent les dernières marches et traversent la rue. Ils s'approchent de la salle et aperçoivent des rangées de choppers : des groupes de Hells Angels et d'autres motards regroupés autour de leurs bécanes. Partout, des blousons de cuir ornés de patchs affichant fièrement les insignes de leurs clubs, leurs villes ou leurs pays.

Avec la bande de Derek, ils traversent le foyer bondé de fans des Pink Fairies, d'Hawkwind et de Motörhead, facilement reconnaissables à leurs ceintures à douilles, leurs cuirs, leurs santiags, leurs jeans délavés, parfois leurs lunettes miroirs. Filles et garçons ont les cheveux longs.

Pendant ce temps, Lem, Larry et moi sommes en loge, affairés à nos derniers préparatifs, entourés par notre garde rapprochée de motards et notre cercle intime : Irene, Joy Farren, notre sorcière bien-aimée, Aina, Michael Reid et Peter Frampton. Le groupe principal ne nous a pas laissé la possibilité de faire une balance son. Un technicien de la salle passe sa tête par la porte pour nous prévenir :

— Sur scène dans cinq minutes, les gars...

On descend les marches. De loin, on entend les cris de la foule : « Motörhead ! Motörhead ! »

En silence, je repense à tous ceux qui sont passés ici avant nous, et qui ont dû, eux aussi, descendre ce long escalier : les Beatles, Ike and Tina Turner, Chuck Berry, les Stones, Otis Redding, Muddy Waters... En passant près d'un placard, la porte s'entrouvre et on aperçoit l'une de nos copines en pleine baise avec l'un de nos roadies. On éclate de rire et on poursuit notre chemin. Lem entre sur scène d'un pas sûr, suivi de Larry. Je rejoins ma batterie.

Tous les deux se branchent avec des câbles bien plus longs que d'habitude pour pouvoir se promener librement. La scène me semble démesurée. Le plafond Art déco illuminé pourpre et rose, que j'ai contemplé tellement de fois depuis le public, me semble familier, même vu depuis la scène pour la première fois. Alors qu'il s'éteint, j'observe au loin le bord de l'immense balcon en demi-cercle, et tout autour, l'obscurité à perte de vue.

Dès les premières notes, je comprends qu'il y a un problème : ma cymbale ride couvre plus que la moitié de mon tom basse à ma droite. Il n'y a pas assez de place sur l'estrade pour ma batterie, tout est trop serré. Le son du retour, à ma gauche, et tout ce que j'entends sur scène, est assourdissant et vaseux, comme un bruit écouté sous l'eau dans une mer agitée, c'est un brouillard total. On achève notre première chanson, « Motorhead », et on se jette tous les trois des regards horrifiés : c'est évident, Blue Öyster Cult, le groupe principal, nous a saboté le son.

Avec les cymbales si proches, mes bras sont trop près de mon corps. Mon bras droit se vide de son sang, des fourmis se baladent dans mes doigts. Pourtant, on persévère. Chanson après chanson, je martèle quand même ma batterie, porté par les automatismes acquis à chacune de nos dates. Pourvu que le son en façade ne soit pas aussi pourrave qu'ici. On lutte, on se bagarre, on avance en sourds. De l'arrière, je suis les mouvements de mes deux corebelles, pour que l'on reste synchro et que l'on réussisse à terminer chaque chanson ensemble. Ne pas pouvoir s'entendre pendant que l'on joue, un comble : on n'est que trois sur scène – rien de plus simple à mixer pour les ingés ! Je peine à distinguer les fréquences hautes, médiums et basses dans le brouhaha. Entre les chansons, on entend nos fans de la première heure hurler leurs encouragements, mais aussi les critiques et insultes criées par tous ceux qui ne comprennent rien à ce qui se passe devant leurs yeux. Lem, comme d'habitude, leur parle, échange quelques plaisanteries avant de balancer le prochain morceau. Les grimaces de Larry, que j'entrevois à vingt mètres à ma gauche, sont de plus en plus torturées : il souffre le martyre. Nous sommes tous trois en train de payer le prix fort pour ne pas avoir pu prendre le temps nécessaire à notre préparation – et notre manque de balance. Quel gâchis !

Et tout d'un coup, c'est fini. Mes oreilles sifflent et bourdonnent sans s'arrêter. Les loges sont vraiment petites, trop pleines de monde, trop pleines de ce qu'on vient de vivre. Lem et Larry explosent d'une colère noire, hurlent au sabotage, à la trahison. C'est du jamais-vu.

Je n'ai jamais vécu ni même entendu parler d'un truc pareil. Ce ne sont pas les règles du jeu, en Grande-Bretagne, ce genre de coup bas ne se fait pas. Bien sûr, le groupe qui fait la première partie n'a pas la priorité sur le gros son, il est réservé à ceux qui remplissent les salles, amènent les culs sur les sièges. Pour la balance son, la tête d'affiche prend son temps pour faire ses réglages si elle le souhaite. Souvent, ils traînent un peu, juste pour taper le bœuf et s'amuser de voir les petits attendre patiemment leur tour, pour tenter d'avoir le meilleur son possible. Mais jamais comme ce soir. Je me souviens que Lem m'a confié détester depuis toujours le son de cette salle.

Heureusement que Joy est là. Elle me calme :

— C'est pas grave, il n'y a pas mort d'homme.

Elle a raison : ce n'est qu'un concert parmi tant d'autres, j'en ai fait tellement après tout. Si la terreur a traversé la scène, je sais aussi que l'on s'est battus bec et ongles contre des conditions pourraves et qu'on a quand même réussi à livrer du Motörhead, rapide, sans concession, mais le long du fil d'un rasoir.

Dans la presse, on gagne un nouveau titre. Nick Kent, dans le *New Music Express*, nous qualifie de « meilleur mauvais groupe du monde », ce qui plaît à beaucoup de fans, mais pas du tout à Lem et à Larry. Moi, je ressens surtout de la honte.

Heureusement, une semaine plus tard, on remonte sur scène au *Roundhouse*, beaucoup mieux rodés que lors de notre premier concert, il y a trois mois – ce qui me semble être des siècles. On enchaîne tout de suite avec un concert à l'université de Walthamstow.

Le 12 novembre, vers 17 heures, la bruine donne à Wardour Street l'aspect lugubre du Londres de Dickens. Nous sommes attendus au *Marquee*.

Marquee, Londres, 12 novembre 1975

Fidèle à son poste, Peter est bien à sa place, derrière le bar du fond ; moi, je m'y sens de moins en moins, comme mis à l'écart. Le ver est dans le fruit, la mauvaise graine a été plantée, je perds pied. Après la balance, le public commence à entrer dans le club ; on file à l'entrée donner notre liste d'invités – dans les toilettes, sur le chemin, des filles torrides en résille, dentelle et cuir s'entassent, portes grandes ouvertes, à quatre dans les cabines, traçant des lignes blanches sur la porcelaine des lavabos en vue d'une nuit sans fin – Lemmy a toujours dit que le sommeil était une perte de temps. En cette fin d'automne, le speed monte, comme les prix à Noël[1].

Dans le miroir des loges, j'entrevois un visage familier : joues creusées, yeux enfoncés, un spectre... mais c'est bien moi. Tenir, à tout prix. Ce soir, la salle est saturée d'intensité. Le volume sonore m'étouffe, une violence sourde flotte au-dessus de la foule. Je prends place sur mon terrain de jeu, derrière mon kit : les cymbales scintillent sous les projecteurs, les stands métalliques noir satin luisent faiblement, mais tout le reste se fond en batterie fantôme dans le mat sombre de la scène et de la salle.

Le public bouillonne, quelque chose de nouveau va émerger, je le sens. Les ex-hippies, fans fidèles d'Hawkwind et des Pink Fairies sont toujours là, mais aussi une nouvelle faune en grand nombre. Là, ce soir, la moitié de la salle porte l'« uniforme » : blouson de cuir, ceinture à douilles, bottes de cow-boy, lunettes de soleil miroirs... et même quelques T-shirts Snaggletooth. Beaucoup de motards, aussi.

Lemmy chevauche toujours sa Rickenbacker, mais ce n'est définitivement plus un moteur de Harley qui hurle : ce sont les deux Junkers Jumo 211 d'un bombardier Heinkel. La tête rejetée en arrière, il lance, comme tous les soirs de la tournée, chaque syllabe rauque avec férocité. Larry tire ses riffs et tourbillonne ses solos autour de ses lignes vocales gémissantes. Moi, je cogne, implacable, entre eux deux, sur ma grosse caisse, ma caisse claire et mes toms. J'affûte mes cymbales et tranche comme des lames à travers la guitare de Larry.

Nerveuses et rock'n'roll, dures et rapides, nos chansons n'excèdent pas les trois minutes. Avant que le public n'ait pu reprendre son souffle, on le martèle de nouveau, chanson après chanson. L'assaut dure une heure.

---

1. « *Goes up like prices at Christmas* », dans « Motorhead ».

Dans la salle, ça ruisselle, ça bondit, ça tournoie, ça se tortille. Les cheveux fouettent d'avant en arrière, les bras fendent l'air au-dessus des têtes, le haut de leurs crânes cisaillés sur le point d'exploser. Les odeurs de bière et de sueur, la fumée des joints viennent s'ajouter à celles qui s'accumulent ici depuis des années.

« Ce sera le groupe de rock'n'roll le plus sale du monde », disait-on. C'est ce que nous sommes aujourd'hui. Une nouvelle anarchie est en train de naître, se propageant comme des mauvaises herbes. La Grande-Bretagne subit encore les effets du choc pétrolier d'il y a deux ans. Les années 1960 n'ont pas tenu leurs promesses. Les files d'attente devant les bureaux pour l'emploi s'allongent. La nouvelle génération, à l'inverse de leurs grands frères et sœurs, n'a rien en poche. Ils ne se reconnaissent pas dans les rockstars richissimes, qui flânent dans leurs manoirs à la campagne et prennent six mois pour finir un album. Ils sont fatigués des chansons de dix minutes avec des solos de guitare et de batterie qui en durent vingt. Ils se sentent rejetés de la société, n'ont rien à perdre et aucun groupe musical qui les représente. « Born to lose and live to win » devient leur devise.

Après le concert, dans les loges, on m'annonce que John Cale[1] est dans la salle. Il voudrait me parler, me proposer le poste de batteur dans son nouveau groupe. Absent, vidé, je refuse : malgré les tensions dans le groupe et cette belle proposition, ma loyauté envers Lem me l'interdit. Je suis dans Motörhead, jamais je ne partirai. J'ai placé ma foi en ce groupe.

1. En 1975, la musique de John Cale est empreinte d'une aura sombre et menaçante, souvent marquée par une agressivité à peine réprimée. Une trilogie d'albums studio – *Fear* (1974), *Slow Dazzle* (1975) et *Helen of Troy* (1975) – est rapidement enregistrée et publiée en l'espace d'un an environ avec d'autres artistes d'Island, dont Phil Manzanera et Brian Eno de Roxy Music, et Chris Spedding, qui joue dans son groupe de scène.

La chute, 1975

Dans mon rêve, je fais la roue... et me réveille en sursaut. Suis-je trop jeune dans cette cour des grands ou est-ce moi qui me fais des croche-pieds ? Est-ce qu'ils vont avoir ma peau ? Est-ce que j'ai tort, est-ce que je perds le fil ? La route devant moi me semble infinie, je vis les moments les plus intenses de ma jeune vie, avec le sentiment d'avoir entre les mains tout ce que j'ai toujours voulu avoir. Mais ça m'échappe, me glisse entre les doigts, m'explose à la gueule. Manque de nourriture, de vitamines... mon corps me lâche. Manque de sommeil, ma tête part à l'envers. Je perds pied et tout tombe en lambeaux : mes valeurs ; la flamme de mon innocence – trop jeune, trop naïf, trop enthousiaste... ; l'exaltation du début, l'excitation de fonder quelque chose de nouveau, d'être à la racine, l'une des pierres angulaires... ; tous ces jours, ces semaines, ces mois et l'année qui précèdent et précipitent la transformation du meilleur de moi-même en pire de moi-même... ; mon enthousiasme et mon énergie, qui m'amenaient vers la lumière en traçant un chemin dans l'obscurité... La bonne personne au bon moment se transforme en mauvaise personne au mauvais moment – un boulet ; les gentlemans, en mauvais garçons dans un monde corrompu. Les valeurs d'amour et de la terre des années 1960 sont parties en fumée.

Les outsiders qui croient au bien sont paradoxalement attirés, fascinés, par le côté sombre, voire la violence... La victoire que Lemmy a réussi à arracher à la mâchoire de sa défaite, à nos débuts, est devenue ma défaite arrachée de la bouche de ma victoire.

Je me sens fragile, je deviens susceptible ; par moments, je ne comprends plus rien à ce qui se passe, à ce qu'on me raconte. Le rêve que je croyais vivre avec ce groupe vire régulièrement au cauchemar.

Je broie tout en noir, remets tout en question. On dit que tout est cool, mais est-ce que ça l'est vraiment ? Par moments, je vis avec la peur au ventre ; je me mets à l'abri pour survivre... car il faut bien que je vive. Pourtant, qu'est-ce qu'on disait, avec Irene ? On ne veut pas vivre pour l'éternité, alors autant foncer comme les autres, à chaque heure, à chaque minute. De la bonne viande certains jours, de la mauvaise d'autres... Malgré tout, je suis encore bien trop attaché à la vie pour lâcher prise, là, maintenant. Déjà, j'ai cette soif de vie, cette soif de positivité. Je suis un battant bienveillant, qui verra toujours le verre à moitié plein... jusqu'à mon dernier souffle. C'est le verre qui rétrécira, simplement.

Larry me l'a dit : « Tu es le batteur le plus chanceux du monde. » Mais de temps à autre, les stars à qui je dois cette « chance phénoménale » me chambrent, me lancent des piques. Tout ne tient plus qu'à un fil, celui qui me tient au-dessus du précipice, du gouffre. Vulnérable, naïf, trop jeune : le raz-de-marée des doutes déferle, me submerge... et j'ai peur. Cette absence totale de confiance : et si c'était ça qui allait trancher ce fil ?

Jusque-là, mon courage ne m'avait jamais quitté. Jusque-là, j'avais toujours pu trouver chaleur et consolation auprès de mes amis, de copines de longue date, dans les bras d'une femme. Mais là, ça ne marche plus : même entouré – mais les prédateurs rôdent, dans Portobello –, je me sens désespérément solitaire. Une seule personne arrive encore à me réconforter : Joy, ma sorcière bien-aimée. Chez elle, c'est un havre de paix. Assoiffé, je m'abreuve à l'influence de cette fée blanche aux côtés sombres, de sa sagesse innée. Elle me tire les cartes, me jette le *Yi King*, me parle de spiritualité, de numérologie... de mon futur. Une fleur solitaire, une grande sœur d'âme, un ange qui me veut du bien. Elle m'aide à comprendre l'incompréhensible. Elle m'explique les gens : qui est qui, qui sortait avec qui, qui est maintenant avec qui. Je me sens aimé d'amitié par Joy, sans condition. Je retrouve mon sens de l'humour, me moque à nouveau de moi-même, moi qui me sens si ridicule, je me couche en me disant qu'il y aura certainement des jours meilleurs.

Entre-temps, la vie intérieure du groupe continue de se désagréger. Larry joue encore des dates avec les Pink Fairies, ce qui lui permet de sortir de notre cyclone. Lem et moi finissons par prendre encore plus de distance.

Comme un enfant qui découvre que le Père Noël n'existe pas, je réalise que Ladbroke Grove, ce quartier qui me semblait si bon, ne l'est qu'en surface seulement : les gentils par-devant finissent par être des ordures par-derrière, vous glissant une dague entre les côtes, dans le dos. Les relations entre les gens deviennent exécrables, s'écroulent. Avec la quantité démesurée de drogues et d'alcool consommés, le coût moral est calamiteux et les dégâts collatéraux sont désastreux. Les surdoses sont monnaie courante, les funérailles précoces aussi, un air de folie règne. Le vernis s'écaille à vue d'œil, la dorure ne dure pas. Le verre de cristal ne se brise pas net, d'un coup, en mille morceaux ; c'est une fêlure qui descend, lentement, lentement, inexorablement le long du verre, jusqu'à sa fracture, définitive. La fête continue, mais se retourne contre celles et ceux qui ne tiennent pas la route. Portobello est en train de virer à la démence, l'hiver arrive à grands pas, les journées se raccourcissent et les nuits se prolongent sans fin... Les ténèbres sont perpétuelles et tortueuses. Une flopée d'Américains débarque par dizaines dans cette nouvelle scène alternative contre-nature, à la recherche de sensations fortes. L'héroïne a pris racine, elle se répand à Notting Hill. Johnny Thunders des New York Dolls avec sa cohorte, Jerry Nolan deviennent des clients réguliers, se cament dans les pubs. Patti Palladin, Vermilion Sands ou Chrissie Hynde ajoutent une touche d'exotisme amerloque déglingué mais positif aux festivités.

Stadium Street, Londres, 13 novembre 1975

Un peu plus tôt, Lemmy racontait dans une interview que les clubs de motards avaient une bonne approche de la vie et qu'il les admirait. Progressivement, des bikers se sont mis à venir d'un peu partout, s'installant presque avec nous. Désormais, quand on est à Londres, on est constamment « escortés » par les bikers partout où nous allons. C'est assez étrange d'être conduit en chopper, dans ma ville natale, par des gars qui visiblement ne semblent pas très bien connaître Londres.

Un peu plus tard, il y a une convention de motards en Allemagne. Des représentants de nombreux clubs américains arrivent à Heathrow pour faire une escale à Londres avant de rejoindre Francfort le lendemain. Apparemment, ils passent la sécurité sans encombre, sans même être fouillés. Lemmy et moi, comme souvent, sommes éveillés depuis deux ou trois jours d'affilée. Cette nuit-là, on est au *Speakeasy*. Les motards débarquent au club et demandent à entrer. Lemmy va voir Nino, le manager. Nino jette un coup d'œil et voit tout de suite qu'ils sont sous acide. Par peur du chaos qu'ils pourraient provoquer, il refuse.

Lemmy est à la machine à sous, et moi, accoudé au bar, je reste à ses côtés jusqu'à la fermeture. Quand on sort, on craint que les motards nous attendent dehors, mais ils sont déjà partis. On monte dans le Fridge et, comme souvent, on roule d'appartement en appartement pour trouver quelqu'un encore éveillé avec qui faire la fête. Finalement, on arrive à réveiller quelqu'un après avoir sonné sans relâche à sa porte. La plupart du temps, les gens – souvent des filles – restent assez bienveillants, même lorsque les deux fous sous speed que nous sommes les tirent du lit si tard dans la nuit. Les filles tombent facilement sous le charme de Lemmy, et ne résistent pas à son obstination. D'ailleurs, quand il est sous amphétamines, il arrive à se comporter quasiment normalement. C'est quand il n'en a plus et qu'il est en manque que les choses deviennent bizarres. Comme d'habitude, nous avons beaucoup bu, pour atténuer les effets du speed et essayer d'adoucir la descente.

En tout cas, cette nuit fatidique, après quelques heures, Lemmy insiste pour rentrer chez lui. J'essaie de le convaincre que ce n'est pas une bonne idée : les motards ne doivent pas être exactement ravis de s'être fait refouler du *Speakeasy*. Mais il ne veut rien entendre, alors on prend la direction de son appart, à Chelsea, la peur au ventre. Quand on arrive dans Stadium Street, on entend clairement, même de l'extérieur, qu'une énorme fête fait rage. On monte les escaliers en direction du premier… et on se retrouve encerclés par des motards en colère, visiblement en pleine descente d'acide.

Je monte les dernières marches, épuisé par les deux nuits blanches, le dernier rush d'amphétamines et le stress des dernières heures. Je sens un choc derrière ma tête, une encre noire passe devant mes yeux, je perds connaissance.

Quand je reprends conscience, j'ai l'impression qu'on me soulève par le col de mon blouson. Un Américain gueule : « Qu'est-ce que je fais de celui-là ? » Je n'entends pas la réponse, mais je reçois encore un coup derrière la tête et je retombe avec fracas comme un sac d'os sur le sol. La dernière chose dont je me souviens, avant qu'un rideau noir ne se lève à nouveau devant mes yeux, c'est la vision de la tête de Lemmy, collée au parquet à un mètre de la mienne, et d'une botte qui vient s'écraser sur son visage.

Quand je me réveille, je ne sais pas combien de temps je suis resté inconscient. La chambre est vide, à part Lemmy et sa petite amie, allongés sur le lit. Je lui demande :

— Tu veux que j'appelle un médecin ou que je t'emmène à l'hôpital ?

— Non, ça va. Rentre chez toi.

— Mais tu veux pas que j'appelle Doug pour annuler le concert de demain soir ?

— Non, rentre. On se voit demain.

Le lendemain, on doit jouer à Walthamstow. Je passe chez Lemmy pour le récupérer, je tombe sur une cour martiale : entouré de son cercle d'intimes et de tous nos amis, il déroule sa version de notre soirée de la veille, détaille les instructions qu'il m'aurait données avant que je parte… Rien ne correspond à ce que j'ai entendu ! Il termine en m'accusant de ne pas avoir contacté Doug pour annuler le concert. Je lâche un « *fuck that* » bien sonore, et je lui tourne le dos pour partir, claquant la porte derrière moi.

Je descends les escaliers. Ils ne sont pas si longs, mais j'ai l'impression que ça dure mille ans… Ces marches des concerts de nos débuts, que je descendais plein de joie, semblent désormais glisser vers une flaque de boue… Putains d'escaliers, que je connais par cœur, témoins de tant de bons moments avec Lem, notre groupe… Je réalise ce qui vient de se passer, et en même temps, je ne réalise pas. Puis vient le choc, un bulldozer en pleine gueule, un uppercut monstrueux, direct dans le menton.

Motörhead, c'est fini pour moi.

Fuck that.

FUCK THAT!

Remise en selle, décembre 1975

Décembre passe comme un rêve étrange mêlé de paranoïa. Je suis de retour à Porchester Gardens. Et n'en sors plus : plus de vadrouille avec Lemmy, plus de concerts, plus de toute cette folie... C'est dans ma tête, désormais, qu'elle tourne. Je retrouve Molly, notre femme de ménage. Sa présence, si familière depuis mon enfance, m'apaise, et son attitude face à la vie m'aide à commencer à remettre un semblant d'ordre dans ma tête. Une femme qui m'aide énormément... Il y en a eu d'autres, tellement d'autres dans ma vie. Je revois quelques amis, mais le cœur n'y est pas. Rapidement, je comprends que pour sortir de ce marasme, je dois faire face seul. Ça va se jouer entre moi et moi, dans une solitude choisie. Et que je dois changer d'environnement.

J'emménage temporairement dans un appartement au plafond bas, sans âme, qu'un ami en vacances me prête. Il est situé au dernier étage d'un immeuble de Vauxhall Bridge Road, grande artère bruyante qui traverse Londres du nord au sud, juste avant le pont. Les voitures et les camions y défilent sans cesse, dans un ballet qui ne s'apaise que vers 20 heures... Le quartier, proche de la gare de Victoria, est un lieu de passage où les passants ne restent pas. Peu de magasins alentour, l'ambiance est triste et morne. Noël approche, le chauffage de l'appartement est rudimentaire, et je ne me vois aucun avenir... Tout ce que j'ai accompli, tout ce que j'ai construit depuis que la passion pour la batterie m'a saisi par les tripes, me semble anéanti, foutu en l'air, sans issue.

Je suis maigre, encore plus que d'habitude, et j'ai du mal à manger. Même mon petit déjeuner, le repas qui me permettait de tenir habituellement, me reste en travers de la gorge. En vérité, il n'y a pas que mes repas qui ont du mal à passer. Je supporte mal, voire plus du tout, la compagnie de mes amis les plus proches. Les ravages des amphétamines continuent à se faire sentir. Je dors beaucoup, me réveillant régulièrement en sursaut. J'ai des flash-backs de la fin de la tournée, du studio de Rockfield. J'entends Larry ricaner, le bruit des Harley hante mes rêves, je fais des cauchemars. Désormais, encore plus qu'avant, je ne vis que la nuit, ne vois plus le jour. Je me sens blessé, rejeté, trahi par celui en qui j'avais placé le plus d'espoirs... Mon grand frère, mon oncle spirituel, qui m'a tant appris en échange de ma loyauté infatigable et de mon amitié inconditionnelle, m'a jeté à cause des amphètes, ces foutues amphètes qu'il impose à tout son entourage en quantité démesurée... Il n'aurait pas pu me sortir de là, me sauver de cette déchéance ? Me prendre à part pour me faire réduire les doses ? Mais au fond, est-ce que je l'aurais écouté ?

Quand on a monté le groupe, Lemmy était au fond du gouffre, il n'avait plus d'espoir, se sentait lui aussi trahi, maltraité, humilié. J'étais sa béquille, son confident, celui sur qui il s'appuyait, qui l'écoutait râler mais qui n'hésitait pas à lui tenir tête quand il avait tort, celui qui lui remontait le moral... et qui ne le jugeait jamais. Moi qui avais l'habitude de créer mes riffs en studio, de peaufiner mes arrangements avec les autres musiciens, de trouver la dynamique, les hauts, les bas et les émotions des chansons, voire d'en écrire de nouvelles pendant des bœufs, avant de se lancer sur scène... j'ai accepté de le suivre sur la route des concerts après seulement onze répètes – moins celle durant laquelle il a dormi tout du long, et moins les heures de séance photo, moins l'interview pour *Sounds*. J'ai dû renoncer à tout cela sous le seul prétexte que Larry et Lemmy détestaient répéter... Je suis en colère, j'en veux au monde entier, à commencer par moi-même. Au milieu de ce brouillard douloureux, j'ai honte de n'avoir pas pu tenir la distance, la cadence... De sentir que moi aussi j'ai trahi celui qui m'a tant fait confiance.

Avec le désespoir et la rage au ventre vient la faim... Un coup d'œil à ma montre et je décide d'aller, malgré l'heure avancée, me changer les idées dans un restaurant que je fréquente de temps à autre depuis son ouverture, en juin 1971 : le *Hard Rock Cafe*. Situé au 150 Old Park Lane, proche de Hyde Park, c'est un endroit branché quasiment toujours plein, et surtout bruyant. Je m'assois à une table pour deux, à l'écart... J'observe les couples qui flirtent, les groupes d'amis qui font la fête, j'écoute sans enthousiasme des musiques qui auparavant me stimulaient. Une serveuse arrive, rousse, constellée de taches de rousseur, comme des petites étoiles... Ses yeux riants d'un bleu profond scintillent... Elle est un peu ronde, avec un accent australien ou néo-zélandais.

— Qu'est-ce que tu veux, mon chou ?

— Un cheeseburger, frites et salade, s'il te plaît.

Elle revient avec ma commande et me dévisage.

— Ça ne va pas ?

— Si, si, juste un peu fatigué. Pas en forme, désolé...

Plus tard, à la fin de son service, elle me rejoint à ma table... Je lui raconte un bout de mon histoire et réussis même à la faire rigoler... L'humour est toujours mon arme secrète, tant avec les femmes que dans les moments difficiles, c'est mon instrument de survie. Ça, et toutes ces femmes ont eu tant d'importance dans les moments durs de ma vie... On finit par partir ensemble dans le Fridge vers Barons Court, dans l'ouest de Londres.

Le lendemain matin, lorsque je me réveille, je la vois à côté de moi qui sort une seringue...

— C'est quoi, ça ?

— De la vitamine B12. J'étais infirmière avant et toi, t'as des carences monstrueuses.

Pas le temps de dire ouf, elle me retourne et me plante la seringue dans la fesse.

— Ça va te requinquer... Rejoins-moi dans la cuisine, je te prépare un bon petit déjeuner.

Elle me propose d'emménager chez elle quelques semaines, le temps de me remettre sur pied. Pour moi, c'est un miracle. Roz me nourrit de steaks et de légumes avec, matin et soir, la même routine : un shoot de vitamine B12 dans les fesses. Physiquement, je sens que je commence à remonter la pente, mais dans ma tête, ce n'est pas encore ça. Il va me falloir trouver de l'argent, et un moyen de me remettre sur les rails.

Début février, je réussis à me faire embaucher comme livreur chez *Moyses Stevens*, un fleuriste très huppé de Barclay Square... Il faut y être opérationnel à sept heures et demie du matin, et bien connaître Londres. Ils me fournissent un fourgon customisé avec un espace de chargement plus haut pour pouvoir transporter les grandes plantes, ce qui lui donne un air comique. Je pars tous les matins avec le plein de fleurs et une liste de noms et d'adresses où les livrer, ainsi qu'un plan complet de Londres pour naviguer dans la gigantesque métropole. On est encore en hiver et les chauffeurs expérimentés terminent leur tournée avant que le soleil ne se couche, vers 16 h 30. Moi, j'arrive rarement à finir ma ronde avant 19 ou 20 heures parce que je me perds souvent... Ce serait bien pire si je n'étais pas londonien. Pourtant, même quand je suis terriblement en retard, les clients sont toujours ravis de me voir. Après tout, recevoir des fleurs met de bonne humeur, peu importe l'heure. Résultat : je reçois des pourboires.

Quelque temps après mon embauche, c'est la panique générale : certains des bouquets destinés aux funérailles d'un grand aristocrate n'ont pas été chargés comme prévu dans la flottille des fourgons. La réputation de l'entreprise est en jeu, et je suis le dernier livreur disponible. Les boss retroussent leurs manches et m'aident à remplir le fourgon. Je pars avec l'adresse et une seule instruction : arriver à temps coûte que coûte, négliger toutes les limitations de vitesse si nécessaire, quitte à risquer mon permis. Ils me promettent un gros bonus. À dix kilomètres de l'église, je croise la flotte de fourgons, qui rentre. Les autres chauffeurs me font un signe de la main avec des hourras d'encouragement : tous sont au courant de la mission de sauvetage. Arrivé sur le parvis de l'église, j'aperçois les voitures des invités et de la famille du défunt. Les gens sont vêtus de noir, les chapeaux hauts de forme et des voiles entourent le corbillard. Je contourne l'église et je m'arrête un peu sec sur les graviers, les pneus crissent. La porte de derrière est grande ouverte, les fleurs sont déposées juste à temps pour le début de la célébration. Mission accomplie au moment même où l'orgue entame un hymne funèbre, les porteurs de cercueil faisant leur entrée par la porte d'en face.

« Fais de ton mieux et ne t'occupe pas du reste », me disait ma grand-mère Camel... Et la petite rousse m'enfonçait son doigt dans la poitrine en ajoutant : « Et quand je dis "le reste", je veux dire "*tout* le reste"... » Ce jour-là, je pose la première pierre du chemin que je m'efforcerai de suivre dorénavant : accomplir ma mission, ne jamais abandonner et garder le moral quoi qu'il arrive.

Le Fridge, la fin, février 1976

L'agence d'intérim qui m'avait trouvé le job de livreur me convoque. Malgré mes bons et loyaux services, *Moyses Stevens* n'a plus besoin de moi. Ils me remercient chaleureusement de leur avoir sauvé la mise et me laissent un bon pourboire. À ma grande surprise, l'agence me propose un boulot dans leur succursale de Streatham, au sud de la Tamise : en trouver un à d'autres pauvres âmes sans emploi, ce qui nécessite de passer mes journées au téléphone. J'accepte, quitte à devoir improviser... Étonnamment, tout se passe bien. La patronne me surnomme assez rapidement « Lord Lucan », en référence à un aristocrate qui avait défrayé la chronique l'année précédente en assassinant la nounou de sa fille chez son ex-épouse, avant de disparaître.

Tout se passe bien, donc, jusqu'au jour où, en conduisant distraitement vers mon nouveau travail, tôt le matin, je ne remarque pas que la file de voitures s'est arrêtée net devant moi. J'emboutis l'arrière de la dernière voiture et le nez du Fridge s'écrase comme un accordéon. Je sors de mon vaillant fourgon, qui exhale des vapeurs et pisse des fluides de tous ses orifices sous les cris du conducteur du véhicule endommagé, furieux. On remplit les formulaires pour l'assurance. Résigné, j'attends le camion de remorquage. Je dis adieu à mon loyal compagnon de route, et je le regarde, cabossé de partout, disparaître à jamais, dans la Streatham High Road, direction la casse.

Ce véhicule, témoin de toutes mes aventures depuis trois ans, n'est plus.

Le Fridge est mort.

Remise en forme et à la batterie, mars 1976

Je rencontre Clive Taylor à l'*Artesien*, un pub à côté de Queensway. À côté de lui, un grand gaillard blond, un Américain, John Christian, et son complice brun, Tony Rowlands. Ils boivent comme des trous. Comme souvent entre musiciens, on se lie d'amitié direct. Clive m'explique :

— On cherche un batteur pour compléter le groupe de Tony. T'as pas envie de venir taper le bœuf avec nous ? On répète à deux pas d'ici cet après-midi et il y a une batterie sur place.

Contre mon gré quelque part, je réponds oui, en me disant qu'ils ont l'air sympathiques et qu'après tout ça ne me coûtera rien. Ça fait deux mois que je n'ai pas touché une batterie, une première depuis que je me suis mis à la musique. Contre toute attente, Clive et moi formons une bonne section rythmique, lui à la basse. Les chansons sont plutôt cool, mais je sens rapidement un gros manque de rigueur chez les deux autres, qui préfèrent largement boire des coups et enchaîner les aventures d'un soir que de bosser les morceaux. On finit par donner quelques concerts ensemble. Un soir, alors qu'on joue sur la scène du *Golden Lion*, au 57 High Street Fulham, je reconnais Mitch Mitchell dans le pub, entouré d'une bande de musicos. Le premier set fini, on va se désaltérer et l'ex-batteur d'Hendrix débarque en me demandant s'il peut jouer un peu en attendant le second. Il est visiblement saoul mais je le laisse faire ; il titube vers la scène, manque de se casser la gueule en s'installant sur mon siège. Pendant dix minutes, il se déchaîne, frappe de toutes ses forces dans un solo impressionnant qui bluffe tout le monde... jusqu'à ce qu'une des baguettes passe à travers la peau de ma caisse claire. Il se met à ricaner, balance la baguette en l'air puis rejoint ses potes au bar sans s'excuser, me lâchant au passage :

— C'était bien marrant, ça.

Dire que je m'entraînais sur les disques de ce type quand j'avais 15 ans... quelle déception. Heureusement, j'ai toujours une peau de rechange dans mon barda. Je monte sur scène et fais l'échange juste à temps pour le dernier set de la soirée.

●●●

Clive est amoureux de Mado, une femme intelligente et sophistiquée aux allures qui coûtent cher à entretenir. Un jour, Clive et sa copine Mado me présentent Zelda Trengrove, l'ex-femme du photographe Clive Arrowsmith. On discute longuement, et l'Australienne finit par nous inviter tous les quatre chez elle, un ancien hôtel de Saint John's Wood High Street, dans le nord de Londres, où elle habite avec sa fille, pour boire des coups et fumer des joints. Je finis la soirée au pieu avec Zelda. En plein milieu de la nuit, j'entends des hurlements de loup blessé, suivis de sanglots. Zelda dit avec un grand sourire :

— Qu'est-ce que c'est beau d'entendre sa fille se lâcher. C'est son premier chagrin d'ado, c'est bien qu'elle exprime ses émotions.

Les parents ont changé, ça me surprend : Zelda est solidaire de sa fille, mais elle veut qu'elle apprenne et grandisse en se faisant sa propre expérience. Le lendemain, au petit déjeuner, Zelda et Mado nous proposent d'aller passer le week-end à Deal : elles ont un plan pour une maison sur la côte, à dix kilomètres de Douvres. J'emprunte une voiture et on part après avoir fait des courses : du bon vin, du fromage... de quoi tenir deux jours. Deal, c'est une souricière de ruelles, où on imagine bien des contrebandiers planquer leur butin... ce qui tombe bien puisque ce fut le cas : face à Calais, à vingt-sept milles marins, ils avaient tant de succès à l'époque qu'ils firent même construire des hangars pour stocker leurs marchandises illicites. L'autre élément de son histoire, diamétralement opposé, qui sert d'appui à la réputation de cette petite ville balnéaire, c'est son passé de port de mouillage pour la Royal Navy. À l'abri des vents, des orages et des marées, Deal est protégée par un vaste banc de sable, les Goodwin Sands. C'est ici que la flotte de Nelson revient, victorieuse, après la bataille de Trafalgar. Cette victoire a évité que l'Angleterre soit envahie par les troupes franco-espagnoles : les blessés qui, à la différence du vice-amiral, ont survécu au voyage de retour sont soignés, sans anesthésie, dans le Royal Naval Hospital. On passe devant ce grand bâtiment, avec le clocher au centre, maintenant occupé par le régiment des Royal Marines ; on entre dans Deal. Zelda me guide jusqu'à un long alignement de maisons du XVIIIe siècle, face à la mer. Une fois entrés, on met de la musique, les filles montent le chauffage à bloc, Clive et moi préparons un feu de cheminée : dehors, le temps se dégrade. Repus et bien échauffés par quelques joints, on voit Zelda sortir une petite sacoche de son sac à main, des étincelles dans les yeux. C'est Todd Rundgren, le guitariste et chanteur d'Utopia, qui lui a donné dans la coulisse de l'Hammersmith Odeon, lors de leur passage le 10 octobre dernier : de la poudre de mescaline, pure. Elle nous indique de mouiller un doigt chacun, de le plonger dans le petit sac puis de se le mettre sur la langue. Un goût de curry masala me reste dans la bouche tout le week-end. On plane tous les quatre, le trip entrecoupé de repas exquis, de fromages délicieux, de rigolades et de verres de bon vin. Rien à voir avec l'acide : une douce montée vers de belles hallucinations, bien au chaud près de la cheminée... L'orage est dehors : le vent fouette les fenêtres de pluie, les vagues s'écrasent violemment sur la plage, au loin, de l'autre côté de la promenade. « Pastime Paradise », de Stevie Wonder, passe en boucle sur la stéréo. Dans ma tête, quelque chose est en train de changer : pour la première fois depuis un long moment, je commence à me sentir bien. Tirer des leçons du passé et changer d'attitude à son égard : c'est la seule chose que je puisse faire. Entouré d'amis bienveillants, je suis en train de tourner la page.

Blenheim Crescent, Londres, avril 1976

C'est là, dans le cercle de Clive Taylor et Tony Rowlands, que je rencontre Lucy. Intelligente – très –, blonde, sculpturale. Un corps de rêve que toutes les filles envient et que tous les garçons désirent, des yeux bleus comme le ciel. Rapidement, on sort ensemble. Sa mère, Rosemary, chez qui elle habite dans un appartement d'Arundel Gardens, à côté de Ladbroke Grove, m'invite à dîner : une proposition en guise de test. Le courant passe rapidement : comme ma tante Liz, Rosemary a travaillé à Bletchley Park pendant la guerre. Toutes deux faisaient partie des équipes qui travaillaient à décoder les messages des nazis et de leur redoutable machine, Enigma. Ce sont elles, travaillant dans les équipes d'Alan Turing, qui permirent, selon toutes les estimations, de raccourcir la guerre de deux à quatre années. Durant tout le repas, on échange les mémoires secrètes de nos familles, on s'entend bien, je passe le test, reçois son blanc-seing. À la fin du dîner, je serre la pince respectueusement et chaleureusement à la maman soulagée et claque la bise à Lucy, qui ferme la porte d'entrée derrière moi en me demandant discrètement de remonter dans sa chambre par le jardin. Je descends les marches, passe à l'arrière du bâtiment, grimpe par l'escalier de secours qui tourne en colimaçon jusqu'à la fenêtre de sa chambre, au troisième. Elle est entrouverte ; j'attends Lucy dans la pénombre, elle me rejoint, et nous faisons l'amour. Ça se passe comme ça à chaque fois que l'on se voit. Le matin, je m'encastre nu entre ses robes et ses manteaux dans la penderie, mes pieds perchés périlleusement sur ses chaussures, pendant que sa maman vient doucement réveiller sa fille « endormie ». Quelques semaines plus tard, Lucy réussit à obtenir un appartement à quelques pas de là, du même côté de Ladbroke Grove, au 72 Blenheim Crescent. C'est le printemps quand j'emménage avec elle au rez-de-chaussée de cette maison, pour y vivre des années. Les bourgeons vert pomme ont éclos et, dans la longue courbe de la rue, les arbres espacés tous les vingt mètres sont en fleurs. D'un coup de vent, et comme une tempête de neige au ralenti, la rue se remplit de tourbillons de pétales blancs et rose fuchsia et se couvre entièrement de flocons laiteux mélangés à des touffes façon barbe à papa.

Lucy me prévient d'emblée que nous aurons, tôt plutôt que tard, la visite de son père, divorcé depuis longtemps de sa mère… Ce que je peux comprendre, en me mettant dans les godasses du papa : sa fille unique s'installe avec un musicien plus âgé, un rockeur qui plus est… À sa place, moi aussi je serais plus que curieux de jauger un peu ce gugusse. Le père en question est un ancien officier du Long Range Desert Group, les forces spéciales créées pour attaquer les troupes de Rommel loin derrière les lignes en Afrique du Nord. Il est aussi l'un des premiers à faire partie du Special Air Service aux côtés de David Sterling, l'un des commandos d'élite les plus secrets de l'histoire de l'armée britannique.

Je demande à Lucy quelle est la boisson préférée de son père ; dès que j'ai l'argent pour le faire, j'achète la bouteille et la pose sur le buffet. Un soir assez tard, peu de temps après mon emménagement, un coup de sonnette résonne longtemps. J'ouvre pour me retrouver face à face avec un bonhomme costaud, pas très grand, dont les yeux perceraient le blindage d'un char. Il me tend une main sortie d'une redingote beige et me serre la pince d'une poigne de fer, sans déplacer son regard planté dans le mien. Ouvrant sa gabardine de la main gauche, il me dévoile, dissimulé sous son manteau, un khukuri, une machette asiatique courbée d'une quarantaine de centimètres de long. C'est clair qu'il va falloir que ça se passe bien entre nous.

— Bonsoir Lucas, pensez-vous que l'on va s'entendre ?

Je lui réponds du tac au tac :

— Bien sûr, j'en suis sûr. Je vous attendais, j'ai prévu une bouteille de votre scotch préféré pour l'occasion. Entrez, je vous en prie.

Lucy sort de la pièce et va se coucher dans la chambre, à côté, nous laissant seuls mener, scotch sur scotch, l'une des plus intenses soirées de mon existence. Sous son regard vif et inquisiteur, je me retrouve à raconter à cet homme fin et plein d'humour l'histoire de ma famille, entrant dans des détails qu'il connaît sans doute déjà : il a mené son enquête sur moi, j'en suis certain. Les hommes comme lui et mon oncle John ne sont jamais vraiment à la retraite… Des heures durant, je raconte : ma tante, qui a sans doute côtoyé son ex-femme à Bletchley Park ; ma mère, commandante de Tempsford dans la RAF ; mon oncle John, enrôlé dans les services secrets, dès 1936 ; mon parrain, l'oncle Ron, patron de tous les radars du sud de l'Angleterre ; ma fascination pour la Seconde Guerre mondiale… L'alcool délie nos langues et nous lie d'amitié. Peu à peu, il s'ouvre, divulgue des contes passionnants sur ses propres faits d'armes en Afrique, en Sicile et en Italie. Au petit matin, on s'entend à merveille ; peut-être voit-il en moi un fils qu'il aurait voulu avoir…

Le 72 Blenheim Crescent est typique du Grove : à chaque étage, on trouve ou des musiciens ou des personnes qui travaillent dans la musique. John Manly, sosie parfait de Keith Richards et guitariste en devenir, habite avec sa femme Suzy au premier. Au-dessus vit Little John Hodge, le guitariste des Lightning Raiders. Au sous-sol, Dee Dee Thorne, qui travaille chez Virgin Records, vit avec son copain, Nick Jones – lui bosse pour IRS, le label de Miles Copeland, futur manager de Police. Leur colocataire, Connie Biegler, est chez Caroline Records. Coïncidence amusante, Connie, Dee Dee, Lucy et Suzy sont toutes nées en mai : aussi, un mois après notre arrivée, on se retrouve tous dans le jardin pour une fête générale autour d'un barbecue, gâteau d'anniversaire et bouteilles de vin. On commence à boire des coups et à traîner ensemble.

Les carences intergénérationnelles en vitamines, héritées de la Première comme de la Seconde Guerre mondiale, ajoutées à mes dix-huit mois d'amphétamines avec Lemmy, déclenchent leurs effets secondaires, lancent leurs ravages à retardement. Des maux de crocs font rage, chez mes dents c'est le carnage : elles se désagrègent les unes après les autres. Le dentiste familial, le bon Dr Druttman, a, lui aussi, sa part dans l'aggravation du problème : de plus en plus bigleux, il a raté pas mal de bonnes occasions d'identifier des caries en formation, et d'opportunités de les guérir à temps. Mes dents de devant, ça va... ce sont les molaires qui flanchent. Je fais des allers-retours pour me faire poser des implants, des bridges et des couronnes à gogo ; ça va durer des mois. Lucy cuisine, solide pour elle, liquide pour moi : je mange à la paille. Pendant ce temps, à droite, à gauche, on commence enfin à me demander de venir jouer en studio ; l'agent musical Graeme Perkins m'appelle pour la voix off d'un documentaire de cinquante-deux minutes sur l'égyptologie. Je continue à passer régulièrement au *Henekeys* ; Lemmy y est toujours scotché au bras de son bandit manchot. Il me tient au courant de l'évolution du groupe : « Fast » Eddie Clarke a remplacé Larry Wallis à la guitare, tout comme Phil « Philthy » Taylor m'a remplacé moi à la batterie. Je lui réponds que c'est pour moi la meilleure combinaison possible : Philthy, avec son jeu à double grosse caisse, forme une combinaison parfaite avec la basse-moteur de Lem. Doug Smith aussi s'est fait remplacer : Tony Secunda devient leur manager. Désormais, dans le Grove ou à Dingwalls, je croise souvent la bande : Lemmy, Fast Eddie et Sylvie, sa copine française, Philthy sort avec Irene. Les bikers rôdent toujours autour mais un des leurs, qui s'est pris d'amitié pour moi, même pendant l'ouragan, devient un genre de protecteur. Drôle de type... Il parle, à cause d'un « accident », sans jamais desserrer les dents. Un allié de taille. Tard le soir, quand la violence bougonne, il tient bon, me défend.

●●●

Dans le Grove, Brian James, Tony James et Mick Jones, qui sortent des London SS, me demandent de venir tenter d'occuper le siège de batterie de leur nouveau groupe. Nous sommes trois à la porte de l'audition, dans un taudis en sous-sol, bas de plafond :

Chris, un jeune morveux qui deviendra Rat Scabies, Gass Wild, un ami de Lemmy, et moi-même. C'est le Rat qui aura le poste. Dehors, les gars des Damned, des Clash, de Generation X, d'Eddie and the Hot Rods et de Nine Below Zero traînent de pub en pub, du *Princesse Alexandra* au *Finches* – et surtout au *Henekeys*. Notre quartier est en train de revivre au rythme de la nouvelle scène. Charles Wells débarque d'Écosse, devient Jazz, le coiffeur à domicile, et emménage, au son du métro et de l'autoroute, juste à côté du pont de Portobello, au-dessus du Mountain Grill. Il affectionne les araignées et achète une mygale par correspondance... Elle arrive, belle, aussi noire et touffue que les cheveux que teint Jazz à tour de bras. Il en commande une seconde pour lui tenir compagnie : grosse frayeur quand je demande au roi des ciseaux comment il va faire si l'une ou l'autre tombe enceinte... Son deux-pièces qui pue le peroxyde sera-t-il infesté par des milliers de minimygales ? Heureusement pour lui, ça ne sera pas le cas. Il y a du sang neuf dans le quartier et ça fait du bien. Une bonne partie des punks sont juste des ex-hippies sur le tard. Ils se font couper les cheveux qu'ils teignent en blond, en noir ou en vert, se mettent sur le dos des fringues achetées chez *SEX*, le magasin de Vivienne Westwood et de Malcolm McLaren, à Kings Road. Les touristes reviennent en masse : le phénomène punk replace Londres au centre de l'univers de la mode, de la musique et des arts. Entre Kings Road à Chelsea et ici dans le Grove, les pubs de ces deux quartiers londoniens sont toujours pleins. Conséquence, il est devenu impossible de dénicher le moindre jean noir en boutique : on achète des petites boîtes rondes de teinture à la quincaillerie, on se les fait nous-mêmes... La baignoire du 72 Blenheim, installée sur la mezzanine entre le rez-de-chaussée et le premier étage, couverte de taches noires, ne s'en est jamais vraiment remise...

Les symboles que nous avons lancés dans Motörhead sont partout ; l'attitude aussi, centrale dans ce mouvement No Future qui déferle à travers le pays et fait tache d'huile depuis l'Europe et jusqu'à New York. Les Ramones passent au *Roundhouse* le 4 juillet. Le même jour, les Clash donnent leur premier concert au Black Swan, à Sheffield, en première partie des Sex Pistols – qui avaient eux-mêmes ouvert pour les 101'ers de Joe Strummer le 3 avril au Nashville Rooms, à Londres. Paul Simenon, un jeune garçon sculptural, mannequin, traîne à Portobello et devient le bassiste de Mick Jones. Leur chanteur-guitariste, Joe Strummer, fils de diplomate qui a grandi dans les ambassades du Moyen-Orient, apprend à parler avec un accent cockney à l'aide de Mick Jones. Les Clash explosent, les Inmates et Dr. Feelgood n'ont pas pris une ride. À Dingwalls, je vois régulièrement Wilko Johnson traîner au bar avec sa copine Maria, strip-teaseuse au Windmill Theatre de Soho. Lee Brilleaux, le chanteur, aussi. Et dire que c'était eux qu'on était censés remplacer, Lemmy, Larry et moi, à Paris, l'année précédente… Le punk balaie tout, c'est en train de devenir un phénomène, toutes proportions gardées, similaire à ce qui s'est passé dix ans plus tôt avec le Swinging London. La grosse différence, c'est qu'il y a eu le choc pétrolier en 1973 : la plupart des jeunes n'ont pas de travail. La rébellion est là, les insultes s'échangent entre factions, des batailles éclatent dans la rue. Sniffer de la colle se mélange avec l'abus d'alcool, les amphétamines bon marché sont la norme désormais. Les affaires des dealers reprennent. La police, la société, le gouvernement, les journaux et même la télévision sont dépassés par les événements : on ne parle que de ça. C'est le même choc que les mods vêtus à l'italienne en Parker sur leurs Vespa et les rockeurs en blouson noir sur leur Triumph, Norton et BSA se bagarrant sur les plages de Brighton en 1964. Là, en 1976, les jeunes de bonne famille adoptent l'accent de la rue et horripilent leurs parents avec des épingles de nourrice à gogo sur leurs jeans et T-shirts déchirés. Les Dr. Martens se vendent comme des petits pains chez *Holts*, à Camden Town.

L'été est là, le plus chaud du siècle : j'accompagne John Manly à la piscine, puis nous allons prendre un bain de soleil. Et pour la première fois de ma vie, je signe au Dole Office, l'ANPE anglais, et reçois 12,50 livres chaque semaine – ce qui est mieux que rien et qui nous aide, Lucy et moi, à tenir. Suzy, ma voisine, vient de se faire embaucher par Doug Smith comme assistante ; Lucy, elle, réussit à rejoindre Organisation Unlimited (OU), dont les bureaux sont basés dans Chelsea, à Lotts Road. Willow Morel, la patronne, avec son partenaire et chéri, Tony Schulte, ont créé une agence d'intérim qui n'a rien de commun avec les autres : leurs clients, c'est le monde de la mode, des stars du rock, des photographes, des acteurs, des journalistes, des personnalités de la télévision – voire des banquiers de la City… Les intérimaires d'OU, venus de tous horizons, sont employés à la journée pour promener leurs chiens, faire leurs courses, laver leurs fenêtres, conduire leurs voitures… Je rejoins moi aussi un peuple de travailleuses et travailleurs temporaires, me retrouve un jour peintre improvisé, l'autre déménageur de piano… Beaucoup de musiciens et de comédiens y arrondissent leurs fins de mois en ces temps de chômage généralisé. On se retrouve dans les bureaux chaque vendredi en début de soirée, tous réunis pour lever le coude au vin blanc et recevoir notre salaire bien mérité. Ce soir-là, je suis dans la queue, attendant ma paye, quand, tout à coup, Willow couvre le micro de son téléphone de sa main et crie :

— J'ai un boulot de *streak* ; 100 livres pour une heure de travail, qui est partant ?

Comme souvent dans la vie quand on me propose quelque chose, même si je ne sais pas de quoi il retourne, je me retrouve avec la main en l'air en me disant que je vais tenter le coup. Je viens de recevoir l'avis d'échéance de l'assurance de ma batterie – pour moi, c'est sacré : depuis que j'ai une batterie, je l'ai toujours assurée. Et souvent, je rame terriblement pour trouver l'argent pour le faire. Là se présente une opportunité en or. Je m'approche donc de la patronne, qui m'explique ce que c'est qu'un *streak* : je dois aller porter un message à quelqu'un... mais à poil. Une fraction de seconde d'hésitation, Lucy me regarde avec un sourire derrière son bureau, en face de Willow...

— Allez banco, on y va.

Willow me briefe et me rassure : c'est son mari Tony qui viendra me chercher, me déposera à l'adresse prévue et me repêchera une fois la besogne accomplie. Le lundi matin fatidique arrive et, l'angoisse aux tripes, je me pointe au rendez-vous. Tony m'embarque, fait le tour du pâté de maisons pendant que je me désape ; il me file un masque qui me couvre entièrement la tête. Il se gare devant le bâtiment et je me retrouve sur le trottoir, juste avec ma paire de Kickers, mes chaussettes... et mon masque qui sent le plastoc. Je monte les marches, obsessionnellement concentré sur l'argent que je vais gagner et mon putain d'avis d'échéance, entre dans l'immeuble sans problème. Trois marches encore et devant moi, un ascenseur – on m'a prévenu que c'est au premier. Les portes s'ouvrent lentement, ouf... il est vide, pas un pékin à bord. En cherchant les boutons pour me mettre en marche vers les étages, je me rends compte que j'ai impérativement besoin de mes deux mains pour tenir le masque et avoir les yeux en face des trous. J'appuie sur le premier bouton, l'ascenseur se met en branle... et *descend* tout doucement. Les portes s'ouvrent direct sur un grand bureau décloisonné, des tables avec des secrétaires derrière des deux côtés tout le long de la pièce. Je me lance, j'avance de deux grands pas en avant ; concentrées sur leur travail, elles ne font pas attention à moi. Je tousse d'un coup aussi sec que ma gorge pour attirer leur attention ; l'une d'entre elles, la plus proche de moi, lève le nez de sa machine à écrire et me dit, laconique et désabusée :

— Oui, plaît-il ?

— Je viens délivrer un message à un certain M. Jones.

Comme elle n'a pas l'air de percuter, je développe un peu :

— C'est une sorte de blague qu'une de ses connaissances lui fait : je suis un messager, version costard de naissance pour la surprise...

Intriguée par la discussion, toute l'assemblée a désormais les yeux rivés sur moi ; ça discute et ça glousse un peu partout, sans que personne n'ait l'air particulièrement choqué ou alarmé. Mon interlocutrice finit par me répondre, avec un petit sourire :

— Merci pour le spectacle, mais M. Jones, ce n'est pas ici. Il travaille au premier.

Je m'étais planté d'étage. À cause du masque, dans l'ascenseur, je n'ai pas vu que le premier bouton était celui du – 2 : pour monter, il faut prendre l'escalier. Cramoisi sous mon masque trop chaud, je la remercie poliment, lui souhaite une bonne journée et opère un demi-tour. De retour dans la sécurité temporaire de mon ascenseur, j'appuie sur le bouton du haut, je repars au rez-de-chaussée, mon masque plaqué sur les tempes de mes deux mains. Les portes s'ouvrent, toujours personne, ouf. Je trouve l'escalier, grimpe au premier et trouve, enfin, le bon bureau… tout aussi rempli de secrétaires qui m'ignorent. Même scénario, avec une variante : M. Jones travaille bien ici, mais il n'est pas encore arrivé. On m'invite gentiment à patienter, au milieu des gloussements. J'hésite un instant : dois-je l'attendre patiemment, le cul à l'air et sur une chaise ? Tony va finir par repartir, et puis je ne peux pas être tenu responsable de l'absence de Jones… Je me fais toutefois faire une attestation comme quoi je suis bel et bien passé voir le monsieur en question et livre mon message à la secrétaire ; charge à elle de lui transmettre le contenu et de lui relater les faits. Mon papier coincé sous l'aisselle, je pars en espérant avoir suffisamment accompli ma mission pour recevoir ma paye – le salaire de ma galère. J'émerge dans la rue, concentré sur ma porte de sortie : horreur, la bagnole n'est plus là, et nulle part en vue. Les badauds, nombreux dans la rue à cette heure-ci – c'est l'embauche –, se retournent sur moi, s'arrêtent, surpris et hilares. Dans ma tête, c'est la panique, mon cœur cogne dans mes oreilles. Heureusement, pas de képis à l'horizon, du moins pour le moment : il ne manquerait plus que je me fasse arrêter pour attentat à la pudeur… Une heure – mais seulement quelques secondes – plus tard, la voiture de Tony tourne au bout de la rue, accélère à fond avant de piler à ma hauteur dans un grincement de freins et des crissements de pneus, la portière s'ouvre d'un coup et je plonge à l'intérieur, corps et âme. Il démarre à toute vitesse en me balançant une couverture dessus. En arrivant au coin de la rue, il ralentit et pointe un flic du doigt : c'est ce type qui l'a viré de là où il m'attendait, parce qu'il n'avait pas le droit de s'y garer. Depuis, il faisait des tours du pâté de maisons en m'attendant… Moi, dans la bataille, j'ai perdu mon attestation… mais pas ma journée : Willow me paye quand même, 100 livres cash.

●●●

À Blenheim Crescent l'automne arrive et passe, on entre dans l'hiver. Je déprime un peu, j'ai l'impression de ne pas avancer. Ça fait des jours que j'attends la confirmation d'une session studio, exceptionnellement bien payée. Dans la grisaille visible par la fenêtre, je sors m'acheter du pain et du fromage pour me becter un semblant de déjeuner. Toutes les personnes que je croise ont l'air d'être dans le même état que moi, la bruine s'intensifie. Je rentre composer mon sandwich dans la cuisine microscopique. Dans le jardin en bas, les gouttes tombent lentement des feuilles des arbres, les couleurs passent du vert au gris… Un merle chante, le téléphone sonne : j'ai – enfin – rendez-vous le lendemain. Je ressors m'acheter une bière pour fêter ça : le même crachin, mais les gens semblent moins abattus, je vois des sourires en coin… à croire que c'est moi qui projette ma morosité. Les voitures luisent.

Le lendemain matin, Lucy part tôt pour le travail ; serein, je prépare ma batterie. Tout est prêt à descendre dans la voiture, je jette un coup d'œil à ma montre : c'est bon, je suis en avance. Je traîne un peu et me dis : allons-y, tant qu'à faire je préfère arriver trop tôt qu'en retard. Je cherche mes clefs… Pas moyen de les trouver. Mes clefs, les clefs, mes clefs… Sous le sofa, mes clefs dans le lit, mes clefs sur les étagères, mes clefs sous le lit, mes clefs, mes clefs, mes clefs bordel, mais où sont-elles passées mes putains de clefs ? Mes clefs dans la cuisine, les clefs, les clefs, les clefs, mes clefs ont disparu, mes clefs, mes clefs, mes clefs, mes clefs, mes clefs, mes clefs sur le rebord de la fenêtre, mes clefs, mes clefs, mes clefs… Je vérifie toutes les poches de toutes mes vestes, de tous mes pantalons, dans le panier à linge, mes clefs, mes clefs où sont-elles… ? Après une bonne demi-heure de panique, je les retrouve derrière la commode, pas commode du tout sur le coup. J'arrive à la séance avec deux minutes de retard, l'ingé son n'a pas encore pointé son nez… Séance bouclée, (bien) payé, je repars en me jurant de ne plus jamais égarer mes clefs, de ne plus jamais vivre ça. Désormais et pour toujours, je rangerai mes clefs aux mêmes endroits : dans la poche gauche de mon pantalon lorsque je suis dehors, dans la table de chevet gauche lorsque je suis à l'hôtel, dans la serrure de la porte d'entrée si je suis chez moi.

La vache enragée, 16 septembre 1977

Au premier étage du 72 Blenheim Crescent, John Manly se démène sur sa guitare : il monte un groupe, le Warsaw Pakt – il a déjà son nom de scène : John Walker. Autour de lui, les autres gars ont plus d'expérience : Andy Colquhoun à la guitare lead, avec qui John écrit les chansons, et Jimmy Coull – c'est son vrai nom –, au chant. Tous deux jouaient avant dans les Rockets, un groupe de pub rock qui donnait jusqu'à six concerts par semaine en 1976. Mais on est en 1977, la scène se transforme, balayée par la vague punk : le pub rock n'a plus la cote. À la basse, c'est Chris Underhill, un pro, mais qui ne jouait jusque-là que des reprises : un musicien solide et efficace, et qui a même un peu de flair vestimentaire une fois sa dégaine d'agent immobilier réarrangée. En bonus, il chante juste malgré sa voix nasonnée, due à des sinus obstrués en permanence. À la batterie, c'est Wolf Marlander, un Allemand qui traîne au *Bevington Pub* avec des amis que j'ai connus avec Lem : Little Tony et Dan.

En 1977, Mim Scala a 37 ans et s'occupe du merchandising et de la promo d'une partie des groupes d'Island Records, la maison de disques de Chris Blackwell, qui produit notamment Bob Marley. Il monte Portobello Road à pied, passe devant le Mountain Grill puis sous le pont de la Westway et s'arrête net devant le numéro 305 en entendant un groupe qui répète dans la cave. Une idée lui trotte dans la tête depuis qu'il a produit, en novembre 1976 à Tanger, un album de Reebop Kwakuh Bah, enregistré live, en une prise, avec des musiciens traditionnels gnaouas. On est en pleine vague punk-new wave ; Mim veut faire de même, cette fois-ci avec une formation punk rock. Les groupes peuvent mettre jusqu'à six mois, voire un an à produire un album et à le mettre en vente chez les disquaires ; Mim, lui, veut enregistrer en un temps record, et sortir l'album le lendemain de l'enregistrement. Ce qu'il entend indistinctement dans la rue est nerveux et accrocheur ; avec un peu de boulot, ce groupe pourrait bien faire l'affaire.

À l'époque, le 305 Portobello Road, petit îlot de bâtiments dans leur jus, est un épicentre créatif de la contre-culture londonienne. Le journal alternatif *Frendz* et un minimarché hippie se partagent le sous-sol ; à l'étage, une agence gère le travail des roadies. À côté, un restaurant caribéen, *Back'A'Yard*, fait l'objet d'un harcèlement constant de la part des flics ; un cabinet d'avocats jamaïcains a élu domicile dans le bâtiment et s'occupe de défendre les rastas du quartier – parfois aussi les dealers et autres squatteurs du Grove. À côté, c'est l'atelier de Barney Bubbles, que Lemmy connaît bien ;

en face, les bureaux de Better Badges, qui fabrique – et vend aux concerts et dans le monde entier par correspondance – les badges de la plupart des groupes de punk-new wave et de rock anglais. C'est Joly MacFie qui a monté cette boîte, un copain de longue date de John Manly et qu'il embauche régulièrement.

Mim Scala suit son instinct, pousse la porte et descend les marches pour se présenter au groupe dans leur salle de répète, baptisée le « bunker » : une boîte en parpaings construite à l'intérieur d'une cave humide, les murs encore noircis par le feu qui a pris dans l'immeuble. C'est là que Warsaw Pakt répète, éclairés d'une ampoule solitaire qui pendouille au centre de la pièce… Les filles des Slits, un groupe de punk 100 % féminin, partagent l'espace et le loyer.

Fin août 1977, Andy vient me voir pour me convaincre de reprendre le siège de batterie. Wolf est bien sympathique, mais le groupe a besoin d'une plus grande puissance de frappe. Ça fait un moment que le problème se pose, et Wolf vient de refermer lui-même son cercueil en foirant un concert au Nashville, où ils jouaient en première partie des Clash. Il s'est fait mal au bras dans une bagarre avant le set et n'a pas réussi à tenir la cadence… Il se retrouve sur le siège éjectable.

Après avoir joué toutes les chansons pendant une semaine tous ensemble, Andy et moi on se met à travailler intensément tous les deux. Dans notre bunker, de jour comme de nuit, on creuse les dynamiques guitare-batterie pour les rendre aussi brutes que possible. Les chansons changent de forme… Les autres reviennent. Dans les semaines qui suivent, on teste nos chansons en live un peu partout dans les environs. Dave Lucas nous trimballe, nous et notre matos, dans son fourgon Bedford : il tient une boutique de meubles en pin sur Goldborne Road, juste à côté du bunker. Lemmy, toujours partant pour encourager les musiciens locaux qu'il aime, et mon groupe en particulier, racole les habitués de ses trois pubs fétiches, *Finches*, *Alex* et *Henekeys*, et les pousse à venir nous voir. Dans le Grove, ça commence à buzzer autour de Warsaw Pakt.

Ce jour-là, on joue une fois de plus au *Red Cow*, au 157 Hammersmith Road. À l'heure du déjeuner, John, Andy et moi, accoudés au bar, nous regardons la strip-teaseuse mettre au supplice les hommes avec son jeu langoureux de cache-cache, décollant et recollant son cache-sexe, l'ultime petit triangle masquant son corps. Elle finit sa danse avec les bonshommes en transe qui l'accompagnent de sifflets et d'applaudissements saouls. La musique s'arrête net et elle arrache sa culotte des mains d'un mec devant la scène, giflant le gros lourd au passage. Elle enfile un peignoir sur son corps quasi nu, ramasse sa lingerie, soutif et string, et part, talons aiguilles à la main, se rhabiller dans les toilettes des filles. Dave Lucas et deux de ses potes arrivent ; ils sortent nos amplis, ma batterie et tout le barda du fourgon, les trimballant dans le pub par la porte de derrière. Pour les encourager tout en se foutant d'eux, Andy et moi, on leur chante une chanson des Monkees. Début d'après-midi, c'est l'heure de la fermeture : les barmans déposent les derniers traînards dehors sur le trottoir. Sur la petite scène, ça s'active, et Jimmy arrive, dès que tout l'équipement est monté, une fille à chaque bras. Il nous salue et disparaît dans les chiottes avec elles. Il réapparaît une demi-heure plus tard ; les demoiselles, sourire complice sur les lèvres, repartent, nous laissant Jimmy qui nous rejoint sur scène pour une longue répétition. Juste avant la réouverture du pub, à 17 h 30, ça frappe fort à la porte. Et voilà, rebelote : encore une paire de nanas venues voir notre nympho-man, qui nous abandonne pour redisparaître avec elles dans les toilettes. Avant ou depuis, je n'ai jamais vu quelqu'un comme lui, un tel niqueur en série, dragueur hallucinant. Chaque jour, où que l'on soit, il y a toujours au moins une ou deux femmes qui viennent le voir, comme sorties de nulle part, avant de disparaître, à l'infini. Pendant ce temps, on fait tourner les morceaux, on teste ensemble les idées d'arrangements qu'Andy et moi avons répétées seuls dans le bunker. Les portes s'ouvrent et le pub se remplit ; des têtes connues, des nouvelles. Lemmy a bien bossé : toute une flopée d'habitués du Grove est là. La salle pleine comme un œuf, on se précipite sur scène, féroces dès le premier accord. Andy et moi avons revu ensemble l'ordre des chansons pour que l'impact soit maximum : on attaque « Speeding », un pur venin punk et un témoignage enflammé de notre état du moment – loin d'être passager car tout le groupe baigne dans les amphètes. Derrière mon barrage de cymbales et de fûts, je tape et je frappe et je n'y vais pas de main morte. À ma batterie Gretsch, j'ai une revanche à prendre, tout à prouver et rien à perdre. Le pied au plancher, j'y vais à fond : notre victoire sera méritée, nullement volée. Vu de mon siège, ça pogote à gogo, ça rebondit sur tous les murs, ça se cogne à l'amiable en communion chaotique, garçons et filles sans distinction aucune dans une joyeuse pagaille. Sueur, bière et clope : un mix de pur bonheur dans le nez. On attaque « Breastbeating », la chanson-cauchemar écrite avec Mick Farren, qui parle de coups de marteau et de bas nylon éclaboussés de sang. L'intro en power chords, caisse claire en appui, cisaillée de guitares… un morceau choc, rapide et court. On enchaîne avec « Cutglass Jaw », écrite sur un boxeur à la lose qui sombre dans l'alcool, sa mâchoire « en verre » se brisant trop souvent pour réussir… Amphètes, tranquillisants, colle, sirop pour la toux bu au goulot, cocktail pas cher à la

Guinness et au cidre faute de champagne : tout est bon à prendre pour se défoncer la gueule en dégueulade bon marché et se libérer d'une réalité glauque. Les yeux exorbités, les hyènes hurlent nos refrains. Le mascara bave, le khôl coule sous les yeux des filles chauves-souris, le rouge à lèvres déborde, des arcades explosent et le sang gicle. Partout, les ceintures à douilles, les blousons cloutés, les badges. Et les épingles de nourrice et les épingles tout court, dans le nez, dans l'oreille ou pendues au cou... Pas de répit, « Fruitmachine » est lancée, les textes auraient pu être écrits pour Lemmy, du sur-mesure. La foule dégouline et se défoule, nous renvoie la monnaie de notre pièce. Dans la mêlée endiablée, des coupes de cheveux dingues, en pics, en pétards peroxydés, teints en noir, en orange, en violet ou en vert... On compense en cynisme ce qu'on perd en ralentissant le tempo : « Safe and Warm », notre futur 45 tours...

Ça danse et ça se bouscule à des niveaux d'exception, les punks déchirés et fébriles en cuir et résille jouent les sauterelles sur ressorts, chantent en postillonnant très fort, les bières volent en traînées horizontales au-dessus du pogo infernal. Impossible de glisser une feuille à rouler entre la foule dans la salle et les musicos sur scène... Le Pakt s'envole, les losers gagnent du terrain, ils n'ont plus ni freins ni chaînes. Blacks, Blancs, Jaunes ou Beiges, la haine est la même. *Punk is born never to die*, « le punk est né pour ne jamais mourir ».

Jimmy se débarrasse de son T-shirt en plein milieu de « Stepping Outa Line », le balance dans la foule qui l'absorbe. Arrive « Believe Me Honey », qui permet à notre chanteur à la drague de se faire comprendre des filles qu'il convoite pour ses coïts postconcert. Devant lui, elles n'attendent que ça... On le suit avec « It's Not True », notre reprise version punk de la chanson des Who... Nos trois guitaristes, collés à leur micro devant moi, les jambes en A, accompagnent Jimmy, beuglant le refrain en harmonie. On monte le volume et la température monte encore d'un cran avec « Nose Bleed », hymne No Future qui fait saigner les murs, puis « Even Money ». Puis « Hello Angel »... De mon siège, je vois Jimmy verrouiller ses cibles, fille après fille, dans le public.

— *Hello Angel, would you like to come and dance with me... for a while*[1]*?*

Les chœurs frappent à l'unisson :

— *Angel, Angel!*

Le chant lead réplique :

— *Get on to the floor here*[2].

---

1. « Bonjour mon ange, aimerais-tu venir et danser avec moi... un moment ? »
2. « Mets-toi ici par terre. »

— *Angel, Angel!*

— *Come on baybee, I'm gonna score here*[1].

D'un coup, le break, tout s'arrête, laissant Jimmy seul entre mes frappes de caisse claire unies aux accords. Il tord le mot, tout doux, on dirait un crooner :

— *Angel... Come on Angel*[2]...

Les filles fondent à vue d'œil ; en coup de grâce, un dernier, suppliant :

— *Aaaangelle...*

L'affaire est pliée, ses proies dans le sac. Trois mains montent le long des manches à l'unisson, je roule sur ma caisse claire de plus en plus fort, cymbales en crescendo, et c'est reparti, couplet refrain, couplet refrain... Puis, d'un coup de maître, on arrête sec. Silence absolu ; pour une brève seconde, le public semble figé, arrêt sur image, on pourrait couper l'air avec un couteau. Un coup de ma caisse claire et on se lance deux fois plus vite, encore deux tours complets des chœurs qui poussent, qui insistent, qui énervent. Jimmy sort son harmonica de sa poche, se lance dans un pur solo rhythm and blues punk du bayou. Soudée, massive comme un bloc, notre machine en délire pousse la salle jusqu'au bout, sans relâche ni merci. Jimmy, torse nu, rebondit dans tous les sens, la foule aussi. La basse haut débit de Chris pousse derrière, entre nos guitares saturées ; les solos d'Andy sur « Dogfight » et « Fast Eddie » déchirent l'air, rejoignant les hautes fréquences de mes cymbales crash. On finit en beauté avec une des chansons les plus mémorables du set, « Lorraine », et la foule à bout de souffle trouve la force de chanter le refrain en chœur. On se barre de la scène ; on se fait désirer pendant que la foule hurle, visiblement pas encore rassasiée. En sueur et euphoriques, on remonte jouer une version débridée de « Sick and Tired » puis, pour enfoncer le clou, donner un dernier tour de vis et vriller la mélodie du refrain au plus profond de leurs crânes, on lance une version de « Safe and Warm » encore plus rapide et violente que la première.

You know that... it's safe and warm
Even trimmed with lace... it's safe and warm
It's an enclosed space... it's safe and warm
And it's far from harm... it's safe and warm
And if you wanna change the story, you just gotta touch the dial
Oh and it's so secure... safe and warm

---

1. « Viens là bébé, je vais tirer mon coup. »
2. « Mon ange... viens mon ange... »

And the future's sure... safe and warm
Keep a place for the human race... safe and warm[1]

Partout dans la salle, croix gammées et croix de fer, la provoc est dans l'air. Vivienne Westwood et Malcolm McLaren récupèrent les symboles lancés par Motörhead l'année précédente et créent la mode de la contre-culture, mélangeant l'esthétique nazie nauséabonde avec les codes du fétichisme sexuel et du bondage. Le courant contre-courant est contre l'État, contre les parents, contre les hippies, contre tout et son contraire... Notre machine de guerre bien huilée devient la machine démoniaque à tout faire.

Lemmy est au bar, en compagnie de Chris Wood et entouré des réguliers du Grove. Tous deux me payent un verre, on trinque. Lem, égal à lui-même, me prend à part :

— Enfin ! Tu t'es trouvé un groupe qui mérite le détour et t'as retrouvé ta forme à la batterie... Si *ça*, ça marche pas, ce sera pas faute de talent. De chansons non plus, y en a un paquet de mémorables. Et purée, ton chanteur allume les filles comme pas deux. Andy, c'est un copain de Mick Farren, non ?

— Oui. Mick a écrit les paroles de trois des chansons que tu as entendues : « Nose Bleed », « Breastbeating » et « Believe Me Honey ».

— Il a un vache de bon jeu de guitare, Andy. Et puis son look à la Keith Richards version punk, c'est chouette. John Manly aussi, d'ailleurs ; tiens, tu savais qu'il sortait avec Joy avant de plonger dans la came ? Heureusement, il s'en est bien sorti.

— Oui mais tout ça, c'est du passé. John a troqué la schnouf pour la guitare, il en veut vraiment, il est dessus nuit et jour... Il s'en sort pas mal, je trouve.

— Oui, on sent que c'est en train de venir. Il a longtemps partagé une maison avec Paul Rudolph à All Saints Mews. Tu te souviens ? On était allés à une fête là-bas ensemble.

— Oui, toi et Paul vous vous regardiez en chiens de faïence. Vous avez passé la soirée à vous ignorer. Moi, je faisais l'amour avec Joy dans la chambre où tout le monde avait mis son manteau. Tu nous avais surpris d'ailleurs, je crois ?

— Putain ! Mais t'as raison !

On éclate de rire ensemble à nouveau, plus d'un an plus tard, comme s'il ne s'était rien passé.

---

1. « Tu sais que... c'est sûr et chaud
Même orné de dentelle... c'est sûr et chaud
C'est un endroit clos... c'est sûr et chaud
Et c'est loin du danger... c'est sûr et chaud
Et si tu veux changer l'histoire, t'as qu'à toucher le cadran
Oh c'est si sûr... sûr et chaud
Et l'avenir est sûr... sûr et chaud
Garde une place pour la race humaine... sûre et chaude ».

« Safe and Warm », octobre 1977

Fin septembre, Mim Scala réapparaît, une proposition de 45 tours en poche. L'enregistrement doit servir à prouver nos capacités au grand patron d'Island Records : Mim n'a pas lâché son idée de disque instantané, mais pour que ça se fasse, il doit convaincre Chris Blackwell. Et si tout va bien, le vinyle servira aussi de bande-annonce-promo pour l'album.

Mi-octobre, la fourgonnette de Dave Lucas nous dépose dans une ruelle de Hammersmith, derrière la maison de disques du 22 Saint Peter's Square : l'entrée du studio d'Island. Nous avons décidé d'enregistrer « Safe and Warm » pour la face A ; à notre satisfaction, on obtient un son mi-punk, mi-new wave, presque lunaire, presque psychédélique. Jimmy, sorte de Jim Morrison version punk, pose sa voix, rauque, chaude et pleine d'âme, sur les riffs hurlants d'Andy et la rythmique incisive de John ; la basse mélodique de Chris gronde et colle à ma nouvelle batterie couleur acajou Gretsch, qui sonne encore plus profond que ma Ludwig. Pour finir la séance, on se retrouve tous autour de deux micros Neuman, d'abord pour chanter des « ooo » ténébreux et stonesiens qui ajoutent une touche mystique, puis en deuxième passage pour brailler « Safe and Warm » sur les refrains de fin.

Le lendemain, nous sommes assis ensemble dans le fond de la sombre régie. Enfoncé dans un canapé mou, j'observe John Porter : debout, l'ingé son remet à zéro tous les potentiomètres de la console, se préparant pour le mix. Mim prend une chaise, la pose près de la table de mixage et grimpe dessus, entreprenant d'accrocher au plafond une sorte de cristal au bout d'un fil, qui vient pendouiller au-dessus de la console, pile au milieu. Pendant ce temps, répondant à une injonction de sa quéquette, Jimmy disparaît dans les couloirs à la recherche de toute secrétaire qui pourrait encore traîner dans le coin en cette fin de journée... John Porter s'assoit et se penche sur son œuvre, concentré, ses longs bras étendus, glissant de gauche à droite sur sa chaise à roulettes pour parcourir l'étendue des boutons de la console Nieve. Il fait le tour, piste par piste, triture les potentiomètres, corrige le son, cherche et trouve l'équilibre dynamique de notre chanson. Il ouvre les effets, ajoutant de la profondeur avec delays et réverbs, instrument par instrument. Il resserre la compression et élargit le positionnement paramétrique de chacun des éléments dans l'espace stéréophonique. Après cinq bonnes heures, il finit par monter le volume : le son, craché par les baffles Tanoy Lancaster, envahit la pièce, puissant. À cet instant précis, imperceptiblement d'abord, le cristal de Mim se met à osciller au bout de sa ficelle... puis, petit à petit, commence à se balancer doucement... de plus en plus... avant de dessiner des cercles au-dessus des longues boucles serrées de John. Mim se dresse, debout d'un coup, et de son doigt biscornu pointe sa pierre magique :

— Voilà, vous voyez ? Le mix ! On y est !

Deux jours plus tard, « Sick and Tired », la face B, est dans la boîte, elle aussi. Pendant que nous œuvrons dans la régie, Jimmy reprend sa tournée des étages, draguant toutes les femmes qu'il croise... Jusqu'à se faire prendre à son propre jeu : il fait le beau une fois de trop. Le tombeur invétéré tombe lui-même amoureux, et pas à moitié : il plonge jusqu'au cou, le nez en avant, désespérément mordu d'une bombe atomique, une dénommée Ady Hunter. Cette belle brune de 35 ans est l'attachée de presse que Mim nous a dégotée en prévision de l'album à venir. Car le grand Chris Blackwell, et le département marketing d'Island derrière lui, vient de lui donner son aval.

Le samedi suivant, je vais au *Henekeys* pour déjeuner. Lemmy, fidèle au poste devant sa machine à sous, est là, et je me retrouve à ma place d'antan, aux côtés de mon ancien *bandmate*, au milieu du pub plein à craquer.

— T'en es où avec le Warsaw Pakt, Lou ? Vous avez signé chez Island, non ?

— Oui, Island. On vient de finir le 45 tours ; on va commencer les répétitions pour l'album.

— Vous enregistrez où ?

— Les studios Trident.

— Eh bah putain ! Ils ne lésinent pas, bravo...

— Bah, pas exactement en fait : le but, c'est d'enregistrer tout l'album en une nuit et de sortir le disque le lendemain... Mais ça reste entre nous, OK ?

Lem tire sur le bras de la machine ; le juke-box s'arrête, le niveau sonore baisse d'un coup, laissant entendre le grondement du V12 d'une voiture amerloque. Une Mustang décapotable couleur moutarde, flambant neuve, se gare devant le pub, Ady Hunter au volant, Jimmy Coull frimant, le coude sur la portière. Après un dernier vrombissement du moteur, ils descendent tous les deux de la voiture, chacun de son côté, passent la porte d'entrée, bras dessus, bras dessous. Lemmy tire à nouveau le bras de la machine, sa clope coincée dans le trou où il n'a plus de dent, regarde les deux qui s'avancent, et lance, bien fort pour que tout le monde entende :

— T'as amené ta maman avec toi, Jimmy ?

Le bar entier éclate de rire. La bouille de beau gosse de Jimmy, catastrophé, craquelle de fissures de panique. Mais Ady, en attachée de presse, dure à cuire jusqu'au bout de ses ongles manucurés, en a vu d'autres ; elle salue Lemmy, à l'aise, comme si de rien n'était. Elle et Jimmy, pour une fois la queue entre les jambes, traversent le pub hilare pour nous rejoindre autour du bandit manchot.

La cantine, octobre 1977

Comme le mois précédent, on se retrouve à nouveau, John, Andy et moi, dans le camion de Dave Lucas, avec tout le matos à l'arrière. Et comme le mois précédent, on passe, dans Kings Street, devant l'endroit où j'ai acheté ma toute première paire de baguettes. En 1963, il y a quatorze ans, déjà. Dave tourne à gauche dans Saint Peter's Square, longe le jardin du centre de la place ; on arrive, à nouveau, devant le numéro 22, QG d'Island Records depuis 1973, une grande baraque bourgeoise, couleur beige, avec deux étages. Un aigle blanc veille sur la porte d'entrée, encadrée par deux colonnes, blanches également. Et si le volatile en plâtre ne suffit pas, deux chiens couchés, eux aussi peints en blanc, montent la garde autour de la porte d'entrée.

Dave tourne à droite dans la ruelle sur le côté du bâtiment et s'arrête devant la porte de service : le Warsaw Pakt s'installe pour deux semaines dans la salle de répétition d'Island Studios pour préparer l'album. Jour après jour, on fait tourner nos morceaux. Inlassablement, mais on s'accorde quand même des pauses pour becter un morceau... sur place, car il y a une cantine dans le bâtiment. Un jour, on s'installe à l'une des tables à moitié pleines ; Andy et moi nous mettons à nos listes de titres, essayant de trouver le meilleur ordre pour chaque face de l'album. Lucky Gordon, le chef jamaïcain, est en pleine préparation de son célèbre et délicieux curry de chèvre. Les arômes caribéens de sa cuisine nous creusent l'appétit... Suzette Newman, la nièce de Chris Blackwell, débarque dans la salle, entourée de la cour du roi du reggae, Bob Marley, ses choristes en robes multicolores, les I-Threes, avec sa femme Rita en tête. Une bonne vingtaine en tout, ils s'installent au fond, avec Bob qui trône au centre.

Une demi-heure plus tard, le bruit court en chuchotements inquiets de part et d'autre de la salle...

— Grace arrive, Grace arrive...

Un tromboniste assis à côté de moi, venu pour une session avec Bob, m'explique :

— Elle est imprévisible, on ne sait jamais ce qui va arriver... Un jour drôle et sympa, le lendemain, irascible et violente, toujours brillante.

Quelques instants plus tard, la porte d'entrée s'ouvre dramatiquement et une grande créature jamaïcaine, androgyne et longiligne, limite extraterrestre, fait son entrée de déesse entourée de deux sbires.

La sculpturale chanteuse-mannequin Grace Jones est dans les murs. Et elle est visiblement en colère. On vient la chercher, elle disparaît dans les bureaux au grand soulagement de toute la petite assemblée, musicos et équipe de la maison de disques, qui se remettent à papoter.

Lors d'une autre pause dans nos répétitions, de nouveau à la cantine, l'un des musiciens attablés à côté nous glisse qu'il a déniché deux tenues complètes d'escrime dans un placard. Discrètement, lui et moi, on disparaît pour réapparaître en masque et veste blanche dans l'allée centrale de la cantine, pour un duel épique. On brandit nos épées à la pointe recouverte d'un caoutchouc rouge, ferraillant bruyamment. Hystérique, la salle explose en encouragements, prenant le parti de l'un ou de l'autre, vociférant.

Chaque soir, on laisse notre équipement sur place ; un taxi nous ramène au bercail, dans le Grove, pour dormir – aux frais du studio.

Needletime, 26 novembre 1977

Il est 8 heures du soir ; nous arrivons au 17 St Anne's Court, à Soho, pour les balances qui finissent à 22 heures. Cette nuit, on enregistre *Needletime*. Les studios Trident sont *très* réputés : *Hunky Dory, The Rise and Fall of Ziggy Stardust* et le 45 tours *Space Oddity* de David Bowie, les trois premiers albums de Queen – le studio a découvert le groupe et le label Trident Records a été créé spécialement pour eux –, « Your Song » d'Elton John, le 45 tours *Hey Jude* des Beatles, *Transformers*, l'album de Lou Reed...

C'est l'un des seuls studios de Londres avec une tour de gravure sur place, directement connectée à la console : le signal audio, transformé en vibrations, est gravé dans un disque vierge par un burin en diamant sous forme de microsillon hélicoïdal. Ce premier disque, le master, permettra de fabriquer les moules « mères » des copies négatives parfaites des sillons, puis les « matrices filles », nécessaires pour le pressage des vinyles. La prise sur bande et le mixage n'ont plus lieu d'être : ce qu'on a joué, c'est ce qui sera sur le disque, sans retouche possible.

Hutch, un grand gaillard, cheveux longs dans un bonnet, visage aimable, est au rez-de-chaussée avec nous, dans le studio, pour gérer le mix du son en direct. Au deuxième, Terry Barham et les ingénieurs, Ray Staff, Steve Taylor et John Dent, peaufinent les réglages dans la régie avant d'envoyer le signal à la tour de gravure, au troisième. Une fois les réglages de chaque instrument et des voix accomplis, on répète chaque face du disque en entier une fois. De l'électricité circule, la pression monte. Scotty et Roy Gardener filment la séance pour immortaliser l'instant.

Plus de cent personnes sont présentes. Un brouhaha nerveux. Tout le monde a conscience que l'exercice est périlleux : on joue en live, sans filet, en one shot, directement sur le master du disque. Pas de bande, pas de mixage après l'enregistrement. Le défi est de taille. Si on réussit, ce sera une première mondiale : cinq mille disques pressés en une nuit, et leurs cinq mille pochettes fabriquées à la main, une par une, par nous les musiciens.

Au troisième étage, à la tour de gravure, Ray Staff, le technicien de Trident, Mim à ses côtés, place le premier acétate – le support vierge – sur le graveur, pour que le diamant y creuse les premiers microsillons de notre disque. Nerveux, l'œil rivé sur la loupe, Mim et Ray calculent jusqu'à quel point ils peuvent pousser le volume. Si le son de nos guitares, saturé à souhait, ou le niveau d'intensité fait sauter le diamant de son microsillon, il faudra recommencer l'enregistrement de la face entière depuis zéro. Pire, si un larsen ou un pic de volume arrive jusqu'au graveur, on risque d'exploser le diamant – une facture de 5 000 livres. Ray sue... John Porter est à la production avec Mim pour coordonner le tout.

On vient de finir le premier filage de chaque face de l'album. Mim, du troisième, prévient la régie que les réglages sont terminés et prêts à enregistrer. Terry Barham confirme l'information à Hutch, toujours avec nous, derrière la console. À son tour, Hutch signale à John Porter que tout est OK pour lui en levant ses deux pouces.

John nous indique que tout est prêt pour le premier essai. Scotty et Roy Gardener mettent leurs caméras en route. Andy se retourne et me lance un regard, attendant ma confirmation pour commencer. Je hoche la tête. Jimmy enlève son T-shirt, enroule une serviette brune autour de ses épaules comme un châle, et d'un ton punk désabusé, il crie :

— Vous êtes prêts ?

Et encore :

— *IT'S – NOT – TRUE!*

Je frappe ma caisse claire et, de quatre coups de baguettes, lance le décompte du début de la chanson. C'est parti, le pacte est scellé. Quitte ou double, notre destin est dans nos mains.

La tension est à son apogée. Nos concerts, et les deux semaines de répètes à Island Studios, sont en train de payer. John, intense, comme d'habitude, est concentré sur ses coups de guitare ; Chris, dans son monde, assure. Mes yeux sont en contact constant avec ceux d'Andy ; ses riffs lead volent au-dessus de Jimmy, qui vit à fond son personnage de Jim Morrison punk.

Ma batterie et mes cymbales rugissent, soutenues par les guitares, nous jouons aussi serré qu'un cul de canard.

Ça sonne bien. On enchaîne les chansons de la face A, jusqu'au dernier accord de « Cut Glass Jaw »...

Pause. Soulagés, regards complices, on respire avant que la pression remonte, encore un cran plus haut. On est prêts pour la suite. Mim nous informe qu'ils vont prendre le risque de pousser le son un peu plus fort pour la prochaine prise.

L'excitation de l'enregistrement en live, sans s'arrêter, sans compromis, nous porte. On refait toute la face A, et après une courte pause, la face B. Et on enchaîne avec deux enregistrements supplémentaires complets de la face A et de la face B.

Puis direction la cabine de contrôle pour écouter les six enregistrements sur les acétates. Les guitares, bien qu'un peu moins puissantes que lors de nos concerts, sonnent cru, agressif, et font parfaitement frissonner. On sélectionne la meilleure prise pour chaque face, le choix est unanime : les troisièmes. Le gros du boulot est fait, la course contre la montre démarre pour valider notre exploit : entrer dans le Guinness Book des Records comme l'album enregistré le plus rapidement au monde. Le rêve fou que Mim a vendu à Chris Blackwell est en train de devenir réalité.

Mim a embauché un copain un peu gangster, propriétaire d'une voiture de sport surpuissante ; il sera le chauffeur pour l'acheminement des disques. À 1 heure du matin, Mim nous salue avant de monter dans la caisse, les masters en acétate sous le bras. Objectif : parcourir les cent soixante-six kilomètres de l'autoroute M1 à toute allure jusqu'à l'usine de Leicester, dans le nord de l'Angleterre. En grillant toutes les limites de vitesse, ils arrivent en un temps record à 2 heures du matin. Sur place, l'usine s'attaque à la création des deux empreintes, les *stampers*, une pour chaque face.

À 8 heures du matin, Mim et son complice se lancent dans la seconde course frénétique contre la montre. Ils prennent la route de West Drayton et des presseurs – aux aguets –, à trois kilomètres au nord de l'aéroport de Heathrow, à l'ouest de Londres. Avec les *stampers* soigneusement posés sur la banquette arrière, ils parcourent les cent quatre-vingt-huit kilomètres d'autoroute, empruntant d'abord la M1, puis la M4, jusqu'à l'usine de pressage. Grâce à leur conduite effrénée, ils réduisent de quarante minutes le temps de trajet habituel, arrivant à 10 heures. Là-bas, les techniciens configurent les presses pour reproduire les cinq mille disques. Les deux matrices mères sont créées à partir des *stampers*, puis, de là, les matrices filles, qui presseront les disques. L'heure tourne : le laboratoire attend que les deux matrices filles refroidissent pour pouvoir lancer le pressage. Chaque minute compte. Enfin, les disques sont pressés et acheminés à la base d'Island Records.

De retour à Londres, Mim rejoint Andy, John, Chris et moi. Nos yeux sont cernés par notre nuit blanche : on a tenu le coup en enchaînant amphétamines, tasses de café et pizzas à emporter, on a réussi à tamponner, signer et coller les stickers des cinq mille pochettes en carton kraft. La sous-pochette, imprimée par Island, est livrée en même temps que les disques. Une équipe du staff se charge d'assembler le tout : insérer les disques dans les sous-pochettes, puis dans les pochettes que nous avons préparées. Alors que nos doigts saignent encore, *Needletime* sort officiellement moins de vingt-quatre heures après le début de l'enregistrement. À 16 heures, on se retrouve chez le disquaire Virgin, à Marble

Arch, à dédicacer les exemplaires pour les fans et les curieux venus nombreux.

L'exploit est validé : le Guinness confirme que c'est l'album enregistré le plus rapidement au monde. Les cinq mille exemplaires se vendent quasiment immédiatement.

Après quelques passages supplémentaires au *Red Cow*, au Nashville et à Dingwalls, notre agent nous décroche une tournée promo dans les universités du pays, notamment une première partie prometteuse à l'université d'Oxford, avant le concert de Siouxsie & The Banshees. La salle de concert d'une des plus prestigieuses institutions au monde est pleine de punks et de « New Wavers ». Tout le long du concert, ils nous font l'honneur de nous cracher dessus en guise d'approbation. Depuis ma batterie, on dirait les flèches des archers anglais à Azincourt qui pleuvent sur les nobles chevaliers français. Illuminés par les projecteurs, les postillons arrivent en nuages serrés, par vagues. La scène est devenue glissante, un vrai champ de bataille où nos trois vaillants guitaristes et Jimmy, notre héros et chanteur, glissent à droite et à gauche et peinent à rester debout. Une fois le rappel terminé, je quitte la scène en dernier, les glaires tachent mes cymbales cuivrées de vert, cette alchimie convertit le plateau en patinoire.

Depuis les coulisses, on regarde Siouxsie et ses Banshees livrer leur sublime set punk-gothique, eux aussi acclamés par des fans en transe.

Mais la promo de l'album stagne et on se rend compte qu'Island Records nous lâche : ils ne feront plus de disque avec nous. Notre agent commence à annuler des concerts. Les maisons de disques et les studios d'enregistrement nous boycottent. Pour eux, nous représentons apparemment un danger financier, et ils veulent éviter à tout prix que notre nouvelle manière d'enregistrer se répande. Si tous les autres groupes se mettent, dans cette deuxième année punk-new wave, à enregistrer leur album en une seule nuit, ils craignent de devoir mettre la clef sous la porte. Habituellement, les groupes, même émergents, ont besoin de trois ou quatre semaines pour faire un album, et les grands groupes mettront trois, quatre, voire six mois. Ce calendrier arrange bien les maisons de disques : plus il est coûteux et long de produire un album, plus les artistes sont dépendants d'eux. C'est pour eux une façon de tenir leurs groupes par les couilles.

Mais pour nous, c'est de la foutaise : on enregistrait déjà comme ça dans les années 1950 et au début des années 1960, même si les disques n'étaient pas livrés le lendemain. L'idée géniale de Mim, qui nous a fait connaître au Royaume-Uni du jour au lendemain, en un temps record, se retourne pourtant contre nous.

Petit à petit, les concerts se raréfient. Notre agent ne cesse d'annuler des concerts, les promoteurs, sans la promotion de la maison de disques, nous tournent le dos. On monte jusqu'en Écosse, à Glasgow, en hiver, entassés les uns contre les autres dans le camion de Dave, à jamais notre chauffeur/tour manager/ingé son/vendeur de meubles de Portobello. Il nous amène – frigorifiés, mais sains et saufs – jusqu'en Écosse pour découvrir qu'il y a seulement une vingtaine de spectateurs qui sont venus nous voir lors de cette nuit enneigée. Il fait trop froid. On joue bien. Le public est ravi. Nous sortons de scène. Je voudrais me changer dans les loges, mais je réalise que mon pantalon en cuir est introuvable. Quelqu'un dans la salle l'a volé pendant qu'on était sur scène.

Fatalement, Andy commence à se renseigner pour faire partie d'un autre groupe. Encore un concert au Hope and Anchor à Islington, la célèbre salle de pub rock qui a fait découvrir tant de groupes, et il m'annonce qu'il va rejoindre Tanz Der Youth avec mon pote Brian James, l'ex-guitariste des Damned. Une ultime séance infructueuse au studio d'Island avec Ed Hollis des Hotrods aux commandes scelle notre sort.

Le 22 février 1978, on joue un concert caritatif pour les sans-abri en première partie de Ian Dury et des Blockheads, à Dingwalls. Ce sera notre dernier concert. Le Warsaw Pakt est rompu.

Comme il me l'avait annoncé, Andy rejoint Tanz Der Youth, qui ne fera pas long feu non plus, avant de retrouver Larry Wallis, qui a quitté Motörhead quelques mois après moi, dans une version reformée des Pink Fairies.

White Lightning, 1978

Gary Hughes a le choix entre deux carrières. À 17 ans, il va voir jouer son club de football préféré, Chelsea. Gary est un jeune footballeur talentueux. Le club de Stamford Bridge lui propose d'intégrer l'équipe junior, mais il doit se décider avant le lundi suivant. Ce samedi-là, Gary assiste à un concert des Who au stade de Charlton Athletic. En les voyant sur scène, il prend une décision qui changera le cours de sa vie : il deviendra ingénieur du son, pas footballeur.

La première fois que je le vois, il se trouve derrière la console de mon nouvel ami, John Tinline, un karatéka ceinture noire qui s'occupe de notre son dans le groupe de Carl Groszmann, White Lightning. Après chaque balance, John va courir pour garder la forme. Ce drôle de gars forme Gary aux subtilités du son et lui enseigne toutes les techniques nécessaires pour faire vibrer une salle. Il fait du bon boulot, et Gary deviendra un excellent ingénieur du son, parcourant le monde pour des tournées de dix-huit mois avec Iggy Pop, Orchestral Manoeuvres in the Dark, Steve Lukather ou Barclay James Harvest. Il finira par s'imposer comme l'un des meilleurs dans son domaine, avec une ouïe exceptionnelle et la capacité de transmettre un son parfait, que ce soit dans un auditorium, un stade ou un club.

Comme j'habite Blenheim Crescent, Gary et John me déposent souvent chez moi après les concerts – eux vivent à Guildford, à l'ouest de Londres. On passe souvent du temps ensemble dans le camion de John, tard le soir, et je m'aperçois que le côté technique du son m'intrigue de plus en plus – pas seulement en studio, mais aussi en live. Leur sens de l'humour est proche du mien et John Tinline est une sorte de mentor pour moi, sa vision de chaque situation me surprend toujours, il trouve toujours un angle inattendu, une perspective différente, qui vient troubler mes certitudes avec une justesse redoutable.

C'est Clive Taylor qui me présente Carl Groszmann. Ils se connaissent depuis des années, depuis l'époque d'Amen Corner. Carl est auteur-compositeur de chansons, notamment du premier tube de Status Quo, « Down the Dustpipe ». Avec sa femme Hannah et leur chien Bodger, ils forment un trio de choc, roulant à bord de leur Rover 2000. Carl et moi, on accroche tout de suite. Notre complicité est similaire à celle que j'avais avec Ross Stagg. Il me parle des liens entre Buddy Holly et son batteur Jerry Allison, et on décide de monter un groupe ensemble. Lui a besoin d'un batteur, et moi, d'un groupe. On commence rapidement à jouer ensemble.

Carl est signé chez Ring O'Records, le label de Ringo Starr, et j'ai l'occasion de le rencontrer, ainsi que son manager Terry Condon, dans ses bureaux. Ringo est chaleureux et très drôle, avec son humour pince-sans-rire et plein d'autodérision, typique des gens du Nord, le même que Lemmy. Il nous fait mourir de rire. Quand je lui rappelle notre première rencontre sur le tournage de *Help!*, il se souvient vaguement de trois gamins qui accompagnaient le fils du producteur du film, Walter Shenson. Carl et moi décidons de baptiser notre groupe White Lightning – de l'alcool de contrebande, en argot –, et nous commençons à recruter. On trouve un bassiste écossais, Jock, un claviériste surnommé X Ray, et un jeune guitariste talentueux, Simon Climie[1]. C'est Terry qui s'occupe de nous.

Pour répéter les chansons de l'album, on part à la campagne, dans la maison de famille de Simon. Je suis chargé de conduire le camion qui transporte notre matos là-bas. C'est l'hiver, et la neige recouvre les bordures des routes que Lem et moi avons empruntées pour nous rendre à la première apparition de Motörhead à Brighton trois ans plus tôt. J'ai l'impression que c'était une autre vie, et c'est un peu le cas.

La neige s'intensifie sur l'autoroute, avant que je ne bifurque pour prendre ma sortie, direction les chemins sinueux et glissants du Sussex, dans le sud-est de l'Angleterre. C'est très vallonné et les routes de campagne ne sont pas larges. Je finis par trouver, non sans difficulté, le *Kicking Donkey*, le pub où on s'est donné rendez-vous. En me garant sur le parking, j'entends un petit craquement quand le camion dérape, mais, soulagé d'être arrivé à bon port, je n'y prête pas attention. J'entre dans le pub et le groupe, qui s'est inquiété pour mon trajet en camion par ce temps pourri, m'accueille chaleureusement.

Simon a une sœur, Lisa, que je trouve très jolie. On commence à discuter et le courant passe bien. Au milieu de la conversation, elle s'absente pour aller chercher les cigarettes qu'elle a laissées dans sa voiture, et revient furieuse. Quelqu'un a embouti l'avant de sa voiture. Je réalise alors que c'était ça, le petit craquement que j'ai entendu en me garant : la délicate rencontre d'un camion de trois tonnes s'écrasant sur la Triumph Herald de Lisa. Je me confonds en excuses, sincèrement désolé de lui avoir défoncé sa jolie voiture. L'assurance couvrira les réparations, mais il est évident que c'est cuit entre elle et moi.

Le lendemain matin, on commence les répétitions dans le cottage de la famille Climie, entouré par la neige. Pendant quinze jours, on bosse dur, et ça commence à bien sonner. On se prépare pour enregistrer et faire quelques concerts. Un soir, Terry débarque avec

1. Simon Climie connaîtra le succès avec son groupe Climie Fisher ; il participe à trois des albums d'Eric Clapton.

un gars comme sorti de nulle part, pour qui il demande un café. Quand on lui demande qui c'est, Terry, laconique, répond :

— Lui ? Oh, c'est le chauffeur.

Il venait de se faire une course de plus de deux heures en taxi... et s'apprêtait à faire le trajet retour, après avoir passé quatre heures avec nous. Il faut dire qu'à l'époque, les maisons de disques avaient des budgets faramineux. Même les petits labels ont de l'oseille et beaucoup de musiciens vivent des ventes de leurs albums.

●●●

On rentre dans le centre de Londres pour enregistrer les maquettes au 3 Savile Row, à côté de Bond Street. C'est l'ancien quartier général de la société Apple Corps, celle des Beatles. On descend les marches jusqu'au sous-sol de la grande maison georgienne à cinq étages, vide depuis la séparation du groupe, pour découvrir un studio peu commun. C'est ici que les Beatles ont enregistré une bonne partie de *Let It Be*. Ils ont aussi joué leur dernier concert sur ce toit mythique, dix ans plus tôt.

Carl branche sa guitare électroacoustique directement dans cette Rolls-Royce des tables de mixage, et les trois premiers accords résonnent exactement comme les guitares sèches de *Rubber Soul* ou de *Revolver*. La console a été trafiquée par les ingénieurs du son des Beatles. Dans un coin, un harmonium Mannborg, utilisé sur la chanson « We Can Work It Out », prend la poussière. Une semaine plus tard, on s'installe au studio Good Earth de Tony Visconti, à Dean Street, juste à côté de Shaftesbury Avenue. Bruce Lynch, le bassiste de Cat Stevens, est aux manettes, assisté d'un ingénieur, Colin Thurston.

Je boucle mes prises de batterie pour les dix-huit chansons en trois jours. En temps normal, pendant que les autres membres d'un groupe font leurs « re-re », j'aime bien aller traîner avec des nanas ou faire le fou dans les pubs. Mais là, comme avec Warsaw Pakt, c'est différent. J'ai soif d'expériences. Je me faufile dans la cabine de contrôle et me glisse discrètement sur le canapé derrière Bruce et Colin. Ce sera ma place tout au long de l'enregistrement de l'album : installé dans leur dos, suivre leurs gestes et écouter comment on réalise un disque.

Les journées d'enregistrements se succèdent. Jour après jour, heure après heure, j'apprends. Leurs débats me fascinent : quelle prise garder, laquelle refaire ou jeter et pourquoi... Leur binôme est bien rodé, ils se consultent souvent l'un l'autre : « qu'en penses-tu ? », « quel chorus de guitare fonctionne le mieux ? », « quelle est la version des prises de chant qui transmet le mieux l'émotion ? ». Chaque décision est mûrement réfléchie et débattue. Après quelque temps, je me surprends à former mon propre avis dans ma tête. Et un jour, alors qu'ils n'arrivent pas à se mettre d'accord, ils échangent un regard, se retournent vers moi et me demandent :

— T'en penses quoi ?

Je leur donne mon avis, expose mes arguments. À ma grande surprise, ils se rangent à mon point de vue. Dès lors, de temps à autre, et de plus en plus régulièrement, ils prennent l'habitude de me solliciter. Je réalise que j'ai du talent pour ça – et surtout, j'y prends goût. L'idée de passer de l'autre côté de la barrière, de musicien à producteur, commence à faire son chemin dans ma tête… Mais ce n'est pas encore pour maintenant.

C'est un luxe rare de pouvoir prendre le temps d'expérimenter autant sur les arrangements, de chercher le bon son pour chaque titre. Des musiciens célèbres défilent dans le studio pour participer à l'album de Carl, apportant chacun leur pierre à l'édifice. Robyn et Diva, les choristes de Stevie Wonder, viennent faire des chœurs. Suzie, la femme de Bruce, enceinte jusqu'aux oreilles, participe aussi. Originaire de Nouvelle-Zélande, comme Bruce, cette petite blonde mignonne, haute comme trois pommes, se place entre les deux Afro-Américaines. À trois, la chaleur de leur soul-gospel est céleste. Carlos Alomar, le guitariste de David Bowie, vient jouer sur quelques morceaux aussi. Il est là parce qu'il connaît Tony Visconti, qui a réalisé des albums pour Bowie ou Marc Bolan de T. Rex[1]. Je m'assois souvent sur le canapé à côté de ce New-Yorkais fort sympathique, et j'écoute attentivement son avis sur les performances des musiciens.

Les six semaines à Good Earth passent à toute vitesse et on déménage à nouveau. Cette fois, direction Ascot, dans les contrées du Berkshire, une campagne huppée à l'ouest de Londres, où habitent les grands du monde de la musique : George Harrison, David Gilmour, Joe Brown, la vedette skiffle des années 1950, et sa fille Sam[2] avec qui je jouerai plus tard, mais aussi Marty Wilde avec sa fille Kim[3] et plein d'autres. John Tinline et Gary nous livrent l'équipement sur place, dans une maison qui appartenait à John Lennon. C'est là qu'il a enregistré « Imagine » ; dans le clip, on le voit assis au piano blanc, avec Yoko Ono qui ouvre un par un les volets intérieurs, dans la pièce blanche. John ayant emménagé aux États-Unis, il a vendu sa belle baraque à son batteur et compagnon de route Ringo en 1973, et celui-ci la renomme « Startling Studios ».

---

1. Plus tard, Tony Visconti produira aussi les Rita Mitsouko et Sharks.

2. Sam Brown fera un carton mondial avec « Stop », en 1988. Elle et Gary Hughes resteront longtemps ensemble. Je joue avec elle sur « Walking Back to Me ».

3. Que je programmerai pour le show du Midem, avec James Brown, en 1987.

Je pousse la porte d'entrée, au-dessus de laquelle est gravé « This is not here[1] ». Appuyée contre le mur, la petite Rickenbacker trois-quarts noir et blanc de John Lennon. C'est comme si lui et Yoko venaient juste de sortir se promener dans le parc de vingt-trois hectares. C'est sans hésitation la plus belle demeure que j'aie visitée de ma vie. Chaque pièce a des proportions idéales, en taille, en hauteur, en longueur et en largeur. Le propriétaire qui l'a fait construire en 1737 et ceux qui lui ont succédé ont dû être de vrais esthètes ; et des fans d'arbres exotiques, comme ceux plantés dans le parc vallonné autour du lac. Les traces de John Lennon, de Yoko et des Beatles sont partout, jusque sur les murs, où sont accrochées des peintures les représentant en studio.

On s'installe pour enregistrer les dernières chansons, ma batterie devant un grand tableau des « quatre garçons dans le vent ». Je suis aux anges, cette session est géniale. On attaque aussi les mix de l'album. Je reprends ma place sur le canapé derrière Bruce et Colin, désormais intégré parmi ces deux hommes ingénieux. J'apprends, j'apprends, j'apprends : un nouveau chapitre de ma vie est en train de s'ouvrir.

Avec White Lightning, on joue quelques concerts, et c'est Ringo – encore lui – qui nous fournit des amplis et des baffles flambant neufs de la marque américaine Ampeg, ceux des Beatles pour l'album *Blanc*. Je me retrouve sur la scène du Double Six à Basildon dans l'Essex, assis derrière ma batterie, en face de John Tinline et son assistant, Gary Hughes. Malheureusement, le disque ne sortira jamais, et le groupe finit par se séparer.

Carl et moi montons un nouveau projet, The Push. On écrit et enregistre une dernière chanson ensemble, « Geraldine », avec « Victims of The Moon » en face B. Le 45 tours sortira sur Fabulous et Bellaphon Records en 1980, avant que nos routes ne se séparent définitivement…

---

1. « Ceci n'est pas là ».

The Untouchables, 1979

Je me retrouve immédiatement batteur d'un autre groupe, les Untouchables, avec Steve Lewins, qui jouait auparavant avec les Count Bishops. Le guitariste Andy Eastwood et le chanteur Skid Marx complètent notre quatuor.

Notre style est rapide et agressif, avec une voix rentre-dedans, de l'harmonica, une guitare abrasive, et la basse de Steve, ronde et mélodieuse. On est même pris pour enregistrer un titre, « I Can't Be Satisfied », sur l'album *The London R'n'B Sessions at the Hope and Anchor*. Lors d'un de nos concerts à Dingwalls, je retrouve Lemmy au bar.

— Ce que tu joues, c'est ma came, Lou ! Dans la lignée des groupes de R'n'B : Dr. Feelgood, les Pirates ou encore les Inmates.

— Exactement. Je reviens à mes racines rhythm and blues de l'époque du WH Pearce Band.

Il me met en garde :

— Attention, Stevie est un bon bassiste, mais c'est un numéro. Je te souhaite bonne chance avec lui, je le connais bien, il était dans les Count Bishops en première partie de notre première tournée en 1977.

— Je sais bien, mais des forts caractères, on en a connu tous les deux, pas vrai ?

On éclate de rire.

Lem a raison, les Untouchables ne durent qu'un temps, et se séparent rapidement. Un nouveau chapitre de ma vie m'attend.

Gordon Giltrap, 1979

C'est à peu près à cette période-là que Gary débarque à Blenheim Crescent et me demande :

— Qu'est-ce que tu fais ces six prochaines semaines ?

— Bah, j'ai plein de choses à faire, des séances studio vachement importantes.

— Mais Lucas, avec ce que je te propose, tu serais payé tous les jours.

— Ah ouais ? C'est pour quoi faire ?

— Je t'emmène en tournée… Un boulot de technicien de scène, je vais te former.

La tournée en question, c'est celle de Gordon Giltrap, le compositeur de « Heartsong », le générique d'une émission de voyage à succès sur la BBC, *Holiday*. C'est pour ce multi-instrumentaliste, assez sympathique mais un peu pédant sur les bords, qu'on va bosser. Son style de musique, qu'on pourrait qualifier de rock progressif, n'a rien à voir avec ce que j'aime, mais je suis là pour apprendre, alors peu importe…

On est trois sur la tournée, et on grimpe dans une Renault-Saviem de dix-sept mètres de long, le plus gros camion qu'on puisse conduire avec un permis standard. Avec Deek, un gars de Newcastle, on gare notre mastodonte la veille du départ le long de la barre de HLM en banlieue nord, là où il habite. Le lendemain aux aurores, on démarre vers l'autoroute du nord de Londres. Tout roule, l'ambiance est joyeuse, mais après une cinquantaine de kilomètres, Gary, qui conduit, commence à sentir une soudaine perte de puissance. Mais bon, ça semble passer…

On débarque avec notre gros camion, chargé de sono, de lumières et de matos de scène. Habitué à monter et démonter des batteries depuis l'âge de 9 ans, cette tâche ne me pose aucun problème. Le batteur, Clive Bunker, ancien de Jethro Tull, me surprend en jouant avec des baguettes bien plus courtes que la norme. Il y a aussi une quinzaine de guitares pour Gordon, des flûtes et des cuivres joués par Pete « Bimbo » Acock, et un arsenal de claviers pour Rod Edwards. Gary mixe le son et gère les retours, tandis que Deek, à ses côtés, assure la régie pour les lumières. Moi, je suis en coulisses, casque sur les oreilles pour communiquer avec Gary, prêt à intervenir si quelque chose ne va pas. Je monte et démonte l'équipement des musiciens tous les soirs, j'aide Deek à fixer les lumières sur les ponts et je file un coup de main à Gary pour construire les tours de sono.

Date après date, j'apprends à dérouler des câbles en lignes parfaitement droites et à les fixer au sol avec du Gaffer. Je m'habitue à câbler les nombreux claviers, entrée, sortie, entrée, sortie jusqu'à la boîte de scène reliée par un multi-core, véritable cordon ombilical entre les instruments et la console de mixage. Gary m'enseigne aussi comment placer les micros sur les instruments et la batterie.

Sur chaque date, des volontaires nous donnent un coup de main pour décharger et recharger le camion. Mais plus on roule de concert en concert, plus le camion roule lentement. Un jour, en jetant un regard dans le rétroviseur, Gary constate avec horreur que l'on traîne derrière nous une épaisse colonne de fumée noire. Après un arrêt dans un relais routier sur l'autoroute, on comprend qu'un salopard, qui a sans doute mal pris qu'on gare notre camion devant les tours HLM de Deek, a bourré les réservoirs longue distance de papier journal. Il s'est infiltré dans tous les rouages du moteur diesel, et on se retrouve limités à 60-70 km/h max sur les autoroutes. Résultat : plus de nuits d'hôtel pendant une semaine, jusqu'à ce que l'on nous remplace le camion. Il va falloir rouler sans s'arrêter pour arriver à temps à chaque concert.

On se relaie toutes les trois heures au volant, avant de s'écrouler de fatigue sur la couchette arrière de la cabine du camion. Plus d'hôtel, ça veut aussi dire plus de douches, et on commence à sentir vraiment mauvais. Même en roulant toute la nuit à vitesse d'escargot, on peine à arriver à l'heure au concert suivant, pour monter le matos du soir. On se gave de bonbons et de sandwichs du matin au soir pour tenir, et on écoute la musique à fond sur le ghettoblaster de Gary, en fumant des pétards. Gary m'apprend à les rouler tout en conduisant avec mes genoux.

Finalement, on nous donne rendez-vous sur un parking d'autoroute pour échanger notre camion contre un neuf. J'apprends vite : mes lignes de câbles sont maintenant droites comme des rails de chemin de fer, exactement comme l'exige mon jeune frère et mentor. Je vois désormais le monde du spectacle d'un autre œil, après avoir eu pendant des années quelqu'un qui s'occupait de mon matos. Je me rends vite compte qu'être roadie, c'est beaucoup plus physique qu'être musicien, et les heures de travail sont bien plus longues.

C'est comme ça que Gary et moi nous retrouvons à Paris, en 1981, devant le Palace, le club-théâtre de la rue du Faubourg-Montmartre. On vient gérer le concert des Chords, lui au son, moi en liaison de production franco-anglaise.

Devant la salle, on tombe nez à nez avec un ami, Gass Wild, rencontré lors d'une audition pour un groupe avec Mick Jones. Gary suggère qu'on aille dans le bar à côté pour regarder un match de foot à la télé. Gass nous raconte ses déboires avec les Pretenders. Moi aussi, j'ai postulé pour être leur batteur, et j'ai été pris à l'essai pendant quelques jours avec Chrissie Hynde et son bassiste Pete Farndon. C'est Lemmy qui a suggéré nos deux noms à Chrissie : finalement, ni l'un ni l'autre n'ont été retenus.

Gass me parle aussi de son groupe, les Lightning Raiders, avec Little John à la guitare – encore un gars que je connais, c'est mon voisin. Ils ont finalement réussi, grâce à leur manager, Gordon, à obtenir un contrat chez Island Records. C'est Andrew Lauder qui les a signés, celui-là même qui avait signé Motörhead chez United Artists. Mais la police a arrêté Gordon pour trafic de cocaïne, dans des quantités tellement astronomiques que c'est passé aux infos. Gass a dû appeler Andrew pour lui annoncer que leur manager était en taule. Qui lui a répondu que c'était vraiment une journée noire : Chris Blackwell avait décidé de laisser tomber les Raiders et de le virer, parce qu'il n'appréciait pas les groupes qu'il lui proposait... Dans le monde impitoyable des maisons de disques, il n'y a pas que les musiciens qui valsent.

Ce soir-là, au concert des Chords au Palace, ça finit en bagarre dans la rue entre des gangs de skins, mods et des rockeurs parigots.

Gary continue de m'apprendre à gérer les techniciens et les organisateurs des salles de concert... C'est grâce à son enseignement tout au long de la tournée de Gordon Giltrap que Guy Boucher, le mari d'une copine de lycée de ma sœur, m'appellera pour un nouveau boulot qui changera encore une fois ma vie. Mais ça, c'est une autre histoire.

SPY'S, 1980-1982

Je rencontre Graham Readshaw, *alias* Kilo, et l'un de ses acolytes, Ian Terry, ex-guitariste du groupe de rockabilly Matchbox, et on décide de tenter notre chance en formant un groupe que l'on baptise SPY'S. On auditionne et on recrute Nigel Harding à la basse. Je lui achète, à Rod Edwards, le claviériste de Gordon Giltrap, des pédales de basse pour obtenir un effet spécifique que j'ai en tête. Ian développe un style de guitare assez original en utilisant l'open tuning à la manière de Keith Richards.

Pour nous roder, nous obtenons une résidence au *Star-Club*, à Clapham, dans le sud de Londres, suivie de concerts réguliers au *Kensington*. Larry Wallis, qui aime bien le groupe, nous dégote un concert à *Dingwalls via* Boss Goodman.

Un grand retour aux sources pour moi : SPY'S joue au *Red Cow*, là où on a tant joué avec Warsaw Pakt. Le 22 décembre, pour les fêtes de Noël du *Marquee*, on joue en première partie des Wild Thing, les Troggs, et on enchaîne sur une série de dates en banlieue, avec Gary Hughes qui, dès qu'il revient de ses tournées avec Iggy Pop ou Orchestral Manoeuvres in the Dark, est aux commandes de la façade.

On prépare notre ascension : je fais fabriquer un logo rond de deux mètres de diamètre, monté sur un store de trois mètres de haut en fond de scène. On fait aussi produire des pins avec le logo par Joly MacFie, de Better Badges. Désormais, il ne nous manque qu'une maquette.

Gary installe un studio pour enregistrer dans le local d'équipement de Gordon Giltrap, dans une ruelle derrière le grand magasin *Whiteleys*, juste en face de ma maison à Porchester Gardens. Du vendredi soir au dimanche soir, on met une dizaine de morceaux originaux sur bande.

Ian contacte Phil Bailey, un producteur de rockabilly avec qui il a beaucoup travaillé. C'est moi qui négocie le deal avec Phil, au volant de son Aston Martin DB5 beige (comme celle de James Bond – je découvre d'ailleurs à cette occasion qu'elle a une suspension archidure, pas du tout confortable comme je l'aurais imaginé). Il se charge de financer l'enregistrement d'un album dans un studio à l'est de Londres, pour une sortie prévue début 1981 sous le label allemand Edel. Pour la pochette du disque, j'organise des séances photo avec John Andow et confie le graphisme à Nino Bukhari, un copain de classe du lycée français devenu star du design dans l'agence de pub Saatchi & Saatchi. Graham et moi décidons de partager les royalties du disque entre les quatre musiciens, et, pour son travail d'ingé son, on file un pourcentage de coproducteur à Gary.

Mais Graham commence à avoir des problèmes avec l'alcool. Notre album, qui n'a finalement rien de rockabilly, ne bénéficie que d'une sortie en Allemagne et en Autriche, faute de contacts de Phil dans d'autres styles musicaux. Le manque de promotion au Royaume-Uni finit par achever le groupe et chacun doit chercher d'autres projets avec d'autres musiciens pour s'en sortir.

Ian Terry m'embarque alors sur une tournée avec Freddie Fingers Lee, un genre de Jerry Lee Lewis britannique complètement déjanté. Il a perdu un œil à 3 ans, crevé par une fléchette envoyée par accident dans son orbite par son père. Cette particularité est devenue une partie intégrante de son jeu de scène. Au piano, coiffé d'un chapeau de cow-boy, Freddie, showman à l'ancienne, adore faire flipper le public : il enlève son œil de verre pour le faire flotter dans sa pinte de bière posée sur le piano – bien glauque sous les lumières. À la fin de chaque concert, il disparaît dans les loges pour revenir sur scène avec un casque en métal enflammé rivé sur le crâne.

En Belgique ou en Allemagne, on joue devant un parterre serré de milliers de fans frénétiques, dansant en tenue des années 1950. Les hommes, coiffés en banane, en vestes trois-quarts et creepers aux pieds, font vriller les filles en robes amples à jupons. Après chaque show, Freddie s'installe à une table pour vendre photos, cassettes, posters ou toute marchandise imaginable, qu'il dédicace moyennant quelques billets. Tard dans la nuit, il prend le volant de son camion, fonce sur les *autobahn*, les autoroutes allemandes, sans aucune limitation et roule à toute vitesse, direction la prochaine date.

Assis à côté de lui, je l'écoute me raconter comment, dans les années 1960, il a joué avec les plus grands du rock'n'roll à Hambourg, notamment au *Star-Club*, dans les mêmes lieux mythiques que les Beatles. À la guitare pour Fats Domino et Jerry Lee Lewis pendant une semaine, au piano pour Chuck Berry, Little Richard, The Crickets ou encore Gene Vincent... Il a tout fait. Évidemment, je ne peux pas m'empêcher de lui poser des questions sur les Beatles, qu'il a connus à cette époque charnière. Il me répond :

— Lennon était un cinglé. Mais, tu sais, ils étaient comme nous tous, juste une bande de gars de la classe ouvrière. On ne les voyait pas différemment. La seule différence, c'est que la célébrité leur est tombée dessus, et qu'eux, ils ont continué à monter.

Cette seule tournée dans ce monde parallèle figé dans les années 1950 suffira à me convaincre de ne pas réitérer.

Walking Wounded, 1983

Nous formons Walking Wounded, avec Adam Fuest à la guitare et moi à la batterie. Le chanteur, Martin Abrahams, éboueur de métier qui se lève chaque matin à l'aube, possède une voix splendide. Musicalement, on est proches de Men at Work, et de leur tube « Down Under », mais en plus durs. Cette fois, je décide de faire les choses différemment : avant d'aller plus loin, il faut que je m'occupe du business en priorité. Je traîne avec un promoteur qui travaille régulièrement au Music Machine à Camden, Martin Docherty, qui accepte de devenir notre comanager en binôme avec un certain Amos Levy. Ces deux-là circulent à fond la caisse dans une minuscule Fiat 500, malgré leur imposante corpulence. Ils se sont d'ailleurs baptisés, avec beaucoup d'autodérision, les « One Ton Management ».

Je parviens à convaincre Steve Greetham de nous rejoindre à la basse, mais il joue encore trop régulièrement pour la chanteuse Joan Armatrading, dont le tube « Love and Affection » a fait le tour du monde. Après une date au Golden Lion à Fulham, on retourne jouer au *Red Cow*, l'un de mes pubs préférés. Steve, trop pris par ses engagements avec Joan, est remplacé par Simon Laffy, ex-bassiste du groupe Girl. Mais Simon essaie de nous entraîner vers un son pop-rock à la Duran Duran. Je suis forcé de lui tenir tête et, en insistant, je réussis à maintenir notre cap. On enregistre dans un studio à l'est de Londres les chansons « Walking Wounded », « Once Is Enough », « Ain't It a Shame » et « Crazy Lines », sublimement mixées par Rafe McKenna aux studios Marcus, au 49-53 Kensington Gardens Square, à Queensway.

Je pousse à fond pour faire percer le groupe… peut-être un peu trop, car je finis par me retrouver de l'autre côté de l'histoire – mon trop grand enthousiasme a été un problème récurrent dans ma vie. Un an plus tard, Walking Wounded décrochera un contrat de 50 000 livres avec Julie Twelve Trees chez EMI. Le deal est orchestré par Dave Ambrose, mon ancien bassiste des WH Pearce Band désormais P-DG. Mais les musiciens sont dépouillés de leur part du gâteau par le management et les honoraires exorbitants des vénérables avocats du music business, Harbottle and Lewis.

Monde cruel…

Troubadour, 1984

J'emménage dans un appartement avec Reg Halsall au 244 Westbourne Park Road, et je base mes activités dans les bureaux de sa société de tournée, Troubadour. Des bandes de jeunes rastas, aux yeux et dents jaunis, aux dreadlocks épaisses et la conche au bec, traînent dans la rue, nuit et jour. C'est All Saints Road : la *frontline* jamaïcaine, la ligne de démarcation entre le grand Londres et le quartier rasta.

La baraque est aussi délabrée que la plupart des autres bâtiments du Grove. Jack, le proprio, a débarqué du Kenya dans les années 1950, comme tant d'autres ressortissants des colonies britanniques appelés à venir reconstruire Londres après guerre. Je monte les marches de l'entrée ; la peinture des deux colonnes qui soutiennent le balcon, au-dessus, est écaillée, comme tout le reste de la façade. Depuis le couloir, j'entends la télé allumée dans l'appartement de Jack, le volume poussé à fond – le pauvre homme devient sourd comme un pot.

L'appartement deux pièces du dernier étage est peint d'un bleu layette, appliqué couche sur couche si mince qu'il en ressort un effet marbré. Une chambre sur rue – celle de Reg – et une chambre sur jardin pour moi. La petite cuisine étroite donne sur la rue, et dans ma chambre, il y a le compteur de gaz : une pièce de 50 pence dans la fente, un tour de clef, et c'est parti pour un bain chaud. Quatre marches plus haut, la salle de bains. Allongé dans la baignoire, bercé par les sons du reggae du quartier, je vois les arbres des jardins et les toits en ardoise des voisins d'en face.

En emménageant, j'ai essayé de fixer des étagères au mur, mais il est tellement pourri que les vis ne tiennent pas. Mon matelas futon est posé à même le sol, avec ma télé, mon système de son et mon sac de vêtements prêt pour repartir. Ça me suffit : je voyage beaucoup, et cet appartement est mon pied-à-terre londonien.

Mon colocataire est aussi adorable que redoutable en affaires. Grand, quasi chauve avec de rares cheveux roux attachés en catogan, il a des taches de rousseur partout et un tic nerveux : il se racle la gorge toutes les trois phrases. L'appartement est littéralement à deux minutes des bureaux de Troubadour. Trois pas dehors, tu tournes à gauche devant la supérette délabrée où j'achète mon miel – ils ont plein de variétés différentes en rayon. J'en mets une bonne louche dans ma théière d'earl grey chaque matin, avec un bout de gingembre gros comme mon pouce. La première à gauche, et tu entres dans All Saints Road, marches jusqu'au numéro 19.

À chaque intersection, des ados, souvent en dreadlocks, guettent en sirotant des canettes de Red Stripe, prêts à alerter leurs aînés de la prochaine descente de police. Des odeurs de cuisine envahissent en permanence l'air : poisson séché, curry de chèvre, ailes de poulet grillées… et bien sûr le cannabis, toujours accompagné de musique.

Un peu plus loin, au numéro 8, se trouve le *Mangrove*, un restaurant jamaïcain ouvert par Frank Crichlow en 1968. Harcelé par la police locale, il a été au cœur du procès historique des « Mangrove 9 », pour avoir incité des émeutes, qui a duré cinquante-cinq jours devant la Haute Cour de justice. Ce restaurant était le centre du mouvement révolutionnaire Black Power au Royaume-Uni. Une société d'avocats jamaïcains y défend non seulement les intérêts du *Mangrove*, mais aussi ceux des dealers de shit, d'herbe, d'amphétamines… Sans oublier les disputes entre voisins, les squatteurs expulsés, les femmes battues, les jeunes délinquants ou les petits blancs-becs du quartier qui se retrouvent, une énième fois de plus, du mauvais côté de la loi.

Dans Basing Street, la rue parallèle, les bureaux d'Island Records ont déménagé à Hammersmith en 1973 mais les studios sont toujours là, installés dans une ancienne chapelle du XVIIe siècle. En 1977, c'est là que Bob Marley enregistrait *Exodus*. C'est aussi là que Led Zeppelin a gravé « Stairway to Heaven ». En novembre prochain, c'est ici qu'aura lieu l'enregistrement du disque caritatif *Band Aid* et la ruelle sera fermée à cause du nombre de stars présentes.

Sur All Saints Road, où les magasins de vinyles vendent reggae, ska, high life et dub, la cohabitation se passe bien, à condition de savoir se faire accepter par le quartier, ce qui peut prendre longtemps. Mais une fois que c'est fait, c'est pour de bon.

L'entrée des bureaux de Troubadour se trouve dans Lancaster Road. Tu sonnes à l'interphone, montes l'escalier jusqu'au deuxième étage. Il y a déjà eu des tentatives d'effraction et un cambriolage : la porte avait été défoncée, le bas arraché du haut, portant la trace d'une basket taille 48. On n'a jamais gardé de cash au bureau, mais des mecs qui ne vivaient pas dans le quartier ont dû croire le contraire. Reg a fait poser une porte blindée.

Un jour, Dave Kentish, un des tour managers, arrive au bureau en sueur et paniqué. Il a laissé sa sacoche – avec 3 000 livres en cash, la recette du concert de la veille – dans sa voiture garée devant. La vitre a été brisée, et la banquette arrière est vide. Le quartier ne connaissait pas encore Dave. Reg descend voir les anciens. Vingt minutes plus tard, la mallette est de retour, le pactole intact.

C'est aussi pour ça qu'Andrew Eldritch, entendant dire que j'ai fait de la peinture et de la menuiserie pour survivre entre deux groupes, me demande de construire une table de travail avec une cachette pour les guitares – les Sisters of Mercy ont un bureau dans les locaux de Troubadour, que je me retrouve à peindre intégralement en noir mat. Accoudé à une fenêtre, je regarde les dealers en bas, chacun à sa place habituelle. À l'autre bout de la rue, quelques flics arrivent, d'abord au compte-gouttes. Les cris et sifflements des guetteurs alertent les anciens, qui sortent machettes en main. Les policiers avancent d'un pas ferme, trois, cinq, dix, une douzaine en rangs serrés. En bas, une benne de construction, pleine à ras bord de gravats et de briques jaunâtres. Je vois les rastas regarder la benne, puis jeter un œil aux flics. Les flics regardent les rastas puis la benne.

Tout à coup, des cris de guerre éclatent et un déluge de briques et de gravats, tel un tir d'archers à Azincourt, s'abat sur les policiers. Ils ne sont pas assez nombreux pour affronter cette émeute spontanée et battent en retraite désordonnée. Vingt minutes plus tard, ils reviennent en masse – ils sont une soixantaine en armures de manif, matraques à la main – mais il est trop tard. Les dealers se sont déjà évaporés depuis longtemps. C'est la routine de la *frontline* jamaïcaine.

Une fois les forces de l'ordre parties, la cacophonie reprend : du lovers rock ici, du reggae là, et le vrombissement du bus n° 7 qui passe lentement au bout de la rue sur Westbourne Park Road, comme toutes les demi-heures.

Deux gothiques descendent de Newcastle à la recherche de travail. Trina, blond platine, devient l'assistante de Reg, tandis que Tracy, sa copine aux cheveux noir corbeau, cherche un job dans le coin. Toutes deux maquillées d'un fond de teint blanc qui accentue leur pâleur, vêtues de noir de la tête aux pieds, corsets, bas résille et Dr. Martens... Le soir de leur arrivée, elles se font agresser par des jeunes du coin. Terrifiées, elles nous racontent tout.

Reg et moi les emmenons rencontrer Sledge, le doyen de la communauté, dont les dreadlocks grises tombent jusqu'aux fesses. Furieux, il nous embarque, les filles et nous, pour un tour complet du quartier. Il marche lentement ; à chaque coin de rue, il s'arrête, pointe ses yeux de deux doigts osseux, puis ceux de Tracy et ceux de Trina, et enfin, avec un geste large et théâtral et un regard de sniper, ceux de chaque jeune rasta présent. Depuis ce jour, les deux filles vivent dans une bulle de sécurité complète.

Big Audio Dynamite, 1984

Je passe près de Ledbury Road et, sur un coup de tête, je m'arrête chez Joy Farren. Comme souvent, elle m'accueille avec un sourire.

— Tiens, je pensais justement à toi il y a quelques minutes... Et te voilà !

Pendant qu'elle prépare le thé, j'ai un flash-back. J'ai 8 ou 9 ans, je suis en vacances chez ma tante Phylis à Hastings, sur la côte sud de l'Angleterre. Un jour, elle nous dit, à ma sœur Suzanne et moi :

— Vous savez que je n'ai pas beaucoup d'argent.

On répond tous les deux en chœur :

— Oui, Phylis, on le sait.

Elle pointe du doigt le téléphone en bakélite blanche et demande :

— Comment pensez-vous que je paye pour mon téléphone ?

Je lui réponds, curieux :

— Bah, je sais pas, dis-nous.

Sans un mot, elle ferme les yeux. Quelques secondes plus tard, le téléphone se met à sonner. C'est notre mère. Suzanne et moi, tout excités, rétorquons immédiatement qu'elle aurait sûrement téléphoné, avec ou sans l'intervention de notre tante. Mais à peine avons-nous raccroché que Phylis referme les yeux et à nouveau le téléphone sonne. Cette fois-ci, c'est notre père, qui pourtant ne nous appelle que rarement pendant les vacances. On l'entend au bout du fil, un peu confus, ne sachant pas trop pourquoi il a téléphoné à sa sœur. Suzanne et moi, ravis, on en profite pour lui parler rapidement, mais il est au bureau. On repose le combiné.

Toujours un peu sceptique, Suzanne lui lance :

— Bon, d'accord, mais notre père, c'est quand même ton frère, c'est logique qu'il te téléphone...

— D'accord, d'accord, répond Phylis, imperturbable, avant de fermer les yeux une troisième fois.

Le téléphone sonne de nouveau. Surprise cette fois, c'est notre oncle John, le frère de notre mère, au bout du fil. Lui et Phylis ne se voient presque jamais, à peine une fois par an lors des rares réunions de famille.

— Tiens, John, comment ça va ? rigole Phylis en décrochant.

Mon oncle, clairement perturbé, lui répond :

— Je vais bien, merci Phylis... mais je ne sais absolument pas pourquoi j'appelle.

Depuis ce jour, je vis avec la transmission de pensée. Ma tante l'avait, ma mère aussi, et moi de même. Joy, elle, a ces antennes sensibles, comme une fée bienveillante.

— Ça fait toujours plaisir de te voir, Joy, mais tu voulais me voir pour quelque chose en particulier ?

— Oui, justement. Pour que tu ailles à une audition pour le nouveau groupe de Mick Jones[1]. Je l'ai croisé tout à l'heure, il m'a demandé de tes nouvelles. Il n'a pas ton numéro de téléphone, mais tiens, il m'a donné celui-ci. C'est son manager, appelle-le.

— Merci, Joy.

On prend une tasse de thé et je file.

● ● ●

J'arrive à la salle de répétition, où Mick Jones est en plein démarrage de son nouveau groupe : Big Audio Dynamite. Il m'accueille et me présente :

— Tu connais déjà Don Letts, le cinéaste du quartier ? Lui, c'est mon clavier, Dan Donovan, et Leo Williams à la basse.

Je m'assois derrière la batterie et sors mes baguettes de mon sac. Mick me lance :

— On sait que tu peux jouer du rock'n'roll jusqu'au bout de la nuit. Mais ton reggae, Lucas, il donne quoi ?

Je ne m'y attendais pas. Sur le coup, j'oscille entre le choc, la gêne et l'embarras. La situation est à la fois drôle et ironique. Le reggae, c'est l'opposé du rock, niveau rythme, tout est à l'envers. J'ai toujours adoré cette musique, surtout depuis que j'habite le quartier, mais je ne m'y suis jamais vraiment mis. Je n'ai jamais pris le temps de le travailler pour trouver mon propre style. Je range mes baguettes en disant :

— Désolé, Mick. Mon reggae est à zéro pour le moment, je ne me suis jamais vraiment penché dessus. Merci quand même pour l'audition. Bonne chance, t'as une sacrée équipe...

Je les salue et sors. Bon, ce n'est pas pour moi, cette fois-ci...

1. Ex-guitariste des Clash.

Martin Stephenson & the Daintees, 1984

C'est Nick Jones qui s'occupe de *booker* une bonne partie des groupes que Reg fait tourner. On se connaît depuis 1976 : il sortait avec ma voisine de Blenheim Crescent, Dee Dee. Un jour, chez Troubadour, il m'interpelle :

— Ça te dirait de rejoindre Martin Stephenson & the Daintees ? Ils sont basés à Newcastle upon Tyne. Ça pourrait être une belle opportunité pour toi. Leur musique est très différente de ce que tu joues d'habitude, mais je connais bien leur maison de disques. C'est des types bien.

Newcastle upon Tyne se trouve dans le nord-est de l'Angleterre, près de la frontière écossaise. C'est de là que vient Molly Marly, notre femme de ménage depuis mon enfance, et elle m'en a beaucoup parlé. Je saute sur l'occasion. J'emprunte la Ford Cortina jaune canari de mon pote Gary Hughes, charge ma batterie à l'arrière et prends la route pour cinq heures et demie, soit quatre cent quarante-quatre kilomètres de trajet jusqu'à Newcastle pour auditionner avec le groupe.

En arrivant devant les bureaux de Kitchenware, leur maison de disques, une ombre immense surgit à côté de ma portière. Un flic de deux mètres de haut me demande sévèrement, avec un fort accent de Newcastle, si je « compte abandonner ma voiture là ou la garer ». Ne comprenant pas trop, je le regarde, perplexe. Il pointe ses pieds. Je baisse les yeux et découvre que je suis garé à un mètre du trottoir. J'adore le sens de l'humour du Nord.

Nick avait raison : leur musique est bien différente de ce que j'ai l'habitude de jouer, mais je m'adapte rapidement. Martin et son groupe de country folk rock sont partants pour m'intégrer. Ils me font visiter la ville, où, le samedi soir, les femmes sortent en bandes, bras dessus, bras dessous, envahissant les larges trottoirs. Les pubs sont tellement bondés que les videurs empêchent les clients d'entrer après dix heures et demie.

Après quelques jours de répètes intensives, on se lance dans une série de concerts. On descend à Londres pour enregistrer leur 45 tours, *Trouble Town*, produit par Robin Millar[1] avec Mike Pela aux manettes. Sam Brown, la copine de Gary et future chanteuse du tube « Stop![2] », assure les chœurs. On tourne un clip pour le

---

1. La même année, Robin et Mike produisaient ensemble le tout premier album de Sade, *Diamond Life*.

2. Sam Brown est la fille de Vicki Brown, célèbre chanteuse de studio (et en live avec les Pink Floyd), et de Joe Brown, la star du skiffle dans les années 1950 et 1960. Elle commence à chanter en studio à côté de sa mère à l'âge de 12 ans. « Stop! » se vendra à plus d'un million d'exemplaires.

single dans un château abandonné et enchaîne avec une tournée de promotion.

La dernière date a lieu à Londres, aux Empire Rooms sur Tottenham Court Road. On passe la nuit à l'hôtel *Columbia*, à Lancaster Gate.

Mais l'écart d'âge et d'expérience finit par poser problème : j'ai 31 ans, et eux la vingtaine, à peine. Ils me jugent trop vieux et trop rock et me remplacent.

The Cramps, 6 et 7 juin 1984

C'est encore Troubadour qui m'envoie à Paris, cette fois-ci pour m'occuper des Cramps, qui jouent deux soirs de suite à l'Eldorado. Nous sommes le 6 juin 1984, et à la télé, dans ma chambre de l'hôtel *Ibis*, place de Clichy, je regarde le président américain, Ronald Reagan, et sa femme Nancy, l'air absent, se promener parmi un bon nombre de vétérans des mortelles plages normandes pour les cérémonies du quarantième anniversaire du débarquement.

La première soirée vire à l'insurrection. Les organisateurs n'ont pas suffisamment briefé les ex-légionnaires qu'ils ont engagés pour la sécurité. Lux Interior, le chanteur, quitte la scène micro en main, traînant le long câble derrière lui, en laissant sa femme, la guitariste rousse et sensuelle Poison Ivy, et le reste du groupe derrière lui sur le plateau, pour se jeter dans la foule, comme à son habitude. Le service d'ordre, croyant bien faire, commence à tabasser la foule autour de lui, cognant sur tous ceux qui s'approchent. Le public est horrifié. Au balcon, c'est la révolte : des spectateurs déboulonnent les fauteuils et les lancent dans la fosse, visant les gros bras.

Je suis en façade, derrière la console de mixage, avec l'ingénieur du son, un pote de John Tinline. Autour de moi, ça se bagarre comme dans un saloon de western-spaghetti. L'ingé son, clope au bec et imperturbable, attrape un stand de micro à côté de lui, en retire les trois pieds et le haut et scotche l'extrémité à son poignet avec du Gaffer noir. Le lourd pied de micro devient une sorte de matraque. Me saisissant par la ceinture, il creuse un chemin à travers la foule, frappant à droite et à gauche comme un bûcheron débroussaillant un sentier. Finalement, nous nous retrouvons enfermés en coulisses avec les Cramps. Complètement ravis par ce chaos, ils trouvent la situation drôle et magnifique. Poison Ivy est un peu contrariée : l'une de ses guitares favorites, tombée au champ d'honneur, a été cassée dans la bagarre.

La police finit par intervenir. Escortés hors de l'Eldorado, on traverse un hall jonché de verre brisé, vestiges de l'énorme vitrine de l'entrée, tandis que l'émeute continue sur le boulevard de Strasbourg sous les gyrophares bleus.

Le lendemain, retour à l'Eldorado, mais cette fois, c'est moi qui briefe les armoires à glace, leur explique quoi faire quand Lux Interior se jette dans la foule – ce qui ne manquera pas de se produire à nouveau ce soir. Cette fois, tout se passe sans difficultés… mais les Cramps trouvent le concert nettement moins marrant que la veille. Moi, je rentre chez Troubadour.

The Scientists, mars et avril 1985

L'année suivante, le 8 mars 1985, Lianne, la batteuse des Scientists, décide de quitter le groupe à la veille d'une tournée anglaise de dix-huit dates en première partie des Sisters of Mercy. Nick Jones me demande de la remplacer pour la tournée. J'accepte, tout en sachant que je dois jouer avec Civilisation Machine le soir même au Whiskey-A-Go-Go, à deux pas de Shaftesbury Avenue – dix années, déjà, sont passées depuis notre tout premier shooting photo dans ce quartier, avec Lemmy.

Assis dans les loges après le concert, je passe la main droite sous la coiffeuse pour récupérer mon sac et sens quelque chose de pointu s'enfoncer dans ma main. Je la retire vite, mais trop tard : une déchirure profonde, de quatre centimètres de long, barre mon auriculaire. Un miroir cassé traînait sous la table. Je saigne à flots. Ce n'est que de retour dans le Grove, des Kleenex pressés contre ma blessure, que je réalise la catastrophe : je risque de ne plus pouvoir tenir ma baguette de la main droite, et la première date de la tournée, c'est le lendemain.

Le matin venu, je file à la pharmacie acheter des sparadraps et une grosse bouteille de capsules de vitamine E. J'en gobe une poignée et rejoins les Scientists dans le bus. Casque Sony vissé sur les oreilles, je passe les huit heures du trajet vers Glasgow – six cent soixante-six kilomètres à traverser – à mémoriser les chansons que nous allons jouer ensemble pour la première fois. Sur la route du Nord vers l'Écosse, je désinfecte la pointe d'une aiguille avec mon briquet, m'en sers pour percer les gélules et verse l'huile directement sur la plaie. J'en gobe encore des poignées, tout en prenant des notes sur chaque chanson, calculant leur vitesse avec mon métronome. À ma grande surprise, je découvre que certaines ne sont même pas en mesure quatre-quatre. Pour du rock'n'roll, c'est rare : un défi supplémentaire plutôt excitant. Les Scientists montent encore d'un cran dans mon estime.

À notre arrivée – l'université de Strathclyde, à Glasgow –, les roadies ont déjà installé ma batterie sur le praticable au centre de la scène. Avec un sparadrap serré sur ma blessure, je m'installe pour commencer la balance et salue Pete Turner, l'ingé son en façade que je croise régulièrement au bureau. Les Sisters, Andrew en tête, arrivent et rejoignent la console, visiblement surpris de me trouver assis derrière la batterie : ils n'ont pas été mis au courant de ce remplacement de dernière minute. Bien sûr, on se connaît bien : ils ont leur bureau chez Troubadour et savent tout de mon passé dans Motörhead et Warsaw Pakt. Mais ils ne m'ont encore jamais vu jouer. Je fais résonner caisse claire, toms et grosse caisse pour que Pete ajuste les niveaux.

Je suis les Scientists sur scène devant une salle comble – pourvu que le sparadrap tienne ! Je règle discrètement mon métronome selon mes notes… la lumière rouge clignote, je frappe mes baguettes et une, deux, trois, quatre, on se lance. Je me donne à fond sur les toms, avec un style tribal. Après deux morceaux, le public semble bien accrocher. Ouf, ça fonctionne ! Je me lâche enfin et me défoule : mon petit doigt serré sous son bandage est raide comme un i, alors je compense avec les autres. À la fin du set, je regarde mes toms, ma caisse claire… Les peaux sont couvertes de gouttelettes rouges, je pisse à nouveau le sang.

Nous nous retrouvons avec le groupe dans le bar de l'hôtel. Kim Salmon, le chanteur, et Tony, le guitariste, semblent déprimés par le départ de Lianne, mais Boris, le bassiste, se montre agréable. Au loin, les Sisters entrent et s'alignent au bar, chuchotant avec Pete, l'ingé son, une sorte de géant de deux mètres. Ils mijotent quelque chose. J'ai déjà entendu parler des bizutages des Sisters en tournée. Pete finit par s'approcher de moi, une lueur sauvage dans les yeux, et m'indique de le suivre :

— Viens, Lucas.

Je sais ce qui m'attend : Pete va me plaquer au sol, s'écraser sur moi de tous ses cent kilos, et les autres Sisters se jetteront sur lui, façon mêlée de rugby. Après ça, je serai officiellement accepté dans l'équipe. Mais avec mes poumons d'asthmatique, si je les laisse faire, c'est la mort assurée. Une mesure radicale est indispensable.

Je me lève et marche droit vers Pete avec un sourire maléfique.

— Salut, Pete, tout va bien pour toi ?

Avant qu'il ne puisse répondre, je lui chope les couilles de la main droite et le pousse avec l'autre main violemment contre le mur. Il hurle :

— Non, c'est pas comme ça qu'on fait ! C'est pas permis !

Je serre encore plus fort. Sa voix monte dans les aigus :

— Ça va pas le faire… C'est pas comme ça qu'on joue.

Finalement, il me lâche, titubant sur la pointe des pieds.

— OK, Lucas, OK ! Mais fais bien gaffe aux autres, ce soir…

Pendant les trois premières nuits, je me couche sans enlever mes vêtements, Dr. Martens aux pieds. Mais rien ne se passe. J'ai esquivé le bizutage et le courant passe entre moi et les Sisters. À Brighton, le 1er avril, pour la dernière date après dix-huit concerts à guichets fermés, Andrew me demande de monter sur scène avec lui pour chanter « Knocking on Heaven's Door ». Je partage le micro avec

Wayne, ses lunettes de soleil vissées sur le nez. On entonne les refrains ensemble, devant une salle hystérique.

Après le concert, Andrew me propose de faire la route du retour à Londres avec lui, dans sa limousine. Une nuit blanche chez Troubadour plus tard, sous l'effet du speed, on va se balader tous les deux au marché de Portobello. Là, sur un étal de cassettes pirates, on tombe sur une pile de cinquante cassettes posées au centre de la table et intitulées « Sisters of Mercy, Brighton ». Pendant qu'on rentrait, ceux qui ont piraté le concert ont eu le temps d'en faire suffisamment de copies pour les vendre ici. Bouche bée, j'interroge Andrew :

— Qu'est-ce que tu comptes faire ?

Avec une grimace, il répond :

— Je les laisse en vendre deux ou trois cents, ça fait plaisir aux fans. Mais après ça, je leur tombe dessus et je récupère ma part du gâteau. En cash.

Dixième anniversaire, 25 et 26 juin 1985

Le bureau de Doug Smith – revenu depuis aux affaires de Motörhead – m'appelle :

— On réunit tous les anciens membres pour célébrer le dixième anniversaire de la fondation de Motörhead sur scène au Hammersmith Odeon, les 25 et 26 juin. Lemmy voudrait que tu sois là.

Le mardi 25 arrive et, au dernier étage du 244 Westbourne Park Road, j'enfile mon pantalon noir cigarette vintage américain dans mes rangers Dr. Martens, ferme les boucles, passe mon cuir sur le dos, ajuste mes mitaines, serre la ceinture noire que j'ai portée tout au long de Motörhead autour des hanches, me jette un coup d'œil dans la glace, puis je me lance. Sous un ciel gris et une légère bruine, j'arrive en taxi noir, coincé dans la circulation dense de l'heure de pointe, devant le fameux antre du rock. Je passe par l'entrée des artistes, comme dix ans auparavant, et suis accueilli par un membre du crew de Motörhead. Il me remet mon pass d'accès stage, pour participer, comme prévu, à la fin du concert. Le roadie m'accompagne sur le côté jardin de la scène et me montre où attendre qu'il revienne me prévenir pour monter.

Le son hors phase en coulisses est assourdissant, et je repense à la dernière fois qu'on était tous les trois ici, Larry, Lemmy et moi, sur cette même scène en première partie de Blue Öyster Cult. Nos retours avaient été sabotés et là-haut, sur mon praticable, j'avais affronté le son le plus pourri de ma carrière. Aujourd'hui, je me demande si je ne vais pas finir la soirée sourd comme un pot. Lemmy et ses acolytes enchaînent « The Hammer », « Metropolis » et « Mean Machine ». De mon côté de la scène, Phil Campbell, en débardeur noir, qui s'est joint au groupe début 1984, tandis que, de l'autre côté de Lemmy, Michael « Würzel » Burston complète la formation. Tous les deux remplacent l'ex-guitariste de Thin Lizzy, Brian « Robbo » Robertson, qui n'a pas fait l'affaire, que ce soit pour son caractère ou pour ses shorts en satin rouge qui détonnaient quand même pas mal avec l'image bien ancrée de Motörhead.

On arrive à la fin d'« Overkill », et le fameux bombardier tubulaire en forme de Heinkel 111 commence à descendre lentement vers le plateau. Les lumières s'allument sur chaque aile, la chanson « Bomber » décolle, et les filles de Girlschool, qui assuraient souvent les premières parties de Motörhead à la fin des années 1970 et au début des années 1980, se rassemblent autour des micros.

Le set passe en un éclair dans un brouillard de sons et d'effets monstrueux. De l'autre côté de la scène, les techniciens installent une batterie blanche, et Philthy Taylor s'installe. Je suppose que je vais chanter les chœurs sur une chanson, comme je l'ai fait avec les Sisters of Mercy il y a deux mois et demi, à la fin du dernier concert de la tournée à Brighton. Mais tout d'un coup, le roadie réapparaît à mes côtés et me dit que c'est mon tour. Il me montre où me placer sur scène, puis, à ma grande surprise, il passe la sangle d'une belle Stratocaster blanche autour de mon cou. Je le suis, et il me branche à un ampli avec un long cordon.

La guitare, ce n'est pas vraiment mon instrument de prédilection, et je comprends vite qu'ils me veulent plus pour ma présence que pour mes compétences à la batterie. Les deux batteurs doivent leur suffire largement, et c'est de bonne guerre. Philthy a inventé un style à double grosse caisse qui a non seulement défini le son du groupe, mais aussi révolutionné le monde du rock et du metal. Pour moi, comme pour beaucoup, la combinaison de Lemmy, Fast Eddie et Philthy reste la meilleure. Cela dit, Pete Gill est désormais le batteur attitré du groupe.

J'avance vers le micro en espérant que le son émanant du retour en façade sera meilleur qu'en coulisses, mais pas du tout : d'ici, ce n'est guère plus audible.

Quelques minutes de maelström plus tard, le morceau se termine, la foule hurle et beugle, je retourne en coulisses avec les autres invités.

Après un moment d'attente, on décolle tous en minibus vers l'hôtel *Tara*. Le plan, c'est de se retrouver pour un after. Tous les musiciens ayant joué dans le groupe sont là, sauf Fast Eddie. On organise une séance photo de famille complètement loufoque. Moi, Lemmy et Larry, on s'installe devant, agenouillés comme les joueurs d'une équipe de foot, tandis que tous les autres posent debout derrière nous. Larry fait un geste extravagant avec ses bras et me frappe le front, ajoutant une touche comique, façon Monty Python.

On se regroupe pour une deuxième photo, cette fois avec Lemmy, Larry et moi à l'arrière. Larry, fidèle à lui-même, fait des oreilles de lapin avec ses doigts en « V » derrière la tête de Lem.

La seconde soirée, j'arrive par la ruelle qui longe le Hammersmith Odeon et réponds au salut d'un groupe de jeunes fans rassemblés à l'entrée des artistes. Le même roadie que la veille m'accueille, me tend le pass avec un bonjour, et m'annonce que, ce soir, le concert sera filmé.

La porte de la loge s'ouvre soudain et l'afro de Phil Lynott apparaît. Je n'ai pas vu le bassiste de Thin Lizzy depuis qu'on traînait ensemble, lui, Lem et moi, au bar de Frank's Funny Farm, pas loin du *Roundhouse*. Il pointe son nez et lance :

— Salut, Lem, ça vous gêne pas si je vous rejoins sur scène pour le dernier morceau ?

— Allez, Phil, t'es le bienvenu.

Et tout le monde hurle un « *yeah* » joyeux.

La salle de l'Odeon, bondée et bruyante, entonne un « Happy Birthday to Motörhead, Happy Birthday to you », et le joyeux anniversaire démarre avec « Iron Fist », suivi directement de « Stay Clean ». Soit le son sur scène s'est amélioré, soit je commence à m'habituer à l'ouragan sonore. Comme la veille, les chansons s'enchaînent : « On the Road », puis le public s'unit dans un chant collectif sur « Killed by Death », avant de hurler plus fort encore sur le refrain d'« Ace of Spades », leur plus grand succès. L'assaut continue avec « Steal Your Face », « Nothing Up My Sleeve », puis les roadies rejoignent les micros pour chanter « (We Are) The Road Crew », la chanson écrite en leur honneur. Suivent « Bite the Bullet » et « The Chase Is Better Than the Catch ».

Lemmy interrompt tout pour annoncer :

— Et voici le premier invité surprise de la soirée.

La foule hurle.

— Vous allez le regretter.

Un vacarme encore plus fort.

— Je pense qu'il va falloir vous asseoir, parce que celle-ci va tout casser. Ça s'appelle « No Class » et elle, elle s'appelle Wendy O. Williams.

Les lumières s'éteignent, puis se rallument pour révéler une petite bombe vêtue d'un haut de bikini punk noir et d'un jean bleu. Elle bondit dans tous les sens autour de Lemmy, secouant sa frange et ses cheveux blonds ramassés en queue-de-cheval sur le haut de la tête, et rugit « No Class » sur les refrains. Les fans adorent ce moment de communion : tout le Hammersmith Odeon chante à l'unisson.

— Celle-ci, c'est « Overkill ».

L'invention de Philthy, ces doubles grosses caisses martelées sans relâche, porte le morceau du début à la fin. Phil Campbell et Würzel échangent des chorus de plus en plus perchés... Puis vient « Bomber », et le bombardier tubulaire pique vers le plateau, tous feux allumés.

Lem reprend le micro.

— Je ne suis pas sûr, mais je crois que Larry n'a pas réussi à être présent ce soir. Mais à part ça, tous ceux qui ont fait partie de Motörhead sont maintenant sur scène.

Pete Gill enchaîne avec un minisolo de batterie, et la salle est en liesse.

— Ainsi que quelqu'un qui n'a jamais fait partie de Motörhead de sa vie : Phil Lynott ! Nous, c'est Motörhead. Merci pour ces dix dernières années !

Le bassiste de Thin Lizzy prend place à côté de Fast Eddie, qui lui montre les accords, et de Würzel, de l'autre côté de la scène. Dès que Lem lance la chanson, je reconnais l'intro avec laquelle on ouvrait chacun des concerts de notre tournée de dix-neuf dates.

Lem démarre « Motorhead » à une vitesse folle. Philthy, sur sa batterie blanche, attaque sans répit, synchronisé avec Pete Gill sur son praticable surélevé. Le son, assourdissant et chaotique, a un volume équivalent à celui d'un bombardier qui décolle. Le bombardier descend à nouveau vers la scène, les phares de ses ailes lancent leurs faisceaux sur les têtes dans la foule, jusqu'au fin fond de l'Odeon.

Arrivé au refrain, Phil Campbell, toujours en débardeur noir, s'approche de moi. Il me fait un signe de la tête pour m'indiquer que c'est à moi de chanter. On échange un regard complice. Je me tourne, manœuvre ma Stratocaster pour partager le micro avec lui. Les manches de nos guitares sont alignés, pointés vers le public, et on hurle « Motorhead » ensemble, joue contre joue, à chaque refrain jusqu'à la fin.

Un gâteau d'anniversaire surdimensionné arrive sur roulettes derrière moi et avance jusqu'au centre de la scène. Une femme surgit du milieu, éparpillant des morceaux de polystyrène argenté tout autour. Des ballons de baudruche sous son T-shirt lui donnent l'air d'avoir des poumons colossaux. Des feux d'artifice éclatent partout.

Tout se termine dans un flash. Le roadie me retire la Strat. Laissant les hurlements de la salle derrière nous, on se retrouve tous dans l'espace réduit de la loge avant de partir fêter dignement l'anniversaire à l'hôtel *Tara*.

●●●

En août, je m'envole pour Grenoble et les studios Helios 16, où m'attendent les Batmen et l'ingé son Christophe Jacquelin : on enregistre leur premier pour Closer Records. Leur musique rythm-soul-punk me plaît bien et on ajoute des cuivres. Comme souvent, le budget est serré, ce qui laisse peu de marge sur place. Mais le groupe a bien bossé avant et on enregistre en un temps record : Roberto Lozano, au chant, livre ses voix et de belles guitares rythmiques, Christian Vittoz martèle sa batterie comme il faut, Miguel Mougier envoie de bons solos à la guitare, je demande au bassiste, Patrick Muin, de jouer slide sur l'intro...

Le train me débarque à Paris, les bandes quart-de-pouce, deux pouces, les graphismes pour les pochettes de l'album et du 45 tours, *Do the Swamp Rock,* sous le bras : le mastering a lieu avenue d'Austerlitz. Puis je rejoins « Mr Closer », Philippe Debris, chez New Rose, l'antre de l'adorable et mythique disquaire Patrick Mathé.

Philippe et moi prenons la direction du Havre – le siège de Closer –, où je me retrouve à poser du papier peint chez lui. Civilisation Machine, Fixed Up... c'est pour Closer que je les produis en 1985, tout comme l'album de Paul Collins' Beat[1], *Long Time Gone,* pour lequel je retrouve les studios Britannia Row, à Londres – les Pink Floyd, encore eux !

---

1. Paul Collins est aussi le batteur des Nerves, avec qui il tourne aux côtés des Ramones et enregistre « Hanging on the Telephone ». La chanson est reprise par Blondie en 1978, et devient un tube.

« Giving Ground », janvier 1986

Début janvier, Guy Bouché, le mari de Caroline, une copine de lycée de ma sœur, m'appelle :

— Je cherche un régisseur de scène. Je sais que tu es bilingue, c'est essentiel. Et que tu as l'habitude de gérer des musiciens, que t'as baroudé pendant des années. Tu sais comment te faire respecter dans ce milieu-là, et c'est pas donné à tout le monde. Soz me dit que tu as aussi des compétences techniques et que tu as déjà organisé des concerts pour tes propres groupes. Est-ce que ça t'intéresserait de venir travailler sur un événement dans le sud de la France ?

— C'est quoi cette histoire ? Dis-m'en plus.

— C'est pour le Midem[1], à Cannes, au Palais des festivals. On a besoin de quelqu'un comme toi pour gérer un show télé.

— Ça paye bien ?

— Oui, pas mal...

— OK Guy, je suis partant.

Je lui fais confiance pour la paye ; le Midem prend en charge les billets d'avion, qu'ils m'enverront chez Troubadour.

Mais à peine une quinzaine de jours avant mon départ pour la France, Boyd Steemson, le secrétaire-manager des Sisters, m'invite dans leur bureau noir : Andrew veut que je produise un 45 tours pour lui durant son absence.

Depuis la dernière tournée britannique, que nous avons faite ensemble d'ailleurs, il s'est passé pas mal de choses dans le groupe, dont la cohésion était en chute libre. Le 18 juin 1985, au retour de leur tournée américaine, les Sisters jouent au Royal Albert Hall : c'est le terminus pour Gary Marx, qui quitte le groupe. Des mois de tergiversations plus tard, les choses s'enveniment pour de vrai : Wayne Hussey et Craig Adams décident de virer Andrew du groupe qu'il a lui-même créé. Ils n'en peuvent plus de son obsession de tout contrôler jusqu'au moindre détail, qui ne leur laisse aucun espace créatif. Ils embauchent le batteur de Red Lorry Yellow Lorry, Mick Brown, et le guitariste d'Artery and Pulp, Simon Hinkler.

En plus d'écarter Andrew, les deux ex-Sisters s'approprient aussi les ingés son et lumière du groupe, Pete Turner et Phil Wiffen, ainsi que tout le matos de scène. Ils vont jusqu'à reprendre l'image emblématique du groupe : les lunettes noires et le chapeau de cow-boy d'Andrew, cette fois portés par Wayne. Leur nouveau quatuor,

1. Marché international du disque et de l'édition musicale, l'un des grands rendez-vous internationaux des professionnels de la musique.

baptisé Sisterhood du nom de la communauté des fans des Sisters, récupère finalement l'image et le son emblématiques du groupe. Wayne annonce leur premier concert pour le 20 janvier : ce sera au Alice in Wonderland, à Londres.

Pour Andrew, c'est la goutte d'eau ultime qui fait déborder le vase. Trop c'est trop, il sort les crocs. Ils lui avaient pourtant juré de ne jamais réutiliser leur nom à la séparation ; il faut qu'il réagisse. Immédiatement. Et c'est exactement pour ça qu'il veut que je fasse ce disque : pour leur couper l'herbe sous le pied en sortant un enregistrement sous ce nom avant que le groupe de Wayne ne puisse se l'approprier. Et la date butoir est là.

Je n'hésite pas, je réserve deux jours à RMS, le studio de Clifton Road, dans South Norwood. J'ai choisi d'utiliser à nouveau Andy Le Vien, l'ingé son qui m'avait épaulé dans ma production des Civilisation Machine en mars 1985 – puis pour les Fixed Up le 13 juillet. Andrew est toujours lié à la Warner par un contrat, qui stipule que la major aura une option sur tout disque auquel il participe – ce qu'Andrew ne veut en aucun cas, car il doit le sortir en urgence... et donc sous son propre label. Boyd Steemson me présente un chanteur, Eric – James Earl Ray[1] de son nom de scène –, qui arrive avec un béret de para vissé sur le crâne. Andrew veut, pour le chant, un grain similaire à celui de sa propre voix baryton, celle qui a rendu les Sisters célèbres. Et celle d'Eric lui ressemble comme deux gouttes d'eau. Il me file les paroles, que je lis en boucle dans le taxi direction le sud de Londres, deux bandes quart-pouce de maquettes en vrac que j'écoute à notre arrivée à RMS. Surprise : il n'y a pas de guitare. Notre temps est compté ; avec Andy, je commence par éditer les bandes et les remonter dans un arrangement que je conçois sur place. La batterie-boîte à rythmes des Sisters, Doktor Avalanche, une basse synthé qui gronde et un genre d'orgue aigu ouvrent le morceau. Je passe du temps sur les prises d'Eric et double la voix lead pour renforcer la charge cynique des paroles que Boyd a écrites pour Andrew ; les piques envoyées à Wayne sont à peine voilées. J'enregistre de multiples prises de longs « oooos » pour créer une nappe de fond, fais chanter des chœurs à Eric pour les refrains et ajoute, en plein centre du morceau, un double clap comme deux coups de fusil qui ricochent dans la chambre à écho du studio – ce qui nécessite une bonne heure de réglages et d'ajustements.

Le deuxième jour, je prends mon temps et mon pied au mixage. Je travaille finement les corrections sur la voix lead, riche et profonde,

1. Eric Mansfield était signé chez Merciful Release, la maison de disques d'Andrew Eldritch. Il opte pour le pseudo de James Earl Ray, du nom de l'assassin de Martin Luther King.

les chœurs et les nappes. En trafiquant la réverb et les delays très longs, ça donne un côté abyssal. Je finis par avoir un morceau hypnotique, bien atmosphérique et sombre, qui me donne des frissons. Au bureau, Boyd m'avait dit qu'Andrew voulait que la face B soit un mix différent, sans voix lead. On finit ce deuxième morceau et, après une nuit blanche, j'emmène Eric boire un pot au *Henekeys* et tombe sur Lemmy. Je les présente ; dans un état second, Eric lui raconte les deux jours que l'on vient de passer. Lem, amusé, nous félicite en tirant la manette de son bandit manchot ; Eric repart, joyeux, attraper son métro pour rentrer. En début d'après-midi, je salue Lemmy, l'abandonne à sa machine et trace chez Troubadour. Au téléphone, Reg bosse derrière son bureau, adossé à la fenêtre. Je trouve Andrew, fraîchement arrivé d'Hambourg, affalé dans le canapé beige défoncé dans la pièce principale. Je lui confie la cassette du mixage définitif, mon casque Sony et mon Walkman pro ; à ses côtés, je guette ses réactions. En transe, il écoute le résultat en boucle pendant plus d'une heure.

Giving Ground sort le 20 janvier 1986 au matin, pile le jour du premier concert des autres lascars. Le disque est assez mal reçu par la presse, qui n'accepte pas la nouvelle direction que prend Andrew, mais le public est au rendez-vous. Le 45 tours monte immédiatement au sommet des charts indépendants au Royaume-Uni. D'abord premier des classements, il restera dans le top dix pendant trois mois. Grâce à ce single, Andrew bloque définitivement l'utilisation du nom Sisterhood. Wayne devra renommer son groupe : The Mission.

Le Midem, fin janvier 1986

Mon départ pour Cannes approche. Pour ce job, il va falloir que j'aie de la gueule : je suis conscient de partir au culot, ça sera ma première expérience de régisseur d'une grande scène. Je m'achète un béret, histoire de montrer qui est le patron – je le prends gris, dans une chapellerie en ville. Avec mon cuir sur le dos, un pantalon en laine noir – une copine m'en a vendu trois, que je porte avec des bretelles – et mes Dr. Martens aux pieds, je me regarde dans la glace. Ça devrait faire l'affaire.

Survolant Nice, je vois la Méditerranée pour la première fois depuis l'été 1970 et notre virée jusqu'à Saint-Tropez, avec Hoagy. De l'aéroport, le taxi longe la côte jusqu'à Cannes. Le chauffeur râle sur tout et n'importe quoi, alors je mets mon casque sur mes oreilles : « Running Up That Hill », de Kate Bush. *Hounds of Love* est pour moi l'album à la hauteur de l'événement.

Guy m'attend à la gare routière et m'emmène directement à l'entrée des artistes du Palais des festivals – le bunker. C'est là qu'il me dévoile pourquoi il m'a recruté. Le show, diffusé en direct dans quinze pays, dure une heure trente ; sept groupes se relaient. Depuis deux ans, les changements de scène prennent trop de temps : quatre minutes entre chaque groupe, c'est interminable pour le présentateur, qui se retrouve à meubler devant trois mille huit cents personnes venues du monde entier. Les retards s'accumulent… alors que la fenêtre d'antenne est de quatre-vingt-dix minutes, pas une de plus. Terminée ou pas, la diffusion s'arrête pile à l'heure. Résultat : les têtes d'affiche montent sur scène alors que le générique de fin est déjà lancé, et les maisons de disques ne veulent plus envoyer leurs artistes à ces concerts pourtant cruciaux pour le Midem. Ce sont ces mêmes maisons de disques qui louent les stands au sous-sol, où tout le business se fait, et qui financent le Midem. Si elles se retirent, c'est la fin. Pour Bernard Chevry, le directeur du festival, c'est un cauchemar.

Guy m'a tendu une belle perche pourrie, et je l'ai attrapée. Il faut agir, et de façon radicale. Je demande à Guy de m'emmener à la réserve, j'y récupère une caisse de bouteilles de scotch puis on se dirige vers la scène, côté cour. Tous les techniciens du Palais sont là, rassemblés en petits groupes.

Je prends une grande bouffée d'air et avance jusqu'au centre du plateau de vingt-quatre mètres de large. Je pose la caisse entre mes pieds, tentant de faire abstraction de l'auditorium géant de trois mille huit cents places qui s'étale à ma gauche. Je me tourne plutôt vers les équipes techniques, réunies en groupes devant moi, et j'annonce, avec un grand sourire malicieux :

— Si quelqu'un vous demande qui est le responsable de ce merdier, vous me pointez du doigt et vous leur dites que c'est le rosbif au béret gris de l'autre côté de la scène. Cette année, on a un gros défi à relever, et je compte sur chacun de vous. Le meilleur technicien de chaque soirée repartira avec une bouteille de scotch !

Je prends une bouteille, la balance en l'air. Elle vole à travers la scène et tournoie au-dessus de la tête des techniciens. Tous lèvent les bras ; je m'approche et serre la pince de celui qui a réussi à attraper la bouteille.

Les jours suivants, je repère les éléments fiables et les bras cassés. Je vire et remplace la société de location de matos – inefficace, avec du matériel obsolète. Je négocie aussi avec le décorateur : le fond de scène, complètement délirant, prend toute la scène. Je lui fais découper des tranches dans son chef-d'œuvre pour pouvoir y planquer les batteries et amplis, et les mettre en place rapidement.

Je retrousse mes manches pour être solidaire de l'équipe et je m'implique dans chaque étape. Les tests s'enchaînent, on progresse, la confiance monte. Et enfin, les groupes arrivent. Je prends contact avec le personnel qui gère les loges, insistant sur l'importance que j'accorde à l'accueil des artistes. Le soir du premier concert arrive. On passe de quatre minutes entre chaque groupe à une minute trente, ce qui permet à la star du show d'avoir trois de ses chansons sur quatre à l'antenne. C'est un succès et Bernard Chevry est ravi.

Le lendemain, un orage est annoncé à Cannes. Un concert de Jacques Iselin doit avoir lieu sous un chapiteau de cinq mille places érigé sur le port. J'arrive à m'inviter dans la réunion des chefs. Le maire de Cannes, les chefs de la police, les pompiers, le syndicat des hôtels et les boss du Palais des festivals sont présents. Chevry interroge la société qui a fourni le chapiteau :

— Jusqu'à combien ça peut tenir ?

— 180 km/h.

— Et niveau prévisions, ça donne quoi ?

— On attend des vents entre 140 et 170 km/h...

Chevry, consterné, demande au chef du chapiteau :

— Et si ça dépasse ?

Le chef, de pâle, devient tout rouge.

— Ça risque de bouger... ou de décoller.

— Comment ça : bouger ? Comment ça : décoller ? Qu'est-ce que ça veut dire ?

— Le chapiteau : il risque de bouger. Ça dépend dans quelle direction le vent souffle, vers l'intérieur de la ville, vers les hôtels, ou sinon vers le port.

Déjà que les hôtels et restaurants sont très exposés à l'orage, mais maintenant ils risquent de prendre un chapiteau de cinq mille places en pleine poire. S'il part dans l'autre sens, vers le port de plaisance, ce n'est pas beaucoup mieux. J'imagine, amusé, le chapiteau à califourchon sur les yachts des millionnaires. Un vent de panique traverse la salle de réunion. Malgré tout, Chevry décide de maintenir le concert.

Le lendemain, je me rends au chapiteau. Deux lignes de CRS montent la garde. Je décide d'y aller au culot, comme je l'ai déjà fait tant de fois pour rentrer aux concerts gratuitement à Londres. Je me suis même déjà retrouvé dans une fosse réservée à la sécurité et à deux ou trois photographes à un concert de Bob Marley. Ici, je vais encore y aller au bluff. Je respire un bon coup et marche d'un pas décidé directement vers le centre de la première ligne, où se trouve l'officier responsable de la section de CRS. À dix mètres de lui, je lève la tête de quelques centimètres, regarde l'adjudant-chef dans les yeux et fais un salut rapide en touchant avec deux doigts mon béret, comme le ferait un officier en civil. Miracle, les deux lignes s'écartent et l'officier me salue en me laissant passer sans contrôler quoi que ce soit. Je n'ai pourtant ni badge de sécurité ni pass *all access* pour ce jour-là.

Le concert se déroule sans problème, et je rentre à l'hôtel. L'ouragan frappe Cannes dans la nuit. J'enregistre les hurlements du vent sur mon Walkman. Plus tard, une seconde de cet enregistrement sera ajoutée à la version longue de « Giving Ground », qui figure sur *Gift*.

Les dégâts sont considérables : des palmiers de la Croisette sont arrachés et sur l'île d'en face, l'ouragan a creusé un chemin comme une autoroute de cinquante mètres de large. Envers et contre tout, le chapiteau, lui, a tenu bon.

Gift[1], février 1986

De retour du Midem, je retrouve le siège de Troubadour. Andrew Eldritch est en train de se faire un café, dans la petite cuisine à l'entrée des bureaux. Il se retourne avec un grand sourire et me demande de le suivre dans le bureau noir. Je suis attendu : le 45 tours que j'ai produit a cartonné dans les charts indé, et Boyd Steemson me propose d'enregistrer une version longue de la chanson pour un maxi douze pouces et de travailler quelques semaines sur un album pour Sisterhood. Trois jours plus tard, je prends le train à la gare gothique victorienne de King's Cross St. Pancras. Andrew et Roy Neave, l'ingé du son, me cueillent à celle de Hull, direction les studios Fairfield, à Willerby. Andrew veut commencer par « Giving Ground » : il est curieux de savoir comment je compte m'y prendre pour la version longue. J'ai déjà prévu le coup : j'ai demandé à Andrew de me faire une copie des bandes deux pouces Ampex, pour que je puisse les éditer. Chargé dans le train des deux lourdes bobines, j'ai aussi apporté dans mon sac toute une boîte de lames et des crayons gras en quatre couleurs. Pourquoi ? Je ne veux pas que l'ingé son hésite une seule seconde en se demandant si la lame est assez aiguisée pour trancher net la bande de cinq centimètres de large… S'il se loupe, la précieuse bande magnétique, fine comme de la soie, sera déchirée. Alors la règle, c'est une seule coupe par lame ; on en change à chaque fois.

Habitué à éditer des bandes quart-pouce, bien plus étroites et faciles à couper, Roy n'est pas très à l'aise au début – celles-ci sont huit fois plus larges. Mais il se prend vite au jeu. Il suffit d'écouter la chanson et de choisir le début de l'attaque d'une grosse caisse. On cale la bande dessus, on coupe le son de tous les instruments, on marque la position avec un crayon gras, puis on fait la coupe. Résultat : de longs bouts de bandes scotchés aux murs tout le tour de la cabine. Sur chacun, j'écris au crayon, une couleur pour chaque partie de l'arrangement : « couplet 1 » (vert), « couplet 2 » (bleu), « refrains » (jaune), « instrumental du milieu » (rouge), etc. Ça coule de source. Andrew valide les principes de l'arrangement que j'ai en tête et se prend au jeu, peaufinant et ajoutant de belles idées. Roy remonte la bande et ça fonctionne : la chanson envoie une puissance incroyable. Mes expériences à Good Earth avec Bruce Lynch, son ingé Colin et Tony Visconti entrent en jeu et me sont d'une

1. Le mot anglais pour « cadeau » mais, en allemand, il signifie « poison ». Un cadeau empoisonné…

aide précieuse. En rouvrant les instruments *mutés* et les réverbs, ça sonne parfaitement, sans aucune impression d'un montage. Je rajoute une série de roulements et d'effets de batterie avec le Doktor Avalanche.

Andrew me demande de redescendre à Londres avec Eric pour travailler une nouvelle chanson – qui deviendra « This Corrosion ». Plusieurs jours durant aux studios RMS, Andy Le Vien, Eric et moi tâtonnons pour essayer de faire fonctionner le titre. Andrew ne nous a donné que quatre lignes de texte. Huit heures par jour, je fais travailler le chanteur – j'ai une idée exacte de ce qu'Andrew recherche. Et finalement, ça sonne bien... Je reprends le train, bande sous le bras, pour faire écouter le résultat à Andrew. De retour à Hull, « This Corrosion » prend une forme grandiose et sonne comme un 45 tours évident[1]. Nous vivons une routine bien particulière au studio : Andrew, Roy et moi travaillons à des horaires de vampire, arrivant vers 17 heures, faisant une pause au milieu de la séance pour aller manger un fish and chips à Hull, avant de replonger dans le studio jusqu'à 7 ou 8 heures du matin. Petit déjeuner à l'hôtel, puis dodo.

Patricia Morrison, l'ex-bassiste du Gun Club de Jeffrey Lee Pierce, nous rejoint pour jouer sur quelques morceaux. Cette grande gothique, visage pâle et chevelure noire, fait son entrée à Fairfield dans une longue robe de taffetas, chaînes et croix au cou, une bague en argent à chaque doigt et des Dr. Martens aux pieds. D'entrée, cette magnifique Morticia Adams affiche son sens de l'humour, morbide et grinçant à souhait. Nous chantons les chœurs tous ensemble ; Andrew lui demande de réciter l'intro de « Jihad » : 2-5-0-0-0[2] ; et à moi de poser ma voix sur trois titres : « Colours », « Rain From Heaven » et « Finland Red/Egyptian White » – pour ce dernier, je lis le manuel d'instructions officiel d'une Kalachnikov, la redoutable arme de guerre de tous les fronts, l'AK47.

Andrew et moi rentrons à Londres. Le mix doit avoir lieu aux Eel Pie Studios de Pete Townshend, à Twickenham. Le mur de la cabine de contrôle est percé de trois grandes fenêtres qui offrent une vue imprenable sur le lent ballet des bateaux de marchandises sur la Tamise. Jour après nuit après jour, Andrew trône au centre, entre moi et l'ingénieur, devant la magnifique console Solid State

---

1. Le 45 tours sortira finalement en octobre 1987, comme premier extrait de *Floodland*, l'album de la nouvelle mouture des Sisters of Mercy, avec Patricia Morrison, et produit par Jim Steinman. Quarante-six choristes chantent les refrains. Le 45 tours sera numéro 7 des charts au Royaume-Uni.

2. Soit 25 000 livres, le montant de l'avance qu'Andrew espère recevoir de la maison d'édition RCA pour le prochain album des Sisters of Mercy – avant que les autres ex-Sisters sortent le leur.

Logic SL4000... Il dirige intensément le mix de chaque chanson, obsédé par le moindre détail. L'album prend encore de la puissance. Très différent de celui des Sisters of Mercy, le son va en surprendre plus d'un.

Je me fais installer une ligne téléphonique personnelle chez Troubadour avec un répondeur à côté du bureau de Reg. Quand je suis en Europe, je peux écouter mes messages à distance. Ça me libère de devoir payer un secrétaire pour gérer mes rendez-vous. On peut me joindre où que je sois, sept jours sur sept – un luxe dans l'ère d'avant les téléphones portables !

Le Midem, novembre 1986-janvier 1988

Mi-novembre, je suis convié au QG du Midem, avenue Victor-Hugo, dans le seizième arrondissement de Paris, pour un déjeuner de préparation de la prochaine édition. On me place au milieu de la table, assez loin de Bernard Chevry, entouré de Sabine Mignot de FR3 et de Monique Lemarcis, la célèbre découvreuse de talents chez RTL, entre autres pontes du business musical français. Vers la fin du repas, j'entends un grand brouhaha à l'autre bout de la table. Bernard, rouge de colère, gesticule dans tous les sens. Je profite d'un bref silence pour demander :

— Excusez-moi, monsieur, mais je pourrais savoir ce qui se passe ?

La réponse furieuse de Chevry fuse :

— Personne n'a fait la programmation du principal concert télévisé pour le prochain Midem ! On est mi-novembre, et c'est pour la quatrième semaine de janvier !

Une moitié de mon cerveau me hurle que c'est une opportunité inouïe, à saisir tout de suite ; qu'il faut relever le défi ; qu'après tout, j'ai baroudé suffisamment longtemps dans le business, bien sûr je vais trouver les tuyaux... L'autre me crie que je suis complètement dingue, que je ne vais jamais y arriver. Je n'ai jamais fait de programmation : il y a un petit risque que je me ramasse... et que je perde mon boulot au passage. Mais qui ne tente rien n'a rien ; qui ose gagne... Pendant que le débat fait rage dans ma tête, au-dessus, je sens ma main droite se lever, lentement, toute seule. À l'autre bout de la table :

— Oui, Lucas, qu'y a-t-il ?

— Je le ferai. Je ferai votre programmation.

Chevry me fixe, surpris, et m'invite à le rejoindre dans son bureau après le repas. Elena, son assistante de longue date, m'y fait entrer, et Chevry arrête le rendez-vous en cours et vire sans ménagement ses interlocuteurs, à leur grande surprise. Il veut juger de mon sérieux et de ma crédibilité. Je n'ai pas intérêt à me louper... et réussis à convaincre ce loup malin qui finit par me lâcher :

— Au point où on en est, on n'a rien à perdre. Vous voulez combien ?

Trouvant l'aplomb nécessaire, et devançant qu'il négociera mon salaire, j'annonce la somme de 8 000 livres. Mais il répond sans hésiter :

— Banco ! Elena, arrangez ça tout de suite avec la comptabilité. Quand est-ce que vous pouvez commencer ?

— Lundi.

Je regrette déjà de ne pas avoir demandé plus. Une bonne leçon à retenir : toujours demander beaucoup pour laisser une marge de négociation et que les deux parties aient l'impression d'avoir obtenu satisfaction. C'est ainsi que je me trouve parachuté directeur de la programmation – en plus de mon poste de directeur technique du Midem. Durant tout le week-end, je flippe, un trapéziste sans filet. Je sors mon carnet d'adresses, fais le tour des contacts que j'ai dans le milieu. J'appelle mon ami John Tinline, à qui je raconte le pétrin dans lequel je me suis mis tout seul. Il me rassure :

— C'est génial, Lucas ! Te connaissant, tu vas t'en sortir avec à peine quelques égratignures.

Il me file des idées, le contact des principaux tourneurs anglais et européens, le nom de managers dont il est proche, comme ceux de Sade ou d'Orchestral Manoeuvres in the Dark. Je sais pertinemment que je vais devoir mettre mes goûts pour le rock indépendant de côté pour choisir des groupes adaptés à cette convention internationale. Bon, allons-y. Je me lance avec tout mon cœur, le reste suivra.

Le lundi, on m'attribue un petit bureau avec un téléphone, juste à côté du télex pour communiquer avec le monde entier. J'appelle, discute, négocie, travaille de 18 heures jusqu'à 3 heures du matin tous les jours. Petit à petit, j'arrive à nouer des liens de confiance avec des maisons de disques qui s'étaient détournées de la convention, pourtant la plus grande au monde à l'époque. L'après-midi, je suis en contact avec Londres, le soir, avec New York, tard dans la nuit, avec Los Angeles.

Chevry m'a demandé sept groupes pour ce qu'il appelle le « Gala prestige » du 29 janvier 1987 – un nom que je trouve d'une ringardise horripilante. Il ne faut pas compter sur les vacances des fêtes de Noël, ce qui fait qu'il ne me reste que six semaines avant le concert – et bien moins que ça pour tout boucler. Je me lance à fond, et décroche mes premiers succès : Kim Wilde et Véronique Sanson sont bookées ; je mets une option sur Rose Royce, qui est partant, vise des artistes difficiles à obtenir, comme Al Jarreau. Il me manque cruellement un grand nom, une star en tête d'affiche… Sans ça, je n'ai rien… Noël approche…

Un soir, alors qu'il ne reste que Chevry et moi dans le bureau, il m'impose un duo de country familiale, les Judds. Pourquoi ? Parce que son directeur commercial a réussi à vendre un énorme stand à leur maison de disques, RCA Nashville, dans le marché du disque au sous-sol du bunker… le gagne-pain du Midem. Il va falloir que je mette encore plus d'eau dans mon vin. Rebelote quelques jours plus tard avec le groupe italien Alice Visconti – Carla Bissi, de son vrai nom.

Soir après soir, je passe des heures, jusque tard dans la nuit, à essayer de convaincre tourneurs, maisons de disques et managers de me confier leurs meilleurs artistes. Ma résilience, durement acquise pendant la tournée avec Gary et durant toutes ces nuits blanches avec Lemmy, me sert bien. Je flippe moins – sûrement, aussi, grâce à une bonne dose de déni de la situation, plus que périlleuse…

Le bruit commence à courir que le Midem est en train de changer ; je trouve des alliés. Un certain Tom Rufino, haut placé chez Warner, répand la nouvelle : avec son nouveau programmateur, le Midem vaut à nouveau le détour. C'est lors d'une de nos conversations que je me rends compte qu'il travaille depuis un hôpital de Los Angeles, branché à une machine de dialyse : ses reins fonctionnent très mal. Il me dégote Al Jarreau ; c'est génial, mais il me faut encore la star du show.

Finalement, j'entre en contact avec l'équipe du « Godfather of Soul[1] » lui-même : James Brown. Si j'arrive à les convaincre qu'il a un intérêt à jouer au Midem, il sera la cerise sur le gâteau de ma programmation. Ce coup de projecteur télévisé, dans quinze pays européens, serait, d'après moi, la meilleure manière de remplir les salles de sa tournée de ce côté-ci de l'Atlantique. La réponse du management tombe sur le télex juste avant les fêtes. Un « oui, tentés » qui laisse la responsabilité de la décision finale au directeur technique de l'équipe de James Brown. Je passe mes nuits à essayer de convaincre Rony Tompkins. Noël arrive, silence radio, plus de contact : Los Angeles est fermée. La veille du Nouvel An, Rony commence à me harceler de demandes, de plus en plus farfelues à chaque nouveau coup de fil – un stand de micro spécial avec une base ronde, un casque de séchage de coiffeur dans sa suite, des vols en business pour lui et ses managers – le reste de son staff n'aura pas droit à ces égards –, la plus grande limousine du sud de la France… Et je ne parle même pas des desiderata pour les hôtels ni de tout ce que l'on doit prévoir pour sa loge… Ça dure toute une semaine. Une nuit, face à toutes ces exigences, je vais voir Chevry, la seule autre personne présente pendant mes nocturnes au Midem. Je fais le point avec lui sur les négociations en cours. Lorsqu'il apprend que James Brown *pourrait* participer, il bondit de sa chaise, surexcité, insiste pour qu'on fasse une pause ensemble… Je me retrouve sur la banquette arrière de sa Mercedes, descendant les Champs-Élysées, et vingt minutes plus tard, dans

1. « Parrain de la soul ».

le lit d'une escorte de luxe aux frais de mon boss. Durant le trajet retour, il m'encourage :

— Vas-y à fond, mais fais gaffe à négocier par paliers. Et, surtout, tiens-moi au courant de chaque étape.

Redorer le blason de l'organisation, le jeu en vaut la chandelle. Finalement, après une énième demande de Rony, qui veut savoir si je peux garantir que *son putain de pied de micro* sera bien là, je perds patience. Je lui réponds que oui, tout en tapant violemment sur mon bureau.

— Voilà ! Tu entends ? Je l'ai, le stand de M. James Brown à base ronde. Juste là, dans mon bureau !

Rony éclate de rire – et c'est ainsi qu'on se lie d'amitié. Deux jours plus tard et l'ultime confirmation confirmée, ça y est : je l'ai, ma programmation. Sept groupes, quatre-vingt-dix minutes de spectacle en continu. Ne reste « qu'à » préparer le concert, et je prends régulièrement le vol d'Orly à Nice puis le taxi jusqu'à Cannes. J'ai conçu un plan novateur pour changer instantanément de plateau, sur scène – mais il va falloir convaincre les techniciens du Palais des festivals. Je les réunis autour d'un verre pour leur exposer mon idée, des croquis précis à l'appui : deux rideaux amovibles en diagonale, tirés des bords de la scène vers le fond du gigantesque plateau du grand auditorium, placés de chaque côté d'un troisième, qui ferme le centre. La scène est ainsi coupée en trois parties distinctes, ce qui permet de cacher l'équipement de deux groupes pendant qu'un troisième joue. Mais cela implique que toutes les lumières soient montées et réglées avant que l'on accroche les rails qui supporteront les rideaux. Avec ce nouveau plan, les trois premiers groupes sont en place avant le début du concert, et tout leur équipement prêt. À chaque fois qu'un groupe disparaît derrière un rideau, mes équipes ont les deux sets suivants pour changer le matos ; deux chansons par groupe, en comptant en moyenne quatre minutes par chanson, ça leur laisse seize minutes ! Côté mix : deux consoles en façade, deux sur scène pour les retours. Pendant qu'un groupe joue, les ingés son préparent le mix du groupe suivant sur celle qui n'est pas utilisée. La console lumières est installée à côté des deux en salle. La réaction des équipes est unanime : c'est *niet, no way,* impossible, c'est du jamais-vu… Mais c'est ce que l'on finit par faire.

Le premier jour des répétitions, je plante, sans regarder ce que je fais, mon pied gauche à travers une marche du décor. Je sens un craquement sec, quelque chose s'est pété. À la fin de la journée, je boite et marche avec beaucoup de difficultés, une douleur aiguë remonte de mon pied jusque dans ma jambe. Je chope Guy Bouché et l'entraîne dans les loges pour lui montrer. J'enlève ma chaussure : libéré, mon pied enfle comme un ballon. Lorsque j'essaie de me mettre debout, je manque de tourner de l'œil, un électrochoc me monte au cerveau. Impossible de marcher. Guy m'emmène à l'hôpital de Nice, qu'il estime plus compétent que la clinique de Cannes.

Le toubib m'annonce, radio à l'appui, que l'os extérieur n'est pas seulement fêlé, mais cassé sur toute la longueur. Il faut opérer d'urgence et poser des broches. Je regarde Guy et lui demande, à voix basse et en anglais, si la loi impose au patient de rester quarante-huit heures en observation à l'hôpital après une intervention chirurgicale, comme en Angleterre. Devant sa confirmation, je prends le risque de refuser l'opération : il est trop tard pour briefer un remplaçant. À ce stade, personne d'autre ne peut faire mon job à ma place. Le lendemain, je me retrouve sur scène en chaise roulante, avec ma jambe plâtrée jusqu'au genou. Je scotche mes deux talkies-walkies sur les bras de mon nouveau moyen de transport, le casque avec micro pour parler aux ingénieurs sur la tête : je suis prêt pour la première balance ; vingt et un musiciens s'activent. Le Godfather of Soul apparaît enfin au milieu de sa cour, monte sur scène dans toute sa splendeur. Rony, en fidèle serviteur, lui emboîte le pas. « Living in America » commence, M. James Brown s'éclate comme un fou, son funk syncopé rebondit sur les murs de la salle vide. On finit la balance par les quatre chansons qui seront diffusées à la télé. Rony lui court après pour prendre la température, et revient vers moi.

— M. Brown te remercie, il est plus que satisfait de tout, surtout du son, Lucas...

Et, façon *Columbo* :

— Juste un détail. M. Brown voudrait que la totalité de son équipement de scène soit avancée de deux mètres.

Je lui réponds « OK ». Tout content, il tourne les talons, prêt à annoncer la bonne nouvelle à son patron. Mais je l'arrête en ajoutant :

— Juste un dernier détail, Rony...

Il se fige, pivote lentement, rive ses yeux sur les miens.

— M. James Brown ne pourra avoir que *trois* chansons retransmises à l'antenne. Déplacer tout ce matos de deux mètres, ça prendra au moins quatre bonnes minutes, même si toute mon équipe s'y met.

Je le regarde s'éclipser, la peur au ventre d'être pris entre le marteau et l'enclume. Un bon quart d'heure plus tard, il revient, se baisse et me glisse à l'oreille :

— Tu as gagné, Lucas. Mais si qui que ce soit dans le monde entier a vent de ce qui s'est passé aujourd'hui, tu es un homme mort…

Les balances s'enchaînent et on se prépare pour le moment de vérité : le filage devant les caméras. Est-ce que ma petite idée va fonctionner ?

Les équipements des trois premiers groupes sont déjà à leur place sur scène, à gauche, au centre et à droite, cachés par les trois rideaux : deux sur les côtés, un au centre. Derrière ce dernier, c'est le matériel du groupe de Kim Wilde, le premier à jouer ce soir. Si tout se déroule comme prévu, lorsqu'elle arrivera à la fin de son tube « We're the Kids in America », Al Jarreau et ses musiciens prendront place sur leur plateau ; dès que celui du centre se refermera sur Kim, leur rideau s'ouvrira et ils attaqueront leurs deux chansons. Puis ce sera au tour des Judds, de l'autre côté de la scène, puis celui d'Alice Visconti, au milieu, puis Rose Royce, à côté…

Steve Gadd, le célébrissime batteur d'Alice Visconti, débarque, me demande de lui trouver de la cocaïne. Je lui réponds respectueusement de s'adresser à son manager. Véronique Sanson, à côté en coulisses, observe sa section de cuivres monter sur leur praticable… Deux chansons de la grande chanteuse se succèdent, puis les musiciens de James Brown s'installent discrètement…

Les caméras suivent les instructions que j'ai données à Jean-Pierre Spièro, le réalisateur : à quel moment filmer le chanteur, quel musicien lance un solo de guitare ou de cuivres à quel moment, quand s'activent les chœurs… Les deux rideaux latéraux s'ouvrent, laissant toute la scène au grand James Brown. Soudain, une forte odeur de laque me monte dans les narines ; je tourne la tête, il est là, juste à côté de moi, ses managers derrière lui. Ouf, tout roule… Les changements de matériel se font dans les temps, les groupes s'enchaînent sans temps mort, exactement comme prévu. Pendant qu'on raccompagne les musiciens à leur hôtel, mes techniciens remettent en place l'équipement des trois premiers groupes. Je les remercie de leur efficacité et les préviens que si tout était nickel aujourd'hui, demain devrait être encore mieux… La confiance règne, calme mais tendue…

C'est l'heure : la fenêtre de diffusion du Gala prestige du Midem 1987 s'ouvre. Le rideau central dévoile une Kim Wilde pétillante devant une salle bondée – tous savent que le « Godfather of Soul » est dans la place. Même pour ces vétérans blasés de l'industrie musicale, l'excitation est à son comble. Beaucoup n'ont même pas pu entrer.

Le dernier rideau se ferme sur la salle en liesse. Un Chevry radieux apparaît à côté de moi, me serre la main avec enthousiasme. Pas de répit : nous avons maintenant un second show à tenir, celui pour le public de la ville de Cannes… J'ai négocié et fait signer des contrats pour l'enregistrement du second concert avec tous les artistes, y compris James Brown. Je demande à Spièro si toutes ses caméras sont prêtes… et découvre avec horreur qu'ils n'ont pas prévu d'enregistrer le show. Une erreur qu'il va regretter : James Brown assure pendant deux heures et demie devant les trois mille huit cents spectateurs cannois, qui transforment le grand auditorium en discothèque géante.

Je rentre à Paris fatigué et handicapé – en béquilles sous la neige, j'ai du mal à trouver un taxi qui accepte de s'arrêter pour moi. Pour comble de malheur, « La Torche », mon meilleur technicien que j'ai promu chef d'équipe, meurt accidentellement lors d'une fête. Celui qui grimpait depuis des années comme un singe dans les structures à dix-sept mètres au-dessus des scènes est tombé du troisième étage, en tentant de sortir par la fenêtre pour aller acheter des clopes. J'assiste à ses funérailles, entouré de tous les techniciens de Paris. Solidaire de leur tristesse, je me fraie maladroitement un chemin, slalomant entre les tombes et glissant sur le restant de neige, en équilibre sur mes béquilles.

Au QG du Midem, Chevry m'accueille en héros et m'annonce qu'il m'envoie en mission à Londres, à New York et à Los Angeles afin de rencontrer les décideurs des majors de l'industrie du disque. Il veut profiter du succès de mon show pour asseoir davantage encore la réputation du Midem. À mon retour, il me charge de la programmation des shows jazz et des nouveaux talents, en plus du Gala prestige et de mon rôle de directeur technique. Difficile de faire mieux en 1988 qu'en 1987 : malgré tous mes efforts et le bon accueil que me réservent les pontes du business, ils ne voudront plus nous confier le haut du panier. Leurs artistes les plus importants n'ont pas besoin du Midem : ils ont déjà toute la notoriété internationale qu'ils désirent. Chevry a promis monts et merveilles à TF1, la chaîne la plus puissante de France, qu'il m'emmène rencontrer pour tenter de les convaincre de nous donner le prime time en direct live. Le show est un succès technique et même un succès de programmation, mais pas à la hauteur des espérances de la chaîne, brutalement commerciale, obsédée par son audimat pour vendre de la pub entre les programmes.

Fin janvier 1988, de retour des shows du Midem, je quitte mon pied-à-terre parisien – une chambre de bonne au sixième sans ascenseur du 72 bis rue des Martyrs, avec pour seule ouverture sur le monde extérieur une lucarne au plafond, un lit et un évier – et m'installe dans un deux-pièces au premier étage du 47 rue Damrémont. Mes seuls bagages sont deux sacs de vêtements, une mallette contenant mon Walkman pro et deux mini-enceintes Sony, que j'utilise comme référence sonore pour mes productions en studio. J'ai toujours mon appartement à Londres, mais je me construis ici un nouveau nid. Avec des planches de récup, je me fabrique un lit, un sofa et une chaise. Je me rends au *BHV*, le grand magasin de la rue de Rivoli, pour acheter un matelas, des draps, un duvet, des oreillers et une télévision. Je repeins l'appartement couleur vanille, monte des tringles sur les fenêtres et installe des rideaux achetés au marché Saint-Pierre.

Avec le vent en poupe, je suis bien décidé à continuer mon chemin et ma carrière de producteur.

Paray-le-Monial, juillet 1988

Fin juillet, Barthélémy Martinon – que j'embarquerai avec son équipe à New York l'année suivante – me contacte. Il veut que je supervise la production, en liaison avec ses caméramans, d'un événement religieux à Paray-le-Monial, en Bourgogne. Me voilà plongé au milieu de milliers de croyants dévoués. L'abbé, voyant en moi une âme à convertir, me prend à part. Manque de pot, c'est impossible, et je le lui fais bien comprendre.

Parmi les cinq scènes prévues, je détecte une faille dans l'organisation : pendant la « Nuit des Pianos », deux grands pianos à queue doivent être installés face à face, au centre du cloître, presque imbriqués l'un dans l'autre. Je demande à l'abbé :

— Qu'est-ce qui se passe s'il pleut ? Les pianos que vous avez loués vont s'abîmer, non ? Sans vouloir vous offenser, vous êtes assurés pour les dommages causés par la pluie ?

— Il faut avoir la foi, Lucas. Nous prions pour que tout se passe bien. Le Seigneur les protégera...

Je prévois quand même des bâches et recrute parmi les dévoués une équipe prête à les tirer, en cas de pluie, au-dessus de ces pianos aussi beaux qu'onéreux. Et ça ne loupe pas. En plein milieu du concert, alors que les deux pianistes, braqués par deux caméras, jouent en duo, les flashs des éclairs illuminent les visages de la foule en transe, de gros coups de tonnerre retentissent autour du cloître, dominant le son des pianos, et la pluie s'abat en grosses gouttes chaudes, comme lors d'une mousson en Thaïlande. Je donne le signal : tandis que la sécurité gère la panique des fidèles comme ils le peuvent, les bâches sont installées à temps, et les pianos sont sauvés de justesse. Les concerts seront reportés à un autre jour.

Je retrouve l'abbé, et lui demande ce qui s'est passé avec ses prières. Sourire en coin, il hausse les épaules en regardant les étoiles, les mains ouvertes vers le ciel, il me répond :

— Les voies du Seigneur sont impénétrables.

Une révolution en marche, septembre 1988

La fin de l'été approche, les hirondelles se rassemblent, poussant des cris stridents au-dessus de mon nouveau quartier général parisien, avant d'entreprendre leur long et périlleux voyage jusqu'en Afrique. Ma nouvelle vie, entre terrasses de café en journée et bars tard le soir, me plaît. J'ai à nouveau une copine, tout va bien, mais je sens au fond de moi que c'est trop beau pour durer.

Ça ne loupe pas : Bernard Chevry a la gentillesse de me prévenir, *via* Héléna, son assistante, qu'il a vendu le Midem à TVS, une boîte anglaise, et que, même si j'ai chapeauté l'ancienne équipe, mon contrat ne sera pas renouvelé.

Mon avenir s'annonce incertain... Mais après tout, j'ai toujours vécu avec des revenus en dents de scie. Je me remets donc en quête de groupes à produire à Paris.

Je suis au lit, dans mon deux-pièces fraîchement aménagé, décidément bien mieux que mon ancien pied-à-terre. Assis, mon petit déjeuner sur les genoux, je regarde William Leymergie faire son show dans *Télématin*. Il est en train d'annoncer en cocorico les préparatifs du bicentenaire de la Révolution française. Il est évident que ces événements, organisés partout en France, n'auront aucun besoin d'un directeur de production anglais, même bilingue. Mon idée de vivre entre Londres et Paris en permanence, en utilisant ma chambre dans l'appartement de Reg comme base londonienne, me semble soudainement une folie et potentiellement un gouffre financier sans les revenus du Midem.

Je descends chercher mon courrier et découvre une enveloppe en kraft affranchie aux États-Unis. C'est une invitation de Mark Josephson et Tom Silverman, les jeunes patrons du New Music Seminar, que j'ai côtoyés pendant ma mission à New York pour Bernard Chevry. Leur convention, une version plus moderne du Midem, aura lieu du 14 au 19 juillet 1989. En plein dans le mille : la date des célébrations en France est aussi le jour de l'ouverture de la convention. Devant ma boîte aux lettres, la porte d'entrée vert foncé dans mon dos, c'est une évidence : il faut organiser un événement à New York avec des artistes français pour marquer cette date symbolique. Pendant quelques jours, le bicentenaire de la Révolution française va être à la une des actualités dans le monde entier. Ça pourrait être une opportunité idéale pour promouvoir des talents français devant les professionnels de l'industrie musicale américaine et européenne.

En remontant les escaliers deux par deux, l'idée se précise et prend forme plus clairement entre mes oreilles. Un coup de fil plus tard, je retrouve Emmanuel Legrand, rédacteur en chef de *Show Magazine*, que je connais bien grâce à mes trois années au Midem, pour déjeuner à la brasserie *Zimmer* place du Châtelet. Il propose d'inclure Bernard Batzen dans le projet. Ce dernier est le représentant du New Music Seminar à Paris, mais aussi un tourneur et le manager d'artistes de rock indé comme la Mano Negra et les Satellites.

Je prépare tous les budgets techniques en récoltant des devis auprès de sociétés de location à New York. Emmanuel se charge des dossiers écrits. Un ami d'un ami me met en contact avec une agence de voyages prête à se lancer dans l'aventure. S'ensuivent des semaines de rendez-vous interminables pour expliquer le concept aux potentiels financeurs : sociétés civiles, maisons de disques, ministère de la Culture... L'idée séduit, et un à un, les acteurs de la musique française adhèrent au projet. Les subventions se confirment, mais un seul hic se profile à l'horizon : nous ne pourrons pas les encaisser avant les événements de New York en juillet. Au mieux, elles arriveront entre septembre et novembre, laissant un gouffre financier de plusieurs mois à combler. À New York, un dollar est un dollar et rien ne se fait sans payer sur-le-champ rubis sur l'ongle. Nous avons un besoin urgent de liquidités pour financer l'opération, le temps presse...

En novembre 1986, alors que je travaillais sur ma première programmation dans les bureaux du Midem, j'avais aperçu, place Vendôme, le siège français de ma petite banque de Londres, la National Westminster Bank. Sur un coup de tête, j'avais demandé au taxi de s'arrêter. Le *Ritz* dans le dos, j'avais traversé la place des plus grands joailliers du monde, passant devant l'immense colonne au centre, mon béret gris vissé sur la tête, vêtu de cuir, pantalon noir et Dr. Martens aux pieds. J'étais entré dans le hall, avais demandé à voir le responsable. Après trois quarts d'heure d'attente à la réception, j'avais obtenu un bref entretien avec le directeur, John Chandler, qui avait accepté de m'ouvrir un compte en France. Depuis, j'entretenais de bonnes relations avec cet homme au style de professeur d'université et à l'humour pince-sans-rire, passant régulièrement le voir pour lui raconter les coulisses du Midem. Il s'était pris d'amitié pour moi : je devais être plus divertissant que la plupart de ses clients. Il allait devenir un allié indispensable.

Je me rends donc dans son bureau pour lui présenter notre projet, que j'ai baptisé « French Revolution in New York ». Tout est en place : les budgets sont validés, l'organisation ficelée... Seul problème, il manque un pont financier, des liquidités temporaires. J'ai demandé au directeur de cabinet de Jack Lang, ministre de la Culture, d'appeler mon cher directeur. Le téléphone sonne, Chandler décroche. D'un ton solennel, le représentant du ministère entame la conversation :

— Bonjour monsieur, ici l'État français.

Sans hésiter, John rétorque du tac au tac :

— Mon cher monsieur, c'est justement là que le bât blesse. Tout le problème est là : le monde entier sait que l'État français est un mauvais payeur.

Mon cœur tombe dans mes chaussettes. Tout est foutu. Je n'aurai pas les facilités de payement dont j'ai besoin pour mener l'opération. La conversation se poursuit, des garanties sont données. John, inflexible, tient bon jusqu'au bout, puis raccroche et me lance un clin d'œil.

— C'est bon, j'ai confiance, vous pouvez y aller.

Rien n'est encore gagné : je lui présente le détail des budgets et ses yeux tombent directement au bas de la dernière page. La somme est considérable. Contre toute attente, malgré ses réticences, il accepte de relever le défi. Grâce à lui, je vais pouvoir financer les hôtels, la location de matériel, les transports aériens et locaux ainsi que les cachets des groupes... tout sur ma carte bleue personnelle. Une pure folie financière, un risque colossal. Aucun membre de notre équipe de trois personnes ne veut se mouiller... et je les comprends. Mais personne n'a trouvé de meilleure solution.

Les groupes sont engagés, on avance enfin. Je confirme les vols, les hôtels, les équipements de scène et le transport sur place. La French Revolution in New York est lancée...

A Wedding Anniversary, mars 1989

En mars 1989, en pleine préparation logistique des concerts du bicentenaire, je prends un break bien mérité après les tensions avec les bailleurs de fonds. Pendant une courte semaine, je m'accorde une pause pour poursuivre ma passion de réalisateur et pars à Vienne, en Autriche, continuer la production des Wedding Anniversary. Nous avons passé quelques jours dans un studio à Rouen. Je suis convaincu par la voix de baryton de Max[1], le chanteur charismatique, et par leurs chansons. Le guitariste, Jürgen[2], a un jeu exceptionnel, très prometteur. La bassiste Issy[3], la claviériste Tina[4] et le batteur Christoph[5] complètent le tout d'une manière plus que satisfaisante.

J'arrive en taxi de l'aéroport Flughafen à Vienne, devant un vieil immeuble avec la peinture écaillée çà et là sur la porte d'entrée. Marc Goldstein, le manager, descend m'accueillir. L'entrée de l'appartement où nous allons séjourner donne sur un petit hall qui mène directement à la cuisine. Elle n'a pas été rafraîchie depuis au moins les années 1950, voire la guerre. Le bas des murs est peint en jaune pâle, tandis que le haut et le plafond sont couleur crème. Une lampe solitaire avec un abat-jour en métal vert foncé – comme dans un tableau de Hopper – est suspendue au-dessus d'une table des années 1930, recouverte d'une couche usée de formica jaunâtre, entourée de sept chaises.

Max s'installe en bout de table, avec un réfrigérateur américain des années 1950 dans son dos. Sous la fenêtre, un grand évier carré en vieille porcelaine ébréchée avec un égouttoir. Le sol est carrelé en damier bleu-vert, pâle et crème. Issy s'assoit à gauche de Max, Tina en face, à côté de Christoph. Je prends place à l'autre bout de la table, en face de Max, avec Marc et Jürgen à ma droite.

Ils me tannent pour obtenir des détails croustillants sur Andrew Eldritch, « Giving Ground » et l'enregistrement de l'album *Gift*, mais je ne révèle pas grand-chose, préférant becter du pain et du pâté, le tout arrosé de quelques bières. Je coupe court à l'interrogatoire en demandant qu'on réécoute la cassette de Rouen et les

---

1. Marcus Testory.
2. Jürgen Kern.
3. Issy Fellman.
4. Valentina Grigorov.
5. Christoph Ashauer.

autres chansons que nous avons l'intention d'enregistrer. Puis on file se coucher.

Le lendemain matin, on arrive devant l'imposant bâtiment du Wiener Konzerthaus, au Lothringerstraße 20, en plein centre de Vienne. C'est dans le sous-sol de cette salle de concert que se trouve le studio Sing Sang, où nous allons enregistrer.

Après avoir descendu deux larges volées d'escaliers, on entre dans la cabine de contrôle. Max, vêtu d'un kilt noir, arbore un tatouage de dragon stylisé sur le côté droit de son crâne rasé. Il me présente Richard Österreicher, l'ingénieur du studio, qui me montre fièrement la console Harrison, ses racks d'effets bien fournis, les grosses enceintes d'écoute Urei, les Yamaha NS10 et les petits cubes Auratone, au son infâme, mais indispensables.

Malgré un temps limité et un budget serré, je sens qu'en travaillant de longues journées, on pourrait arriver à un bon résultat. Je regarde à travers la fenêtre de la cabine : dans le studio, loin en contrebas, Christoph, Issy et Tina, tous en noir comme Max, installent leur matos. Il y a de la tension dans l'air, le groupe est naturellement nerveux…

Comme toujours en studio, je ne bois rien de plus fort que de la Badoit et je ne fume que des cigarettes. Très tard dans la seconde nuit, un frisson me traverse le dos. Je me retourne et j'aperçois une silhouette familière de l'Histoire, casque sur la tête… un Sturmtruppen[1]. Je cligne des yeux : plus rien. J'ai dû halluciner. Pourtant, je ne me sens pas particulièrement fatigué. Je me replonge dans les réglages avec Richard.

Le troisième jour, tôt le matin, je laisse une note au groupe pour qu'ils me rejoignent au studio et je saute dans un taxi en direction du centre. Vienne est une ville splendide, avec ses grands immeubles crème ou blancs, construits pour la plupart entre la fin du XIXe et le début du XXe siècle. J'arrive au studio, descends marche après marche, passe devant la cabine et continue jusqu'en bas, dans la salle d'enregistrement. Je m'amuse à repositionner légèrement les micros autour de la batterie en prévision des prochaines prises. Puis, le même frisson que la veille. Je ressens un besoin irrésistible de lever les yeux vers le plafond.

Le choc est total.

La surface est entièrement recouverte de croix gammées en acajou, d'un mètre carré chacune, alternant avec des panneaux acoustiques de la même taille. Un serpent de froid descend, vertèbre par vertèbre, tout le long de mon dos. Qu'est-ce que c'est que cet

1. Soldat des unités d'élite allemandes.

endroit ? Comment est-ce que ça peut encore être là, quarante-quatre ans après la fin de la guerre ?

Je remonte en cabine, encore sous le choc, et m'installe derrière la console, incapable de chasser cette image de mon esprit. Richard entre.

— *Hi*, Richard ! J'ai ajusté quelques micros sur la batterie. On devra compenser avec des corrections sur les EQ de la console pour les prochaines prises. Au fait, c'était quoi, ici, avant ?

— Comment ça ?

Je pointe la fenêtre.

— T'as vu le plafond, en bas, dans le studio ?

Il comprend immédiatement.

— Ah, oui... Apparemment, c'était un lieu de réunion d'Hitler et de ses sbires avant la guerre, puis pour le parti nazi autrichien tout au long des hostilités.

Max et les musiciens arrivent et s'installent derrière leurs instruments. Marc nous rejoint dans la cabine. Pas la peine de plomber l'ambiance en évoquant les croix gammées du plafond pour le moment, ils n'ont pas dû regarder au-dessus de leurs têtes. Max, les yeux inquiets, me prend à part : il a mal à la gorge, le cauchemar absolu de tout chanteur. Il craint de ne pas pouvoir assurer ses prises. Lors d'une pause, je demande à Issy et Tina si elles peuvent filer acheter du miel et une bouteille de porto.

On termine l'enregistrement des instruments des quatre morceaux tard dans la nuit.

Les chansons « Atlantis », « The Monks of the Isis », « The Man from the Hills », « Ceremony after a Fire-Raid » et « Asylum » sont en boîte, prêtes pour la suite.

Le lendemain matin, je donne son « remède » à Max et nous attaquons les prises de voix, que j'alterne avec les solos de guitare de Jürgen pour éviter d'épuiser notre baryton préféré. Il n'est pas satisfait de sa performance, mais sa voix sonne magnifique malgré tout.

À un moment, je le vois s'allonger par terre sur le dos, figé, le visage marqué par le même choc que moi lorsque j'ai vu le plafond. Je descends lui parler pour calmer le jeu et le recentrer sur ses prochaines prises de voix.

Une fois les voix et les guitares enregistrées, je me lance dans les mix pendant les deux jours et nuits restants. Christophe, l'ingé son, m'assiste bien pour trouver de belles réverbs qui donnent de la profondeur aux titres. Le son gothique, sombre à souhait, prend forme.

Crevé, mais satisfait d'avoir relevé le défi dans un temps aussi court, je fais écouter les mix aux Wedding, qui sont ravis du résultat. L'essentiel est là, mission accomplie. Je prends l'avion pour Paris avec l'impression d'avoir passé un mois à Vienne, une ville aussi belle qu'étrange. Cerise sur le gâteau, l'EP *Assylum* sortira sous le label indépendant Danceteria, et deviendra culte.

French Revolution in New York, juillet 1989

De retour à Londres, je file direct chez Troubadour voir Reg. Avec regret, je dois quitter l'appartement de Westbourne Park Road : je n'ai plus les moyens. Je maintiens quand même ma ligne téléphonique et mon répondeur au bureau pour continuer de recevoir les messages de mes contacts londoniens depuis les autres pays.

Je traverse All Saints Road, direction l'appart. Je remballe mes dernières affaires dans un sac et c'est avec le cœur lourd que je ferme la porte sur toute une époque, désormais derrière moi, pour la dernière fois.

Je remonte Portobello Road et fais une halte à *Henekeys* pour boire un verre. Qui est là ? Lem, fidèle au poste, riveté à sa machine à sous.

— Tiens, Lem, ça va ?

— Salut Lou, oui, et toi ?

Le pub n'a pas changé, les réguliers non plus. Mêmes têtes, même ambiance. Seul détail nouveau que je remarque : une borne d'arcade de tennis a été installée à côté du bandit manchot. Les sons tellement familiers de la manette et des roues qui tournent résonnent dans le bar. Les petits symboles de fruits tournent, s'alignent puis s'arrêtent net. Les lumières se reflètent sur le visage de Lem. Je lui réponds :

— Oui, je vais bien, merci, man. Je reviens de Vienne, j'ai produit l'EP d'un groupe de rock gothique autrichien là-bas, les Wedding Anniversary. Belle voix baryton, des chansons bien sombres et atmosphériques... Je pense que tu vas aimer.

— Comme les Sisters of Mercy ? Tu avais produit le 45 tours de Sisterhood, avec James Ray à la voix, non ? Je me souviens, tu me l'avais présenté quand vous êtes sortis du studio. C'était monté en tête des charts indépendants pendant trois mois, non ? Après, t'es allé à Hull enregistrer *Gift* avec Patricia Morrison. Andrew m'en avait parlé.

Lemmy, au courant de tout, comme d'habitude.

— Oui, on avait vécu la nuit pendant six semaines, comme des vampires... Andrew, quoi. J'aime produire cette musique-là. Je suis libre de faire tout ce que je veux, du moment que ça sonne dark.

— Ah, Vienne... J'aime beaucoup cette ville. J'y suis passé en tournée en novembre 1987. Une nuit, je monte dans l'ascenseur de l'hôtel où on dormait et un couple de vieux me scrute. Ils fixent la croix de fer sur ma veste avec des yeux ronds et me balancent : « Ça fait plaisir de voir que les jeunes y croient encore et continuent à porter les symboles. » Ça m'a fait tout bizarre, Lou. C'étaient des nazis, des vrais… qui pensaient que j'étais un des leurs. Je savais pas quoi répondre, ça m'a chamboulé…

— Hmm, putain, t'as raison c'est flippant. Moi aussi, j'ai eu l'impression que l'Autriche n'a jamais été vraiment dénazifiée. Heureusement, il y a aussi plein de gens là-bas qui ne sont absolument pas comme ça. Je n'aurais pas aimé ça du tout non plus…

Lem enchaîne :

— Alors comme ça tu t'es installé à Paris ?

— Oui, ça me plaît, ça me change. J'adore toujours Notting Hill, mais je ne peux plus m'offrir le luxe de garder deux apparts. J'ai du boulot qui se prépare à New York, en plus de la production. Et à Paris, je vaux bien plus qu'à Londres.

— Je suis content que les choses avancent bien pour toi, Lou. Moi, j'en ai vraiment marre de l'Angleterre. Je ne me reconnais plus dans la musique d'aujourd'hui, encore moins qu'avant. Au moins, dans les années punk, il y avait de la rébellion dans l'air. Le Grove a changé, et pas en bien. Ce n'est plus notre quartier. Je vais m'installer à Los Angeles dès que possible.

— Ça te fera du bien, Lem. T'as toujours adoré faire des tournées là-bas, c'est logique que tu t'y installes. Ça va te changer les idées, un nouveau départ. J'y étais, à Los Angeles, au Sunset Marquee, quand je travaillais pour le Midem. La Cité des Anges, c'est fun un moment, mais je ne pourrais pas y vivre en permanence. Mais bon, toi, c'est toi, et moi, c'est moi.

— C'est cher le Sunset, ils n'ont pas lésiné sur les moyens avec toi, dis donc.

— Oui, l'hôtel était luxueux. J'ai dû rencontrer tous les grands pontes des maisons de disques. Certains étaient géniaux, de vrais passionnés de musique, mais d'autres m'ont écœuré. Je ne suis pas de ce monde-là. Et pourtant j'en ai côtoyé plein, des gens du milieu, quand j'étais au Midem, mais c'est pas ma came. Je préfère les rockeurs et les goths.

— T'as bien raison, c'est un panier de crabes. Regarde ce que United Artists nous a fait en sortant *On Parole* contre mon gré.

— Oui, mais Martin Davis et Andrew Lauder étaient déjà partis. C'est pas eux qui ont sorti l'album pour surfer sur ton succès.

— Ouais, t'as raison, je n'y avais pas pensé…

Je salue Lemmy, lui souhaite bonne chance pour Los Angeles et repars pour Paris, un passage en coup de vent pour boucler les derniers préparatifs : New York m'attend.

Un taxi jaune m'emmène de JFK à l'*Omni Park Hotel*, un grand bâtiment brun construit en 1927 : neuf cent trente-cinq chambres réparties sur trente et un étages en plein Midtown, entre Madison Avenue et East 52nd Street. Le Carnegie Hall et Central Park sont à quinze minutes à pied. J'ai un creux ; je traverse la rue pour m'enfiler un *pastrami on rye* au *Waldorf Delicatessen*. Il fait chaud et moite… dans le taxi, la radio annonçait 36 °C et 89 % d'humidité, mais c'est sans compter les centaines de milliers de clims qui balancent leur air brûlant du mur des gratte-ciel directement sur le trottoir. Un balai de taxis jaunes, des limousines hors normes… Un énorme camion de pompiers lâche un long coup de klaxon profond avant d'accélérer et de slalomer à travers la circulation dense… Au loin hurlent des sirènes de police. « New York, New York (So Good They Named It Twice) »… J'adore cette ville. Elle pue la pizza, la pollution, la poussière, les gaz d'échappement… En ligne droite à perte de vue, les immeubles, hauts dans le ciel, disparaissent à l'horizon. Vu le nombre de chambres que j'ai réservées pour la bonne centaine de personnalités du music business français, les six groupes et leur staff, l'hôtel m'accorde sans trop de problèmes quelques suites gratuitement : une petite pour la star de chaque groupe, une moyenne pour Jean-Paul Gaultier et une grande avec deux salons pour moi, au vingt-deuxième étage. Je l'utilise comme QG, comme bureau, y organise mes rendez-vous de prod avec tout ce beau monde, y centralise les opérations.

Jour J, 14 juillet 1989. John Chandler me dégote 8 000 dollars en cash par dépêche bancaire transatlantique, dans le temps record de moins de deux heures : les artistes viennent de décider qu'ils veulent être payés *avant* de monter sur scène.

Dans le club caverneux du 126 East 14th Street, Jean-Paul Gaultier me rejoint en coulisses – marinière et béret basque, une baguette sous le bras, une bouteille de rouge à la main. L'icône de la mode parisienne monte sur scène devant une salle comble, huit mille personnes massées, et présente tour à tour les groupes, remontés à bloc : Muriel Moreno, Daniel Chenevez et leurs musiciens de Niagara séduisent avec leur pop rock, Cheb Khaled avec son « Didi », Mory Kanté fait son « Yéké Yéké » et en tête d'affiche Jacob Desvarieux débride la salle en beauté avec le zouk frénétique de Kassav'. Le *Palladium*, le plus grand club new-yorkais, vit au rythme de la Révolution française, ébloui par un show à guichets fermés. Dans la semaine, les nuits sont torrides : Mano Negra joue au Cat Club, les Satellites dans l'antre du punk, le fameux *CBGBs*, et Pigalle, François Hadji-Lazaro, en tête au *Cafe Wha?*, là où le comique Lenny Bruce, les Velvet Underground, Jimi Hendrix ou encore Bruce Springsteen affûtaient leur talent à leurs débuts. On fait la une du *Monde* et je reçois un télégramme de félicitations de Jack Lang. C'est un succès retentissant à New York... et en France. Pour ma part, j'envoie un fax chargé de mes remerciements à mon cher banquier de la place Vendôme. Sans lui...

Ekatarina Velika[1], septembre 1990-janvier 1991

À mon retour de New York, Brany Sekulic, un ami producteur que j'ai rencontré au Midem, passe rue Damrémont pour me demander de produire le plus grand groupe yougoslave, Ekaterina Velika, dans l'espoir de les exporter.

J'écoute les titres, j'adhère tout de suite.

La capitale serbe, encore communiste, a été reconstruite « à la russe » après avoir été bombardée pendant la guerre : de longues et larges avenues bordées de bâtiments en béton beige, glauques et sans âme, avec de petites fenêtres... Les conditions de vie sont dures et l'inflation galopante. De l'aéroport, on nous emmène directement dans le centre de Belgrade, où le groupe est en concert. Pas facile d'entrer dans la salle bondée bien au-delà de la jauge légale des lieux, le show est déjà en route. Bien que les fans soient entassés, serrés sans pouvoir bouger, ils arrivent à sauter et à se bousculer en extase, leurs bras gesticulant en l'air vers leurs idoles sur scène. La chanson « 7 Dana » (« 7 Jours ») démarre en nappes de synthé, les arpèges de la claviériste font monter la tension, tirés en avant par la basse qui pompe. Le chanteur, encore un baryton puissant, ensorcelle la congrégation, mais avec une gamme de trois octaves. Un cri de guerre à glacer le sang lui sort des tripes... attaquant sa Les Paul noire, il est aussi envoûtant que n'importe quel *guitar hero* à l'ouest du rideau de fer. Brany me donne un coup de coude dans les côtes, crie dans mon oreille :

— Alors, ça valait la peine de venir, Lucas ?

Je lui hurle ma réponse :

— T'avais raison : je sens qu'on va pouvoir s'amuser ici, ils sont magnifiques.

Les arrangements du quatuor, guitare-chant, basse, clavier et batterie sont somptueusement efficaces, leur jeu de scène justifie pleinement les multiples ovations du public tout au long du concert. Les refrains sont repris en chœur par toute la salle, les mélodies restent longtemps en tête. L'air est électrique, une forte pulsion rebelle, antiestablishment, domine. Après une série de rappels, on suit le groupe dans les loges. Grga (Nebojša Grgić), le manager, me présente : la claviériste Margita Stefanović, le batteur Žika (Srđan

---

1. Ekatarina Velika sortira dix albums et écumera les stades de Yougoslavie jusqu'au décès de Milan. Il est mythique dans l'histoire de la musique du pays.

Todorović), Milan Mladenović le chanteur et Bojan Pečar, le bassiste. Milan et moi nous mettons à l'écart, discutons dans un coin tous les deux. Tout juste sorti de scène, en sueur, serviette blanche autour du cou, il est excité comme une puce à l'idée d'enregistrer ensemble. Il est d'une intelligence fine évidente, le courant passe immédiatement entre nous.

Après un petit déjeuner pourri à l'hôtel, je fais un saut au supermarché du coin pour acheter des céréales et des fruits en vue des prochains. J'en profite pour prendre des gants en caoutchouc et des produits ménagers pour nettoyer moi-même ma salle de bains tant qu'elle est sale. Après ma douche, j'improvise un chemin de serviettes de bain sur la moquette de la chambre pour rejoindre le lit, tant elle est crade.

Je retrouve Milan et Grga dans un café du centre, pour une rencontre en tête à tête. Tout me dépayse : le bar en bois brun noir au zinc orné, les boissons étiquetées en cyrillique, les lampes Art déco aux motifs austro-hongrois qui pendent du plafond... Des Belgradois de tous âges bavardent autour de nous, alors que nos cafés arrivent. Grga et Milan veulent que j'adapte en anglais les paroles des chansons, que je l'entraîne pour qu'il puisse les chanter et que je produise quatre titres à présenter au prochain Midem, en janvier. Ça me semble être une bonne stratégie pour une percée hors des frontières yougoslaves.

Je me lance dans une série d'enregistrements, avant de rentrer en France. Brany a du mal à fixer de nouvelles dates pour les prochaines sessions, à Ljubljana, où je débarque fin novembre sous un froid de canard. Sorte de mini-Saint-Pétersbourg aux jolis immeubles pastel – bleu, jaune et rose –, la capitale slovène m'évoque un peu Amsterdam avec la Ljubljanica qui serpente, scintillant au soleil, dans le centre.

Dans la cabine du studio, Milan me briefe en détail sur les paroles de chaque chanson : toutes sont en réalité archipolitiques, bien que cryptées pour passer la censure de l'État omniprésent. On en choisit quatre ensemble : la monstrueuse « 7 Dana » – je la traduis en « 7 Jours » –, qui m'est restée en tête depuis le concert et que je vois d'ici devenir un énorme tube ; « Samo par godina za nas » (« Il ne nous reste que quelques années »), « Krug » (« Cercles ») et « Land » (« Terre »). L'anglais de Milan est déjà bon ; après un peu d'entraînement pour la prononciation, il s'attelle à chanter en essayant, non sans difficulté, de retrouver l'expression initiale de la chanson avant sa traduction. Ça sonne. On prend le temps de peaufiner les mix, d'apporter quelques modifications, minimes : objectif atteint.

Janvier 1991 : par manque de moyens, Brany et moi descendons en train de nuit et arrivons au petit matin, traversons la rue, nos gueules enfarinées, prenons notre petit déjeuner de frites ramollies et de café au *Grand Bar européen*, pile en face de la gare de Cannes. On file au Midem retrouver Milan et Grga dans le marché du disque du sous-sol du bunker, pour toute une série de rencontres – arrangées et à l'improviste. Quatre jours plus tard, vers la fin de nos rendez-vous, on parvient à décrocher une opportunité de contrat avec Patrick Decam, le directeur artistique de CBS France. Serrés autour d'une table en mélamine blanche, on écoute les titres dans l'un des bureaux riquiquis de l'énorme stand orange de la major. Le dernier soir, pour finir en beauté, on prend une grosse cuite à la serbe. Je pense que nous avions tous besoin de « chasser les toiles d'araignée », comme disait Dickie… Essayer de libérer ces millions de synapses obstruées par l'intensité de ce que nous avions vécu ensemble. Sous les étoiles de Cannes, nous titubons tous les trois de bar en bar le long de la Croisette, soutenus par Brany, qui ne boit jamais. Quand je rentre, au petit matin, à mon hôtel, les vagues s'écrasent dans un bruit sourd sur la plage, et je m'affale sur l'oreiller.

De retour à Paris, Patrick Decam confirme à Brany l'intérêt de CBS pour le groupe, mais il a besoin de temps pour discuter avec ses chefs des conditions du contrat. En Yougoslavie, la guerre éclate. Pendant trois années, terribles et sanguinaires, il est impossible de faire sortir les membres d'Ekatarina Velika du pays… Tard dans l'automne 1994, Brany recontacte CBS ; surprise, la proposition tient toujours.

Milan Mladenović, fils de militaire, né à Zagreb le 21 septembre 1958, habite Sarajevo jusqu'à l'âge de 11 ans, quand il déménage à Belgrade où il vit depuis. Le 5 novembre 1994, il meurt d'un cancer, qui met fin à l'aventure.

World Music Days, juillet 1991

Je reviens de Ljubljana à Damrémont pour préparer la prochaine offensive américaine. Avec le succès de la « French Revolution » à New York, nous avons remis le couvert avec « French Invasion à New York » l'année suivante, en 1990. Une opération beaucoup moins ambitieuse, avec une programmation plus réduite, pour asseoir notre présence au New Music Seminar, où nous prenons le temps de préparer la suite. C'est reculer pour mieux sauter : on décide avec l'équipe de voir plus grand, et nos bailleurs de fonds nous suivent avec des subventions bien plus importantes.

Je fais des allers-retours à New York, mais aussi à Los Angeles pour préparer une tournée en avion, tout en organisant deux « World Music Day » avec Mory Kanté, Cheb Khaled et Bratsch : un à l'université UCLA, à Los Angeles, l'autre au Warfield Theatre à San Francisco où je vais avoir l'énorme honneur de travailler avec l'un des plus grands promoteurs au monde, au cœur immense, le légendaire Bill Graham. La première fois que j'ai entendu parler de lui, il organisait, dans les années 1970, des festivals où il programmait Miles Davis en première partie des Grateful Dead, tout en faisant tourner les Rolling Stones. C'est lui qui a orchestré la partie américaine du « Live Aid », récoltant 45 millions de dollars pour lutter contre la famine en Afrique. Mais c'est aussi sa colère et sa voix puissante qui impressionnent. Je le contacte et il accepte que je produise un concert chez lui.

Le 4 juillet 1991, après avoir monté tout le financement et la logistique de la tournée, je reçois les quarante et un musiciens, techniciens et managers des trois groupes, avec une tonne et demie de matos, à l'aéroport de Los Angeles. Cheb Khaled vient me voir, paniqué. Il ne peut plus bouger la tête, peine à ouvrir la bouche : il est enflé de la joue au téton. Une dent a déconné pendant le long vol pressurisé depuis Paris. Je l'embarque directement en taxi à l'hôpital de l'UCLA, où nous devons jouer le lendemain. C'est l'Independence Day, l'anniversaire de l'indépendance des États-Unis, et donc un jour férié. Le dentiste de garde me demande immédiatement de confirmer qu'il a une carte Gold Premier : pas question de soigner Khaled sans ronds à la banque. Finalement, neuf heures d'intervention sont nécessaires pour drainer le pus d'une septicémie déjà bien avancée. Le Roi du raï est en train de s'empoisonner. Avec ce qu'il s'enfile depuis des années, les anesthésies ne prennent pas... Je dois rester aux côtés de l'artiste, non seulement pour traduire chaque instruction – il ne parle pas un mot d'anglais et le chirurgien-dentiste pas un mot de français –, mais aussi pour lui tenir les bras, l'empêchant de bouger sous la douleur.

Le lendemain, à UCLA, tout est monté et le parking blindé de Porsche, de Ferrari et d'autres voitures de sport des étudiants. Une foule compacte, excitée et bruyante, accueille nos artistes. Cheb Khaled termine son set sans répondre aux rappels du public et file en coulisses. Je lui emboîte le pas, craignant le pire. Dans la loge, il fouille son sac, en panique : il veut à tout prix prendre ses antibiotiques à l'heure exacte indiquée par le dentiste, terrifié à l'idée de revivre la journée de la veille. Je suis soulagé : j'ai programmé son groupe le lendemain dans un club de LA, puis à San Francisco et à New York.

Nous débarquons de l'avion à San Francisco avec notre tonne et demie de matos, et je me retrouve enfin face à la légende qu'est Bill Graham. Son bureau, une longue pièce étroite et sombre, est tout droit sorti d'un polar des années 1930. Son téléphone sonne. Assis en face de lui, je le vois rougir ; il me demande de me lever et de me ranger à côté de lui. D'une voix douce, il me glisse : « Ça va aller, j'ai juste un petit détail à régler. »

La porte s'ouvre. Entre un régisseur baraqué de deux mètres de haut, vétéran des Marines et de la guerre du Vietnam. Bill prend une grande inspiration, gonfle son torse large comme un tonneau de bière, me touche la main… tout à coup, il explose. Il hurle sur son employé avec la puissance d'une sono de festival. L'armoire à glace semble se ratatiner sur place, se confond en excuses et se retire. La porte à peine refermée, Bill me regarde calmement et, d'une voix douce, me demande si je pense que ça a été efficace. Je ris : « Oh oui, je pense que ça l'a été. » J'ai eu le privilège de voir en action, de mes propres yeux, le tigre dont on me parlait depuis les années 1960.

Le concert au Warfield Theatre se passe à merveille. Chaque groupe, Mory Kanté en dernier, offre un rappel bien mérité. Nous décollons pour New York afin de préparer le concert à Central Park. Je me retrouve face aux chefs de la police et des pompiers de New York, impressionnants dans leur uniforme de parade recouvert de médailles, pour régler les derniers détails du festival. « Regarde-les dans les yeux et ignore les uniformes », m'avait toujours dit ma mère, Dickie. Je m'applique à suivre son conseil.

Après une matinée de bruine et de brouillard, Central Park se remplit, en ce 14 juillet, d'une foule immense de New-Yorkais venus voir les Gipsy Kings, Mory Kanté et Cheb Khaled pour le grand final de cette petite tournée – un concert monumental au Summerstage

Festival, devant trente-cinq mille personnes hurlant leur approbation, sous une chaleur moite.

Le 25 octobre, quelques mois après notre rencontre, Bill Graham meurt lorsqu'un orage soudain fait s'écraser son hélicoptère contre une ligne à haute tension.

●●●

Les décennies suivantes passent en un éclair. Toujours basé à Paname, je travaille avec des boîtes étrangères sur des événements dans une dizaine de pays. Entre autres, à Londres, pour le carnaval de Notting Hill ou le plus grand dîner assis du pays depuis 1926 pour la fusion de Ford Agriculture et de Fiat Agriculture en New Holland : six mille convives, un ballet de mille deux cents serveurs orchestré par treize cuisines… J'ai programmé Ray Charles en cerise sur le gâteau. En Malaisie, sur l'île de Penang, pour le tout premier Festival du film d'Asie du Sud-Est. Dans le désert de Doha pour l'ouverture d'un stade. Pour le vingt-cinquième anniversaire du Solidarność à Gdansk, en Pologne. Dans un stade de quarante-huit mille places à Copenhague, au Danemark, pour le bicentenaire d'Hans Christian Anderson, avec Jean-Michel Jarre. Ou au carrousel du Louvre, à nouveau avec Ray Charles, à qui j'ai dégoté la meilleure section cuivres d'Europe pour le grand gala des Arts et Métiers. Les années se succèdent : une résidence en directeur de production au théâtre Mogador à Paris ; la relance de la carrière de Murray Head ; la première troupe de ballet contemporain afro-américaine, Alvin Ailey American Dance Theater, et le groupe de gospel, Queen Esther Marrow & The Harlem Gospel Singers… Un défilé de mode à la villa Windsor, l'ancienne résidence en exil du roi abdiqué, Edward VIII, et de sa femme Wallis Simpson… Des expériences de management événementiel qui m'ouvrent les portes de l'enseignement : huit années durant, dans deux universités privées parisiennes.

En 2011, je reprends mes baguettes, fondant The Bowling Team avec Troy Henrikson au chant et à la guitare. Steve Forward nous rejoint, à la guitare et à la basse. En sept ans, nous enregistrons trois albums, jouons une centaine de concerts à petite échelle.

Surtout, j'ai eu l'honneur d'élever deux enfants merveilleux, pendant douze ans, avec leur mère, une femme forte de caractère et une maman formidable, puis pendant une dizaine d'années en garde alternée, une semaine sur deux.

Le Zénith, Paris, 18 novembre 2014

— Tu sais, Lucas, pas une seule personne ici n'ignore le fait qu'il n'y aurait probablement pas eu Motörhead si tu n'avais pas été là pour Lemmy en 1975. Nous t'en serons toujours très reconnaissants.

Cette idée ne m'avait jamais effleuré, mais c'est peut-être vrai, dans le fond. L'important n'est pas là : l'important, c'est que Motörhead *existe,* comme ce soir sur la scène du Zénith.

Tout d'un coup, Ian Gainer est à nouveau devant moi ; au ralenti, il m'emmène, ouvre la porte d'une grande loge illuminée par de longs tubes fluorescents au plafond. Elle est vide, à part Lemmy assis face à un gars qui se lève et m'amène une troisième chaise en plastique rouge.

Nos yeux se connectent direct.

— Hello Lem.

— Hello Lou. Lui, c'est Tim Butcher, mon technicien basse. Mon meilleur pote en tournée...

— Salut Tim.

Posée, à portée de main, sur la table juste à côté de Lemmy, une machine à sous tous phares allumés d'orange et rose vifs, comme rescapée de Las Vegas.

— Ça fait un bail, Lou. C'était déjà à Paris, la dernière fois, non ?

— Oui, tu sortais du *Terrass' Hotel,* à Montmartre.

— T'avais un mouchoir dans la poche arrière de ton futal, j'ai pensé que t'étais devenu gay.

— Bah non, pas du tout. Je rentrais juste d'un déménagement, c'étaient mes gants de travail.

— T'as des enfants Lou ?

— Oui, deux. Ma fille est née le même jour que toi d'ailleurs, le 24 décembre...

Lemmy rigole.

— Tiens, tiens, une Capricorne. T'auras des soucis avec elle, tu verras.

— C'est bon, elle a tout évacué entre 2 et 7 ans : elle a tout essayé pour me faire tourner en bourrique, c'était l'enfer. Mais j'ai toujours réussi à garder une longueur d'avance sur elle, à devancer ses bêtises pour éviter de la punir. Elle aura besoin de ce caractère bien trempé pour avancer dans ce monde injuste, je n'avais aucune envie de casser cet esprit merveilleux.

— Et l'autre ?

— Mon fils, l'aîné, va bien ; tu t'entendrais bien avec lui aussi. Pince-sans-rire, un genre de Buster Keaton. Quand il était tout petit, il faisait flipper son grand-père qui me disait que c'était le diable, qu'il ne rigolait jamais... Je lui ai suggéré de bien regarder ses yeux : il rigolait à l'intérieur.

— Bien, content pour toi...

Ute apparaît dans l'encadrement de la porte ; Lem lui dit sèchement qu'il ne veut plus sortir des loges, qu'elle se débrouille pour couper court aux demandes de photos...

— T'es en contact avec mon fils Paul ?

— Non, mais t'as raison : faudrait que je l'appelle, on était proches. Je vous ai vus ensemble dans le docu *Lemmy*. Il a bien grandi (*rires*). C'est devenu un mec bien, un guitariste doué. Déjà à ses débuts, vers 8 ou 9 ans, quand il faisait la manche avec sa guitare devant *Henekeys*, le talent lui sortait par tous les pores. C'était évident...

— Oui, en effet. Je suis assez fier de lui.

— T'as raison, il y a de quoi.

— C'est pas toi qui lui avais donné son premier train électrique ?

— Si, un Hornby Flying Scotsman[1] miniature. Tracy m'avait dit qu'elle l'avait toujours, ça sera pour ses enfants, s'il en a un jour. Tu te souviens de quand je vous avais emmenés, toi et Paul, au musée des Sciences à South Kensington ?

— Putain, oui, c'était un bel après-midi. Paul a adoré, on s'est bien éclatés tous les trois. C'est la seule sortie que j'ai faite avec lui quand il était petit...

Soudain Lem se penche vers moi, tout près, les yeux exorbités, pointe sa poitrine de son doigt. De sa voix rocailleuse :

— Tu vois ça ? J'ai perdu tout ce poids en une seule nuit. Je me suis réveillé comme ça un matin, en nage. T'imagines ?

— Putain, Lem, ça a dû te faire un choc.

— J'ai demandé au toubib si je devais arrêter de boire. Il m'a fait faire des prises de sang. Quand elles sont revenues, il m'a dit : « Surtout pas, ça te tuerait ! Ton sang n'est plus comme celui du commun des mortels, il est toxique... »

De son index, il montre la pinte orange devant lui, sourire en coin. Bien sérieux, il me dit :

---

1. Train emblématique de la ligne Édimbourg-Londres. C'était le train que mon père prenait pour aller vendre des espaces publicitaires dans la ville écossaise. J'ai encore la grande version mécanique chez moi, avec laquelle j'ai vu mes parents et mon oncle John, l'agent de la SIS, jouer au moment de la crise de Suez. Pour se calmer les nerfs : ils savaient le drame qui se jouait, le risque d'une troisième guerre mondiale...

— Regarde, c'est plus sain qu'un Jack & Coke[1] : je suis à la vodka orange maintenant. Il faut que je m'occupe de ma santé, tu sais. T'en veux une, Lou ?

— Allons-y.

Lem sort un verre comme le sien, remplit la pinte aux trois quarts de vodka, ajoute une touche de jus d'orange.

— Santé, Lem !

On enchaîne avec quelques blagues, des vieux classiques, on rigole tous les trois. La porte de la loge s'ouvre à nouveau, Ute entre avec des membres des Damned ; ils voudraient prendre une photo avant de partir. Lemmy se place à côté de moi, les autres nous entourent ; son bras émacié passe sur mon épaule, par automatisme, je passe le mien derrière lui. Sous mes doigts, je sens sa cage thoracique... il n'y a plus de chair sur ses os, son corps ; la maladie est bien visible, les joues creuses, les yeux enfoncés dans les orbites. Mais le caractère vif, lui, est entier, la langue, toujours bien pendue, l'humour intact. Dod Morrison prend quelques photos, les Damned font les cons... Puis Lem demande à Ute de vider la loge. Je m'apprête à partir avec les autres mais Lem me touche le bras.

— Non, pas toi. On n'a pas fini, nous deux, on a encore le temps. Tu travailles avec Notting Hill Music ?

— Oui, avec Andy McQueen, le boss, et Leo Whiteley. D'ailleurs, ce sont eux qui m'ont organisé le pass backstage ce soir.

— Tu les connais bien ?

— Oui, j'ai supervisé les musiques sur *Jappeloup* – tu sais, le cheval de Pierre Durand... – et négocié tous les titres du film, notamment « Dancing in the Moonlight », de ton ami Phil Lynott, et Thin Lizzy, avec l'aide de Léo de Notting Hill. C'était ton éditeur pendant un moment, non ?

— C'est cool que t'aies pu placer ce beau titre de Phil. Et oui, ils m'éditaient, d'ailleurs je n'ai pas reçu mes royalties...

Je réponds en adaptant une réplique de l'un de nos sketchs préférés des Monty Python, « The Four Yorkshiremen » :

— C'est le luxe, je rêvais d'avoir des royalties.

Lemmy me suit :

— Ça, ce n'est rien. Nous, enfants, on devait laver la rue avec notre langue...

— Mais on était bien quand nous étions pauvres...

— *Parce* qu'on était pauvres...

---

1. Sa boisson favorite, le mélange de Jack Daniels et de Coca-Cola, est renommée un « Lemmy » en son honneur en 2016.

On rit aux éclats, un flash-back exactement comme à Blenheim Crescent avec son lecteur de cassettes...

Puis, du coq à l'âne :

— T'as vu *Croix de Fer*, de Peckinpah ?

— Oui. Pour moi, l'un des meilleurs films antiguerres qui existent, avec *Full Metal Jacket* de Kubrick et *Apocalypse Now* de Coppola, ils montrent bien cette hypocrisie froide des personnes qui commandent...

— Je ne comprends toujours pas comment ils peuvent justifier d'envoyer ces mômes en chair à canon.

Il enchaîne en parlant de sa copine :

— Je t'ai déjà parlé de Sue, l'amour de ma vie, qui est morte d'une surdose d'héroïne dans son bain. Bah elle était black – que dirait Hitler de ça ? Toutes ces conneries disant que je suis nazi, c'est de la foutaise. J'ai jamais compris les racistes... Comment on peut détester quelqu'un avant même de lui avoir parlé ?

Et à nouveau, changement radical de sujet, en pointant son ami Tim du doigt :

— Lou, sais-tu comment on recrute les membres de l'équipage de Motörhead ?

— Non, mais je suppose que tu vas me le dire...

Rires.

— Nous cherchons des personnes qui s'intègrent à notre famille, qui ont un bon caractère et qui partagent les mêmes valeurs que nous.

— C'est une affaire familiale, Lemmy...

— C'est exactement ça. D'ailleurs, c'est ce qu'il y a d'amusant avec Motörhead : notre équipe et nos fans s'accrochent *vraiment* à nous... C'est une sorte de maladie que les gens attrapent à cause de nous : ils deviennent accros à notre ultime groupe de losers.

— C'était déjà comme ça à nos débuts.

— En effet. Peu importe qu'ils sachent ou non faire ce qu'on veut leur confier, on se charge de les former pour qu'ils deviennent vraiment bons dans le poste devenu vacant.

Pour moi, cela illustre l'une des facettes de Lemmy, qui mérite d'être soulignée : il aime *foncièrement* les gens et veut s'entourer de personnes qui partagent cet état d'esprit. Et ce dès nos débuts – mais il y avait beaucoup de sacs à puces vraiment dégoûtants qui traînaient autour de nous à l'époque. Il dit dans une interview (ne me demande pas laquelle) que, au commencement de Motörhead, j'étais la seule personne « gentille » qu'il avait rencontrée... Certainement une exagération à la Lemmy, car je me souviens qu'il y avait beaucoup de gens formidables avec nous à l'époque. Mais bon, j'étais peut-être trop jeune... Ou bien c'est parce que je l'ai soutenu quand il était au plus bas, au moment où il en avait le plus besoin.

Entre nous, la discussion reprend comme si elle ne s'était jamais arrêtée depuis notre première rencontre : les sketchs des Monty Python, les groupes de rhythm and blues britanniques des années 1960, la Seconde Guerre mondiale... Pendant deux ou trois heures – le temps est élastique, je ne sais plus –, on évoque les grandes batailles, les divisions panzer, je reconnais des phrases familières – si on doit avoir une armée, pas de quartier, elle doit être redoutable, imbattable –, c'est un peu comme retrouver un ancien compagnon de combat.

Tout d'un coup, un gars du Zénith passe une tête par la porte, interrompt notre conversation : il n'y a plus que nous dans tout le bâtiment. Il est très tard, ils doivent fermer la salle, il faut libérer la loge et partir tout de suite. Tim sort devant nous, emportant le bandit manchot sous son bras. Lem se lève, je l'accompagne, marchant lentement à ses côtés vers le parking. Nous sommes seuls devant la porte du tour bus. Le diesel ronronne, une odeur de gasoil en fond, il fait froid et humide sous la bruine. Les projos envoient, comme des miradors du haut du Zénith, leur lumière blafarde, traçant deux grands cercles sur le macadam à nos pieds. La porte du tour bus s'ouvre, on se serre la main longuement en se regardant dans les yeux. Lemmy monte péniblement quelques marches, se retourne, nos regards se croisent une dernière fois ; sa voix résonne :

— Salut, Lou.

— Salut, Lem.

Il se hisse sur les dernières marches et la porte se referme sur lui avec un crissement et un bruit sourd. Je ressens intensément que je ne reverrai plus mon ancien compagnon de route, ce grand frère qui m'a tant marqué... Je n'arrive pas à chasser la vision de mon père qui me salue depuis la fenêtre de sa chambre, au premier étage de sa maison de Plymouth. Mon taxi était arrivé, je venais d'embrasser son front pour la dernière fois de ma vie.

Motörhead revient à Paris en novembre de l'année suivante, mais le concert est annulé au dernier moment : quelques jours plus tôt, des attentats ont ensanglanté la capitale. Lemmy, bien sûr, veut que le groupe joue quand même, « *business as usual, the show must go on* » à la mode britannique, pour ne jamais rien céder à une quelconque menace. Mais un terroriste est en cavale et la préfecture de police verrouille la ville.

Lemmy rend les armes un mois plus tard, et l'annonce de sa mort me touche plus durement encore que je ne l'aurais cru – comme tous ceux qui connaissaient le grand homme, j'imagine. Comme dans le monde entier, j'ai regardé le service funèbre. Consultant ma page Facebook quelques jours plus tard, je suis surpris – et profondément touché – de découvrir tant de messages de soutien, venant d'amis et de connaissances de l'époque, mais aussi de beaucoup de fans soucieux du batteur original de Motörhead. Un groupe comme gravé au plus profond de ma peau.

Salut Lem, à la prochaine...

Épilogue

En 2017, Cleopatra Records lance un appel sur Facebook, à la recherche d'un certain Lucas Fox... Je me retrouve alors à Austin, Texas, où me rejoignent Paul Rudolph, guitariste des Pink Fairies – et remplaçant de Lemmy après son départ précipité d'Hawkwind, le monde est petit –, et Alan Davey, bassiste d'Hawkwind pendant vingt ans. Le nouvel album des Fairies, *Resident Reptiles*, magnifiquement enregistré et produit par Eric Debris et Jürgen Engler (ingénieur et producteur respectivement), sort le 24 août 2018. J'ai écrit les paroles et la mélodie de sept des huit chansons ; c'est Larry Wallis qui est derrière la dernière.

On remet le couvert avec *Screwed Up*, sorti le 6 octobre 2023.

Le 4 septembre 2020, *Needletime* est réédité, chez Munster Records.

Le 30 octobre de la même année, *On Parole* ressort dans une version remastérisée et augmentée en double album. Warner – qui a racheté EMI, qui avait racheté United Artists/Liberty – me demande d'écrire les textes de la pochette intérieure. Ce que je fais. Le mix de Fritz Fry ne m'avait jamais plu. Il sonne – enfin – comme il sonnait dans le studio, sous les doigts du producteur original, Dave Edmunds. J'ose même avancer que Lemmy aurait aimé cette nouvelle version. On entend clairement *deux* batteurs : le génie, Philthy Taylor, et moi. Pour une raison simple : il y avait trop peu de séparation entre les instruments dans le studio, et les pistes d'origine de ma batterie n'ont jamais pu être effacées.

Nos trois instruments, soudés ensemble pour toujours.

Remerciements

Je remercie toutes les personnes qui m'ont aidé, et celles et ceux qui ont accepté de partager avec moi leurs souvenirs :

Blase Morgan, David Schaefer, Jeremy Manson, Suzanne Cox, Olinda Fehr, Nino Bukhari, Irene Theodorou, Tom Vague, Stephen Budd, Nick Gribbon, Shel Talmy, Harry Feeney, Clive Taylor, Peter Rocky Morley, Dave Ambrose, Ross Stagg, Lee Fardon, John « Scurvy » Rooney, Steve Gilmore, Michael Reid, Peter Egan, Paul Merron, Nick Mead, Gary Houghton, Doug Smith, Andrew Lauder, Martin Davis, Wayne Bardell, Jonathan Smeeton, George Snow, Nigel « Hutch » Hutchings, Alex « Higgy » Higgins, Paul Apperley, Mick Lee Green, Dan Rogan, Hamish MacDonald, Patricia Inder, Paul Inder Kilmister, David Bennett, Derek Gibbs, Alexa Bauer, Andy & Helga Colquhoun, Lucy Blake, Suzy Bragg, Willow Morel, Mim Scala, Gary Hughes, John Tinline, Bruce Lynch, Deborah Kent, Andy Eastwood, Skid Marx, Reg Halsall, Nick Jones, Katrina Wilson, Wayne Hussey, Craig Adams, Eric Mansfield, Mark Andrews, Philippe Debris, Brany Sekulic, Guy Boucher, Marcus Testory, Tony Mottram, Gordon Hawtin, Tom « Gass » Edwards, Drusilla Varney, Graham Readshaw, Joly MacFie, Adam Fuest, Martin Stephenson, Barthélémy Martinon, Corinne Bret...

Et Lemmy, sans lequel...

Table des matières

Crédits photographiques

Ma mère, Dickie (au centre, en bas), sur la base de Biggin Hill (1940).

Mon père, John, faisant inspecter les officiers de son régiment par le Field Marshal Sir Claude Auchinleck, commandant en chef de l'armée britannique en Inde.

Ma mère présente ses troupes à la reine Elizabeth, au roi George VI et au Air Chief Marshal Sir Hugh Dowding (le patron des avions de chasse pendant la bataille d'Angleterre), qui inspectent la base de la RAF à Tempsford (novembre 1943).

Dickie et John fraîchement mariés, à côté d'un site de bombardement (1947).

Le 34 Foster Road (hiver 1962-1963).

John, Soz, Dickie et moi au presbytère de mon grand-père, vicaire de la paroisse de Wilstead (1962).

Des concerts de mon enfance : Chuck Berry et les Beatles à 11 ans, Tamla Motown Revue à 12 ans - tout ça au Hammersmith Odeon. À 13 ans, je vois Hendrix au Royal Albert Hall.

Dickie, Soz et moi en vacances à Bénodet, dans le Finistère (1966).

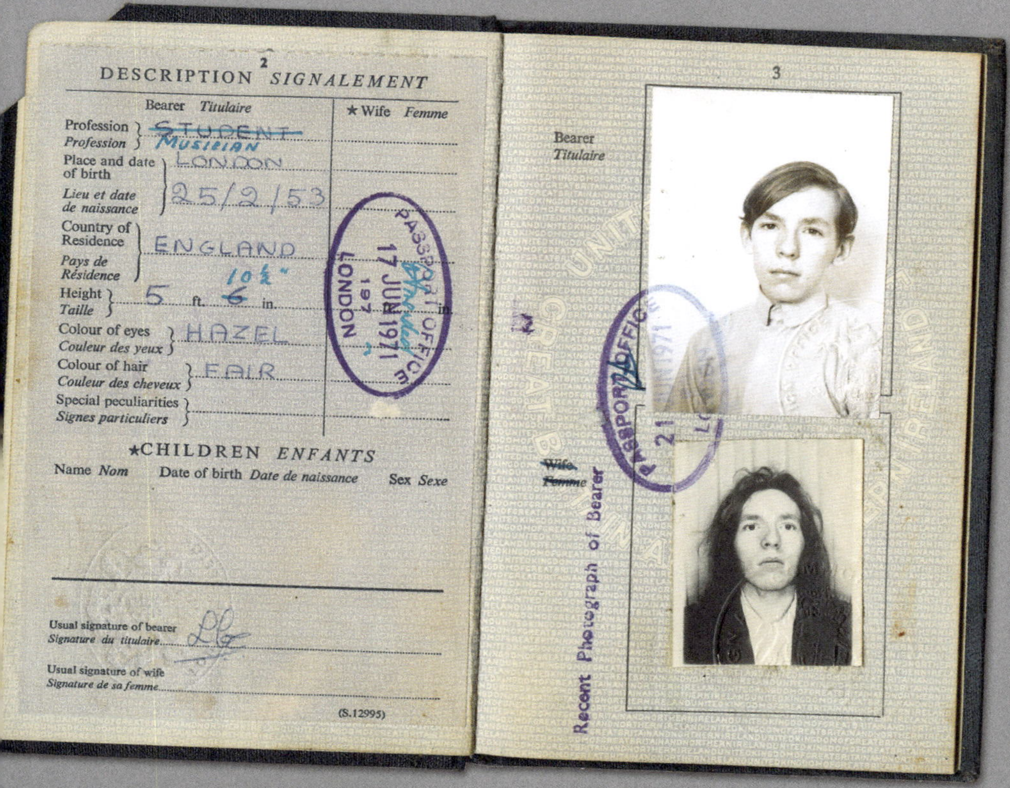

La mention « étudiant » barrée et remplacée par « musicien » me vaudra pas mal de fouilles lors de mes passages de frontières...

Glam rock avec Ross Stagg deuxième version au Greyhound, dans Fulham Palace Road. Lee Fardon est à la basse (1974).

Nos shootings glam rock : Irene Theodorou derrière l'objectif, moi devant (1974).

John et moi en balade équestre dans Hyde Park (1974).

L'incident de pantalon ! Larry, Lemmy et moi sous l'œil de Roger Morton (juin 1975).

Lemmy et moi : le premier shooting officiel de Motörhead par Ian Dickson (mai 1975).

ROUNDHOUSE CHALK FARM N.W.1
SUNDAY 20TH JULY AT 5·30
STRAIGHT MUSIC PRESENTS
REENSLADE
With
special guests
MOTORHEAD
(With Lemmy from Hawkwind)
SHANGHAI
ADM. £1·30 (inc vat) IN ADVANCE R HOUSE BOX OFF. 267-2564
or LONDON THEATRE BOOKINGS shaft.av.w1.439-3371 or AT DOOR

rdour St., W.1 | 01-437 6603

14th August 75p .00-11.00) for one night only N. YORK AND AL FRIENDS s & Ian Fleming	Monday 18th August 75p (7.00-11.00) TRAPEZE + Friends & Jerry Floyd
5th August 65p .00-11.00) OD HABIT ort & Ian Fleming	Tuesday 19th August 75p (7.00-11.00) BABE RUTH + Guests & Jerry Floyd
16th August 70p .00-11.00) SWORKS s & Ian Fleming	Wednesday 20th August 70p (7.00-11.00) STRING DRIVEN THING + Support & Jerry Floyd
17th August 65p .00-11.00) miss this time	Thursday 21st August 70p (7.00-11.00) LEMMY'S MOTORHEAD + Friends & Ian Fleming

ummer gear '75
MOTORHEAI

RUNNING IN

oud, raucus, arrogant, fast, city, aranoid, speedfreak rock and roll. ut mainly very loud'. That's what emmy says Motorhead's music is. Geoff Barton reports

"Then I met this idiot called Lucas Fox. He told me he could play drums, but I doubted it. Anyway, we had a go. Then I got this lousy guitarist from the Pink Fairies, Larry Wallace. We decided to call ourselves Motorhead."

Terrified

● *LEMMY: 'I was fired'*

Lemmy:
Rickenbacker bass.
Thunderbird bass (before it was stolen).
Marshall 100 watt stack.
4 x 12 Marshall cabinets.
4 x 15 Marshall cabinets.
Larry Wallace:
Fender Stratocaster.
Fender Telecaster.
Gibson Stereo (only in the bedroom).
Currently alternates between:
Hi Watt and Marshall 100 watt stacks with 8 x 12 Hi Watt or Marshall cabinets.
Hi Watt echo unit and fuzz pedal.
Lucas Fox:
Ludwig drum kit.

arquee
rdour St., W.1 | 01-437 6603
EN EVERY NIGHT FROM 7.00 P.M. TO 11.00 P.M.
CED ADMISSION FOR STUDENTS AND MEMBERS

RON'S TION (Adm. 70p) Fleming

RR'S S Fleming

POODLES
Plus Support & Mark Poppins
Mon. 10th Nov. (Adm. 70p)
JACK THE LAD
Plus Rab Noakes & Jerry Floyd
Tues. 11th Nov. (Adm. 70p)
From Germany — the amazing
SCORPIONS
Plus Mother Superior & Jerry Floyd
Wed. 12th Nov. (Adm. 75p)
LEMMY'S MOTORHEAD
Plus Guests & Jerry Floyd
Thurs. 13th Nov.

HAMMERSMITH ODEON
HAMMERSMITH, W.6
SUNDAY 19th OCTOBER at 7·30p.m
STRAIGHT MUSIC PRESENTS
BLUE OYSTER CULT
MOTORHEAD
TICKETS £2·50 £2·00 £1·50 £1·00 (INC.VAT.) ADVANCE FROM THEATRE BOX OFFICE 748-4081.
LONDON THEATRE BOOKINGS SHAFTS.AVE. 439-3371, PREMIER BOX OFFICE 240-2245,
EDWARDS & EDWARDS 734-9761, USUAL AGENTS OR ON NIGHT

OHNSON
S SATURDAY
X-HAWKWIND STAR — LEMMY
WITH HIS OWN BAND
LEMMY'S MOTOR HEAD
+ SUPPORT and SOUNDS
Advance tickets 95p — on the door £1.25.
TURDAY, 16th AUGUST
THIN LIZZY
Advance tickets 90p — on the door £1.20.
IDAY, 22nd AUGUST
ROBIN TROWER

MOTORHEAD, FLAMIN' GROOVIES, TUBES.

SUNDAY
PAVILION
HARBOUR SIDE TORQUAY
SUNDAY 10TH AUGUST
Motorhead
LEMMY'S (NEW BAND) EX HAWKWIND
PLUS SPECIAL GUESTS

SUNDAY ROC
PAVILION
HARBOUR SIDE TORQUAY
CONCE
EVERY SUN
SUNDAY 10
YOU'VE SEEN
HAWKWIND
NOW SEE
LEMMY'S NEW
EX HAWKWIND BASS PLAYER
MOTORHE

Au Barbarella's, lors de notre deuxième passage
à Birmingham (7 octobre 1975).
Les photos sont de Paul Apperley.

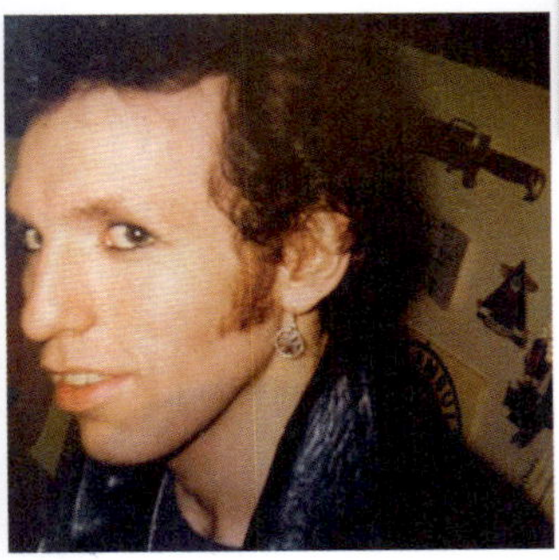

*Chez Lemmy,
à Blenheim Crescent,
en 1974.*

En première partie de Blue Öyster Cult, au Hammersmith Odeon (19 octobre 1975), photographiés par Robert Ellis.

NOVEM

Mon 10th Nov (Adm. 70p
Geordie Rock with ...
JACK THE LAD
Rab Noakes & Jerry Flo

Tues 11th Nov (Adm. 70
From Germany the amaz
SCORPION
Plus support & Jerry

Wed 12th Nov (Adm. 75
LEMMY'S MOTORHEAD
Plus guests & Jerry F

Thur 13th Nov (Adm. 7
UPP
Plus friends & Ian F

Fri 14th November
Special admission for
Promotional Evening -
PAUL JOSES BAND
Plus support & Ian F

Sat 15th Nov (Adm 70
BURGLAR BILL
Plus friends & Ian F

Wed 5th Nov (Adm. 70p)

A MAR
Mon 8th,Tu
B E R
Plus Frier
Advance ti
members fr
For Non-me
door only

All Programmes are subject

Notre deuxième passage sur la scène du Marquee (12 novembre 1975), sous l'objectif de Roger Morton.

Warsaw Pakt, photographié par Keith Morris sur la passerelle d'Acklam Road, dans Notting Hill (1977). Les Clash y poseront aussi, en 1981. De droite à gauche : John Walker, Andy Colquhoun, Chris Underhill, Jimmy Coull et moi.

Moment crucial : le choix des faces à utiliser pour Needletime *(26-27 novembre 1977). De gauche à droite debout : Mim Scala - (ma main et mon bras cachés sous mon cuir) - Ray Staff (mastering), John Porter, Andy Colquhoun, Hutch (ingé son live) et Terry Barham. Assis : Steve Taylor et John Dent.*

Nuit blanche pour l'enregistrement de Needletime, *aux studios Trident (26-27 novembre 1977).*

Photo promo de White Lightning (1978). De gauche à droite : Jock, moi, Carl, X-Ray et Simon.

SPY'S : photo promo pour la sortie de l'album (1982).

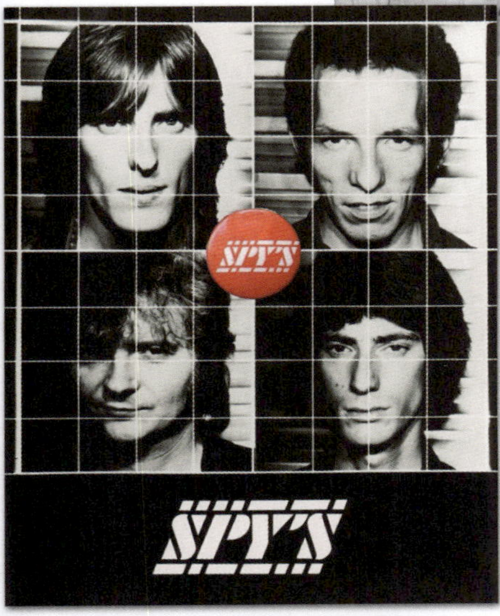

White Lightning avec les choristes de Stevie Wonder au studio Good Earth : Diva, Carl Groszman, Robyn, moi et Bruce Lynch, notre producteur (1978).

White Lightning au studio Startling de Ringo Starr (1978), avec Nino Bukhari (avec la chemise à carreaux) et Lucy Blake.

Motörhead, 10 ans (juin 1985) ! Sur la scène de l'Hammersmith Odeon (en bas) avec Robbie Robertson et Phil Campbell, sous l'objectif de Georges Amann.
Et l'after party à l'hôtel Tara (en haut), immortalisée par Tony Mottram.

En prod avec Fixed Up (1985).

Christophe (ingé son), Max (chanteur) et moi à la prod à Vienne pour l'EP des Wedding Anniversary (mars 1989).

Avec Roberto Lozano, à la production de l'album des Batmen (août 1985).

Dans la loge de Lemmy au Zénith de Paris, avec les Damned et Dod Morrison à la photo (18 novembre 2014).